Klaus Bloemer · Bürden der Vormundschaft

Klaus Bloemer

Bürden der Vormundschaft

NATO-Syndrom und europäisches Dilemma

1998

BOUVIER VERLAG · BONN

Die Deutsche Bibliothek - CIP-Einheitsaufnahme

Bloemer, Klaus:
Bürden der Vormundschaft : NATO-Syndrom und europäisches Dilemma / Klaus Bloemer. - Bonn : Bouvier, 1998
ISBN 3-416-02758-2

 Umschlaggestaltung: Michael Fischer, Köln. Satz: Thomas Domroese, Köln. Druck und Einband: Druckerei Plump, Rheinbreitbach. Gedruckt auf säurefreiem Papier.

Für Marga und Ralph (geb. in Chicago ’63)

Sich selbst überlassen würde Europa sich vermutlich soweit einigen, daß seine Sicherheit gewährleistet wäre. Es besitzt zweifellos das dafür erforderliche Potential.

Henry A. Kissinger, aus seinem Buch „The Troubled Partnership", New York 1965

Ich glaube, daß sich die Vereinigten Staaten ihrer Macht, ihres Prestiges und ihrer idealistischen Antriebskräfte einseitig, ja auf imperiale Weise bedienen, um die Vereinten Nationen, die UNESCO und die Europäische Union zu umgehen ...

Wäre dies nicht der Moment, in dem Amerika die Europäische Union ermutigen müßte, dieses Vakuum auszufüllen durch ein unabhängiges und starkes Europa, das sich innerlich zivilisieren und nach außen verteidigen kann?

Yehudi Menuhin, Essay in der „FAZ" vom 16. Juli 1997

Die Amerikaner versuchen, das sich entwickelnde Europa in eine nationalistische Form aus dem 19. Jahrhundert zu pressen oder in Machtbegriffe aus der Zeit des Kalten Krieges zu fassen.

Elizabeth Pond, „Die Zeit", Nr. 10, 1998

Inhalt

Vorwort

Vor zwei Jahren hat Klaus Bloemer unter dem Titel „Abschied vom Nationalstaat, Die Zukunft der deutsch-französischen Union“ bei Bouvier eine Sammlung seiner Aufsätze zur politischen Einheit Europas aus drei Jahrzehnten, von 1964 bis 1995, veröffentlicht. Der zeitliche Schwerpunkt des Bandes lag in den 60er und 70er Jahren. Peter Glotz schrieb in seinem Vorwort, den „linken Gaullisten“ Bloemer habe lebenslang „das auf einer engen deutsch-französischen Kooperation aufgebaute Konzept eines Vereinigten Europas“ umgetrieben.

In diesem zweiten Band läßt Bloemer im gleichen Zeitraum erschienene Aufsätze folgen, die das Thema Europa aus dem Blickwinkel des Verhältnisses zu den USA behandeln. Ihr zeitlicher Schwerpunkt – die 70er Jahre fehlen ganz – liegt in den 80er und 90er Jahren. Im langen Kalten Krieg mit der Sowjetunion hat sich beim Nachdenken über die Zukunft Europas dessen Verhältnis zu den Vereinigten Staaten in den Vordergrund geschoben. Der Titel des Bandes „Bürden der Vormundschaft. NATO-Syndrom und europäisches Dilemma“ ist allerdings mißverständlich. Denn es werden nicht die Bürden der USA als tonangebender Weltmacht, sondern vielmehr die Lasten behandelt, die das Vormundschafts- bzw. Vormachtstreben der USA den Europäern aufbürdet.

Auch die in diesem Band versammelten Aufsätze beeindrucken – unabhängig davon, wie man zu der jeweiligen Standortbestimmung des Autors steht – durch klare Analysen, gründliche politische Reflexion, vor allem aber durch ihr unbeirrtes Durchhalten der Grundposition: Die nationalstaatliche Ordnung Europas ist nicht überlebensfähig. Sie muß durch die schrittweise Entwicklung europäischer Einheit, mit Frankreich und Deutschland als Kern, überwunden werden. Auch die Wiederherstellung der Einheit Deutschlands wurde von Bloemer daher nicht als nationalstaatliche, sondern als europäische Aufgabe begriffen. Von der geforderten europäischen Einheit her wurde unser Verhältnis zu den USA bestimmt: Europa dürfe nicht amerikanisches Mündel sein, es müsse gleichberechtigter Partner, ja „dritte Weltmacht“ werden.

Gegen das Konzept einer „dritten Weltmacht Europa“ werden gleich noch Vorbehalte zu erheben sein. Bloemers Grundposition der „Selbstbehauptung Europas“ teile ich. Die große Zeitenwende von

1989 – das Ende des Kalten Krieges, der Fortfall der Sowjetunion als Gegenpol zu den USA und des Warschauer Paktes als Gegenpol zur NATO – mögen manche der Beiträge Bloemers heute als überholt und alle zusammen als unzeitgemäß erscheinen lassen. Obsolet sind sie aber keineswegs. Denn die politische Einheit Europas ist noch nicht erreicht, die deutsche Einheit daher nationalstaatlicher ausgefallen, als von Bloemer erhofft, und das Verhältnis zu den USA bleibt für Europa eine der Grundfragen seines Selbstverständnisses und seiner Selbstbestimmung.

Die bleibende Bedeutung des von Klaus Bloemer mit so großer Beharrlichkeit vertretenen Ansatzes wird im Rückblick gerade dann deutlich, wenn man seine Beiträge gegen den „Gaullistischen" Strich liest.

So muß man zum Beispiel fragen: War in einer Welt, die vom Gegensatz zweier nuklear überrüsteter „Supermächte" bestimmt wurde, die Vorstellung einer – ebenfalls nuklearen – „Weltmacht Europa" realistisch, das Konzept eines zwischen den Supermächten selbständigen Europas mehr als Wunschdenken?

Schon geostrategisch muß die Antwort wohl eher nein lauten. Außerdem waren die Europäer meistens geteilter Meinung. Großbritannien suchte – und nicht nur hinsichtlich der Atomwaffen in einer „special relationship" zu den USA Ersatz für das verlorene Empire. Frankreich verstand einerseits seine Nuklearwaffen als Mittel zum souveränen Schutz seines Territoriums, wähnte sich andererseits aber als selbständige Atommacht weiter in einer Weltmachtrolle. De Gaulles vages Angebot einer „Europäisierung" der französischen Nuklearwaffen lief in den Augen der Bundesrepublik auf die Aufforderung hinaus, sich an der Finanzierung dieser Waffen zu beteiligen, ohne an der Entscheidung über ihren Einsatz oder Nichteinsatz beteiligt zu sein. Dabei war Zielgebiet jener Waffen das „deutsche Vorfeld", und in der Teilung Deutschlands sah gerade Frankreich ein Element seiner eigenen Sicherheit. Unter diesen Bedingungen zogen es die Westdeutschen vor – wie die anderen Westeuropäer übrigens auch –, unter dem geostrategischen Nuklearschirm der USA zu bleiben.

Das bedeutete für die Bundesrepublik wie für Westeuropa eine existentielle Abhängigkeit von den USA mit allen auch negativen Aspekten einer solchen Vormundschaft. Daß Europa nicht enger zusammenrückte, um im NATO-Bündnis gegenüber den USA seine eigenen Interessen und Überzeugungen wirkungsvoller vertreten zu können, lag aber nicht an den Amerikanern, sondern an den Europäern selbst – nicht zuletzt an jenen politischen Kräften in der Bundesrepublik, die in jeder Befolgung amerikanischer Ansinnen ein Zeugnis atlantischer Treue sahen.

Das Bemühen der USA, die weitere Ausbreitung von Nuklearwaffen zu unterbinden, war im übrigen durchaus legitim. Es gab auch aus eurozentrischer Sicht keine Interessen, die vor der Erhaltung des Weltfriedens und der Verhinderung eines nuklearen Infernos Vorrang beanspruchen konnten. Auf einem anderen Blatt steht, daß die Nuklearmächte ihrer eigenen, auf die Abschaffung von Atomwaffen zielenden Verpflichtung aus dem Nichtverbreitungsvertrag bis heute nicht nachgekommen sind. Mit dieser Haltung begünstigen sie nicht nur die trotz des Vertrages fortschreitende Ausbreitung von Atomwaffen, sie gefährden mit ihr auch die Abschaffung von chemischen Waffen, die manche „nukleare Habenichtse“ in der Dritten Welt als „Atomwaffen des kleinen Mannes“ ansehen.

Auf einem anderen Blatt steht auch, daß die USA, wie Klaus Bloemer eindringlich geschildert hat, insbesondere unter Präsident Reagan ihre Vormachtposition manchmal in geradezu skrupelloser Weise ausgenutzt haben, um den Europäern nicht nur sicherheitspolitisch, sondern auch rüstungs-, technologie- und wirtschaftspolitisch ihren Willen aufzuzwingen. Es sei nur an die SDI-Kampagne erinnert. Darüber soll nicht vergessen werden, daß Präsident Reagan zum Entsetzen mancher Kalter Krieger in unserem eigenen Land voll auf die Linie von Entspannung und gemeinsamer Sicherheit einschwenkte, als er überzeugt war, dafür in Präsident Gorbatschow einen glaubwürdigen Partner gefunden zu haben.

Und die Deutschen werden auch nicht vergessen, daß Präsident Bush die Deutsche Einheit weit vorbehaltloser unterstützt hat als unsere europäischen Nachbarn – was uns im übrigen nicht verwundern sollte, schließlich haben unsere Nachbarn Hitler-Deutschland im eigenen Lande erlebt.

Die Welt war offensichtlich zu kompliziert, um nach einem so einfachen und klaren Konzept gestaltet werden zu können, wie Klaus Bloemer es hartnäckig vertreten hat. Hat sich nach der „Zeitwende“ von 1989 daran etwas geändert? Die USA sind derzeit die einzig wirkliche Weltmacht, aber eine multipolare Welt ist in ihren Konturen bereits sichtbar. So bleibt Rußland potentiell eine Weltmacht, und China und Indien entwickeln sich zu Weltmächten. Was wird aus Europa in einer Welt, in der das militärstrategische Denken seine

Dominanz verloren hat, weltpolitische Einflußmöglichkeiten stärker in wirtschaftlichen und technologischen als in militärischen Kategorien gemessen werden?

Vielen erschien es nach 1989 „logisch" zu sein, dem Zusammenbruch des Ostblocks die Auflösung der NATO folgen zu lassen. Politisch lag es gerade angesichts des Auseinanderfallens des Sowjet-Imperiums näher, an dem Bündnis als einzig funktionierender übernationaler Organisation in Europa festzuhalten. Dabei waren vor allem auf amerikanischer Seite sicher massive Interessen des Militärs wie der Rüstungsindustrie im Spiel. Wichtiger war der Wunsch beiderseits des Atlantiks, auch das vereinte Deutschland einzubinden. Letztendlich wurde die Entscheidung der Amerikaner und der Europäer, die NATO nicht abzuschaffen, sondern umzubauen, von der Überzeugung getragen, in einer Welt voller wachsender Ungewißheiten auch weiterhin aufeinander angewiesen zu sein.

Angesichts der Tatsache, daß ihre Präsenz in Europa, auf der „anderen Seite des Atlantiks", ureigenstes Interesse der USA ist, hätten die Europäer beim bisherigen Umbau der NATO für den europäischen Pfeiler mehr an Gleichberechtigung herausholen müssen, zumal sie schon in den vergangenen Jahrzehnten einen immer größeren Teil der Lasten übernommen haben. Aber auch insoweit waren sie sich wieder einmal nicht einig und daher in der Vertretung ihrer Interessen nicht effektiv. Manche verspürten offenbar sogar die Versuchung, amerikanischen Tendenzen nachzugeben, aus der NATO ein Instrument amerikanischer Weltmachtpolitik zu machen. Als ob es eine wünschenswerte Rolle Deutschlands oder Europas sein könnte, in der Welt als Hilfssheriff der USA aufzutreten.

Andererseits: Solange Europa unfähig bleibt, vor seiner eigenen Haustür – zum Beispiel in Bosnien oder im Kosovo – Krisen und Bürgerkriege zu verhindern oder wenigstens zu beenden, solange die Europäer in solchen Fällen selbst immer wieder nach dem großen Bruder jenseits des großen Teiches rufen, solange dürfen sie sich nicht wundern, daß Amerika auf seine Vormachtstellung pocht.

Derzeit stehen in der Bündnis-Diskussion weniger die Fragen des Verhältnisses zwischen den USA und Europa als die der Osterweiterung der NATO im Vordergrund. Manche sehen in der Erweiterung den Ausdruck eines amerikanischen Bestrebens, seinen Einfluß auf Kosten Rußlands nach Osten auszudehnen. Ist das aber nicht „altes Denken" im Bipolaritäts-Schema? Konnten wir den Wunsch Polens, Tschechiens und Ungarns, der NATO beizutreten, überhaupt ablehnen? Schließlich hat Polen schon vor dem Sieg des Kommunismus mit russischer Macht bittere Erfahrungen sammeln müssen, die Tschechen haben die Niederwalzung des Prager Frühlings 1968 und die Ungarn die Niederschlagung ihres nationalen Aufstands 1956 nicht vergessen. Wir Deutschen sollten übrigens nicht verdrängen, daß diese Länder mit ihrer NATO-Mitgliedschaft zugleich auch Sicherheit vor dem vereinten Deutschland suchen.

Der NATO-Beitritt wird zur politischen Stabilität dieser Länder beitragen, was einem guten Verhältnis dieser Länder zu Rußland und den übrigen GUS-Staaten ebenso dient wie der Regelung der zahlreichen Minderheitenprobleme in Osteuropa. Die Aufnahme dieser Länder in die Europäische Union wird in die gleiche Richtung wirken, braucht aber mehr Zeit.

Kritisch ist gegenüber der NATO hervorzuheben, daß die Bemühungen, Rußland die Angst vor einer von der NATO-Erweiterung ausgehenden Bedrohung zu nehmen, eher auf dem Papier stehen, so richtig die „Partnerschaft für den Frieden" und die „Grundakte" zwischen NATO und Rußland im Ansatz sind. Nur mit Stirnrunzeln kann man amerikanischen Tendenzen begegnen, die neuen Verhandlungen von Truppen- und Waffenstärken im KZE-Raum durch das Streben nach einseitigen Vorteilen zu gefährden oder Rußland und die Ukraine gegeneinander auszuspielen. Wem es um gemeinsame Sicherheit in und für Europa geht, darf da auf keinen Fall mitlaufen.

Der Gegenvorschlag, im Laufe der NATO-Erweiterung das Bündnis eines Tages auch für Rußland zu öffnen, ist allerdings wenig überzeugend. Die NATO bleibt weiterhin ein Verteidigungsbündnis, überwölbt von der OSZE als – bisher leider nur sehr rudimentärem – Regionalsystem gesamteuropäischer Sicherheit. Das ganze Rußland, einschließlich seiner asiatischen Teile, in die NATO aufzunehmen, würde diese sprengen. Nur das europäische Rußland, das Rußland „bis zum Ural" aufzunehmen hieße, Rußland sicherheitspolitisch zu teilen. Das ist ein Ungedanke. Ubrigens: Welcher NATO-Staat will sich denn eigentlich verpflichten, Rußlands Grenzen am Ussuri oder im Kaukasus zu verteidigen – was immer unsere Interessen in und an diesen Regionen sein mögen?

Nein, die GUS-Staaten müssen ihre Verteidigung selbst organisieren. Gemeinsame Sicherheit muß von der NATO und den GUS-Staaten im Rahmen der KZE und einer energisch auszubauenden

OSZE organisiert werden, in der alle Beteiligten auch militärisch zusammenarbeiten, so wie es heute schon in Bosnien geschieht.

Für die Europäer bleibt Kernfrage, wie sie im Bündnis mit den USA teils Gleichberechtigung, teils eigenen Entscheidungsspielraum gewinnen können. Die Einführung des Euro – die zugleich der endgültige Abschied von der Vorstellung eines „Sechser-Europas" ist – wird die Europäer zwingen, die politische Integration nachzuholen, die eigentlich der Währungsunion vorausgehen sollte. Nur als politische Einheit werden die Europäer fähig werden, in Fragen der Bündnis- und der Weltpolitik zur Selbstbehauptung Europas mit einer Stimme zu sprechen.

Horst Ehmke, August 1998

Chicago Paper '64

(Notizen nach zwei Jahren USA)

Bei dem stärksten Verbündeten der Bundesrepublik, den USA, sind zwei politische Programme nicht mehr allzu populär: die Wiedervereinigung Deutschlands und die Schaffung einer autonomen Föderation europäischer Staaten. Dabei handelt es sich um jene beiden Pfeiler, die das Gebäude der westdeutschen Politik tragen sollten. Als Grundlage für das deutsch-amerikanische Verhältnis ist immerhin noch das gemeinsame Sicherheitsinteresse unverändert geblieben. Für die Bundesrepublik Deutschland aber ist es an der Zeit, die Tragfähigkeit ihrer Maxime zu überprüfen, sie neu zu fundamentieren und die Konstruktion auf die veränderten Umstände einzustellen. Will man in Bonn verhindern, daß in der Strömung einer weltweiten Entspannungspolitik die *deutsche Wiedervereinigung* und das *Europakonzept* gemeinsam den Bach heruntergehen, so wird man die Stabilität dieser beiden Elemente gegeneinander abwägen müssen, um festzustellen welches den stärkeren Belastungen ausgesetzt werden darf. Verlagert man das Schwergewicht einseitig auf die deutsche Wiedervereinigung, so wird sehr wahrscheinlich das Projekt der westeuropäischen Union lebensgefährlich zu Schaden kommen. Entschließt sich Bonn jedoch, alle Kräfte auf die Einheit Europas zu konzentrieren, so sind die Aussichten solider – auch dafür, die Wiedervereinigung der Deutschen in Frieden und Freiheit zu verwirklichen.

Den Weg zu den „Neuen Grenzen" Deutschlands und Europas hat in unmißverständlicher Klarheit ein Amerikaner in Berlin aufgezeichnet; es war Robert Kennedy, der Ende Juni 1964 vor der Freien Universität erklärte, in einem integrierten Europa werde Deutschland auch zu seiner Einheit zurückfinden. – Zu diesem kühnen Programm sollten sich die Deutschen, sollten sich alle Europäer in West und Ost gemeinsam mit den Amerikanern bekennen können. Die Dogmen von den alten Grenzen eines vergangenen Deutschen Reiches, und überhaupt von der nationalstaatlichen Konservierung Europas, könnten nur mit politischem Mut, schöpferischer Phantasie und auf amerikanischer Seite mit einer fairen Partner-Mentalität überwunden werden. Der amerikanische Justizminister hat Konrad Adenauers Politik auf den kürzesten Nenner gebracht, die dieser – konfrontiert mit einer auf falsche Sentimentalität und unrealistischen, überholten

Nationalismus abgestellten Parteiparolen - nur vorsichtig andeuten konnte: „Nur in einem integrierten Europa wird Deutschland wieder seine angemessene Rolle finden".

In der Deutschland- und Berlinfrage ist es offensichtlich zu einer stillschweigenden Übereinkunft zwischen den USA und der Sowjetunion gekommen, die bestehenden Verhältnisse nicht durch neue Initiativen, die unmittelbar in das Einflußgebiet des anderen eingreifen, zu stören. Das heißt, daß die Sowjets sich offiziell erst einmal damit zufrieden geben, ihre bisher gewonnene Position politisch dauerhaft zu festigen, wie das in ihrem Freundschaftspakt mit dem Ulbricht-Regime vom Juni 1964 zum Ausdruck kommt. Offenbar hoffen sie, auf dem Umwege über die „weltweite Entspannung" die Isolierung und spätere Kontrolle bzw. Übernahme Westberlins durchzusetzen, um schließlich mittels eines Friedensvertrages mit „beiden deutschen Staaten" ihr Hauptziel, die Neutralisierung Westdeutschlands, zu erreichen.

Die USA akzeptieren zwar nicht diese Ziele der Sowjetunion, betrachten aber doch deren Abkehr von der ultimativen Politik in Berlin und die zeitweilige Anerkennung des deutschen Status quo als willkommenen Schritt zum Abbau eines akuten Spanungsherdes. Indem sie die angebliche Sorge der Sowjets vor einer deutschen Bedrohung als „verständlich" anerkennen, zeigen sie sich praktisch bereit, die Teilung Deutschlands als Voraussetzung für ein der gegenwärtigen Machtkonstellation in Europa entsprechendes „Gleichgewicht der Kräfte" hinzunehmen. Der deutschen These, daß die Teilung ihres Landes eine Ursache der Spannung sei, die es im Interesse einer Entspannung zu beseitigen gelte, vermögen sich die Amerikaner offensichtlich nicht nur nicht anzuschließen; vielmehr neigen sie zu der Gegenthese, daß ein jetzt wiedervereinigtes Deutschland die Spannung in Europa erhöhen würde.

In der Frage der europäischen Vereinigung fällt es den Amerikanern weniger leicht, ihre Ablehnung kundzutun, da diese einer Absage an ihr eigenes Nachkriegskonzept für Europa gleichkäme. Ihre distanzierte Haltung einem nach Selbständigkeit und Eigengewicht strebenden Europa gegenüber bringen die USA vorerst mit ihrer Kritik an den „klein-europäischen" Vorstellungen de Gaulles zum Ausdruck. Den Gedanken an eine politische Union auf deutsch-französischer Grundlage lehnt Amerika offen ab, so sehr es sich darüber im klaren sein muß, daß auf britischer Seite keinerlei reale Bereitschaft für eine politische Bindung an den Kontinent besteht.

Der – allerdings gescheiterte – Versuch, Großbritannien unter psychologischem Druck in die europäische Wirtschaftsgemeinschaft hineinzumanövrieren, um so mit Hilfe des amerikanisch-britischen Sonderverhältnisses ein Leck in das Boot der Sechsergemeinschaft zu schlagen, bevor es eben ausgelaufen war, machte die schwindende Begeisterung Amerikas für das europäische Projekt schon recht deutlich. Kein Zweifel kann nämlich daran bestehen, daß eine zur atlantischen Zollgemeinschaft geöffnete EWG ihren tieferen Sinn, Instrument für eine politische Föderation Europas zu werden, verloren hätte. Daß weder Großbritannien noch die USA die „Zweite westliche Weltmacht“ Europa wünscht, war schon daran deutlich geworden, daß beide Regierungen den Vorschlag de Gaulles an Macmillan, die britische und französische Kernwaffen-Rüstung als Nucleus für eine europäische Atommacht zusammenzulegen, ignorierten und im Januar 1963 auf den Bahamas ein Sonderabkommen über die Polaris-U-Boote schlossen. Weiterhin zeigte das plötzliche Zurückgreifen des amerikanischen Präsidenten Johnson auf die ursprüngliche Konzeption der Marshall-Plan-Politik, die einmal davon ausgegangen war, auch die in der sowjetischen Einflußsphäre gelegenen osteuropäischen Länder materiell und moralisch zu unterstützen, daß Amerika sein westeuropäisches Konzept nicht mehr als Maß aller Dinge betrachtet. Tatsächlich deuten damit die USA an, daß sie bereit wären, das Gewicht der Pseudo-Nationalstaaten östlich der Elbe gegenüber dem auf Integrationsgleisen fahrenden Westeuropa zu erhöhen.

Auf die Dauer kann die Bundesrepublik Frankreich nicht allein die Rolle des Vertreters europäischer Zukunftsinteressen gegenüber den anglo-amerikanischen Bündnismächten aufhalsen, besonders weil dadurch gewisse reaktionäre, nationalegoistische Tendenzen in der französischen Politik noch weiter gefördert würden. Man argumentiert heute – und zwar nicht nur in der kommunistischen Parteipresse Ostberlins, sondern auch in politischen Kreisen westlicher Hauptstädte – daß sich die Bundesrepublik der Gefahr einer Isolierung aussetzen würde, wenn sie den amerikanischen Entspannungswünschen nicht entsprechen sollte. Das Gegenteil dürfte der Fall sein. Eine Verwirklichung solcher Plane, wie die Unterzeichnung eines Abkommens über „Einfrieren“ der Atombewaffnung in Europa (und das noch dazu gemeinsam mit der Sowjetzone) würde tatsächlich dazu beitragen, die Bundesrepublik aus ihren bestehenden Bindungen mit dem Westen herauszulösen. Ein solcher Akt würde genau auf das sowjetische Ziel zusteuern: die Neutralisierung Westdeutschlands bei gleichzeitiger Aufwertung der „Deutschen Demokratischen Republik“ zu einem zweiten (sozialistischen) deutschen Staat. Auch die übrigen Entspannungsprojekte, die von der amerikanischen Administration für Mitteleuropa erwogen werden, wie ein internationales Abkommen über den Zugang von Westdeutschland nach Berlin unter Mitkontrolle der Sowjetzonenpolizei und die Einrichtung von Beobachtungsposten beiden in Teilen Deutschlands zum Schutz gegen Überraschungsangriffe, arbeiten in ähnlicher Weise Moskau in die Hände.

Weder die USA noch die Briten sind praktisch in der Lage, die Bundesrepublik zur Teilnahme an solchen Maßnahmen zu zwingen. Bonn aber hat die Verpflichtung, seine Bedenken rechtzeitig kundzutun, wenn es nicht durch neue vollendete Tatsachen wieder einmal hilflos dem Druck einer öffentlichen Weltmeinung ausgeliefert werden will, wie das beim Abschluß des Atomstopabkommens über seinen Kopf hinweg bereits einmal geschehen ist. Da die Bundesrepublik auf französische Unterstützung rechnen kann, müssen Amerikaner und Engländer vorsichtig operieren. Es dürfte Bonn nicht schwerfallen darzustellen, daß die Sowjets ihre Zielsetzungen für Deutschland und Europa in die „weltweite Entspannungspolitik“ einbetten, nachdem sie vom Kalten Krieg der starren Front auf europäischem Boden zu einer beweglichen Kalten Kriegsführung übergegangen sind. Wie schon öfter zuvor versuchen die Sowjets, aus ihrer Not eine Tugend zu machen. Indem sie die Isolierung durchstoßen, in die sie durch die vergangene Phase des Kalten Krieges geraten sind, suchen sie, sich aus einer für sie wirtschaftlich und gesellschaftlich lebensgefährlichen Situation zu befreien – und gleichzeitig dabei die Bundesrepublik von ihren Bundesgenossen zu trennen.

Die Bundesregierung muß sich im Gegenzug darauf konzentrieren, ihren wichtigsten militärischen Bündnispartnern attraktive Ausblicke zu eröffnen, um die deutschen Anliegen weltpolitisch in einem neuen Lichte erscheinen zu lassen. Dem an sich gesunden allgemeinen Meinungstrend im Westen, die nun schon über 15 Jahre währende Kriegsdrohung abzubauen, kann und darf sich natürlich auch Bonn nicht verschließen. Nur sollte es sich Bonn zur Aufgabe machen seinen Bundesgenossen ein anderes Rezept zu offerieren, als es die gegenwärtig für Mitteleuropa ins Auge gefaßte Methode des „stufenweisen Abbauens“ der Spannungen darstellt. Allerdings darf man dabei nicht übersehen, daß die amerikanische Regierung in

Gefahr geraten ist zum Gefangenen ihres eigenen Slogans „Je mehr Entspannung - desto größer die Friedensaussichten“ zu werden, und daß die öffentliche Meinung ihr mit dieser Parole davonzulaufen droht. Tatsache ist, daß die europäische Einigungspolitik ihr Konzept und ihre bisherigen Ergebnisse jener naturgegebenen Spannung verdankt, die nach dem Ende des Zweiten Weltkrieges zwischen dem sowjetischen Machtblock und dem Kräfte-Vakuum im westlichen Teil Europas zurückgeblieben war. Bonn steht heute vor der nicht leichten Aufgabe, einer auf Scheinerfolge im Abbau des Kalten Krieges erpichten öffentlichen Meinung die Forderung gegenüberzustellen, daß jener dynamische Prozeß nicht unterbrochen und gefährdet werden darf, der darauf abzielt, die Spannung in Europa auf natürlichem Wege aus der Welt zu schaffen: nämlich durch die konstruktive Auffüllung des Vakuums in Gestalt der dritten Weltmacht Europa.

Selbstverständlich ist die EWG so angelegt, daß die wirtschaftliche Integration ein politisch selbständiges Handeln der Beteiligten eines Tages „auf natürlichem Wege“ unmöglich machen soll; schon in der Präambel zu den Römischen Verträgen ist deutlich gemacht, daß EWG und EURATOM eigentlich als Mittel zum Zweck der politischen Verschmelzung gesehen werden müssen. Nur ist dieser Prozeß langwierig, und sein ungestörter Ablauf ist nicht unbedingt sichergestellt, solange nicht politisch ergänzende Instanzen ins Leben gerufen werden, die sowohl beschleunigende als auch abschirmende und kontrollierende Funktionen erfüllen. Dabei muß betont werden, daß die EWG-Länder rein wirtschaftliche, bis heute unerwartet große Erfolge vorweisen können: Von 1958 bis 1963 ist ihr Bruttosozialprodukt um 30% und ihre Industrieproduktion um 40% gestiegen – in beiden Fällen ein etwa doppelt so großer Anstieg wie in Großbritannien und ein auch erheblich größerer als in den USA. Dabei hat die EWG sich im Handel mit Drittländern wirklich liberal erwiesen; die Sechs importieren heute Waren im Werte von 25 Milliarden Dollar und haben neuerdings ein Handelsdefizit von über 3 Milliarden Dollar entwickelt.

Abschiedstreff dreier Diplomaten-Freunde am Michigan-See, Sommer 1964: links im Bild der französische Kollege Allewaert, rechts der Brite Heath

„On the air“ mit CBS-Chefredakteur Larry Atteburg

Allerdings fehlt es der EWG noch an Mitteln und Möglichkeiten, um wirksam eine gemeinsame Außenwirtschafts- und Finanzpolitik durchführen zu können. Dies jedoch ist von immenser Bedeutung sowohl für das weitere innere Gedeihen von EWG, EURATOM und Kohle- und Stahlgemeinschaft, deren Exekutiven demnächst fusioniert werden - als auch für die den Gemeinschaften nach außen gestellten Aufgaben.

Eine gemeinsame Finanzpolitik hätte das Ziel, inflationistische Entwicklungen in den einzelnen Partnerländern unter Kontrolle zu bringen, um schließlich zu einer europäischen Währung zu kommen, für die eine Stabilisierung des inneren Wertes der nationalen Währungen mit entsprechendem Wechselkurs eine Voraussetzung wäre. Eine gemeinsame Außenhandespolitik der EWG wird indessen immer dringlicher in *drei* Aspekten:

1. um den USA und zur Verbesserung ihrer Zahlungsbilanz solche Exportmöglichkeiten für den europäischen Markt zu eröffnen, die für die Erhaltung und den Ausbau eines gesunden Partnerverhältnisses sinnvoll sind,
2. um die Verhandlungsposition Europas gegenüber dem Ostblock zu stärken,
3. um eine individualisierte Entwicklungspolitik durchzuführen, indem die Industriestaaten es durch spezielle Hilfs- und Begünstigungsmaßnahmen den Entwicklungsländern ermöglichen, sich schrittweise an das marktwirtschaftliche System im Handel anzuschließen.

Der Integrations- und der Konföderationsgedanke schließen sich auch nicht notwendigerweise aus. Der Präsident der Hohen Kommission der EWG, Professor Hallstein, erklärte vor dem Europäischen Parlament im Juni 1964: „Es gibt keinen Weg zur politischen Union, oder sagen wir jetzt besser, zu Europas Föderation, der um die sogenannten europäischen Gemeinschaften herumführt. Jeder Weg führt durch sie hindurch.“ - Solange der Automatismus des wirtschaftlichen Europäisierungsprozesses in den Gemeinschaften (EWG, Kohle und Stahl, EURATOM) nicht gewaltsam unterbrochen wird, nimmt das Zusammenwachsen der Nationalwirtschaften in eine europäische Volkswirtschaft seinen Fortgang. Diese Vorgänge brauchten nicht etwa durch eine politische Konföderation, wie sie vom ehemaligen deutschen Verteidigungsminister Franz Josef

Strauß, in Anpassung an de Gaulle'sche Ideen vorgeschlagen wird, (Europäischer Rat der Regierungschefs zur Koordinierung ihrer Politik; Schaffung eines gemeinsamen Generalsekretariats und einer politischen Kommission, bestehend aus Delegierten der nationalen Regierungen) behindert zu werden. Wenn sichergestellt wird, daß die konföderativen politischen Gremien den wirtschaftlichen Gemeinschaften erlauben, sich weiter frei zu entfalten, wird deren Entwicklung sogar als Ferment für den beschleunigten Übergang von der Konföderation zur politischen Föderation wirken. Schließlich sind es, wie wir gesehen haben, die modernen technischen Voraussetzungen, die zum kontinentalen Zusammenschluß zwingen. Die Einschaltung einer politischen Zwischenstufe in Form einer Konföderation wäre somit nur als psychologisches Moment zu verstehen, das den Völkern und ihren Führern den geistigen Prozeß der Überwindung nationalstaatlichen Denkens erleichtert, wie Jean Monnet ihn im Februar 1964 in Bad Godesberg formulierte: „Unsere heutige Welt ist eine Welt der großen Einheiten: Wir müssen in Kontinenten denken, und es muß ein Dialog zwischen Kontinenten geführt werden. In das Gespräch zwischen den Kontinenten – oder weniger geographisch ausgedrückt: zwischen den Machteinheiten kontinentaler Größenordnung – gehört auch die deutsche Frage. Monnet drückt das so aus: „Die Vereinigung der Deutschen in der im Entstehen begriffenen Europäischen Gemeinschaft ist zur Sicherung des Friedens eine Notwendigkeit."

Tatsache ist, daß sich der Anspruch auf Wiedervereinigung des deutschen Volkes heute am sinnfälligsten als ein europäisches Petitum vortragen läßt, wenn er im westlichen Lager weithin Verständnis finden soll. Den amerikanischen Status-quo-Wünschen für die absehbare Zukunft in Europa kommt diese Formulierung zunächst einmal entgegen, ohne daß dabei die Bundesrepublik ihr politisches Existenz-Programm aufzugeben gezwungen wäre, als der Deutsche Staat schlechthin für die Interessen aller Deutschen zu sprechen und zu sorgen. Im Zuge einer politischen Vereinigung mit den Nachbarstaaten würde bei schrittweiser Aufgabe der nationalstaatlichen Souveränität automatisch die Rechtsposition und die Sprecherfunktion, wie sie heute von Bonn ausgeübt wird, auf die westeuropäischen Bundesorgane übergehen. Die Wiedervereinigung der Deutschen als einen europäischen Anspruch schon zu diesem Zeitpunkt darzustellen, hat – außer der Beilegung des gegenwärtigen deutsch-amerikanischen Dilemmas – noch weitere Vorteile: Die Partner der Bundesrepublik werden bei allen Verhandlungen über die westeuropäische politische Integration mit in die volle Verantwortung zur deutschen Wiedervereinigung gezogen; weiterhin wird der Trend zu einer späteren Ausweitung der europäischen Föderation auf die osteuropäischen Territorien westlich der sowjetischen Grenzen deutlich gemacht.

Der Forderung auf Europäisierung der deutschen Wiedervereinigungsfrage liegt eine schwer zu widerlegende Logik zugrunde: schließlich wären es ja „die Deutschen", „die Franzosen" usw., die sich in einem neuen Staatsgebilde vereinigen wollen. Es ist also das deutsche Volk und nicht ein Teil desselben, - es ist außerdem auch die Bundesrepublik, die seit ihrem Bestehen den Rechtsanspruch besitzt, für ganz Deutschland zu sprechen - die sich mit ihren Nachbarvölkern bzw. -staaten zu einer Gemeinschaft zusammenschließen. Kann auch jener Teil des deutschen Volkes, der in einer fremden Einflußsphäre lebt, den Vereinigungsprozeß in der ersten Phase nicht mitmachen, so ist es doch selbstverständlich, daß jede europäische Union sich unzweideutig für den Einschluß aller Deutschen in die Vereinigten Staaten Europas erklären muß. Die Frage der Wiederherstellung eines Deutschlands etwa in den Grenzen von 1937 (Oder-Neiße-Problem) brauchte und sollte in diesem Zusammenhang gar nicht gestellt werden, da von einer „Wiedervereinigung der Deutschen" als europäisches Konzept, aber mehr von der „Wiedervereinigung Deutschlands" die Rede wäre. Die These von einer so gearteten Europäisierung der deutschen Frage dürfte bei den westlichen Nachbarn der Bundesrepublik ein positives Echo finden, nachdem gerade bei einer Meinungsumfrage in Frankreich die Mehrheit der Angesprochenen die deutsche Wiedervereinigung als wünschenswert bezeichnete.

Das zukünftige Verhältnis Europas zu den USA

(1965)

Ärmlicher als das Aschenbrödel waren alle europäischen Länder zusammengenommen, als sich der großherzige, reiche „Prinz aus Amerika" ihrer annahm. Europa hatte sich in seinem zweiten Bürgerkrieg des 20. Jahrhunderts zerfleischt. Die stolzen Nationalstaaten und Kolonialmächte von einst vegetierten nur noch an der Grenze ihrer Existenzfähigkeit dahin. Die Zuneigung und Hilfsbereitschaft, die Amerika diesem Europa entgegenbrachte, entsprangen einem spontanen Entschluß. Ohne sich der Tatsache eigentlich ganz bewußt geworden zu sein – und ohne es vielleicht richtig gewollt zu haben –, waren die Vereinigten Staaten in eine Weltverantwortlichkeit hineingeraten und mußten in Europa, wo sie nun einmal standen, die Rolle des Beschützers und Fürsorgers zugleich übernehmen. Mit der ihnen eigenen optimistischen Unvoreingenommenheit gingen die Amerikaner ans Werk. Zwei Jahre nach dem großen Krieg begannen sie mit einem drastischen wirtschaftlichen Hilfsprogramm, Europas sozialen Status wiederherzustellen, wohl nicht nur mit dem Hintergedanken, sich auf diese Weise von einem dauernden Kostgänger zu befreien und die Vereinnahmung des Alten Kontinents durch die Sowjets zu verhindern, sondern wohl auch schon in der ehrlichen Absicht, sich den Partner für die Zukunft zu schaffen.

Aus dem Marshall-Plan sollte die Initialzündung für einen engen Zusammenschluß der noch im „Grenzdenken" ihrer Vergangenheit befangenen Europäer entstehen. Nichts ist natürlicher, als daß gerade die Vereinigten Staaten von Amerika einen solchen Trend zur Einheit in kontinentaler Größenordnung zu fördern wünschten. Dem Amerikaner fiel die Einsicht leichter, daß nur ein wirtschaftlicher Großraum, der in etwa die Potenzen Nordamerikas besitzt, auf die Dauer in der Nachbarschaft mit der Sowjetmacht lebensfähig sein könnte. Allerdings bedurfte es Ende der 40er Jahre schon einiger Phantasie, gepaart mit amerikanischer Unbekümmertheit, um sich vorzustellen, daß aus jener Stätte menschlichen Elends, gesellschaftlichen Chaos und materieller Trümmer, die Europa damals war, in einem absehbaren Zeitraum eine neue Gemeinschaft von Nationen in Wohlstand und Eigenständigkeit entstehen könnte. Natürlich wird auch die Vorstellungsgabe der Amerikaner nicht ausgereicht haben, um eine Entwicklung vorherzusehen, in der Europa einmal zu einem möglichen wirtschaftlichen Rivalen und weltpolitischen Konkurrenten für sie werden könnte. Über solche theoretischen Konsequenzen machte sich der Amerikaner, der im Hochgefühl des Siegers, Befreiers und Weltordners eine moderne Ausgabe des Civis Romanus war, keine Kopfschmerzen. Ehrlichen Herzens wünschte sich Amerika ein Europa, das wieder auf eigenen Füßen stehen sollte. Man geht wohl auch nicht fehl in der Annahme, daß hierbei - was gar nicht selten in der Politik vorkommt - auch ein psychologisches Motiv mitspielte: Der Amerikaner mag gefühlt haben, daß sich sein Land zu weiterer, echter Größe nur entwickeln konnte, so lange sein europäischer Mutterboden in gutem Zustand war. Man soll doch nie vergessen, daß die Vereinigten Staaten ihre nationale Revolution in Permanenz durchmachen und noch keineswegs ein fundiertes Selbstbewußtsein und das wünschenswerte Selbstverständnis als Nation erreicht haben.

Die europäischen Zusammenschlüsse

Die amerikanischen Handlungen und Initiativen, die dem Marshall-Plan folgten, zielten darauf ab, nicht nur einen Wiederaufbau des vom Kriege Zerstörten zu begünstigen, sondern den Neubau eines den technischen und gesellschaftlichen Errungenschaften und Anforderungen einer neuen Epoche entsprechenden Europas zustande zu bringen. Mit dem materiellen und moralischen Segen der Amerikaner versehen, begannen sich die Europäer zu regenerieren und machten erste Schritte, um Produktion und Markt den Bedingungen der neuen technischen Revolution anzupassen. Das überzeugende Beispiel der großräumig organisierten und Potenz ausstrahlenden Vereinigten Staaten von Amerika stand ihnen dabei vor Augen. Nicht zuletzt waren es auch die amerikanischen Berater und wirtschaftlichen Techniker, die von daheim ein Denken in kontinentalen Raumeinheiten mitbrachten, das sie in die zerstörten Länder Europas hineintrugen. Die Marshall-Plan-Dollars sollten den Anstoß zur Überwindung der europäischen Einzelstaaterei geben. Es war keine bedeutungslose Symbolik, daß diese Gelder unter dem Firmenschild des „Europäischen Wiederaufbauprogramms“ verteilt wurden. In der OEEC schließlich lernten die Europäer die Vorteile der gemeinsamen Arbeit auf wirtschaftlichem und finanziellem Gebiet - ebenfalls unter amerikanischer Anleitung - praktisch kennen und schätzen. Männer wie Jean Monnet und Robert Schuman wurden von den Amerikanern ermutigt, ihre Pläne gegen den Widerstand nationalistischer Kreise und von antideutschen Ressentiments beseelter Kräfte in Frankreich durchzusetzen: In der Kohle- und Stahl-Gemeinschaft wurden auf übernationaler Ebene Energie und Material für den Aufbau Europas mobilisiert. Ermutigt durch diesen Erfolg schlossen sich die sechs Kontinentalen in der Europäischen Wirtschaftsgemeinschaft und im EURATOM zusammen, was ebenfalls durchaus den Vorstellungen Washingtons entsprach. Noch immer standen bei allen amerikanischen Erwägungen ein politisches und ein wirtschaftliches Ziel im Vordergrund: nämlich Europa immun gegen den Kommunismus und unabhängig von amerikanischer Hilfe zu machen.

Jean Monnet zeichnete im vergangenen Jahr in Bad Godesberg den neuen politischen Atlas mit den Worten: „Unsere heutige Welt ist eine Welt der großen Einheiten. Wir müssen in Kontinenten denken, und es muß ein Dialog zwischen Kontinenten geführt werden."

Die Vorstellung der Ideologen um Roosevelt, die allerdings auch heute noch in den Studierstuben der efeuumrankten Universitäten New Englands gepflegt wird - daß die „one world" schon morgen Tatsache sein sollte -, hat sich als unrealistisch erwiesen. Das Zeitalter der Machtpolitik ist noch nicht beendet, nur gestaltet es sich in neuen Proportionen. Die Ära der Supermächte hat begonnen. Sie ist erzwungen worden durch die wissenschaftlichen und technischen Errungenschaften, die der Zweite Weltkrieg hervorgebracht hat. Mit den gewaltigen Kraftanstrengungen des totalen Krieges war der Fortschritt im Zeitraffertempo verlaufen: Die Ergebnisse dieses Prozesses liegen vor in der Elektronentechnik, in der Atomenergie und in der Raumschiffahrt. Gebieterisch fordern diese Elemente der zweiten technischen und industriellen Revolution Großräume, Bevölkerungskapazitäten und einen Kapitalaufwand, die bei den klassischen Nationalstaaten einfach nicht mehr gegeben sind. Niemand wird voraussagen können, wann die eine, gesellschaftlich in sich geschlossene Welt kommen wird. Sicher ist aber wohl, daß wir vor diesem Endstadium noch die Zwischenstufe der kontinentalen Einheiten durchlaufen werden, die politisch als regionale Gemeinschaften von Völkern, die in Superstaaten zusammenleben, gekennzeichnet wird. Diese Entwicklung läßt sich stichwortartig so beschreiben: vom Nationalismus über den Regionalismus zum Weltstaat.

Es ist also ein expansiver Vorgang, in dessen Verlauf sich immer größere Gesellschaftseinheiten bilden. Schon heute scheinen sich die Konturen größerer geographischer Blöcke abzuzeichnen. Es war gewiß kein Zufall, daß die USA und die Sowjetunion nach dem letzten Kriege als die beiden Weltmächte hervortraten, die den nächsten Jahrzehnten den Stempel ihrer Macht aufdrücken sollten. Und doch konnte diese bipolare Welt nur ein Übergangsstadium sein; sie war gekennzeichnet durch die Existenz zweier Supermächte, die in ihrer Größenordnung den Erfordernissen des soeben angebrochenen modernen Zeitalters entsprachen. Aber der weitaus größere Teil der Erde bestand aus machtpolitischen Vakuen. Ich möchte so weit gehen zu behaupten, daß ohne den ideologischen Antrieb des Weltkommunismus und unabhängig von der Gegensätzlichkeit der gesellschaftspolitischen Systeme, die von diesen beiden Supermächten repräsentiert wurden, eine Ausdehnung ihrer Einflüsse in die Sphären der Ohnmacht unvermeidlich gewesen wäre. Das Eindringen der Weltmächte in die Regionen politischer Schwäche mußte nach dem physikalischen Grundgesetz „natura abhorret vacuum" geschehen. Da die Massenrelation zwischen den beiden Supermächten und der übrigen Welt jedoch zu groß war, ließ es sich absehen, daß die USA und die Sowjetunion eines Tages in ihren Kräften überfordert sein würden, und daß die Aufteilung der Erde in eine sowjetische und eine amerikanische Interessenssphäre nicht zustande kommen könnte. So ist die bipolare Welt als eine östlich/westliche Komposition eigentlich nur eine Fiktion geblieben, die – aus dem Umbruch des Krieges resultierend – nicht mehr als ein kurzes Zwischenspiel der Geschichte darstellen konnte. Nicht zuletzt das Einwirken der in Konkurrenz zueinander stehenden beiden Weltmächte auf die übrige Welt hat die Ansätze zum Entstehen neuer großer Machteinheiten bewirkt. Europa und China sind bisher die sichtbarsten Ergebnisse dieses Prozesses; aber auch die durch die Auflösung europäischer Kolonialreiche geförderte nationale Emanzipation in der übrigen Welt kann nur als Übergangsstufe zur Entwicklung größerer Wirtschaftsräume und politischer Einheiten verstanden werden. Es gehört wohl keine Prophetie dazu, wenn man die Unumgänglichkeit einer zukünftigen Verschmelzung der beiden Amerika zu einem Staatenbund und später auch zu einem Bundesstaat der westlichen Hemisphäre erkennt. Aus Kuba kamen die ersten Donnerschläge, die den Nordamerikanern klar machen sollten, daß das Schicksal Lateinamerikas auch das ihre ist.

Ich hoffe, daß mir diese Bemerkungen nicht als Ausflug in eine noch utopisch klingende Zukunft verübelt werden. Ich bin vielmehr der Meinung, daß das Verhältnis zwischen den USA und Europa nach den Perspektiven einer möglichen und auch wahrscheinlichen Machtentwicklung beider Seiten beurteilt werden muß. Ich gebe jedoch zu, daß derartige Zukunftsaspekte bei der gegenwärtigen Beurteilung der europäischen Lage und der Weltsituation in Washington kaum eine Rolle spielen. Die USA sind im vergangenen Jahrzehnt in eine neue politisch-strategische Position hineingeraten, die für sie ein schnelles Umdisponieren ihrer Kräfte erforderlich machte. Sie sehen sich heute an drei weltpolitischen Fronten gebunden. Über die Eismeere hinweg standen sie plötzlich durch die Interkontinentalraketen militärisch unmittelbar dem zweiten Atomgiganten, der Sowjetunion, gegenüber. Der gewaltige Machtzuwachs Pekings führte dazu, daß die USA auch nach Westen hin einen Teil ihrer Kräfte zunehmend konzentrieren müssen; hier sind sie mit einer aufkommenden neuen Weltmacht konfrontiert.

Europa ist damit in die Rolle einer Seitenfunktion der amerikanischen Macht geraten. Die Europäer, die sich daran gewöhnt hatten, im Mittelpunkt des amerikanischen Interesses zu stehen, konnten – und wollen – sich bis heute nicht recht mit der unvermeidlichen Neuorientierung der amerikanischen Politik abfinden.

Es wird viel darüber geklagt, daß die politischen Interessen der im NATO-Pakt zusammengeschlossenen Staaten nicht mehr identisch sind. Sie können es aber gar nicht mehr sein, seitdem Amerikas strategische Lage sich in der geschilderten Form verändert hat. Amerikas Kräfte sind stark an nicht-europäische Fronten gefesselt; nichts läge daher näher und nichts wäre wünschenswerter, als daß Europa zu diesem Zeitpunkt schon in der Lage wäre, auf eigenen Füßen zu stehen, um dem verbündeten Amerika Entlastung zu schaffen. Erst langsam aber gewöhnen sich die Europäer an den Gedanken – sie lassen sich durch die Umstände erst dazu zwingen –, daß die Epoche zu Ende geht, in der die USA als Schutzmacht der freien europäischen Länder ihre außenpolitische Hauptaufgabe sehen konnten. Das war ja der eigentliche Inhalt der NATO-Konzeption des Jahres 1949, die allerdings nur als eine Übergangserscheinung im amerikanisch-europäischen Verhältnis gedacht sein konnte, aber erstaunlicherweise von Politikern beiderseits des Atlantik heute noch wie eine

Dauerlösung angesehen wird. Natürlich besitzt die NATO politische Dauerwerte, die sich im Bekenntnis zu der schicksalhaften Verbindung der Völker beiderseits des Atlantik ausdrücken. Aber in ihrer vor 15 Jahren geschaffenen Form konnte sie nur eine Zwischenlösung darstellen, deren voller Erfolg sich gerade dadurch erweisen wird, daß sie Voraussetzungen für eine Neugestaltung des Bündnisses geschaffen hat.

Es ist nicht einfach, das entscheidende Motiv ausfindig zu machen, warum die Amerikaner beharrlich versuchen, weiterhin politisch die erste Rolle in Europa zu spielen, anstatt alles zu tun, um den Europäern selbst die Initiative zu übergeben. Dabei mag das grundsätzliche Bedenken der atlantischen Seemacht hinsichtlich der Zuverlässigkeit und Solidarität jener europäischen Völker mitspielen, die am äußersten Rand des eurasischen Landkolosses ein risikoreiches Dasein führen.

Die Rolle Englands

Man kommt nicht umhin, die Rolle Englands näher zu beleuchten, wenn man eine Erklärung für die unglückliche Stagnation in der organischen Entwicklung der Beziehungen zwischen den USA und Europa sucht. Großbritannien hat sich mit dem Schicksal, seine Weltmachtstellung durch den letzten Krieg endgültig verloren zu haben, nicht abfinden können. Immer wieder hat es daher versucht, sich eine Position aufzubauen, die es ihm erlauben würde, quasiweltpolitischen Einfluß auszuüben. London hat sein Sonderverhältnis zu Amerika ohne Rücksicht auf die europäischen Entwicklungen und Notwendigkeiten kultiviert, um als angelsächsische Seemacht in eine Art Junior-Partnerschaft zu Washington zu kommen. Leider muß man annehmen, daß Europas Selbständigkeit heute schon viel weiter gediehen wäre, wenn England seine „special relationship" zu den USA zusammen mit seinen Großmachträumen zu opfern bereit gewesen wäre. Kein Zweifel besteht doch wohl darüber, daß Amerikas Vertrauen zu einem Europa, in dem das britische Element eine Führungsrolle inne hätte, stark genug sein könnte, um ein solides europäisch-amerikanisches Partnerschaftsverhältnis tragen zu können. Allerdings wäre die Voraussetzung dafür die uneingeschränkte Bereitschaft Englands gewesen, sein Schicksal mit dem der anderen europäischen Nationen zu verknüpfen und gleichzustellen.

Man kann nicht genug bedauern, daß es England noch nicht gelungen ist, sich von seiner Vergangenheit imperialer Größe schnell genug zu befreien, um eine neue entscheidende Rolle in der Weltpolitik zu übernehmen: nämlich den psychologischen Ausgleich und das physische Gleichgewicht Europas gegenüber Amerika herzustellen. Andererseits haben es auch die USA daran fehlen lassen, Großbritannien auf seine europäische Rolle deutlich genug hinzuweisen. Das Zusammenspiel zwischen den USA und Großbritannien, nicht zuletzt als Folge der engen Verbindung der beiden Staaten während des Krieges, hat keinen günstigen Effekt auf das europäisch-amerikanische Verhältnis ausgeübt. Bisweilen gewinnt man den Eindruck, als ob man sich jetzt in Washington dieser Tatsache bewußt wird. Ganz sicher aber lassen sich solche Einsichten nicht bei der gegenwärtigen Regierung in London feststellen.

Jeder Europäer, gleichwelcher Nationalität, wird in seine Zukunftsvorstellungen von den Vereinigten Staaten von Europa selbstverständlich Großbritannien einschließen. Die Überwindung der nationalstaatlichen Grenzen in Europa würde einen so gewaltigen Umbruch und Wendepunkt in der Menschheitsgeschichte darstellen, daß man sich einfach nicht vorstellen könnte, das im europäischen Geschichtsbewußtsein fest verankerte Großbritannien könnte von diesem Prozeß ausgeschlossen bleiben. Der wirtschaftliche und politisch-psychologische Halt, den England in seinen Bindungen nach Übersee hat, wird immer schwächer. Um seine insulare Eigenständigkeit zu behaupten, versucht Großbritannien die geographischen Proportionen schlechthin zu negieren: Es tut so, als ob der Atlantik schmaler sei als der Kanal. Aber die Realität läßt sich auf die Dauer nicht verwischen. Dabei ist es ermutigend, daß endlich beschlossen wurde, England durch einen Tunnel physisch mit dem Festland zu verbinden. Für die Engländer geht es eigentlich darum, daß sie sich nicht länger einem Gefühl der Resignation über den „Rückzug" aus der Weltverantwortlichkeit hingeben, sondern daß sie ihr Schicksal, von nun ab europäisch handeln zu müssen, als eine neue große Aufgabe und Verantwortung begreifen. Die Loslösung Englands aus seinen überseeischen Verbindungen stellt einen historischen Vorgang dar, aus dem sich ebenso organisch die Hinwendung zu Europa und die politische Verschmelzung mit dem Festland entwickeln muß.

Es verdient festgehalten zu werden, daß – noch dazu kurz nach dem Abbruch der EWG-Verhandlungen mit England Anfang 1963 – das neueste Tunnelprojekt zuerst von französischer Seite akzeptiert wurde, bevor London seine amtliche Zustimmung gab. Vor einigen Tagen sprach Harold Wilson in Paris sogar schon davon, daß man die hohen Mauern zwischen den beiden Wirtschaftsgebieten EWG und EFTA durch gemeinsame Produktionsvorhaben untertunneln sollte. Die Westeuropäer auf dem Kontinent dürfen guten Mutes sein, daß England seinen Weg in ihre Gemeinschaft findet. Je stärker der Kern einer politischen Einheit auf dem Kontinent sein wird, je größer also die „europäische Masse" ist, desto intensiver wird auch ihre magnetische Wirkung sein, die auf England und andere Nachbarnationen ausgeht. Die Einheit Europas ist nicht etwa dadurch gefährdet, daß sich heute England noch nicht zu ihr bekennen will; sie kann nur dann in eine ernsthafte Gefahr geraten, wenn die Westeuropäer auf dem Festland zu lange mit ihrem Zusammenschluß zögern.

Hat de Gaulle schuld?

Immer wieder begegnet man der Behauptung, der französische Staatspräsident de Gaulle habe schuld daran, daß Großbritannien nicht schon seit zwei Jahren Mitglied der Europäischen Wirtschaftsgemeinschaft ist. Die hart formulierte Ablehnung de Gaulles vom Januar 1963, weitere Verhandlungen über Englands Beitritt zur EWG zu führen, hat zur weltweiten Verbreitung dieser Legende geführt. In Wirklichkeit war zu diesem Zeitpunkt überhaupt noch nicht abzusehen, wie sich ein Beitritt Großbritanniens in die EWG ermöglichen ließe. Die wesentlichen Differenzen zwischen England und den sechs Kontinentalen standen damals noch ungelöst im Verhandlungsraum von Brüssel; nur die Kapitulation einer der beiden Seiten in Grundsatzfragen hätte zu einer Lösung führen können. Die britische Regierung hatte sich darauf festgelegt, daß sie ihre Bindungen zum Commonwealth, zu den EFTA-Staaten und zu den USA mit in die EWG einbringen wollte. Dadurch aber wäre die kontinentale Gemeinschaft zur Aufgabe entscheidender in den Römischen Verträgen festgelegten Prinzipien gezwungen worden.

Hinter dem für viele seiner Landsleute überraschenden Entschluß Macmillans vom Sommer 1961, Beitrittsverhandlungen mit den Sechs aufzunehmen, stand keineswegs die Entscheidung Englands, sich als ordentliches Mitglied der Gemeinschaft anzuschließen, indem es deren Regeln anerkannte. Mit dem Beitritt Englands und seiner europäischen Mitläufer zur EWG wäre eine Art Freihandelszone des Westens entstanden; auf dem Wege einer „atlantischen Öffnung“ hätte der Gemeinsame Markt seinen eigentlichen Sinn, Instrument für die Schaffung eines eigenständigen, dem amerikanischen Wirtschaftsraum gleichwertigen und politisch geeinten Europas zu sein, verloren.

England betrachtete es als eine Chance, in der Rolle eines Juniorpartners der USA das Entstehen einer zweiten westlichen Weltmacht zu verhindern. Als Preis für diese Haltung, so rechnete sich England aus, würde es eine relative Großmachtstellung zwischen den Weltmächten USA und Sowjetunion behalten können. Großbritannien hatte sein „nukleares Suez“ im Jahre 1960 erlebt, als es sich selbst und den Amerikanern eingestehen mußte, daß seine wirtschaftliche Potenz nicht für den Aufbau einer eigenen modernen strategischen Waffe, in Gestalt des Raketenprojekts „Blue Streak“, ausreichte. Danach hätte die britische Regierung eigentlich zu der Einsicht kommen sollen, daß ein Nationalstaat mit 52 Millionen Menschen - auf sich allein gestellt - keine lebensfähige Einheit mehr darstellt, und daß daher der Zusammenschluß mit den freien Kontinentalländern das Gebot der Stunde war. Hätte es jedoch noch eines Beweises dafür bedurft, daß England die politische Zielsetzung der EWG nicht verstand oder nicht akzeptieren wollte, so wurde dies durch das Abkommen von Nassau deutlich, das Kennedy und Macmillan in den ersten Januartagen von 1963 schlossen. Wenige Tage nachdem der britische Premier mit Präsident de Gaulle in Rambouillet über die Möglichkeit einer englisch-französischen (und damit den Beginn einer europäischen) gesprochen hatte, entschied sich England ostentativ für das amerikanische Angebot, sich mit dem Bau von Polaris-U-Booten militärisch an die USA zu binden. Diese Entscheidung mußte den Kontinental-Europäern klar machen, welche Vorstellungen die Engländer von ihrer zukünftigen Rolle in der Welt hatten. Sie suchten nicht nur nach Mitteln, den Gemeinsamen Markt in einer atlantischen Freihandelszone aufzuweichen, sondern stellten sich auch noch bewußt jedem Streben nach einer politischen und militärischen Selbständigkeit Europas entgegen. Grundsätzlich ist die heutige Haltung der Labourregierung gleichen Charakters; jetzt ist London sogar entschlossen, das Entstehen einer politischen Gemeinschaft der Europäer überhaupt unmöglich zu machen, in dem es für ein integriertes atlantisches Atomwaffensystem plädiert.

Ende September 1962 hatte nämlich der Kongreß der Labourpartei in Brighton eine Fünf-Punkte-Erklärung seines Nationalen Exekutiv-Komitees angenommen, in denen die britische Opposition ihre Bedingungen für einen Beitritt Englands in die EWG formulierte. Die Labourpolitiker, die damals schon als recht aussichtsreiche Anwärter für die Regierung gelten mußten, machten kein Hehl daraus, daß ein England unter ihrer Führung nur bei Annahme dieser Bedingungen durch die Wirtschaftsgemeinschaft im Gemeinsamen Markt verbleiben würde. Das Labourprogramm stellte neben den drei Bedingungen der Konservativen - Commonwealth, EFTA und Sonderschutz für die britische Landwirtschaft - noch zwei weitere Forderungen auf: die Freizügigkeit, auch weiterhin eine eigene Außenpolitik zu betreiben, und das Recht zur selbständigen Planung der Wirtschaft. Damit sprach die Labourpartei es klipp und klar aus: Sie wollte den Eintritt Großbritanniens in die Europäische Wirtschaftsgemeinschaft nur, wenn diese zur Selbstaufgabe bereit war. Die wahre Einstellung der Common Marketeers, des angeblich europäisch gesinnten Flügels der Labourpartei, zeigte sich darin, daß der Sprecher dieser Gruppe, George Brown, später Stellvertreter des Parteivorsitzenden Wilson, die Bedingungen von Brighton als „absolut vernünftige Forderungen" bezeichnete. Sein Ziel formulierte Harold Wilson völlig klar in einer Rede, die er im April 1963 vor dem National Press Club in Washington hielt: „Die Labourpartei war bereit, eine Lösung zu akzeptieren, die grundsätzlich weltoffen (outward looking) gewesen wäre und zur Schaffung einer großen Freihandelszone unter Einschluß der atlantischen Gemeinschaft und des Commonwealth geführt hätte." Mit dieser These entsprach er weitgehend den damaligen Vorstellungen der amerikanischen Regierung, die in der Öffentlichkeit massiv Stimmung gegen die Tendenz eines angeblich europäischen Wirtschafts-Isolationismus machte und die EWG einer Autarkie-Politik bezichtigte.

Es ging den Amerikanern zu diesem Zeitpunkt allerdings nicht vorrangig um wirtschaftliche Probleme in ihrem Verhältnis zu Europa. Durch die Langstreckenraketen waren die USA schon seit einigen Jahren unmittelbar über die nördlichen Eismeere hinweg mit dem zweiten Atomgiganten, der Sowjetunion, konfrontiert; außerdem hatte sich mit der wachsenden Macht Pekings Südostasien als ein neuer Interessenschwerpunkt für Amerika entwickelt. Die geostrategische Lage Amerikas hatte sich dadurch derart verändert, daß Europa nicht länger mehr die absolute Priorität in den außenpolitischen Betrachtungen Washingtons haben konnte. Um sich lebensbedrohende Risiken zu ersparen, begannen die USA zu erwägen, wie sich die Spannung im europäischen Feld herabsetzen ließe. Man kam im Weißen Haus zu dem Schluß, daß eine Ruhigstellung Europas nur durch vorläufige Erhaltung des Status quo zu erreichen wäre, wozu auch die Erhaltung des bestehenden Einflusses der USA gehörte. Unvereinbar mit diesem Konzept des Gleichgewichts der Kräfte mußte demnach auch eine politische Vereinigung westeuropäischer Nationen zu einer eigenständigen Macht sein.

Die Labourführer in England schlossen sich diesem amerikanischen Trend an. Der heutige Verteidigungsminister Denis Healey forderte bereits im November 1961 in einer Rede im Londoner Chatham House, die britische und amerikanische Regierung sollten ihre Außenhandelspolitik auf folgende Punkte konzentrieren: „Einen europäischen Gemeinsamen Markt, der um soviel weniger starr und soviel weltoffener in seinen Grundsätzen ist, als ursprünglich vorgesehen, daß er kaum hoffen kann, die politischen Ziele zu erreichen, die seine Gründer ihm gestellt haben." Zwei Jahre später hörte man von Healey in einem Vortrag bei der Fabian Society in London bemerkenswerte Ergänzungen zu diesem Thema: „Eine regionale Zusammenarbeit ist nur sinnvoll, wenn sie der Lösung der beiden großen Weltprobleme mehr dient als diese zu behindern: der kalte Krieg und die immer breiter werdende wirtschaftliche Kluft zwischen Ost und West ... Das politische Gleichgewicht innerhalb des Gemeinsamen Marktes wird sich verändern. Bald werden wir in Deutschland und Italien Regierungen haben, die unsere Vorstellungen teilen und nicht die von Adenauer und de Gaulle ..."

SPD unterstützt Labour

Hier wird deutlich, in welchem Umfange die Labourpolitiker zur Durchsetzung ihrer Pläne auf ein Zusammenspiel mit Osteuropa und mit den kontinentalen Sozialdemokraten bauen. George Brown hatte in seinem Kommentar zu dem Fünf-Punkte-Programm von Brighton, das praktisch die Auflösung der EWG forderte, schon verkündet: „Wir glauben, daß unsere sozialistischen Kameraden in den EWG-Staaten und sonstwo in der Welt von uns erwarten, daß wir diese Bedingungen stellen." Im Februar 1965 erklärte der zweite Vorsitzende der SPD, Fritz Erler, in einem Interview mit der „New York Times“, seine Partei werde, sobald sie an der Regierung sei, versuchen, das Tor für Verhandlungen mit England über dessen Eintritt in den Gemeinsamen Markt wieder zu öffnen. Deutlicher konnte es nicht gemacht werden, wie die deutschen Sozialdemokraten über die Zukunft Europas wirklich denken: Offensichtlich sind sie bereit, den Intentionen der Labourpartei zur Auflösung der EWG zu folgen.

Erler gab das Stichwort für eine These, mit der drei Wochen später Ministerpräsident Harold Wilson bei seinem Besuch in Bonn herauskam: Wilson machte bei seinen Erklärungen in Westberlin und in Bonn kein Hehl aus seiner Meinung, daß er nach wie vor grundsätzlich für eine rüstungsverdünnte Zone in Mitteleuropa eintritt; er knüpfte aber daran die Forderung, daß in die Abrüstungs- und Kontrollvereinbarungen auch Raketen einbezogen werden müßten, die von außerhalb einer solchen Zone in diese hinein oder über sie hinweg wirken könnten. Praktisch müßte dieser Vorschlag auf eine allgemeine Atomwaffenkontrolle hinauslaufen, an deren Verwirklichung Wilson kaum glauben kann. Falls er aber hier in erster Linie das Problem der auf Westeuropa gerichteten sowjetischen Mittelstreckenraketen ansprechen wollte, so kann sein Konzept kaum beruhigend auf die Deutschen wirken. Versucht man den Ideen Wilsons zu folgen, dann münden sie nämlich in die Vorstellung, daß die Bundesrepublik in Zukunft praktisch auf die konventionelle Verteidigung angewiesen sein würde. Das (laut britischem Verteidigungs-Weißbuch) „militärisch überversicherte Europa“ soll, nachdem es seiner taktischen Atomwaffen entkleidet worden ist, beispielsweise von britischen Raketenbasen aus, die von den Sowjets inspiziert sind, geschützt werden.

Die Labourpolitiker verfolgen ihren Plan einer auf die Teilneutralisierung der Bundesrepublik hinauslaufenden Rüstungsverdünnung in Mitteleuropa offiziell schon seit acht Jahren. Es läßt sich bei ihrer Gesamteinstellung zu Europa nur vermuten, daß sie hierin das geeignete Mittel sehen, um das Zustandekommen einer politischen Macht auf dem Kontinent zu verhindern. Selbstverständlich wäre eine Bundesrepublik, für die man mit dem Osten einen militärischen Sonderstatus ausgehandelt hätte, kein Partner mehr für eine politische Gemeinschaft von westeuropäischen Staaten. Es sollte nicht vergessen werden, wann überhaupt mit welcher eindeutigen Zielsetzung und von welcher Seite die Disengagement-Ideen für Mitteleuropa in die internationale Diskussion gebracht wurden. Die Sowjets traten bereits im März 1956 und im März 1957 in der Abrüstungskommission der Vereinten Nationen mit Vorschlägen hervor, in denen von Rüstungsbegrenzungen und einem Atomwaffenverbot für das Gebiet des geteilten Deutschlands die Rede war. Es ging ihnen damals darum, die nahende Beschlußfassung für die atomare Bewaffnung der NATO-Streitkräfte in Europa zu verhindern.

Healey und der Rapacki-Plan

Zu dem Dreigestirn der heutigen Regierungsführung in England gehört neben Ministerpräsident Wilson und Außenminister Steward der Verteidigungsminister Healey, einst Mitverfasser von Gaitskells Disengagement-Plan. Denis Healey, der als die Schlüsselfigur in der Europapolitik der Labourführung gelten muß, hat von Anfang an größtes Interesse für die Tendenzen der von Moskau inspirierten polnischen Ideen entwickelt. In Healeys Gedankenwelt hat eine mögliche politische Gemeinschaft Europas überhaupt keinen Platz; er denkt völlig in den Kategorien der klassischen englischen Politik, der Erhaltung des Gleichgewichts der Kräfte auf dem Festland. Bezeichnend dafür sind seine Säuberungen, die er in einer Rede vor der Fabiergesellschaft unter dem Titel „Ein neutraler Gürtel in Europa?" im Herbst 1957 machte: „Ich glaube, daß es lebenswichtig wäre, wenn wir eine neutrale Zone schüfen, die das ganze Deutschland, aber auch die Länder östlich von Deutschland einschlösse. Diese würden einerseits ein Gegengewicht gegenüber Deutschland innerhalb des neutralisierten Gebietes schaffen und andererseits eine physische und politische Barriere zur Verhinderung direkter Kontakte zwischen Deutschland und der Sowjetunion herstellen."

Ihre Neigung, die Konzeption des Rapacki-Planes grundsätzlich zu fördern, bekundeten Labourpartei und SPD bei einer Abstimmung in der Verteidigungskommission der Westeuropäischen Union am 14. April 1958. Die Kommission lehnte damals mit 11 gegen 4 Stimmen den Rapacki-Plan „als eine tödliche Gefahr für den Westen" ab; die vier Vertreter, die sich für den Rapacki-Plan aussprachen, setzten sich aus je zwei Labour- und SPD-Delegierten zusammen.

Mitteleuropa isolieren?

Der erste Außenminister der neuen Labourregierung, Garden Walker, hat in der Zeitschrift „Foreign Affairs“ (April 1964) die Grundlinie einer Labour-Außenpolitik auf das Ziel festgelegt, das Feld der gemeinsamen Interessen zwischen den Vereinigten Staaten und der Sowjetunion zu erweitern. Er ging dabei so weit, sich auch für den Abschluß eines Nichtangriffsvertrages zwischen der NATO und den Warschauer-Pakt-Ländern auszusprechen. Seine Bemerkungen lagen schon ganz auf der Linie der Argumentation, mit der sich dann im Dezember 1964 Verteidigungsminister Healey in einem BBC-Interview für die Schaffung einer Atlantischen Atomstreitmacht (ANF) einsetzte. Er empfahl den Sowjets die ANF geradezu als eine Garantie gegen die weitere Verbreitung von Atomwaffen und damit als Grundlage für ein entsprechendes Abkommen über die Nichtweitergabe nuklearer Waffen zwischen den Westmächten und der Sowjetunion. Überhaupt finden sich in dem ANF-Projekt der Labourregierung vom Dezember 1964 alte wesentliche Elemente der Europapolitik der Labourpartei wieder. So hatte Healey bereits im November 1957 gefordert, der Westen müsse einen Fuß auf dem Kontinent behalten, um so eine Basis für militärische Gegenmaßnahmen gegen Verletzungen der neutralen Zone Europas durch die Sowjetunion zu haben. Auch in den ANF-Vorschlägen von Wilson war von der Möglichkeit einer Stationierung von Mittelstreckenraketen an der westlichen Peripherie des Kontinents (Kommentatoren nannten dafür Portugal) unter einem speziellen ANF-Kommando die Rede.

Kein Zweifel kann überhaupt daran bestehen, daß die Labourpolitiker die ANF als ein Instrument verstehen, mit dem sich die Denuklearisierung Mitteleuropas endlich durchsetzen ließe. Den Rückzug atomarer Waffen als zweiten Schritt, nach der Einrichtung von Kontrollposten auf beiden Seiten des Eisernen Vorhangs, hatte Healey schon konkret gefordert, bevor er Minister wurde. Wie einen roten Faden findet man diese Forderung in allen Konzeptionen wieder, die zum Thema Europa von der Labourseite während der letzten acht Jahre abgegeben wurden. Die Quintessenz aller im ANF-Plan enthaltenen Gedanken ist es daher auch, daß eine europäische Atomverteidigung verhindert werden soll, ohne die es wiederum keine gemeinsame und souveräne Außen- und Verteidigungspolitik der kontinentaleuropäischen Staaten geben kann. Mit der Denuklearisierung Mitteleuropas soll - kurz gesagt - das Zustandekommen einer politischen Festlandsunion verhindert werden.

Die Frage stellt sich, ob die Labourpolitiker mit ihrer außenpolitischen Konzeption auf das richtige Pferd gesetzt haben. Healey hat im Jahre 1953 einmal geschrieben: „Tatsächlich ist Amerika der einzige Staat mit genügend überschüssiger Macht, der das Gleichgewicht der Kräfte in Europa sichern könnte." Die überschüssige Macht Amerikas ist inzwischen anderweitig gebunden; die Verhältnisse haben sich geändert, aber es gibt wenig Anzeichen dafür, daß sich das Denken der Labourführer geändert hätte. Noch scheint jede Entscheidung der Labourregierung unter einer Maxime zu stehen, die Healey vor eineinhalb Jahren verkündete: „Großbritannien ist eine Weltmacht - ob wir uns das wünschen oder nicht. Wir sollten uns glücklich schätzen, daß wir die Macht haben, einigen Einfluß auf allen Kontinenten auszuüben." In London beobachtet man indessen, daß dieser Einfluß „auf allen Kontinenten" zusehends schwindet - auf dem europäischen und vielleicht auch bald auf dem amerikanischen.

Partnerschaft durch Kooperation?

Positive Ansätze in dieser Richtung kann man heute bestenfalls in der Wilson'schen Parole von der „funktionalen Kooperation", unter der er die Zusammenarbeit Englands mit den Kontinentalen auf fachlichem und sachlichem Gebiet versteht, finden. Die britische Entscheidung, die Kooperation mit Frankreich bei der Entwicklung des Concorde-Überschallflugzeuges fortzusetzen, zeigt, daß auch die Labourpolitiker die Möglichkeit einer europäischen Gemeinschaftsarbeit nicht ganz außer acht lassen können. Um den Engländern diese Perspektiven noch klarer und attraktiver vor Augen zu bringen, sollten die Kontinentalen immer mehr und neue Gemeinschaftsprojekte auf allen Gebieten der modernen Technik, wie der Weltraum- und Atomforschung und der Elektronik vorschlagen, zu deren Bewältigung ein einzelnes europäisches Land heute einfach nicht mehr in der Lage ist. Wir sollten wirklich die Initiative aufgreifen, die Wilson neulich in Paris vorbrachte, als er Deutschland und Italien aufforderte, sich an Gemeinschaftsprojekten zu beteiligen, für die er mit Frankreich bereits eine Formel auf den Gebieten der Verteidigung, der Luftfahrt und des Verkehrs gefunden zu haben scheint.

Es bleibt allerdings mehr als zweifelhaft, ob gerade die Labourleute mit ihrem Weltanschauungsdenken jemals um das Kernproblem der europäischen Einigung und damit an die Möglichkeit einer Konsolidierung der amerikanisch-europäischen Partnerschaft herankommen können. Außenminister Michael Stewart hat erst vor gut zwei Wochen in Washington vor dem Nationalen Presse-Klub wieder erklärt, die britischen Vorschläge für eine atlantische Atommacht sollten ein Rahmen sein, in dem die USA und die europäischen Länder wirksam zusammenarbeiten könnten. Er sehe keine Zukunft für ein vereintes Europa, daß sich vor allem auf dem Gebiet der Verteidigung von den USA trenne. Die Gefahr einer Trennung sieht Stewart offenbar weniger in der Möglichkeit des Rückzuges von atombewaffneten US-Divisionen vom Kontinent als vielmehr darin, daß das System einer atlantischen, vom Festland ferngehaltenen integrierten Atomstreitmacht nicht eingeführt würde. Inzwischen ist es führenden englischen Politikern in den anderen Parteilagern schon etwas klarer geworden, daß gerade erst ein in seiner Verteidigung sicheres Europa die Bindung an die USA haltbarer gestalten würde. So haben erst kürzlich der frühere konservative Verteidigungsminister Duncan Sandys und der Führer der liberalen Partei, Watkinson, erklärt, daß es darauf ankäme, in Europa ein Verteidigungssystem von ausreichender Stärke zu schaffen, zu dem die strategischen Nuklearstreitkräfte Großbritanniens und Frankreichs gehören sollten. In seiner Zuschrift an die „Times“ vom Januar d. J. hat Sandys festgestellt, daß durch eine weitere Integration europäischer Streitkräfte in ein atlantisches Verteidigungssystem die Schaffung einer politischen Union Europas schwieriger denn je werden würde. Sogar der britische Oppositionsführer Sir Alec Douglas-Home ließ verlauten, daß, wenn Europa zu einer Gemeinschaft zusammenwachsen soll, dies auf drei zusammengehörenden Ebenen geschehen müsse: in der Wirtschaft, in der Politik und in der Verteidigung.

Das sind Einsichten, die auf ein grundsätzliches Umdenken in England hindeuten und wirklich positive Aspekte für die Zukunft eröffnen. Man bemerkt, wie entscheidend die Verteidigungsfrage, die ein Bestandteil jeder souveränen Außenpolitik ist, für die weitere Entwicklung des europäisch-amerikanischen Verhältnisses ist. Man versteht aber auch die Schlüsselrolle, die England gerade auf diesem Gebiet spielt. Für Großbritannien zieht die Gefahr am Horizont auf, daß es zum Opfer seiner illusionären Großmachtansprüche wird. England muß eine Isolierung fürchten, die in Zukunft keine „splendid isolations“ mehr wäre. Zwangsläufig würde eine kontinentaleuropäische Union Amerikas wichtigster Bundesgenosse werden. Zur zweiten Weltmacht allerdings würden die Kräfte des europäischen Festlandes nicht ausreichen, so lange Großbritannien sein Potential nicht in diese Gemeinschaft einbringt.

Das politische Denken hat selbstverständlich immer die Priorität gegenüber der militärischen Planung zu haben. Unser politisches Ziel aber ist die Einheit Europas, die im Interesse der gesamten westlichen Welt liegt und die eine Garantie auf Gegenseitigkeit für die Erhaltung von Freiheit und Demokratie in Amerika und Europa einschließt. Sicherlich ist der Atlantik eine Art Mittelmeer des modernen Zeitalters, das Amerika und Europa verbindet. Wer aber könnte eine politische Integration Amerikas und Westeuropas in absehbarer Zeit für möglich halten? Daher wäre es geradezu fatal, wenn man heute künstliche Formen und Instrumente der militärischen Integration innerhalb des atlantischen Lagers zu schaffen suchte. Die Umwandlung der NATO von einem amerikanischen Schutzbündnis für die freien europäischen Länder in einen amerikanisch-europäischen Pakt wird auch nicht erst dann möglich sein, wenn eine europäische Föderation bereits besteht. Wollte man nämlich darauf warten, so läßt sich unschwer voraussagen, daß inzwischen bereits das NATO-Bündnis zerbrochen wäre, was ja unter allen Umständen verhindert werden soll.

Zwei Pfeiler der atlantischen Brücke

Es scheint so, als ob gerade die Vorstellungen der Labourpolitiker über die Europafrage in Washington den Anstoß dazu gegeben haben, das bisherige amerikanische Konzept zu überdenken. Präsident Johnson hat von Anfang an keine Sympathie für den Wilson'schen ANF-Vorschlag aufbringen können. Der NATO-Kommandierende für Europa, General Lemnitzer, äußerte sich geradezu aggressiv gegen den ANF-Plan, durch den die Atomwaffen seiner Befehlsgewalt entzogen werden sollten. Überhaupt sind Washington offenbar ernsthafte Zweifel an jeder Art einer multilateralen Atomstreitmacht gekommen, weil diese zu einem schrecklichen Dilemma in der NATO mit der militärischen Isolierung Frankreichs führen müßte. Beachtlich ist auch die Tatsache, daß Garden Walker bei der deutsch-englischen Konferenz Anfang April 1965 in Königswinter die MLF und ANF bereits als „erledigte Projekte“ bezeichnete und die amerikanische Regierung verantwortlich für deren Scheitern machte. Es klang schon nach einem Rückzugsgefecht, als er nun noch betonte, daß harte Entscheidungen über die Zukunft des atlantischen Bündnisses nur unter amerikanischer Führung fallen könnten. Interessant war auch die Säuberung des gerade aus den USA zurückgekehrten Professors Hallstein vor dem Europa-Parlament am 24. März 1965, wonach Präsident Johnson ihm erklärt hat, er hoffe auf ein vereintes und starkes Europa, das einen der beiden Pfeiler darstellen würde, auf dem die atlantische Brücke ruhen kann. Der französische Radikalsozialist Maurice Faure bestätigte Hallsteins Äußerungen, indem auch er die Auffassung vertrat, daß die USA mehr denn je an einer europäischen Integration interessiert und diese zu fördern bereit seien. Wichtig war die Feststellung, die das Straßburger Parlament mit der einstimmigen Annahme einer Entschließung traf, in der es heißt: es könne kein föderatives System ohne eine gemeinsame Außen- und Verteidigungspolitik Europas als Partner der USA im atlantischen Bündnis geben. Diese Resolution entspricht durchaus auch Denkvorstellungen de Gaulles. Es bleibt einfach die Frage, ob die kontinental-europäischen Länder der EWG sich nun auch wirklich bereitfinden und eine Formel entwickeln können, um die Verteidigungsfragen mit in den außenpolitischen Komplex ihrer gesamten Arbeit aufzunehmen. Das Gelingen oder Scheitern der noch einmal verschobenen Konferenz über die politische Union wird von dieser Frage abhängen. Eine europäische Verteidigungsgemeinschaft kann sich natürlich nur Schritt für Schritt und parallel zum Vorgang der übrigen politischen Vereinigung entwickeln. Notwendig ist allerdings, daß die Probleme der Atomverteidigung hierbei nicht ausgeschlossen bleiben. Eine rein nationale Verteidigungspolitik kann es ja ohnehin heute in Europa nicht mehr geben; völlig undenkbar ist sie auf dem Gebiet der Atomstrategie, die eine großräumige Planung erfordert, wie sie einfach in dem engen Rahmen von einzelnen europäischen Staaten gar nicht erfüllt werden kann.

Atommacht Europa

Franz Josef Strauß schlägt vor, es soll ein europäischer Atomrat geschaffen werden, dem die Verteidigungsminister der politischen Unionsstaaten angehören. In diesem Atomrat wird eine gemeinsame nukleare Verteidigungsstrategie beschlossen; zur Koordinierung der

Ziel- und Einsatzplanung im Rahmen der europäischen Territorialverteidigung müßte der Befehlshaber der amerikanischen NATO-Verbände in Europa diesem Rat beigeordnet sein. Außerdem soll ein europäisches Atomarsenal auf französischem und - bei Teilnahme Großbritanniens an der politischen Union - auch auf britischem Boden angelegt werden. Die Entwicklung und der Bau der europäischen Atomwaffen sollen wissenschaftlich und finanziell von allen Staaten der europäischen Union unterstützt werden. Nach diesem Konzept soll vorerst der Einsatzbefehl für die nuklearen Waffen nur von den effektiv bestehenden Autoritäten, also vom französischen Staatspräsidenten und von anderen Staatsoberhäuptern, auf deren Territorien sich Teile des Atomarsenals befinden, gegeben werden können. Der Sinn dieses Planes liegt darin, daß man durch ihn schon sehr bald und ohne die politische Integration abwarten zu müssen, zur Gründung zweier sich ergänzender, dabei aber autonom leistungsfähiger strategischer Systeme mit einer Zentrale in Washington und der anderen auf dem europäischen Festland kommen könnte. In diesem Modell würde die Bundesrepublik keine nationale Verfügungsgewalt über Atomwaffen erhalten, was schon im Interesse einer gesamteuropäischen Politik - und damit auch im Interesse der deutschen Wiedervereinigung - läge. Ziel einer solchen Entwicklung bliebe natürlich, daß der Einsatzbefehl überhaupt aus jeder nationalen Gewalt auf eine Gemeinschaftsautorität übertragen wird. Eine solche Autorität wird es aber erst in der souveränen Gestalt des Präsidenten einer europäischen Föderation geben. Bis dahin müssen Zwischenlösungen gefunden werden, damit man überhaupt erst dem Zustand der Integration näher kommen kann.

Natürlich stellen die Verteidigungsprobleme nicht das einzige Kriterium für die zukünftige Gestaltung des Verhältnisses zwischen den USA und Europa dar. Aber man darf wohl behaupten, daß eine Neuorientierung im politischen und militärischen Bereich der NATO die wesentlichste Voraussetzung für das Zustandekommen der von Kennedy in der Frankfurter Paulskirche beschworenen Partnerschaft zwischen den USA und dem „mit einer Stimme sprechenden" Europa sein muß. Amerika braucht einfach ein Europa, das ihm einen Teil seiner weltpolitischen Verantwortung abnehmen kann, das Subjekt statt Objekt in Ost-West-Verhandlungen sein kann, das eine attraktive Wirkung auf die unfreien Völker Mittel- und Osteuropas ausübt und gleichzeitig eine Kraftquelle für den Welthandel und die unterentwickelte Welt darstellt.

Man wird in meinen Überlegungen Elemente festgestellt haben, die sich mit gewissen Vorstellungen der französischen Außenpolitik decken. Ich nehme aber nicht an, daß man mich deswegen, wie es dem heute üblichen Klischee-Denken entspricht, gleich in die Kategorie der „Gaullisten" einordnet. Man kann auch unabhängig von de Gaulle, und ohne dessen geschichtliche Philosophie und Spekulation zu akzeptieren, zu der Einsicht gelangen, daß „ein europäisches Europa" die gesunde Grundlage für ein Partnerverhältnis zu Amerika darstellt. Ich möchte behaupten, daß die französische Politik auch heute noch weder antiamerikanisch noch antibritisch ist. Wenn wir jedoch glauben, solche Tendenzen in Paris zu bemerken, so können wir diesen wohl am wenigsten entgegentreten, indem wir Frankreich allein lassen und unsere bilateralen Bindungen zu den angelsächsischen Mächten pflegen. Die positiven Ansätze zu einer europäischen Politik, die ja nun einmal in de Gaulles Denken enthalten sind, müssen vielmehr von uns aufgegriffen und in ein Gemeinschaftskonzept umgewandelt werden.

Etwa vor einem Jahr hörte ich in der University of Florida einen Vortrag von Prof. Robert McKenzie von der Universität London, der seiner amerikanischen Zuhörerschaft die britische Haltung gegenüber Europa erläuterte. Der weltbekannte politische Wissenschaftler meinte, England betrachte mit Skepsis die ungeordneten und labilen Verhältnisse auf dem Kontinent und würde es daher vorziehen, vor der Küste des Festlandes als „unversenkbarer Flugzeugträger" für Amerika Wache zu halten, anstatt sein Schicksal mit dem der Kontinentalen zu verbinden. Diese Meinung gab sicherlich sehr ehrlich und klar die Einstellung der großen Mehrheit der Briten wieder und sollte uns doch eigentlich zu dem Schluß führen, daß wir nur durch die Schaffung einer stabilen Macht auf dem Kontinent England an uns heranziehen können. Durch eine politische Gemeinschaft auf dem Kontinent schaffen wir die Voraussetzung für den Anschluß Englands und damit auch für ein Europa, das den Amerikanern ein zuverlässiger und wertvoller Partner sein kann.

Wir sollten uns übrigens nur nicht durch die Tagespolemiken, die heute nach außen hin das Verhältnis zwischen Amerika und Frankreich überschatten, über die zwischen diesen beiden Ländern bestehende fundamentale Beziehung hinwegtäuschen. Da das amerikanische Denken an Europa Großbritannien noch gewohnheitsmäßig ausklammert, setzt es in Paris an. Deswegen wird sich das Verhältnis der Amerikaner zu den Deutschen auf die Dauer immer so gut oder so schlecht gestalten, wie das deutsche Verhältnis zu Frankreich. Je klarer sich daher die Bundesrepublik zu ihrer Bindung an Frankreich bekennt, desto mehr moralisches Kapital sammelt sie in Amerika an. Der deutsche Kurswert in den USA steigt im moralischen wie im politischen Bereich nicht etwa durch Beweise unserer Nibelungen-Treue zur starken atlantischen Weltmacht, die dort leicht als Opportunismus ausgelegt werden könnte, sondern durch unser konsequentes Zusammengehen mit dem französischen Nachbarn. Auch ist die psychologische Bereitschaft auf angelsächsischer Seite, einen souveränen europäischen Machtanspruch anzuerkennen, überhaupt nur über Frankreich gegeben. Schon aus diesem Grund müßten die anderen kontinentaleuropäischen Nationen Paris die Rolle eines „primus inter pares" zubilligen, auch wenn es keinen de Gaulle gäbe, der seine Führerschaft offenbar als naturgegeben betrachtet. Frankreichs Kredit ist in den USA unvergleichlich größer als der jeder anderen kontinentaleuropäischen Nation.

Es geht nicht ohne Frankreich

Es ist schon eine Binsenwahrheit, wenn man feststellt, daß es weder ohne Frankreich noch ohne die Bundesrepublik jemals ein geeintes Europa geben könnte, und daß erst recht nicht gegen den Widerstand einer dieser beiden Nationen Europa geschaffen werden kann. Für ungerechtfertigt halte ich es, wenn Frankreich der Aufbau einer eigenen Atomstreitmacht vorgeworfen wird. Der Entschluß dazu ging übrigens auf die Zeit vor der Regierungsübernahme de Gaulles zurück; er wurde bereits von Ministerpräsident Guy Mollet gefaßt. Man könnte so weit gehen zu behaupten, daß sich Frankreich mit seiner Entscheidung zur atomaren Rüstung vorbildlich gegenüber Geist und Buchstaben des NATO-Vertrages verhalten hat. Im Artikel 3 des Paktes wird nämlich gefordert, daß die vertragschließenden Staaten auch durch wirksame Selbsthilfe und gegenseitige Unterstützung die Verteidigungskraft des Bündnisses zu erhalten und zu stärken haben. Die Notwendigkeit zu einer solchen Selbsthilfe und Zusammenarbeit aber war von dem Zeitpunkt an für die europäischen NATO-Länder gegeben, da sich die USA in einer veränderten strategischen Situation gegenüber der Sowjetunion und China befanden. Europa hätte jetzt alle Anstrengungen darauf konzentrieren müssen, sein Territorium in eine Verteidigungsbereitschaft zu versetzen, die den veränderten Umständen im NATO-Bereich entsprach und die es erlaubte, daß Europa von Europa aus wirksamer verteidigt werden konnte.

Die Gaullisten betonen immer wieder, daß es eine politische Einheit Europas nur in Unabhängigkeit von den Vereinigten Staaten geben kann. Diese Behauptung sollte uns nicht schrecken. Bis ein eigenständiges Europa zustande gekommen ist, wird es - Frankreich eingeschlossen - nicht auf die schützende Hand der USA verzichten können und wollen. Frankreich will heute die Konföderation der europäischen Nationalstaaten und wünscht, daß die Verteidigungsfrage Teil einer Gemeinschaftspolitik der Europäer wird. Im Prinzip sollte eigentlich von deutscher Seite gegen dieses Konzept nichts einzuwenden sein.

Europäische Verteidigungsplanung - mit USA koordiniert

Ich möchte da nur auf einen Punkt hinweisen, der mit der europäischen Sicherheitsfrage ebensoviel zu tun hat, wie mit den weltweiten Entspannungsbemühungen der USA: Eine Vereinheitlichung der Außen- und Verteidigungspolitik von europäischen Ländern, die in einem Staatenbund zusammengefaßt sind, würde zu einer gemeinsamen - mit Amerika koordinierten - Verteidigungsplanung führen. Eine Teilneutralisierung mitteleuropäischen Gebietes wäre aber mit einer europäischen Gemeinschaftspolitik so lange unvereinbar, wie die konföderierten Nationalstaaten auf ihre eigenen territorialen Interessen und die Gleichberechtigung in Fragen der Bewaffnung pochen müssen. Da wir auf eine nationale Verfügungsgewalt über A-Waffen verzichten, müssen wir auch bestrebt sein, amerikanische Divisionen bei uns zu halten, schon weil mit ihnen auch die taktischen Nuklearwaffen abgezogen werden würden. Erst in einem Stadium fortgeschrittener westeuropäischer Integration wäre es allerdings denkbar, daß eine Gemeinschaftsautorität - nach Gesichtspunkten ihrer politischen und militärischen Strategie - Entscheidungen über die Stationierung und Massierung bestimmter Waffen und Streitkräfte trifft, die auf eine Verdünnung des Verteidigungspotentials in ihren östlichen Grenzgebieten hinauslaufen könnten. Ein vereinigtes Europa also, das politisch und militärisch integriert und eine eigenständige Atommacht wäre, könnte durchaus in der Lage sein, mit dem Osten Absprachen über einen militärisch verdünnten Grenzstreifen auf beiden Seiten zu treffen, um dadurch auch politische Konzessionen zu erreichen. Man sieht, daß sich bei Einbeziehung der militärischen Fragen in eine politische Union sehr bald ein Integrationsinteresse auch bei unseren Partnern entwickeln könnte. Vielleicht sollten wir auf solche praktischen Konsequenzen mehr bauen, als heute darauf zu bestehen, daß unbedingt bei der Gründung der politischen Union schon ein supranationales Sekretariat oder Beraterkomitee geschaffen wird.

Wir sollten überhaupt mit etwas mehr Mut und Vertrauen in die Materie und das Eigengewicht eines einmal angelaufenen, einer natürlichen Entwicklung entsprechenden Prozesses aufbringen. Bei aller Bewahrung der Identität der Völker gibt es schließlich für die Westeuropäer auch eine Identität der Interessen – und darauf können wir setzen! Ich will nur mit Stichworten die Gebiete der unleugbaren Interessengleichheit andeuten: gemeinsame Sicherheit; gesamteuropäische Mobilisierung von Menschen und Material, um mit dem technischen Fortschritt der Supermächte Schritt zu halten; großräumige Zentralisierung und Rationalisierung der Produktionsmittel, um im Welthandel stark zu bleiben, und die euro-afrikanische Entwicklungspolitik. Was wir durch eine politische Gemeinschaft mit Frankreich – erst einmal im Rahmen der Sechs – an Vorteilen erwarten und an potentiellen Gefahren abwenden können, liegt auf der Hand: Amerikas Interesse an unseren lebenswichtigen Problemen wird nur gewinnen, wenn diese von einer europäischen Gemeinschaft mitgetragen werden und dadurch weltpolitisch ein noch größeres Gewicht erhalten. Wir werden als „stiller Partner" Frankreichs de facto in die Vier-Mächte-Verantwortung für Deutschland eintreten und gewinnen auf alle bilaterale Kontakte Frankreichs, sei es mit der Sowjetunion oder mit China. einen Einfluß, den wir uns sichern sollten."

Wiedervereinigung an erster Stelle

Es wird sich zeigen, daß die französische Politik, die heute darauf abzielt, die Nabelschnur zu durchschneiden, die Europa mit Amerika verbindet, im Grunde eine lebenswichtige Funktion für beide Seiten erfüllt. Die USA haben nicht mehr die überschüssige Stärke, von der die europäischen Länder weiter zehren könnten; Amerika braucht ein Europa, das ihm Verantwortung abnimmt und gleichzeitig eine zuverlässige Stütze sein kann. Ist eine solche gleichgewichtige Verteilung der Kräfte im westlichen Lager einmal hergestellt, dann wird auch das letzte Mißtrauen schwinden, das heute - ob wir es nun wahrhaben wollen oder nicht - auf das europäisch-amerikanische Verhältnis einen Schatten wirft. Ihre aggressive und herausfordernde Haltung Amerika gegenüber wird die französische Politik ablegen müssen, wenn sie in der europäischen Union zu koordiniertem Vorgehen verpflichtet sein wird. Damit wird Frankreich auch dem Stadium des Allein-Experimentierens im osteuropäischen Feld und in der Weltpolitik entwachsen sein; eine politische Aktionsgemeinschaft wird endlich eine solide Grundlage auch für ein gesamteuropäisches Programm abgeben, in dem die deutsche Wiedervereinigung an erster Stelle stehen muß.

Überlegungen zur Lage der NATO

(1966)

Für die deutsche Politik scheint es seit Jahr und Tag nur ein Leitmotiv zu geben: den Amerikanern bequeme Freunde zu sein. In germanischer Vasallentreue, die sich mit Vorliebe dem Mächtigen gegenüber zu offenbaren pflegt, folgen wir heute jeder gerade aktuellen politischen Regung Washingtons, ohne uns auch nur eine Weile der Besinnung zu gestatten. Wer weiß, wie viel stärker unsere Position als Partner, wie viel sicherer unser Vertrauenskapital gerade in Amerika angelegt wäre, wenn wir uns auf lange Sicht in die garantiert haltbare und bewährte Beziehung zwischen den USA und Frankreich eingeschaltet hätten, anstatt durch die Gunst des Augenblicks das Wohlwollen des „großen Bruders“ erringen zu wollen.

So spärlich, mühsam und verspätet aber auch sonst unsere außenpolitischen Reaktionen ausfallen, so schnell sind wir wieder einmal bei der Hand, vermeintliche amerikanische Bedürfnisse zu unterstützen und zu interpretieren, wenn es um die Frage der westlichen Bündnisstruktur geht. Ausgerechnet der SPD-Vorsitzende Willy Brandt, der allerdings nach seiner Wahlniederlage einiges an politischem Profil und Besonnenheit gewonnen hat, muß hier als Mahner auftreten der davor warnt, uns nicht blindlings in eine Einheitsfront gegen Paris einzuordnen. Was er sagt, ist auf de Gaulle gemünzt, hat aber seine Gültigkeit auch für unser Verhalten gegenüber Washington: „Ein schwieriger Freund braucht kein schlechter Freund zu sein.“

Gewiß hätten wir uns nicht als schlechter Freund Amerikas erwiesen, wenn wir uns aktiv und im Sinne des deutsch-französischen Freundschaftsvertrages an der schon längst notwendig gewordenen Neugestaltung des westlichen Verteidigungsbündnisses interessiert gezeigt hätten. Statt dessen blieben wir stumm, als Ende 1964 der französische Staatspräsident in seiner Straßburger Rede mit dem Angebot für eine europäische Verteidigungsorganisation hervortrat, und die Bundesregierung erklärte erst neulich wieder, daß von ihr keine Vorschläge zu einer grundlegenden NATO-Reform zu erwarten seien.

Und doch wird der Gang der Entwicklung eine Umgestaltung des 1949 konzipierten amerikanischen Schutzbündnisses für Europa unumgänglich machen, und nur mit einem „europäischen Europa“

wird sich die Teilung unseres Kontinents, die eine Wiedervereinigung unseres Volkes unmöglich macht, überwinden lassen. Die NATO in ihrer bisherigen Gestalt müßte zwangsläufig zu einem Instrument der Erhaltung des Status quo in Europa werden, über den sich mit der Sowjetunion zu arrangieren die westliche Vormacht Amerika gezwungen zu sein scheint. Wollen wir aber den amerikanischen Bundesgenossen aus dieser Zwangslage herausmanövrieren, dann gibt es kein anderes Mittel dazu, als die Schaffung eines politisch und militärisch eigenständigen Westeuropas. Eine neue Organisationsstruktur muß also für das westliche Bündnis gefunden werden.

Eine Truppenintegration gibt es innerhalb des Bündnisbereiches vornehmlich nur auf deutschem Boden. Hier stellt sie im wesentlichen eine freundschaftlich kaschierte Form alliierter Kontrolle über die deutsche Bundeswehr dar, die somit dem NATO-amerikanischen Oberbefehl untersteht. Dieser Zustand ist kaum geeignet, eine Veränderung der Kräfteverhältnisse in Europa herbeizuführen, was allerdings auch nicht den aktuellen amerikanischen Absichten entspricht, die sich vorläufig auf einen Atomwaffensperrvertrag mit der Sowjetunion konzentrieren. Vielleicht geben die amerikanisch-sowjetischen Verhandlungen in Genf Antwort auf die Frage, warum de Gaulle gerade jetzt – und für seine Bündnispartner unerwartet früh – die französischen Intentionen über eine Umgestaltung der Allianz bekanntgegeben hat. De Gaulle könnte planen, mit einer Neuformierung der Allianz einem Konsens zwischen Washington und Moskau zuvorzukommen der vollendete Tatsachen für den europäischen Status quo schaffen würde.

Wenn wir den Ball de Gaulles aufzufangen verstehen, ergibt sich für uns und für Europa noch einmal die Chance, unsere Kräfte zu konsolidieren und die Grundlagen für eine westliche Partnermacht neben den USA zu schaffen, bevor über die Köpfe der Europäer hinweg ein Zusammenspiel des östlichen und des westlichen Superstaates einsetzt. Das Ziel unserer Bemühungen ist das politisch geeinte Westeuropa, zu dem wir über die Stufen einer Aktionseinheit auf außenverteidigungs- und wirtschaftspolitischem Gebiet, einer Konföderation und späteren Föderation gelangen wollen. Einen konkreten Schritt in dieser Richtung können wir jetzt machen, wenn wir auf der Basis des deutsch-französischen Paktes mit Paris einen Stationierungsvertrag über die französischen Truppen auf dem Territorium der Bundesrepublik und über die Bundeswehrdepots auf französischem Boden abschließen. Ein solches Abkommen sollte beinhalten, daß in Zukunft auf den französischen Kasernen in der Bundesrepublik die deutsche Flagge weht, ein deutsches Standortkommando dort eingesetzt wird, während das operative Kommando - mit den Alliierten koordiniert - in französischer Hand bleibt. Ein paralleles Verfahren wäre für die deutschen Nachschubdepots in Frankreich anzuwenden. Auf diese Weise wäre schon einmal ein sichtbares Stück europäischer Verteidigungsgemeinschaft geschaffen. Ausgehend von diesem Modell ließe sich dann denken, daß eine organisatorische und intensive rüstungswirtschaftliche Form der Zusammenarbeit unter den europäischen NATO-Ländern hergestellt wird, die - bei gleichzeitigem politischem Zusammenrücken - auch auf das Ziel einer nuklearen europäischen Integration abgestellt ist. Nach dem Vorschlag von Strauß sollte auf dem Wege dahin - vielleicht erst einmal nur im Gebiet der Bundesrepublik - eine übergeordnete Integration zwischen einer europäischen Verteidigungsgemeinschaft und der physischen Präsenz der amerikanischen Macht vollzogen werden.

Die Aufgabe der deutschen Diplomatie wäre es, den französischen Souveränitätsanspruch nun in ein europäisches Souveränitätsbegehren überzuführen. De Gaulle hat auf seiner jüngsten Pressekonferenz erklärt, daß Frankreich es ablehne, einer Verteidigungsorganisation anzugehören „in der es untergeordnet ist". Da nun einmal eine Verteidigung Westeuropas ohne den französischen Raum unmöglich ist, bleibt uns die Aufgabe, am Aufbau einer Verteidigungsgemeinschaft mitzuwirken, in der weder die Bundesrepublik noch Frankreich oder noch irgendein anderer westeuropäischer Partner eine untergeordnete Rolle spielen. Es geht nicht darum, jetzt ein neues Provisorium zu basteln, mit dem man lediglich einen Modus vivendi zwischen Frankreich und den übrigen NATO-Resten ermöglicht. Das Ziel sollte sein, daß sich an diesem Tag bereits die Konturen einer echten europäisch-amerikanischen Partnerschaft abzeichnen. Dann werden wir auch besser als heute Adenauers Frage beantworten können, wo unsere Freunde sind.

The

ATLANTIC COMMUNITY

Quarterly

SUMMER

1967

Vol. 5, No. 2 $1.50 a copy

THE ATLANTIC COUNCIL OF THE UNITED STATES, INC.

Eastern European Poltics and Reunification

(1967)

Politicians always in search of figurative language have launched a phrase upon which German public opinion has seized without questioning: „the key to the German problem is in Moscow.“ This tendentious statement helps produce a political climate which mystery and fantasy will find to their advantage. Imagine a magic key, hidden in the Kremlin and watched over by a dragon, as the only access to German reunification. Anyone wishing this treasure would have to destroy its guardian or offer it a counter attraction or clever stratagem.

Fortunately, one cannot find men ready in today's Germany to fight the dragon, and the price Moscow demands for reunification makes negotiation out of the question. Then, what hope is left us? Will we be able to count on a new „Ulysses“? We can hardly imagine such a feat for a German Chief of State. For the Russians, the door which leads to German reunification is also a two-way one to Western Europe.

The obsession that „the key“ to the problem is in Moscow risks leading the Germans to the impasse of Rapallo. A vast evolution has in the meantime altered states to the point where the European Scene is no longer recognizable. The Soviet Union has become a world power second only to the United States.

The two parts of Germany, separately or together, can hardly be considered viable units in the modern sense. The German policy of the Soviet Union is an expression of its European policy of security and power. Its only interest is to reinforce control over zones of influence.

The Germans would make a grave mistake if they tried reunification on their own through direct negotiations with the Soviet Union. Since the German problem is for Moscow only one aspect of its European policy, the Germans must make their national claim as part of a total European program. Only by lifting their sights to the level of their Soviet adversary can the Germans influence it favorably. The objective of Moscow is to prevent the consolidation of Free World forces and to maintain military control in Eastern and Central Europe. German policy must look to unity of action in Western

Europe. A Franco-German accord is needed to loosen a situation which keeps Eastern Europe outside and separates the Germans.

French-Soviet Common Ground?

Soviet policy is based on the principle that a more powerful Europe would jeopardize the Soviet position in the East and that neutralization of Germany would guarantee Soviet supremacy in Central Europe. This explains the Kremlin's opposition to a Franco-German agreement which, in de Gaulle's view, is a prerequisite to a united Europe. It therefore appears difficult for France and the Soviet Union to find common ground for agreement. If the USSR is to be led to eventual acceptance of de Gaulle's thesis, some new elements must be found. This was de Gaulle's mission to Moscow: the Russians must reckon with a Europe which possesses its own political will.

De Gaulle's initiatives have been followed with the greatest attention by the peoples in Eastern and Southeastern Europe. Recent experiences have taught them that the Europe of nation-states belongs to the past. They have endured totalitarian Soviet power and they know that it is impossible for the different European States to develop next to a world power as big as a continent. Nationalism, fermenting in the countries of the East, shows the need to integrate into a whole. But if these aspirations are to be achieved, Western Europe must reinforce its cohesion, because only thus can it take the initiative leading to an independent European policy. This is why the people of the East have their eyes fixed on us. It is only within the framework of an integrated Europe that the Danube peoples can undertake peaceful and fruitful cooperation.

De Gaulle is right to claim more responsibility and more independence for Europe. On the other hand, he is wrong to think that a European entity could be created by France, so long as his acceptance of the principle of integration is unclear: Europe must become more independent of the United States. It must also give up thinking in terms of national sovereignty. Only a European Federation could become an equal partner for Washington and be listened to in Moscow. Moreover, the United States would not want to link its destiny solidly with ours without this European „dynamism,“ which is equally a prerequisite condition to an „opening to the East.“

Nevertheless, as long as the European governments cannot agree, it is better not to insist too much on supranationality.

The crises of EEC and NATO have basically the same origin. The refusal of the French to renounce the principle of unanimity and the strengthening of the Brussels Commission were motivated by absence of a common will. And since France was no longer interested in the integration of NATO, this explains in part her desire to promote an independent policy of European defense. Today, in Paris and in Bonn, the option should be taken to set up a defense organization whose first job would be to develop a common armaments policy. The French have insisted that military integration within an Atlantic framework was incompatible with the independent development of Europe. This thesis is certainly justified but its corollary is that an independent European defense community is unthinkable without integration. Military needs alone have already made necessary limitation of national sovereignty to the extent of a „union of states."

Nuclear Potential Open to All

In the last resort it is the prerogative of governments to decide upon use of nuclear weapons so long as there is no federal decision-making power. In a Western European federation, France, the only nuclear power (excluding the U. K.) would have a special position. But, as the French nuclear potential would also serve the European defense organization, the other members would participate in this nuclear potential. The members of the defense community would regain their ability to participate in the formulation of strategic plans. This reasoning is equally applicable to British entry into a Western European Union and the Common Market and the fusion of its nuclear armament with that of France. The question is developing a common policy in Western Europe, so as to end the division of our continent.

Naturally, a European security policy should lead to creation of an independent defense system. Furthermore, the investment credits included in the military budgets in the European countries should permit cooperation in research and production which would assure better economic and social organization in the Europe of tomorrow.

As a member of a European Confederation, the Federal Republic would have new possibilities of action for its policy toward the East.

Nevertheless, adhesion of the Federal Republic should be subject to the condition that the exclusive right of representing the whole German people would be recognized as Bonn's. At the same time, the German problem would be treated on the European level.

We would lack realism if we expected our European neighbors to contribute to German reunification as a predominant entity of some 72 million Germans.

We can similarly dismiss the illusory policy which hopes to win the support of the Poles and the Czechs for reunification simply by renouncing territorial ambitions and strengthening bilateral economic and diplomatic relations. The same reasoning applies to all proposals for a zone of limited armaments in Central Europe.

Defending German interests can only be within the framework of a common policy with neighboring peoples. The right claimed by the Federal Republic to represent all Germany gives it the responsibility for taking initiatives to safeguard the national inheritance. West Berlin would have particular status and could become part of a confederation of Western Europe. Eventually an East Germany which had become its own master could become a member in the same way. To contribute effectively to the development of a pan-European organization, the Federal Republic would have to recognize the Oder-Neisse line as the Western frontier of Poland. Bonn would also have to include the Democratic Republic in its declarations of non-aggression with respect to Eastern Europe. Without going as far as recognizing de jure the East Berlin regime, it would need all possible means to lead the East Germans and Eastern Europe to cooperate with Western Europe. This implies common technical projects in infrastructure and scientific cooperation, bilateral and multilateral. West Berlin must become the political and cultural meeting place and the crossroads of East-West economic cooperation.

Konzept einer Doppelherrschaft

(1967)

Bei den Geheimgesprächen der Repräsentanten beider Atomweltmächte in Glassboro und New York hat es sich wieder erwiesen, daß die Monopolinteressen auf nuklearem Gebiet das eigentliche Bindungselement zwischen Washington und Moskau darstellen. Das Projekt des Atomwaffensperrvertrages (ASV) ist wie selbstverständlich in das Zentrum der bilateralen Verhandlungen gerückt, deren äußerer Anlaß die aktuellen Fragen der Nahostkrise waren. Bei ihrem Engagement in Südostasien und im Vorderen Orient geht es Amerikanern und Sowjets weitgehend noch um Prestigegewinn in der dritten Welt. Washington und Moskau sehen vorläufig keinen Anlaß, ihre politische Realität am afro-asiatischen Raum zu verbergen, während sie in Europa, dem Bereich ihrer unmittelbaren Konfrontation, eine Klärung und Festigung der Einflußsphären herzustellen bestrebt sind. Es ist heute keine vage Befürchtung mehr, daß sich Amerikaner und Sowjets über die Köpfe der Europäer hinweg einigen möchten, indem sie die Teilungsbeschlüsse der Kriegskonferenz von Jalta in den Dauerzustand eines Weltmächtekondominiums auf diesem Kontinent überführen.

Moskau hat zu keinem Zeitpunkt einen Zweifel darüber aufkommen lassen, daß es am Abschluß eines Atomwaffensperrvertrages vor allem mit Blick auf Europa interessiert ist. Als Schlüssel für seine Europapolitik sieht es nach wie vor die Einflußnahme auf das deutsche Potential an. Die sowjetische Führung hat daher auch in aller Deutlichkeit erklärt, daß sie bei der Abfassung eines Sperrvertrages ausschließlich dessen Auswirkungen auf die internationale Stellung und weitere Entwicklung der Bundesrepublik im Auge hat, ohne deren Unterschrift sie das ganze Abkommen für wertlos hielte. Ministerpräsident Kossygin hat die Absicht seiner Regierung, dem ASV den Charakter eines Diktats zu verleihen, Anfang dieses Jahres in London mit dem Ausdruck angedeutet, die Deutschen würden unterzeichnen müssen, ob sie wollten oder nicht.

Die Frage drängt sich auf, was die Sowjets konkret von dem Abschluß eines Sperrvertrages erwarten, der ihren „deutschen Interessen" voll entsprechen soll. Es läßt sich ohne Schwierigkeiten nachweisen, daß die angebliche Sorge vor einem atomar bewaffneten Westdeutschland nicht das Triebmoment für diese Haltung sein kann.

Moskau weiß sehr wohl, daß seine Abschreckungsstreitmacht, die sich als ausreichend erweist, um den amerikanischen Gegenpart vor jedem Risiko einer direkten Auseinandersetzung ausweichen zu lassen, jederzeit die Anstiftung eines kriegerischen Abenteuers von europäischer Seite verhindern würde. Selbst wenn die Sowjets davon ausgingen, daß die Deutschen zu einer selbstmörderischen Aktion bereit sein könnten, dürften sie sich auf die Wachsamkeit der westlichen Alliierten verlassen, die auch weiterhin jeden nuklearen Alleingang der Bundesrepublik praktisch unmöglich machen werden.

Die Bonner Regierung hat nicht gezögert, im Oktober 1954 einen feierlichen Verzicht auf die Herstellung atomarer, biologischer und chemischer Waffen in ihren Hoheitsbereich auszusprechen. Darüber hinaus hat Bonn mehrfach, zuletzt in der Regierungserklärung von Bundeskanzler Kiesinger am 13. Dezember 1966, betont, daß es keine „nationale Verfügungsgewalt über Atomwaffen und keinen nationalen Besitz an solchen Waffen" anstrebt. Es kann kaum bezweifelt werden, daß die Bundesrepublik sich bereitfände, eine solche zusätzliche Verpflichtung auch in der verbindlichen Form eines Vertrages einzugehen, der von östlicher Seite mit unterzeichnet werden könnte. Bevor aber Washington den Gedanken eines Atomwaffensperrvertrages artikulierte, schien man in Moskau durchaus genügend Vertrauen in das Funktionieren der westlichen Kontrolleinrichtung und in die „Zuverlässigkeit" der Partner Bonns zu haben. Der ASV muß also noch zusätzliche, andersartige Wesensmerkmale enthalten, um für die Sowjets attraktiv zu sein. Ganz gewiß beschränkt sich ihr Interesse an einem solchen Vertrag nicht auf einen symbolischen Akt, mit dem lediglich die Koexistenzbereitschaft der beiden Atomweltmächte bekräftigt werden sollte. Moskau dürfte erkannt haben, daß ein solcher Vertrag nicht nur dazu beitragen würde, den Zustand der europäischen Teilung zu verfestigen und seinen politischen Besitzstand bis zur Elbe abzusichern, sondern ihm darüber hinaus noch erheblichen Spielraum für eine Einflußnahme auf die inneren Entwicklungen im Atlantischen Bündnis und noch mehr auf die Einigungsbemühungen im Westen des Kontinents verschaffen kann.

Bemerkenswert ist und bleibt allerdings, daß die Initiative zum Vertrag auf Washington zurückgeht, während Moskau nach kurzem Bedenken nur die Chance erfaßt und ergriffen hat, die sich ihm hier anbot. Bundeskanzler Kiesinger hat erst neulich darauf hingewiesen, daß der amerikanische Beauftragte für Rüstungskontrolle und Abrüstungsfragen, William C. Foster, der die Delegation seines Landes bei der Genfer UN-Konferenz leitet, bereits im Juli 1965 in der Zeitschrift „Foreign Affairs“ die weitreichenden Konsequenzen eines ASV aufgezeigt hat. Mit diesem Hinweis wollte Kiesinger offenbar seiner Verwunderung darüber Ausdruck geben, daß sich die damalige Bundesregierung nicht unverzüglich mit ihren Alliierten in Verbindung gesetzt hatte, um einen entsprechenden Einfluß auf den zu erwartenden amerikanisch-sowjetischen Konsens nehmen zu können. Zwei Politiker auf deutscher Seite, die allerdings zu jenem Zeitpunkt nicht der Regierung angehörten, hatten auf die amerikanischen Ankündigungen sofort reagiert; ihre Alarmrufe aber blieben ohne positives Echo im Kabinett Erhard. Konrad Adenauer, der sich sein gutes Gefühl für Entwicklungen geschichtlicher Tragweite und heraufziehende Gefahren bewahrt hatte, nannte den geplanten Vertrag einen „neuen Morgenthau-Plan“, und Franz Josef Strauß warnte im „Rheinischen Merkur“ (27. August 1965) vor einem „militärischen Versailles“, das in Deutschland wieder einmal einen Führertyp produzieren könnte.

Franz Josef Strauß legte aber in dem Artikel auch den Finger in die Wunde der damaligen deutschen Außenpolitik, indem er die deutschen Befürworter einer multilateralen Atomflotte unter amerikanischer Kontrolle verantwortlich dafür machte, daß Bonn sogar mit einem gewissen Wohlwollen die amerikanischen Vorbereitungen für einen ASV beobachtete. In dem Vertragsentwurf, den Foster im August 1965 in Genf vorlegte, wurde nämlich die Bildung einer gemeinsamen Atomstreitmacht unter Beteiligung nuklearer und nichtnuklearer Staaten offiziell noch nicht ausgeschlossen.

Strauß wies auf die Bedeutung des Artikels 2 im ursprünglichen amerikanischen ASV-Entwurf hin, der bereits alle praktischen Voraussetzungen für das Entstehen einer europäischen Atomstreitmacht beseitigen sollte. Dieser Paragraph verbot nämlich den nichtnuklearen Unterzeichnerstaaten ausdrücklich, Atommächten bei der Herstellung von Kernwaffen in irgendeiner Form – also auch mit wissenschaftlichen und finanziellen Mitteln – zu helfen. Es konnte keine Zweifel geben, daß sich dieses Kooperationsverbot auch auf Randgebiete der atomaren Forschung und wahrscheinlich auch auf die Herstellung von Trägersystemen erstrecken sollte. Damit aber wäre bereits der Weg zu einer europäischen Verteidigungspolitik, die ihren Sinn nur in der Schaffung eines autonomen kriegsverhindernden Potentials haben könnte, de facto versperrt.

Schon dem erwähnten Vorauskommentar Fosters ließ sich entnehmen, daß Washington mit dem Atomwaffensperrvertrag weder beabsichtigte, zusätzliche nukleare Sicherheitsgarantien auszusprechen, noch das Entstehen einer selbständigen wirkungsvollen Abschreckungsmacht in seinem Bündnisbereich zu fördern. Schließlich war doch gerade das amerikanische Ausgangsmotiv für diesen Vertrag, so weitgehend wie möglich alle Gefahren auszuschließen, durch andere Atommächte in einen Konflikt mit der Sowjetunion hineingezogen zu werden. Washington hatte Kurs auf den Vertrag genommen, nachdem ihm der Verlauf der Kubakrise glaubhaft gemacht hatte, daß es zur unmittelbaren Auslösung eines nuklearen Konflikts mit der Sowjetunion nicht kommen würde. Der ASV stellte jetzt im nationalen Sicherheitsinteresse der Vereinigten Staaten insofern eher einen Schritt vorwärts dar, als er die Möglichkeit eines sich indirekt entwickelnden Zusammenstoßes mit der Sowjetunion vermindern sollte.

Ein Abkommen über den Teststopp, das auch unterirdische Versuche miteinschlösse, würde überhaupt ausreichen, um praktisch das Entstehen neuer Atommächte zu verhindern. Im Gegensatz zum Zeitpunkt des Abschlusses des Atomteststoppvertrages ist die Wissenschaft heute so weit, daß sich jede unterirdische Nuklearexplosion mit nahezu hundertprozentiger Sicherheit registrieren läßt, ohne daß Kontrollinstrumente in dem betreffenden Land selbst installiert sind. Jeder Staat also, der das Atomteststoppabkommen mit einer Zusatzklausel für unterirdische Versuche unterschrieben hätte, würde automatisch vertragsbrüchig werden, sobald er zum erstenmal mit einem nuklearen Sprengkörper experimentiert. Da ein solcher Versuch aber unbedingte Voraussetzung für jede Eigenentwicklung von nuklearen Sprengsätzen darstellt, würde der Verzicht auf unterirdische Tests eigentlich die gleiche Sicherungsfunktion wie ein neuer Atomwaffensperrvertrag erfüllen. In diese Richtung scheint der Vorschlag zu zielen, den die schwedische Delegierte Alva Myrdal kürzlich auf der Genfer Konferenz mit dem Hinweis vorbrachte, daß man bei der Aushandlung des Versuchsstoppabkommens von 1963 die Herauslassung der unterirdischen Tests ohnehin nur zeitlich begrenzen wollte, bis man sich über Kontrollmaßnahmen geeinigt hätte. Die schwedische Abrüstungsbeauftragte, die schon vorher dafür plädierte, das atomare Wettrüsten in einen Zusammenhang mit der Nonproliferation zu bringen, vergaß auch nicht zu erwähnen, daß unterirdische Tests „im letzten Jahr mehr als einmal pro Woche die Erde erschüttert haben".

Die in Genf vertretenen Atommächte zeigen nicht die geringste Bereitschaft, sich in ihrer Handlungsfreiheit bei der nuklearen Rüstung einschränken zu lassen. Daher stellen sie auch ein erweitertes Teststoppabkommen als Alternative zu einem Sperrvertrag gar nicht erst zur Diskussion. Angesichts dieser Haltung darf man auch nicht erwarten, daß sich etwa die Nuklearstaaten bereitfinden könnten, irgendwelche über Deklamationen hinausgehende Zusagen mit einem ASV zu verbinden, die ihre eigene Atomrüstung betreffen. Hier liegt auch der Grund für den Widerstand der Atommächte gegen eine Revisionsklausel, die den Nichtnuklearen nach vier oder fünf Jahren die Möglichkeit einräumen würde, den Vertrag in seiner bisherigen Form zur Debatte zu stellen, falls sich bis dahin die Atomwaffenbesitzer nicht zu konkreten Abrüstungsmaßnahmen entschlossen hätten. Es liegt in der Absicht der Atomweltmächte und des in ihrem Strom mitschwimmenden Englands, sich mit dem Vertrag ihre Entscheidungsfreiheit auf dem Gebiet der Nuklearrüstung ebenso zu sichern, wie sie die Habenichtse möglichst auf unbegrenzte Zeit zu nuklearer Abstinenz verpflichten möchten.

Die Motive für dieses Verhalten der Atommächte werden deutlicher, wenn man deren Atomrüstungsprogramme betrachtet, die heute naturgemäß nicht mehr auf eine bloße Vergrößerung ihrer jeweiligen Kapazitäten abgestellt sind. Die USA und die Sowjetunion betreiben vielmehr - neuerdings auch noch mit Blick auf China - einen atomaren Rüstungswettlauf, mit dem Ziel, ein strategisches Obergewicht der anderen Seite unmöglich zu machen.

In der Natur der Sache aber liegt es, daß die nuklearen Waffensysteme ausschließlich für die nationalen Sicherheitsbelange ihrer Besitzer programmiert und fortentwickelt werden. Sie dienen nicht mehr als Schirm der Abschreckung für Bundesgenossen, besonders, wenn deren Territorium außerhalb der eigenen atomaren Schutzzone liegt. Um so eher aber lassen sich die Kernwaffensysteme der Weltmächte als Schirm ausnützen, unter dem konventionelle Operationen gegen Nichtnukleare durchzuführen wären.

Der geplante Sperrvertrag erlaubt also den Atomweltmächten, alle ihnen verfügbaren Kräfte für ein Maximum ihrer nationalen Sicherheit und politisch-militärischen Bewegungsfreiheit einzusetzen, während er die Habenichtse einer Situation vollkommener Ohnmacht und Abhängigkeit ausliefert. Der ASV soll es den Europäern nicht nur unmöglich machen, gemeinsame Anstrengungen für die Schaffung eines autonomen Abschreckungspotentials zu unternehmen, das allein durch seine Zerstörungskraft eine kriegsverhindernde Wirkung haben könnte, sondern er soll ihnen auch jede Grundlage für den Aufbau eines reinen Abwehrsystems gegen nukleare Angriffswaffen entziehen.

In diesem Punkt tritt der bündniszerstörende Charakter des ASV wohl am deutlichsten in Erscheinung. Der sozialdemokratische Fraktionsvorsitzende Helmut Schmidt hat neulich erst hervorgehoben, daß die Auswirkung des ASV auf das Problem einer europäischen Raketen-Flak in der Öffentlichkeit noch gar nicht richtig erkannt worden ist, obgleich es „in drei Jahren von eminenter psychologischer und politischer Bedeutung sein wird." Für ein europäisches ABM-System gelten spezifische technische Vorbedingungen, die bestimmte Eigenentwicklungen erforderlich machen würden. Die Amerikaner halten Abwehrwaffen gegen Interkontinentalraketen bereit, die in großer Höhe und entsprechender Entfernung vom Mutterland abgefangen werden sollten. Ihre Abwehrraketen vom Typ NIKE-X mit nuklearen Sprengköpfen kommen für eine Abwehr von tief einfliegenden Mittelstreckenraketen, die den europäischen Raum bedrohen, nicht in Betracht. Die in den USA zusätzlich entwickelte „Sprint"-Rakete, die gegen Interkontinentalgeschosse noch in den letzten Sekunden nach Eintauchen in die dichteren Luftschichten eingesetzt werden kann, führt dort zu einer Kernexplosion, bei der sich starke Auswirkungen auf die Erdoberfläche nicht vermeiden lassen. Selbst wenn also die „Sprint" für Europa zur Verfügung stünde, wäre ihr Einsatz mit der Gefahr verbunden, daß die Bevölkerung beim Aufeinanderprall von Offensivwaffen mit dieser Art von Defensivwaffe nur noch stärker betroffen würde. Für die dicht bevölkerten Gebiete Europas müßte also eine ganz neuartige „saubere" Antiraketenrakete entwickelt werden, was nur unter Einsatz gemeinsamer Forschungs- und Geldmittel der europäischen Staaten möglich wäre.

Aber auch diese Art der innereuropäischen Zusammenarbeit auf diesem entscheidenden Sektor der Verteidigung soll durch den ASV unterbunden werden. Den Europäern würde damit jede Basis entzogen, das im Artikel 51 der Charta der Vereinten Nationen verbürgte Recht der Nationen auf kollektive Selbstverteidigung auszuüben. Der ASV soll - zumindest nach sowjetischen Vorstellungen - verhindern, daß sich auf der Grundlage eines europäischen Rüstungskartells ein gemeinsames Verteidigungskonzept entwickelt, das wiederum die Voraussetzung für die außenpolitische Aktionseinheit Europas wäre. Moskau setzt genug Vertrauen in den Prozeß der inneren Auflösung des atlantischen Bündnisses, um es den Amerikanern zu überlassen, wie lange sie noch atomare Sprengsätze auf europäischem Boden belassen und gleichzeitig damit das „Zweischlüsselsystem" bestehen lassen wollen.

Bezeichnend ist es, daß im ASV-Entwurf nicht die früher übliche und sachlich notwendige Unterscheidung zwischen atomaren Sprengköpfen („nuclear warheads") und Trägerwaffen („means of delivery") gemacht wird, sondern nur noch einheitlich von Atomwaffen („nuclear weapons") die Rede ist. Danach läßt sich durchaus erwarten, daß die Amerikaner, einer Moskauer Interpretation der Vertragsbuchstaben folgend, die Weitergabe von Atomwaffenträgersystemen an ihre nichtnuklearen Verbündeten einstellen wollen. Es bedarf kaum noch eines Hinweises darauf, daß sich die Atomweltmächte darüber einig sein sollten, mit Hilfe des ASV nichtatomaren Ländern zu verbieten, Atomträgerwaffen von europäischen Nuklearstaaten, also von Frankreich oder England zu erwerben oder gar neuartige Systeme mit diesen zusammen zu entwickeln. Auch hiermit richtet sich der Vertrag gegen den Nerv einer europäischen Verteidigungspolitik und stellt darüber hinaus den Versuch dar, die Bundesrepublik auf den für ihre und die europäische Wettbewerbsfähigkeit entscheidenden Gebieten der Luftfahrt-, Raketen- und Raumfahrttechnik weitgehend auszuschalten. Daß solche Absichten im Hintergrund der ASV-Bestrebungen stehen, läßt sich aus der sowjetischen Note vom 19. Januar dieses Jahres entnehmen, in welcher der Bundesrepublik vorgeworfen wird, nicht nur großes Geld für die nukleare Forschung, sondern auch auf dem Gebiet der Raketentechnik und der Atomwaffenträger überhaupt auszugeben.

Leider, so muß man hier aus deutscher und europäischer Sicht sagen, sind diese sowjetischen Behauptungen maßlos übertrieben. Es wird nämlich geradezu zur Lebensfrage für die Völker dieses Kontinents, ob sie sich sowohl im Interesse ihrer eigenen Sicherheit als auch ihrer sozialen und wirtschaftlichen Zukunft entschließen, sich unter Einsatz erheblicher Mittel an der Entwicklung moderner Waffensysteme zu beteiligen.

Schon auf dem Gebiet der Waffentechnik also zeigt es sich, daß der ASV einen Anschlag gegen die Einheit und den Fortschritt Europas darstellt. Der Vertrag macht damit die Frage einer europäischen Atomstreitmacht überhaupt irrelevant, weil er die Voraussetzungen für deren Entstehen beseitigt. Mit gutem Recht konnte daher der sowjetische Außenminister Gromyko nach seinen Besprechungen mit dem amerikanischen Kollegen Rusk im Herbst vergangenen Jahres das Problem, ob eine europäische Föderation mit eigener Atomstreitmacht nach den Bedingungen des ASV möglich wäre, als „philosophical" bezeichnen. Europa kann nur auf der Grundlage einer gemeinsamen Interessenpolitik schrittweise zusammenwachsen und nicht wie ein Homunculus plötzlich als völkerrechtliches Subjekt aus der Retorte entstehen. Wenn aber durch den ASV eine technologische Zusammenarbeit der Europäer blockiert wird und außerdem noch künstliche Interessengegensätze zwischen ihnen hergestellt werden, dann ist es beinahe müßig zu fragen, ob die Einbringung der französischen und britischen Atomstreitkräfte in einen europäischen Bundesstaat eine „Weitergabe" von Nuklearwaffen darstellen würde oder nicht.

Die deutsche Bundesregierung hat sich allerdings mit den sicherheitspolitischen Aspekten und Auswirkungen des Atomwaffensperrvertrages öffentlich weniger beschäftigt, als mit seinen möglichen Konsequenzen für die zivile Atomwirtschaft. Obgleich alle durch den Vertrag aufgeworfenen militärischen, wissenschaftlichen und wirtschaftlichen Fragen in einem unlösbaren Zusammenhang miteinander stehen, erklärt sich die deutsche Verhaltensweise in außenpolitischen Beweggründen. Bonn sieht sich durch eine weltweite – besonders von Moskau betriebene – Propaganda der Unterstellung ausgesetzt, unter Umgehung bereits bestehender Verträge Atomwaffen in seine Kontrolle bekommen zu wollen. Um solchen Behauptungen keine neue Nahrung zu geben, entschloß sich die Regierung Kiesinger, ihre kritische Einstellung zu dem geplanten Vertrag in zwei Schwerpunkten zu artikulieren, nämlich in den Fragen der internationalen Kontrolle und einer möglichen Revision des Abkommens nach Ablauf einer bestimmten Zeit. Bonn konnte davon ausgehen, daß andere einfußreiche Nichtnuklearstaaten und die EURATOM-Kommission sich in diesen beiden Fragen mit ihm solidarisch verhalten würden.

In diesem Frühjahr fanden eingehende Verhandlungen zwischen Bonn und Washington sowie zwischen EURATOM und den USA statt, in denen es um Formen und Zuständigkeiten bei der Überwachung der zivilen Atomeinrichtungen ging. Auf europäischer Seite befürchtet man vor allem, daß durch die von den Weltmächten vorgesehene übergeordnete Kontrollinstanz, die Internationale Atomenergieorganisation in Wien, EURATOM und andere europäische nukleartechnische Gemeinschaftsunternehmen zur Auflösung gebracht werden könnten. Das Entstehen der IAEA geht auf Präsident Eisenhowers „Atoms for peace"-Programm zurück; die Satzungen der Organisation wurden im Jahre 1956 von 81 Nationen der UNO angenommen. Inzwischen gehören der Organisation 96 Länder an, darunter auch die Bundesrepublik. Ein Kernstück der IAEA-Satzungen ist die Auflage, daß solche Mitgliedstaaten, die durch die Wiener Behörde spaltbares Material für Forschungs- und Betriebszwecke zugeteilt erhalten, sich einer Inspektion durch Beauftragte der Organisation unterstellen müssen. Diese Koppelung von Versorgung mit atomaren Brennstoffen und Kontrolle über deren Verwendung, zu der sich bisher nur einige Mitgliedstaaten der IAEA bereitgefunden haben, soll für die nichtnuklearen Unterzeichner des ASV zum Prinzip erhoben werden. Der sogenannte Kontrollartikel (Nr. 3) des Sperrvertrages gewinnt damit den Charakter von Syndikatsbedingungen. Dieser Artikel bringt den Zwang zur Unterschrift des Vertrages durch nichtatomare Staaten zum Ausdruck, indem diesen im Falle ihrer Weigerung ein Lieferboykott von seiten der atomaren Brennstoffproduzenten angedroht wird. Allein diese Methode muß die Nichtnuklearen in Europa alarmieren, weil sie die Möglichkeiten der großen Atommächte, die über die technischen Kapazitäten zur Brennstoffherstellung verfügen, verdeutlichen, unmittelbaren Einfluß auf die technischen und wirtschaftlichen Entwicklungen anderer zu nehmen. Über das Kontrollinstrument der IAEA können die Atomweltmächte den Nichtnuklearen Arbeitsbedingungen auferlegen und ihre Brennstoffzuteilung so dosieren, wie es für ihre eigenen wirtschaftlichen Interessen am vorteilhaftesten ist.

Bei den Europäern ist der Verdacht aufgekommen, daß sich die USA Europa als Absatz- und Lizenznehmergebiet für ihre Zukunftsindustrien sichern wollen, die sie auf der Grundlage ihrer Rüstungsforschung und -produktion immer weiter entwickeln. Die Sowjets zeigen sich an jeder Art der Drosselung des europäischen Potentials besonders interessiert, weil sie von einer steigenden Abhängigkeit Europas und einer daraus zwangsläufig resultierenden wirtschaftlichen Strukturkrise soziale Unruhe erwarten. Sie rechnen damit, daß ein derartig geschwächtes Europa schließlich im Osten Halt suchen und somit in die politische Einflußsphäre Moskaus geraten müßte.

Angesichts dieser weitreichenden Perspektiven wird es verständlich, daß die kernwaffenlosen EURATOM-Staaten alles daransetzen, um das innerhalb der Europäischen Gemeinschaft bestehende Kontrollsystem autonom zu erhalten. Eine Überwachung der EURATOM durch die Wiener UNO-Behörde würde einer europäischen Energiepolitik für die Zukunft weitgehend den Boden entziehen und könnte den Anfang vom Ende der Brüsseler Gemeinschaft überhaupt bedeuten. Da Frankreich, der einzige Kernwaffenstaat im Gemeinsamen Markt, dem Sperrvertrag nicht beitreten wird, würde eine IAEA-Kontrolle für die übrigen Fünf eine Spaltung der Europäischen Gemeinschaft bedeuten. Eine gemeinsame wissenschaftliche Tätigkeit und der Austausch von Informationen innerhalb der Sechs könnten sehr bald zum Erliegen kommen, da Frankreich es wahrscheinlich ablehnen würde, mit europäischen Partnern eng zusammenzuarbeiten, zu deren Forschungs- und Produktionsstätten Inspektoren der Atomweltmächte Zutritt hätten. Nach der vorliegenden Konzeption des Sperrvertrages wäre es sogar möglich, daß es den fünf EWG-Ländern verboten würde, Atomreaktoren und Zusatzeinrichtungen, wie elektronische Apparate, nach Frankreich zu exportieren, weil dieses nicht der Wiener Kontrolle unterliegen würde. Das EURATOM-Kommissariat hat die Amerikaner auch darauf hingewiesen, daß sich die Atomindustrie der Sechs in dem nicht von der IAEA überwachten Frankreich zu konzentrieren suchen würde. Washington, das sonst nicht müde wird, den Europäern die Vorherrschaftsansprüche Frankreichs vor Augen zu führen, würde also durch den Vertrag gerade der französische Dominanz auf dem Kontinent weiteren Vorschub leisten. Würde allerdings Großbritannien Mitglied der Brüsseler Gemeinschaften werden, könnte es in seiner Sonderstellung als Nuklearmacht zusammen mit Frankreich von der Flucht der Atomwirtschaft aus den atomwaffenlosen Ländern des Kontinents profitieren.

Den Europäern geht es darum, sich die Grundlagen ihrer Zusammenarbeit und Bewegungsfreiheit auf atomwirtschaftlichem Gebiet zu erhalten, indem sie weiterhin das Problem ihrer Brennstoffversorgung gemeinsam zu lösen bemüht sind, was dadurch möglich wäre, daß sie vorerst wie bisher über EURATOM Lieferungsverträge und Bedingungen mit den USA aushandeln, denen die europäische Selbstkontrolle über den Verbrauch und Verbleib des angereicherten Urans Jahre hindurch völlig ausreichend erschienen ist. Noch gibt es aber keine Anzeichen dafür, daß die Amerikaner von ihrer grundsätzlichen Forderung abzugehen bereit wären, daß die Wiener Behörde die Überwachung der atomaren Tätigkeit aller Unterzeichnerstaaten des Sperrvertrages ohne Atomwaffenbesitz übertragen bekommen soll. Washington hat inzwischen der EWG einen Kompromißvorschlag gemacht, wonach EURATOM ihr eigenes Kontrollsystem für die Spanne von drei Jahren unter Mitwirkung der IAEA beibehalten sollte. Wenn es bis zu diesem Zeitpunkt zu keiner endgültigen Einigung über die Überwachungsvollmachten der Wiener Behörde gekommen sein würde, sollte diese automatisch in volle Funktion treten. Dieser Vorschlag bedeutete nichts weiter als ein Hinauszögern der endgültigen Auflösung von EURATOM und wurde daher von Brüssel als „Guillotine-Klausel" abgelehnt. Im Mai dieses Jahres ließ schließlich der amerikanische Außenminister seinen deutschen Kollegen wissen, daß Washington sich für ein „Verifikations-Verfahren" einsetzen wolle, das die selbständige Tätigkeit der EURATOM-Inspekteure weiter zulassen, der IAEA aber unter anderem Einsicht in deren Kontrollbücher gestatten solle.

Bei diesem Stand der Dinge einigten sich Amerikaner und Sowjets hinter verschlossenen Türen in Genf auf dem Höhepunkt der Nahostkrise und in New York im Anschluß an die Gespräche von Glasshoro darauf, der Weltöffentlichkeit einen gemeinsamen Vertragstext vorzulegen, in dem der Artikel 3 ebenso wie die im Artikel 4 vorgesehene Revisionsklausel, die nach ausdrücklichem Wunsch Moskaus mit einem Vetorecht der Atomweltmächte verbunden werden soll, ausgespart bleiben. Da jedoch kaum noch Differenzen zwischen den USA und der Sowjetunion über den restlichen Vertragstext bestanden haben dürften, darf man annehmen, daß sich die beiden Mächte gerade bei den letzten Gesprächen über gemeinsame Formulierungen der Artikel 3 und 4 verständigt haben. Unter dieser Zielsetzung wollen Washington und Moskau jetzt offenbar ein politisches Meinungsklima herbeiführen, das die Europäer zu einer Blankozustimmung zum Atomwaffensperrvertrag veranlaßt, die sie auf einen vorgeschriebenen Überwachungs- und Abhängigkeitsstatus festnagelt.

Die von ihrem bipolaren Machtkonzept faszinierten Amerikaner und Sowjets würden damit einen weiteren Schritt zur Auflösung des europäischen Potentials unternehmen, dessen Stärkung eigentlich in ihrem ureigenen Interesse liegen sollte. Denn der ganze Einsatz der Völker der nördlichen Hemisphäre wird erforderlich sein, wenn die

Menschheit einen Zustand des äußeren und sozialen Friedens erreichen soll.

Fünf Jahre nach dem Abkommen von Nassau

(1967)

Man kann davon ausgehen, daß in dem geheimgehaltenen Briefwechsel zwischen Kennedy und Chruschtschow während der Kuba-Krise von beiden Seiten eine gewisse Bereitschaft für ein Globalarrangement signalisiert worden ist. Dabei dürfte man sich auch einer weitgehenden Übereinstimmung über den für Sommer 1963 geplanten Abschluß des internationalen Teststoppabkommens versichert haben, mit dem Washington und Moskau öffentlich die erste Stufe auf dem Wege zu einem duopolistischen Weltsystem markierten. Wie weit damals eine Absprache zwischen den Supermächten über die Formel einer Einflußteilung für Europa bereits gediehen war, läßt sich schwer sagen. Am Ablauf der Ereignisse vom Oktober 1962 bis Januar 1963 wird jedoch zumindest die amerikanische Absicht erkennbar, der Sowjetunion Zeichen zu geben, wie eine Kondominium-Lösung für das europäische Festland aussehen könnte, die den aktuellen machtpolitischen Interessen beider Kontrahenten gerecht würde. Im Verlaufe von etwa hundert Tagen vollzog sich in höchst dramatischer Weise ein Kurswechsel in der amerikanischen Europa-Politik, der bis dahin nur in vagen Umrissen sichtbar geworden war. Im gleichen Zeitraum erfolgte als Antwort auf diese amerikanische Aktion eine gezielte französische Initiative, um die Grundlagen für eine europäische Selbständigkeitspolitik zu erhalten. In diesem Stadium durfte auch Paris bei seinem Vorhaben noch mit der aktiven Unterstützung durch die deutsche Bundesregierung unter Konrad Adenauer rechnen.

Die Geschehnisse jener hundert Tage reichen von der Verabschiedung des *Trade Expansion Act* durch den amerikanischen Kongreß, am 11. Oktober 1962, bis zur Unterschrift des deutsch-französischen Vertrages, am 22. Januar 1963; dazwischen hatten die USA mit dem amerikanisch-britischen Abkommen von Nassau (Bahamas) vom 21. Dezember 1962 einen auf langfristige Wirkung angelegten Schlag gegen die europäische Gemeinschaftspolitik ausgeführt. Die Übereinkunft von Nassau stellte die militärische Ergänzung zu dem amerikanischen Versuch dar, auf wirtschaftlichem Gebiet mit Hilfe des *Trade Expansion Act* eine Eigenentwicklung Europas zu unterlaufen.

Das Kernstück des *Trade Expansion Act* war die Ermächtigung für den amerikanischen Präsidenten, die Zölle dort um fünfzig Prozent zu senken bzw. ganz zu eliminieren, wo die Vereinigten Staaten und eine durch Großbritannien erweiterte EWG Hauptlieferanten sind, also, wo beide Wirtschaftsräume achtzig Prozent oder mehr des Welthandels bestreiten. Dabei handelt es sich, von der Auto- und Flugzeugproduktion bis zu speziellen Erzeugnissen der elektronischen Industrie und der Großchemie, fast ausschließlich um Herstellungszweige der *advanced techniques*, in denen die USA - nicht zuletzt auf Grund ihrer gewaltigen Forschungs- und Entwicklungsinvestitionen für ihre nationale Verteidigung - einen ständig wachsenden Vorsprung gegenüber Europa gewonnen hatten. Es ließ sich leicht voraussehen, daß sich diese technologische Lücke durch den für die Wachstumsindustrien nutzbar zu machenden wissenschaftlichen „Abfall" der Raumfahrttechnik und -forschung noch geradezu explosiv erweitern würde. Somit werden auch die außerordentlichen Bemühungen der USA zu jener Zeit verständlich, Großbritannien in den Gemeinsamen Markt hineinzumanövrieren. Den Amerikanern ging es um eine Offensive zur Senkung der Außenzölle der EWG, und sie rechneten bei ihrem Vorhaben einer atlantischen Öffnung des Gemeinsamen Marktes fest mit der Unterstützung Englands. In diesem Falle hätten die USA ihre technologische Überlegenheit voll zur Geltung bringen können, um sich eine beherrschende Position für ihre Schlüsselindustrien auf dem europäischen Markt zu sichern. Es leuchtet ein, daß gleichzeitig damit den Europäern der Boden für den Aufbau einer eigenen modernen Hochleistungstechnik unter den Füßen weggezogen worden wäre.

Am 15. und 16. Dezember 1962 fanden in Rambouillet Besprechungen zwischen dem damaligen britischen Premierminister Macmillan und dem französischen Staatspräsidenten de Gaulle statt, bei denen Fragen der europäischen Zusammenarbeit auf wirtschafts- und sicherheitspolitischem Gebiet im Mittelpunkt standen. In dem sehr allgemein abgefaßten kurzen Kommuniqué über diese Besprechungen ist immerhin noch von der „großen Ähnlichkeit der Ansichten darüber" die Rede, „welche Schlußfolgerungen man aus diesen Ereignissen" (internationale Lage nach der Kuba-Krise und angesichts der ernsten Vorfälle in Asien) „für die Politik und die Verteidigung des Westens ziehen *könnte*" (Aufzeichnung des Verfassers).

Zu diesem Zeitpunkt war aus Washington bereits durchgesickert, daß die Amerikaner das Entwicklungsprojekt der weitreichenden

Luft-Boden-Raketen mit nuklearem Sprengkopf, Typ Skybolt, nicht fortzuführen beabsichtigten. Washington hatte im Jahre 1960 London ein großzügiges Angebot gemacht, das Skybolt-Entwicklungsprogramm weitgehend auf amerikanische Kosten durchzuführen, um, wie Präsident Kennedy es nachher erläuterte, die Wirksamkeit der britischen V-Bomber verbessern und erhöhen zu helfen. Da dieses Projekt nun von den Amerikanern einseitig abgebrochen werden sollte, hielt Präsident de Gaulle offenbar die Gelegenheit für günstig, seinem britischen Gesprächspartner die Zusammenlegung der französischen und britischen Atomrüstung vorzuschlagen. Macmillans Antwort in Rambouillet hierauf muß ausweichend gewesen sein; definitiv wurde sie jedenfalls erst mit der offiziellen Bekanntgabe des Nassauer Abkommens gegeben – also fünf Tage danach!

Die Agenda für die Gespräche in Nassau war vollgepackt mit hochaktuellen Themen: der Beitritt Großbritanniens zur EWG; die britische Atomrüstung, die Einstellung der Kernwaffenversuche, die Entwicklung des westlichen Verteidigungsbündnisses standen dabei im Vordergrund. Obgleich der britische Regierungschef zu einer recht passiven Rolle verurteilt war, spiegelt doch das Kommuniqué über seine Besprechungen mit Präsident Kennedy ein durchaus herzliches Einvernehmen gerade in den behandelten Kernpunkten wider. So heißt es, daß der Präsident das Interesse der Vereinigten Staaten an einem baldigen und erfolgreichen Resultat der Verhandlungen über einen britischen Beitritt zum Gemeinsamen Markt bekräftigt habe. Sehr eingehend stellt das Kommuniqué den Ablauf, die Beschlüsse und die Zielsetzungen der Besprechungen über die britische Atomrüstung dar. Die Skybolt-Rakete wird als sehr kompliziertes Waffensystem bezeichnet, das im Rahmen des Kostenanschlages und der vorgesehenen Zeitspanne nicht fertiggestellt werden könnte.

Aber in Nassau war die *Navy* der Gewinner: Macmillan erhielt von Kennedy die Zusage, daß die USA den Engländern „auf einer kontinuierlichen Basis“ Polaris-Raketen liefern würden, die auf britische Unterseeboote montiert werden sollten. Um den Stolz der britischen Atommacht nicht zu verletzen, wurde festgelegt, daß die amerikanischen Polaris-Raketen mit nuklearen Sprengsätzen „made in England“ zu bestücken wären. Es versteht sich beinahe von selbst, daß die USA dem britischen Juniorpartner ihre Erfahrungen im Bau der Spezial-U-Boote sowie „gewisse Versorgungseinrichtungen“ für diese Schiffe zur Verfügung stellten. Außerdem sollte es sich später als praktikabel erweisen, die unterirdischen Tests mit den britischen

Nuklearsprengsätzen in der Wüste des amerikanischen Staates Nevada vorzunehmen.

Alles zusammengenommen, ließe sich sagen, daß Großbritannien mit der Entscheidung für das Polaris-System in eine hochgradige militärische Abhängigkeit von Amerika - allein schon auf technischem Gebiet - geraten mußte. Die Gesprächspartner von Nassau kamen aber auch dahingehend überein, daß die britische Polaris-Flotte einmal Bestandteil einer multilateralen Atommacht der NATO werden sollte, etwa im Sinne des später von London propagierten ANF-Projektes, einer Variante zur MLF-Geisterflotte der Amerikaner. Das Papier von Nassau enthielt auch schon die im ANF-Vorschlag später wiederkehrende Klarstellung des britischen Premierministers, daß alle englischen Nuklearverbände, die für eine solche multilaterale Streitmacht der NATO verfügbar gemacht werden sollten, „unter allen Umständen für die Zwecke der internationalen Verteidigung der westlichen Allianz eingesetzt werden, ausgenommen solche Fälle, in denen die britische Regierung entscheiden würde, daß höchste nationale Interessen auf dem Spiele stehen".

Präsident de Gaulle, der von der in Nassau verstärkten angelsächsischen *Entente Cordiale* über die Nachrichtenagenturen unterrichtet wurde, reagierte darauf in seiner Pressekonferenz vom 14. Januar 1963, die unter dem Schlagwort „Veto zum britischen EWG-Beitritt" in die Gegenwartsgeschichte eingegangen ist. Der französische Staatspräsident beschäftigte sich gerade in diesem Zusammenhang recht detailliert mit den amerikanisch-englischen Beschlüssen von Nassau. Ohne weiter darauf einzugehen, daß die Partner auf den Bahamas hatten verlauten lassen, auch Frankreich könne unter gegebenen Umständen Polaris-Raketen aus den USA beziehen, traf de Gaulle die folgende Feststellung: „Außerdem erhalten die Engländer beim Bau dieser U-Boote und der Sprengköpfe die privilegierte Hilfe der Amerikaner. Man weiß, das sage ich nebenbei, daß diese Hilfe uns niemals vorgeschlagen wurde ..." Dieser etwas resignierte Unterton wird noch verständlicher, wenn man bedenkt, daß die USA für die damals bereits laufende französische Atomrüstung jede Art von technischer Hilfestellung verweigert hatten, was gerade auf dem Gebiet der Spezialelektronik Frankreich viel Kopfschmerzen und einen unnötigen Kostenaufwand bereitet hatte.

De Gaulle lehnte es rundweg ab, das Nassauer Abkommen, „so wie es angelegt ist", zu unterschreiben. Dabei machte er deutlich, daß Frankreich dem entscheidenden Grundsatz seiner Verteidigung und Politik zuwiderhandeln würde, wenn es seine nuklearen Mittel in „eine multilaterale Streitmacht unter fremdem Oberbefehl (also amerikanischem) einbringen" würde. Bedeutungsvoll ist der Satz, mit dem de Gaulle dieses Kapitel abschloß. Nachdem er den französischen Entschluß bekräftigt hatte, mit der Entwicklung einer eigenen Atomstreitmacht fortzufahren, sagte er: „Dabei verweigern wir selbstverständlich nicht die Zusammenarbeit, sei es technischer oder strategischer Art, wenn sie von unseren Verbündeten gewünscht wird."

Daß diese Bemerkung durchaus auch an die Adresse Bonns gerichtet sein konnte, geht aus einer im weiteren Verlauf der Pressekonferenz vom General gemachten Äußerung hervor. Auf die Frage eines Journalisten, „ob die Armee der Bundesrepublik, so wie sie jetzt aufgestellt und befehligt wird, seiner Ansicht nach mit Atomwaffen ausgerüstet werden sollte, antwortete de Gaulle: „Mein Herr, es ist Sache Deutschlands zu sagen, was es will, und seine Politik zu betreiben. Sie haben gesehen, daß Frankreich auf dem Gebiet der Verteidigung auch seine eigene betreibt. Es liegt auf der Hand, daß eine enge Solidarität zwischen der Verteidigung Deutschlands und derjenigen Frankreichs besteht, und jedes Land ist Herr in seinem eigenen Hause."

Nimmt man diesen Ausspruch zusammen mit Vorschlägen über eine wünschenswerte deutsch-französische Zusammenarbeit auch auf dem Gebiet der modernen Waffentechnik, wie sie von de Gaulle bei späteren Anlässen vorgebracht wurden, dann ließe sich daraus etwa das folgende Konzept ablesen: europäisch orientierte Verteidigungsrüstung mit der Bundesrepublik, wobei die Herstellung der atomaren Sprengsätze in Frankreich vonstatten gehen würde, während Trägersysteme gemeinsam, aber mit Schwerpunkt auf deutscher Seite, zu entwickeln wären.

Eine derartige Zielvorstellung dürfte auch bei der Abfassung des Programmteils B (Verteidigung) im Elysée-Vertrag Pate gestanden haben. Der Vertrag, der am 22. Januar 1963 unterzeichnet wurde, steht am Ende jener Hundert-Tage-Schlacht um Europas Zukunft. Achtzehn Monate später allerdings sah sich de Gaulle in einer Pressekonferenz am 23. Juli 1964 zu der Feststellung veranlaßt, daß es unter anderem in der deutsch-französischen Solidarität auch bezüglich der Verteidigung und im Hinblick auf eine Reform der atlantischen Allianz „zur Stunde keine gemeinsame Politik Deutschlands und Frankreichs" gäbe. Er fuhr fort, „und ich sage Ihnen offen, daß das nach unserer Auffassung vor allem daran liegt, daß Deutschland im Unterschied zu unseren Vorstellungen noch nicht meint, daß die europäische Politik, die Politik Europas, europäisch und unabhängig sein muß."

Diese kritischen Worte bezogen sich ganz gewiß auf die Tatsache, daß von seiten der deutschen Bundesregierung bis dahin praktisch jeder Ansatz für eine Realisierung der im Vertragswerk niedergelegten wesentlichen Programmpunkte auf dem Verteidigungssektor verhindert worden waren. Es handelt sich dabei um die folgenden Ziele:

1. die Schaffung deutsch-französischer Institute für operative Forschung;
2. eine organisierte Gemeinschaftsarbeit in der Rüstung, wozu auch gemischte Kommissionen in beiden Ländern hierfür betriebene Forschungsvorhaben zu prüfen hätten.

Es fehlt bisher noch an sichtbaren Hinweisen dafür, daß sich die heutige Bundesregierung in diesen Kernpunkten des Vertrages ernsthaft zu engagieren wünschte. Indessen hat der derzeitige britische Oppositionsführer, Edward Heath, zu Beginn der Unterhausdebatte über den EWG-Beitritt Englands, die in der ersten Hälfte dieses Jahres ablief, eine Revision des Abkommens von Nassau verlangt und den Vorschlag gemacht, die *Force de Frappe* mit der britischen Abschreckungsstreitmacht gemeinsam „für Europa zu verwalten". Deutlicher konnte gerade von englischer Seite der innere Zusammenhang kaum dargestellt werden, der zwischen dem *Special-relationship*-Vertrag von Nassau und der Frage des englischen Beitritts zur EWG besteht. De Gaulle hatte auf diesen Komplex ebenfalls bereits in seiner Pressekonferenz vom 23. Juli 1964 hingedeutet, als er erwähnte, daß Großbritannien im Verlaufe der Brüsseler Verhandlungsrunde, die mit dem französischen Veto vom Januar 1963 endete, nicht in der Lage gewesen sei, für sich die gemeinsamen wirtschaftlichen Bedingungen anzunehmen, und außerdem durch das Abkommen von Nassau zu erkennen gegeben habe, daß seine Verteidigungsstreitmacht, besonders auf atomarem Gebiet, keine europäische sein sollte. Der General schloß daraus, daß Großbritannien keine Selbständigkeit gegenüber den Vereinigten Staaten besitze, und bemerkte, daß es der Regierung der Bundesrepublik Deutschland und der Regierung der Französischen Republik vorteilhaft erschienen sei, ihre zweiseitige Zusammenarbeit auf der Grundlage des deutsch-französischen Vertrages zu verstärken.

Angesichts der amerikanisch-sowjetischen Entschlossenheit, einen Atomsperrvertrag unter Dach und Fach zu bringen, wäre es für die Bundesregierung an der Zeit, sich an die Geschehnisse und Zusammenhänge jener hundert Tage um die Jahreswende 1962/63 zu erinnern. Nichts Neues nach Nassau – muß man allerdings konstatieren, wenn man die Ausführungen liest, die der britische Europaminister, Lord Chalfont, kürzlich in der belgischen Zeitschrift „Agenor“ machte: Großbritannien handele als präsumptives Mitglied der Europäischen Gemeinschaft, wenn es sich für eine Verständigung zwischen Ost und West auch auf dem Gebiet des Atomsperrvertrages einsetze.

Abkommen und Geist von Nassau sind absolut unvereinbar mit einer eigenständigen europäischen Sicherheitspolitik, ohne die alle Bekenntnisse zur politischen und wirtschaftlichen Selbstbehauptung Europas gegenüber den wettbewerbsüberlegenen Atomweltmächten leere Worte sind. Nicht ohne Grund hat Professor Hallstein auf dem diesjährigen Überseetag in Hamburg gleichsam als Amtsvermächtnis die beschwörenden Sätze ausgesprochen: „Die nicht mehr lange aufschiebbaren europäischen Initiativen zur Förderung von Forschung und technologischer Entwicklung werden von begrenzter Wirksamkeit bleiben, wenn man sich nicht endlich entschließt, den aufwendigen Bereich der Rüstungswirtschaft einzubeziehen. Das wiederum wird Auswirkungen auf die Verteidigungspolitik der Mitgliedstaaten haben.“

Europäische Sicherheitskonferenz

(1969)

Wird man sich in der Bundesrepublik endlich dazu aufraffen, *auch europäisch* in Kategorien der *Sicherheit* zu denken, bevor die Kontrollmächte von NATO und Warschauer Pakt als Wortführer ihrer organisierten kleinen und mittleren europäischen Mitglieder sich zu den Hauptmachern eines *Befriedungssystems* für den Kontinent aufwerfen? Gelingt es nicht rechtzeitig, wenigstens von westeuropäischer Seite eine dynamische Komponente mit ins Spiel zu bringen, so darf man zum Beispiel mit Sicherheit einen *Friedensvertrags-Ersatz für uns Deutsche* von dieser Konferenz erwarten bei dem die „Festschreibung" der gegenwärtigen Staatsgrenzen nur am Rande mitläuft, während hauptsächlich die europäische Eigenentwicklung blockiert - also ein *politischer Status quo minus für Europa* festgeschrieben wird. Am Atomsperrvertrag mit seinen politischen Implikationen speziell für politische Einigungsbestrebungen in Westeuropa zeichnet sich schon heute sehr klar ab, wohin die Reise unter dem Vorzeichen der Doppelherrschaft von Moskau und Washington gehen soll.

Ich stimme mit Strauß vollständig darin überein, daß eine politische Union in Westeuropa jetzt und hier zustande kommen muß, wenn nicht das ganze Europa bei so schönen Worten wie Sicherheitskonferenz und Friedensordnung unter die Räder kommen soll. Aber ich bin nicht der Ansicht, daß eine solche Staatengruppe mit einer gemeinsam definierten und organisierten Außen- und Sicherheitspolitik auch in eine nur auf den Westteil des Kontinents beschränkte „Realität der Vereinigten Staaten von Europa" hineinwachsen müßte. Besonders wenn von deutscher Seite das Streben nach politischer Integration herausgestellt wird, kann das leicht als eine Neuauflage der „Politik der Stärke" verstanden werden. Erschwerend wirkt dabei noch die Tatsache, daß diese Gedanken gerade von den Bonner „Falken" in der Deutschland- und Osteuropapolitik vertreten werden.

Wir brauchten aber eine Politik der „intereuropäischen Entwicklung". Mit einem Modellansatz und einer Interessenwahrnehmung gesamteuropäischer Belange vom Westen her; also nicht mehr als die konföderative Lösung - aber auch nicht weniger! Voraussetzungen dafür sind die verfassungspolitische Konsolidierung der Bundesrepublik ebenso wie ein Auseinanderdividieren der Atlantischen Verteidigungsorganisation, was wiederum nicht mit der Auflösung des westlichen Bündnisses zu verwechseln ist. Andererseits ist es auch selbstverständlich, daß eine Desintegration der NATO nur in eine Integration der westeuropäischen Streitkräfte überführt werden kann. Wenn eine integrierte Kommandostruktur schon in der Atlantischen Allianz möglich und notwendig war, dann ist sie doch in einem westeuropäischen Staatenbund geradezu unvermeidlich.

Für unbegründeten Optimismus halte ich allerdings die Spekulation auf eine baldmögliche Mitwirkung *Englands* in einer politischen Union – etwa als Konsequenz aus einem Beitritt zur EWG. Was muß eigentlich noch geschehen, bis die England-Fans unter unseren Politikern begreifen, daß London nur auf vollendete Tatsachen positiv europäisch reagiert? Der CDU-Abgeordnete Blumenfeld hat sich in diesem Monat bei der Sitzung des politischen Ausschusses der NATO von seinen britischen Freunden ein kategorisches „No" eingeholt, als er den Vorschlag zu einer europäischen Rüstungsbehörde unterbreitete, die mit eigenen Vollmachten ausgestattet sein sollte, um Aufträge zur Waffenentwicklung und Herstellung zu vergeben. Wie London heute noch denkt, konnte man bei der vom Deutschen Fernsehen veranstalteten Pressekonferenz im April 1969 mit dem britischen Verteidigungsminister Healey erfahren. „... Wir begrüßten unsere eigene Fähigkeit, daß wir aufgrund einer langen historischen Verbindung mit den Amerikanern als Verbündeter bei der Auslegung der amerikanischen Interessen und Ansichten in Europa und der europäischen Ansichten und Interessen in den USA behilflich sein können." Also ein eindeutiges englisches Bekenntnis zur Rolle des Arrangeurs, des Moderators zwischen den Kontinenten, das von einem wirklichen politischen Engagement in Europa so meilenweit entfernt ist, wie es Healeys Antwort auf die Frage nach einem möglichen britisch-französischen nuklearen Verteidigungspool klarmachte: „Ich würde es auch nicht für wünschenswert halten, wenn es möglich sein sollte."

Nun stellen solche Äußerungen gewiß nicht das letzte Wort zu diesem Komplex dar. Aber sie sollten uns doch endlich erkennen lassen, was Konrad Adenauer in meiner Gegenwart schon 1956 zu meinem damaligen Fleet-Street-Verleger, Sir Edward Hulton, in Cadenabbia sagte: „Die Briten müssen *faîts accomplits* auf dem Kontinent vorfinden, damit sie ins europäische Geschäft einsteigend Der *european minded* Sir Edward stimmte jedenfalls dieser These vorbehaltlos zu. Gerade wenn Westeuropa nur eine konföderative Struktur im Sinne gesamteuropäischer Ziele annehmen soll, *braucht es England* zu seiner potentialen Abrundung.

Somit sind NATO und Warschauer Pakt gegenwärtig Instrumente für ihre jeweiligen Vormächte, mit denen sie ihre europäischen Protektoratsgebiete an der politischen Kandarre halten können, um dem Kontinent ein Befriedungssystem ganz nach ihren Wünschen aufzuerlegen. Beide Super- (und Teilungs-) Mächte konzedieren sich deshalb stillschweigend gegenseitig jede Aktion, die der Festigung ihrer Einflußbereiche dienlich erscheint. Das galt bereits für den Bau der Berliner Mauer und gilt letztlich auch für die sowjetischen Interventionen in der CSSR. Den amerikanischen Interessen entsprachen wiederum jene in der Bundesrepublik künstlich entfachten und daher kurzlebigen Reaktionen von Russenangst, durch die Bonn sich um so tüchtiger ins Integrationsgeschirr der NATO legte.

Das Geschäft bei der Einrichtung eines komfortablen Status quo, einer Kondominium-Lösung der beiden Atom- und Weltraummächte für Europa also, wird zu einem guten Teil von der Bundesrepublik erledigt. Wenn es neulich im größten deutschsprachigen Boulevardblatt hieß: „... Über das rote KZ (Tschechoslowakei) senkt sich der eiserne Vorhang" - so wird damit jeder weitere Versuch zu einer intereuropäischen Verständigung als sinnlos hingestellt und der Blockaufteilung das Wort geredet. Überhaupt hat sich das deutsche Unvermögen, die nationalen Belange in europäischen Zusammenhängen zu begreifen, deutlicher als je zuvor im Verhalten zu den Geschehnissen um die CSSR geäußert. Das fand schon seinen Ausdruck in der unmittelbaren Reaktion des Bundeskanzlers auf den 21. August 1968, die sich in dem Aufruf zu einer Gipfelkonferenz der NATO-Staaten Luft machte. Das hastige Ticken der zeitgeschichtlichen Uhr hat gnädig auch diese Fehlleistung aus Bonn vergessen gemacht. Washington war zwar an einem Zusammenrücken seiner Schäfchen gelegen, aber nur um sie besser für seinen Dialog mit Moskau präparieren und dirigieren zu können, nicht aber um diesen durch spannungsfördernde Gesten zu gefährden. Nicht nur diese eindeutige Interessenlage Amerikas war von Bonn übersehen worden; weitaus bedenklicher muß noch die Tatsache stimmen, daß den Westdeutschen angesichts des rücksichtslosen Auftrumpfens der Hegemonialmacht des östlichen Europa nichts Besseres einfiele, als nach einem stärkeren Engagement des atlantischen Vormunds in ihren Kontinentteil zu rufen. Für wie seriös kann man unter solchen

Umständen noch Bonner Lippenbekenntnisse zu einem „europäischen Europa" nehmen, das sogar an der Elbe nicht enden dürfte, wenn es für alle Deutschen gezimmert werden soll.

Weil es die einzige Sorge der westdeutschen Politik zu sein scheint, die eigene Gute Stube unter Dach und Fach transatlantischer Einflußinteressen zu halten, verpaßt und hintertreibt sie jeden Ansatz für eine kollektive Versicherung des europäischen Lebens. Wenn sich die Europäer noch selbst mit ins Spiel bringen wollen, also ein System größerer Sicherheit für die mittleren und kleinen Staaten des Kontinents anstreben - und nicht nur eins der Sicherung fremder Vormachtinteressen -, dann müssen sie jetzt und hier (das wäre in Westeuropa) eine unabhängigere Ausgangsposition dafür schaffen.

Gewiß ist damit nicht ein fest geschweißter neuer Block von integrierten westeuropäischen Staaten gemeint, den manche sich mit einem gemeinschaftlich verwalteten Abschreckungspotential erträumen. Eine solche ohnehin unrealistische Vorstellung liefe auch nur auf eine Ersatzlösung für den europäischen Teilungs-Status-quo der Weltmächte hinaus, wobei man das von Amerika abgeschriebene Roll-back-Programm in Neuauflage herausbringen möchte.

Ohne die Rückversicherung durch die bestehenden Allianzen infrage zu stellen, sollten aber Schritte zur Ablösung der bestehenden Integrationssysteme eingeleitet werden. Darin läge bereits eine Vorbereitung für eine europäische Sicherheitskonferenz, bei der die Protektoratsmächte von West und Ost nicht als die alleinigen Wortführer in Erscheinung träten. Auf der Basis größerer souveräner Entscheidungsfreiheit sollten sich außerdem die westeuropäischen Bündnispartner zu einer gemeinsam definierten und organisierten Außenpolitik zusammenfinden, die selbstverständlich alle Fragen der Verteidigung mit einschließt, ihnen also auch die aktive Teilnahme an regionalen Abrüstungsverhandlungen ermöglicht. Ein solches Unternehmen, das sowohl der Stärkung der politischen Stellung der Europäer als auch ihrer Solidarisierung über die Verschiedenheit der Gesellschaftsformen hinweg zu dienen hätte, wird allerdings überhaupt erst mit dem allgemein anerkannten Sachverhalt des territorialen Status quo denkbar. Damit wird die Zwei-Deutschland-Politik, einschließlich einer völkerrechtsverbindlichen Zusatzabmachung zwischen der BRD und der DDR über Westberlin, zur Vorbedingung für eine europäische Sicherheitskonferenz.

Die westeuropäischen Staaten sind nicht imstande, die Bundesrepublik in irgendeiner Form von politischer Gemeinschaft gegenüber dem Osten abzudecken, solange Bonn den Anspruch auf Alleinvertretung und staatliche Wiedervereinigung aufrechterhält. Damit schließt sich der fehlerhafte Kreis, in dem die bisherige Deutschlandpolitik der Bundesregierung europäische Initiativen gefangenhält. Wenn der Atomwaffensperrvertrag erst einmal von Bonn ratifiziert sein wird, kann Moskau die Mitgliedschaft der Bundesrepublik in einer westeuropäischen Staatenunion als Bruch des Abkommens denunzieren, weil eine gemeinsame Verteidigungspolitik als „indirekte Kontrolle" über nukleare Sprengköpfe darzustellen wäre. Hierin liegt die eigentliche politische Gefahr des Nichtverbreitungsabkommens, aus dem zumindest eine der Atomweltmächte ein Interventionsrecht gegen jedwede europäische Einigungspolitik ableiten könnte. Deshalb ist es ein Trugschluß zu glauben, daß jemals auch nur der Anfang für eine europäische Friedensordnung, die mehr als eine Pax americana-sovjetica wäre, gemacht werden könnte, bevor nicht zuallererst die Realität der zwei deutschen Staaten nach geltendem Völkerrecht auch von Bonn bestätigt worden ist.

Da sich die DDR im Artikel Eins ihrer Verfassung als sozialistischer Staat deutscher Nation darstellt, bedarf es nur einer Bestätigung dieser Aussage durch die Bundesrepublik, um den Fortbestand der Volkseinheit beidseitig bekräftigt zu erhalten. Hingegen erscheint die Fragestellung nach dem In- oder Ausland im äußeren Verhältnis der deutschen Staaten zueinander nur wie ein neuerlicher Versuch, Politik durch nicht einmal formaljuristisch haltbare Begriffs-Haarspalterei zu verwischen oder zu ersetzen. Wird hier nicht ein völlig überflüssiges Scheinproblem konstruiert, anstatt von der legitimen nationalen Zielsetzung auszugehen, die den Abbau fremdstaatlicher Zustände im gesamten europäischen Raum langfristig vorsieht? Unter dieser These lassen sich auch am eindrucksvollsten die Anerkennung der polnischen Westgrenze und die Ungültigkeits-Erklärung des Münchener Abkommens von 1938 vertreten, indem man eine Entwicklung zur Freizügigkeit für ganz Europa anvisiert, also dem Heimatrecht als europäischem Bürgerrecht Gültigkeit zu verschaffen trachtet. Was als politisches Prinzip schon für die westeuropäischen Länder gilt, muß aber erst recht für ein Zusammenwachsen mit osteuropäischen Ländern sozialistischer Provenienz gelten: Nur Staaten, die erst einmal über ihre volle Souveränität verfügen, können aus eigenem Willen etwas davon zugunsten wirklich gemeinsamer Interessen abgeben. Ein Widersinn der Bonner Politik liegt aber gerade darin, daß sie dem zweiten deutschen Staat, dessen Bestehen sich durchaus positiv im Sinne besserer Ausgewogenheit der Kräfte in Europa auszuwirken vermag, die Souveränität vorzuenthalten sucht, die diesem ebenso wie anderen osteuropäischen Staaten von den Moskauer Dogmatikern ohnehin nicht zugebilligt wird.

Man muß gelegentlich in der Politik zu taktischen Zügen bereit sein, die auch durchaus den Forderungen eines Gegenspielers entsprechen können, dessen strategische Planung der eigenen entgegengesetzt ist. Deshalb sollte sich auch die Bundesrepublik keinesfalls durch Form und Inhalt der von Moskau und Ostberlin vorgebrachten Bedingungen zu einer Opposition im Stillstand provozieren lassen. Das häufig in Bonn benutzte Argument gegen eine rechtsverbindliche Anerkennung der DDR, man würde damit den Kommunisten die Karte einer sozialistischen Vereinigungspolitik in die Hand geben, bringt nur eine Mischung aus Verlegenheit und mangelndem Selbstbewußtsein zu Tage. In Wahrheit ist es das Gegenstück und eine willkommene Ergänzung zu dem Moskauer Argument, wonach angeblich in einer europäischen Gemeinschaftsordnung ohne direkte Beteiligung der Sowjetunion die sozialistischen Systeme in Osteuropa vom Übergewicht der westlich-kapitalistischen Länder erdrückt werden müßten. Solchem freiwillig-unfreiwilligen Zusammenwirken der Trennungsargumente von westlicher und östlicher Seite sollte ein Ende gesetzt werden.

Europa und die NATO

(1969)

Es war kein sehr christliches Spiel, was die Opposition da ausgeheckt hat: Mit wohlklingenden Worten bot sie der Regierung ein Zusammenwirken in den wesentlichen „Fragen der Nation" an, während sie drinnen wie draußen hinter vorgehaltener Hand Mißtrauen gegen die deutsche Außenpolitik zu verstreuen suchte. Noch in seinen letzten Kanzlertagen hatte Kiesinger sich in der nicht gerade von nationalem Feingefühl zeugenden Methode geübt, angebliche Bedenken unserer Bündnispartner gegenüber den außenpolitischen Absichten der SPD als Mittel der Denunziation zu verwenden. Nach dem Motto „Irgendwo wird schon irgendetwas hängenbleiben" wurde vor einigen Wochen im Underground-Verfahren den Westmächten schlicht unterstellt, sie würden die Ostpolitik der Regierung Brandt mit Argwohn verfolgen.

Dabei ist im Haag und in Brüssel wieder Schlag auf Schlag offenbar geworden, daß unsere Partner und Bundesgenossen zielbewußt auf eine intereuropäische Entspannung hinarbeiten und gerade den lange vermißten Beitrag der deutschen Politik wohl zu würdigen wissen. Eigentlich zum erstenmal in ihrer zwanzigjährigen Geschichte gewinnt die Bundesrepublik eine Stellung, in der sie auf westlicher Seite weder als Werkzeug noch als Ballast betrachtet wird, sondern vielmehr eine partnerschaftliche Funktion übernimmt. Bonn beginnt sich nämlich endlich im Rhythmus der Weltpolitik zu bewegen; dadurch kann es so viel Handlungsfähigkeit vorweisen, wie für eine europäische Gemeinschaftspolitik erforderlich ist. Nach endlosem Gerede über eine gemeinsame Politik, die im Westen Europas ihren Anfang nehmen sollte, ist es jetzt im Haag Bundeskanzler Brandt beim ersten Anlauf gelungen, daß den Außenministern der Sechs der Auftrag erteilt wurde, bis Mitte nächsten Jahres Vorschläge für eine politische Zusammenarbeit - unter der besonderen Perspektive der Erweiterung der EWG - auszuarbeiten. Es ist gewiß kein Zufall, wenn hier ein Termin festgesetzt wurde, der mit dem vorgesehenen Beginn von Verhandlungen über die Aufnahme Großbritanniens und der anderen Beitrittswilligen in den Gemeinsamen Markt übereinstimmt. Somit haben sich die Sechs zu einem ersten praktischen Schritt in Richtung auf die politische Abstimmung und Einigung in Westeuropa entschlossen; gleichzeitig haben sie Großbritannien deutlich zu verstehen gegeben, daß man es von Anfang an in einen Prozeß einbezogen sehen möchte, der mit der außenpolitischen Koordinierung beginnen soll, um zu einer gemeinsam definierten und organisierten Politik zu führen. Daß hiermit das zentrale Problem der Versicherung Europas angesprochen ist, also das Verhältnis zum amerikanischen Bündnispartner ebenso wie die Verständigung mit der östlichen Weltmacht und die Ausgestaltung gesamteuropäischer Zusammenarbeit, liegt auf der Hand.

In diesem Komplex wird auch die Verbindung der neuen deutschen Politik innerhalb der EWG und in der NATO sichtbar. Die Bundesregierung beginnt sich in eine mittelfristige strategische Planung der USA einzuschalten, die durch den Serienbau amerikanischer Luft-Großtransporter und schwimmender Depots gekennzeichnet ist. Danach wird Washington bis spätestens Mitte der siebziger Jahre seine überseeischen Truppenkontingente erheblich verringern, was eine Europäisierung der westlichen Verteidigungsorganisation auf diesem Erdteil notwendig macht. Der Weg dahin führt über eine „europäische Etage" in der NATO, die sowohl eine gemeinsame Rüstungsplanung im Rahmen eines technologischen Verbundes als auch regionale Abrüstungspolitik mit einschließen sollte. In den politischen Teilen des Haager EWG-Kommuniqués sind derartige Sicherheitsperspektiven durchaus erkennbar.

Das ebenso geduldige wie zielstrebige Vorgehen der Regierung Brandt im östlichen Bereich ist nicht ohne Grund so betont rückhaltlos von den übrigen NATO-Ländern gebilligt und begrüßt worden. Unsere Alliierten gehen davon aus, daß eine Serie von europäischen Sicherheitskonferenzen zu befriedigenden Regelungen (durch Entschärfung der militärischen Konfrontation) nur dann gelangen kann, wenn nicht mehr das deutsche Thema als beherrschendes Problem auf dem Tisch liegt. Es spricht für die ernsthaften Absichten auf westlicher und östlicher Seite, zu einer Verständigung innerhalb Europas zu kommen, daß man sich jetzt darin einig scheint, eine europäische Sicherheitskonferenz nicht zum Tribunal für deutsche Fragen werden zu lassen. Die Bereitschaft der Bundesregierung, durch zweiseitige Verhandlungen mit Moskau, Warschau und Ostberlin die Unsicherheitsfaktoren im Feld der deutschen Politik auszuräumen, hat diese Entwicklung ermöglicht. Das heute zwischen Bonn und seinen westlichen Partnern erreichte Maß an außenpolitischer Übereinstimmung, in der seit langem auch wieder eine Harmonie von Washington und Paris bemerkbar geworden ist, kommt einer

Sternstunde gleich. Dies optimal im Nationalinteresse zu nutzen, sollte wirklich als eine solidarische Aufgabe für alle demokratischen Parteien in der Bundesrepublik verstanden werden.

Die weltpolitische Lage und die Rolle Europas

(1979)

Soviel auch immer vom west-östlichen Antagonismus der Supermächte USA und Sowjetunion, von einem im Entstehen begriffenen multipolaren Weltsystem und von dem bald alles überdeckenden Nord-Süd-Gegensatz die Rede ist, läßt sich doch bei nüchterner Globalschau ein Sachverhalt nicht weganalysieren: Das von dem nordamerikanischen Kontinent ausstrahlende Wirtschaftspotential stellt im weltweiten Kräftespiel nach wie vor den Machtfaktor und Antriebsmotor Nummer Eins dar. Hier liegt die Quelle und von hier aus fließen die breiten Ströme technologisch-industrieller Überlegenheit, die sich letztlich ebenso bestimmend auf die interne Politik und das auswärtige Gebaren der Vereinigten Staaten auswirkt, wie sie lenkenden bzw. inspirierenden Einfluß auf Entwicklungen und Entscheidungen in allen übrigen Teilen der Erde ausübt. Das amerikanische Zeitalter ist noch keineswegs im Ausklingen, auch wenn verschiedene Symptome dafür zu sprechen scheinen: seien es das sogenannte atomare Patt mit der UdSSR, eine gewisse Zurückhaltung der USA bei überseeischen Interventionen oder das Auftreten von Rezessionsschüben, Dollarturbulenzen und Energielücken. Solche Vorgänge offenbarer Relativierung staatlicher Potenz und Machtausübung etwa im militärischen Bereich sowie das Auftreten gewisser Schwachstellen im nationalwirtschaftlichen Gefüge sollten nur nicht darüber hinwegtäuschen, daß mehr als je zuvor der Zivilisationstrend überall in der Welt vom realen amerikanischen Vorsprung und Vorbild geprägt wird. Das trifft wohl am greifbarsten auf die breiten Bevölkerungsschichten zu, die vom Gebrauchsgüterangebot einer „Überflußgesellschaft" träumen, womit sich wiederum eine Trivialvorstellung von individueller Bewegungsfreiheit verbindet. Obgleich gerade derartige Tendenzen durchaus nicht immer mit den ideologisch motivierten Interessen autoritärer Regime in Einklang stehen, vermögen sich auch diese nicht dem Sog der vom amerikanischen Wirtschaftsraum ausgehenden Fortschrittsdynamik zu entziehen.

Die westlichen Industrieländer Europas und Japan im Fernen Osten haben sich unter dem sicherheitspolitischen Protektorat der USA mehr oder minder wie Ableger des „American Enterprise"-Modells entwickelt. Als atlantische bzw. pazifische Vetterngesellschaften haben sie erhebliches Eigenleben und Eigengewicht gewonnen. Dabei sind sie – rebus sic stantibus – in existentiellen Interessenbereichen so stark miteinander verflochten, aneinander gebunden, daß unvermeidlich auftretende Wettbewerbskollisionen und sogar naturgegebene Divergenzen geopolitischer Art zwar als Störfaktoren wirken, nicht aber im Sinne eines Auseinanderdriftens oder von Konfrontationen durchzuschlagen vermögen.

Die Systemverwandtschaft, charakterisiert und begründet in der politisch-dominanten Rolle einer expansiv programmierten, multinational operierenden Wirtschaft, hat einen qualitativen Zusammenhalt geschaffen, demgegenüber gewisse Unterschiede bei der Ausgestaltung der innerstaatlichen Verhältnisse zu quantités négligeables schrumpfen. Denn die Staatsapparate der pluralistischen Industriedemokratien stehen nun einmal in funktionaler Verbindung mit den gesellschaftsprägenden, die Beschäftigung der Menschen bestimmenden Unternehmenskräften und -initiativen.

Als wahrer Welt-Trend-Macher jedoch erweist sich die amerikanische Unternehmungsphilosophie und -praxis in ihren Auswirkungen auf die beiden strikt staatswirtschaftlich dirigierten sozialistischen Großmächte: Die Sowjetunion und die Volksrepublik China buhlen heute geradezu um die Gunst von big business der amerikanisch orientierten West-Wirtschaftsunionisten, als den Besitzern und kompetenten Lieferanten von Management, Consulting, technischem Know-how und Investitionskapital. Die Herren der Zweiten und Dritten Welt stehen an, um sich am Engros-Supermarkt der Überflußproduzenten zu bedienen. Nach der Parole „Kooperieren, kompensieren, kopieren“ haben sich die Staatshandelsländer verschiedenster Couleur – soweit sie es sich eben leisten können – auf den langen „way of American progress“ begeben. Sie suchen entsprechenden Anschluß, wo immer er sich nach qualitativen, finanziellen und politischen Gesichtspunkten am günstigsten anbietet. Dabei brauchen sie großes Vertrauen in ihre zentralen Leitungs- und Kontrollorgane, die einerseits für eine Abschirmung der sozialistischen Wirtschaftsregime Sorge zu tragen haben– also eine substanzielle Gefährdung des planwirtschaftlichen Systems durch Infiltration westlicher Handlungsprinzipien oder gar Machteinflüsse verhindern sollen –, andererseits aber, bei berechenbarem Risiko, die Einschleusung und Nutzung von Forschungs- und Unternehmensergebnissen aus dem Westen in ihre Systeme gestatten sollen.

Obgleich Lenins zynisch-überheblicher Redensart, daß die Kapitalisten die Stricke selber liefern würden, an denen sie eines Tages aufgehängt würden, drüben wie hüben kaum noch Realitätssinn beigemessen wird, ist doch der Vorgang wirtschaftlichen Zusammenwirkens mit einer Menge Imponderabilien belastet: Neben den technisch-materiellen Schwierigkeiten, die sich aus der Verschiedenartigkeit der Systeme und - damit verbunden - dem erheblichen west-östlichen Leistungs- und Substanzgefälle ergeben, kommen im Westen vor allem politisch-ideologische Momente ins Spiel, wobei häufig auch handfeste Geschäftsinteressen miteinander kollidieren.

Ein klassisches Beispiel dafür bietet der besonders in den USA hochentwickelte „Militärisch-industrielle Komplex", an dem praktisch alle zukunftsorientierten Industriezweige mit einem Vielmillionenheer von Beschäftigten teilhaben. Die Erhaltung und eine immanente Wachstumstendenz gerade dieser Wirtschaftspotentiale stehen in unzweifelhafter Beziehung zur Unterhaltung eines Feindbildes, das sich nun einmal in Gestalt der Sowjetunion als der Inkarnation des ideologischen und militärischen Gegenspielers, nach wie vor konkurrenzlos anbietet.

Die UdSSR und ihre Trabanten brauchen offensichtlich zur Kohäsion ihres „Lagers", zur Selbstbestätigung ihrer Machtpositionen im Innern und nach außen (Einkreisungs- und Bedrohungsängste sind dabei nicht zu übersehen) sowie zur Kompensation vielfältiger Funktionsmängel ebenfalls einen hochgezüchteten Militärapparat, in dessen Schatten, zu dessen Erprobung und mit dessen fall-out sie selektiv „brüderliche Hilfsaktionen" an Schwachstellen westlichen Einflusses, z. B. in Afrika, vornehmen. De facto läuft das auf einen Spiegel-Feindbild-Effekt hinaus, der ganz natürlich auch unter den besonderen Bedingungen des westeuropäischen Raums eine Facette von Entsprechungseffekten hervorbringt.

Diese Feindbild-Spiegeleien, bei denen in erster Linie die der Marktkonkurrenz weitgehend entzogenen und zusätzlich subventionierten US-Großkonzerne ebenso wie die sowjetische Militärbürokratie nebst Rüstungstechnokratie prächtig florieren (die Militärausgaben von NATO und Warschauer Pakt steuern auf die 300-Milliarden-Jahresmarke zu), wirken aber politisch auch im Sinne gegenseitiger Abgrenzung und hemmen so den Fluß wirtschaftlicher Zusammenarbeit.

Ein spezieller politisch-ideologischer Gesichtspunkt gerade auf amerikanischer Seite darf wohl auch nicht außer acht gelassen werden, nämlich der Wunsch zumindest bei einem Teil des Unternehmertums, vor aller Welt die Unterlegenheit, ja das Scheitern der

Staatswirtschaftssysteme sozialistischer Machart zu demonstrieren, zu exemplifizieren. Denn in den nach Spielart von American Enterprise funktionierenden Westwirtschaften ist die Rüstungsindustrie mit ihren unzähligen Zulieferproduktionen und den ergänzenden Infrastrukturprojekten voll in die ökonomischen Systeme integriert und wirkt sich auf diese Weise konjunkturell ebenso wie im Bereich der Forschung und Entwicklung eher stimulierend als retardierend aus.

Bei der schwerfällig organisierten Staatswirtschaft der sozialistischen Vormacht, die mitsamt ihren europäischen „Bruderländern" noch im industriellen Emanzipationsprozeß begriffen ist, kann hingegen von einem derartigen Zusammenspiel der zivilen und militärisch designierten Produktionskräfte kaum die Rede sein. Somit übt im Osten also ein beträchtlicher Teil der Investitionen und des Arbeitseinsatzes - vor allem bei der Schwerindustrie - in jenem als closed shop funktionierenden militärischen Sektor keinen echt belebenden Einfluß auf das Gesamtwirtschaftsgeschehen aus, sondern reduziert dessen Effektivität erheblich. Die Auswirkungen dieses Sachverhalts auf die Konsumgüterindustrie liegen auf der Hand. Womit für die westliche Seite bewiesen wäre, daß eine nicht marktorientierte Staatswirtschaft den materiellen Bedürfnissen der Menschen zuwiderläuft.

Soviel Berechtigung in dieser Feststellung enthalten sein mag, so bedenklich und politisch kontraproduktiv würde es sich doch auswirken, wollte man davon eine generelle Handlungsmaxime ableiten. Denn in letzter Konsequenz stünde dahinter die mehr als fragwürdige Spekulation auf eine von wachsender Unzufriedenheit in der Bevölkerung ausgehende Erschütterung der sozialistischen Regime, die darauf - je nach dem Grad ihrer Zwangslage - wohl nur durch Isolationsdruck im Innern, wenn nicht gar mit Fluchtversuchen nach vorn, also unkalkulierbaren Aktivitäten nach außen reagieren würden.

Jedenfalls muß wohl der Bedeutung und Berücksichtigung des Rüstungskomplexes für die weltpolitische Perspektive ein sehr hoher Stellenwert eingeräumt werden. Das heißt, daß alle auf west-östliche Rüstungsbeschränkung abzielenden Maßnahmen und Übereinkommen das Leitmotiv einer der friedlichen Entwicklung förderlichen Politik sein sollten, die wiederum konkrete Aussichten auf die Verwirklichung individueller und sozialer Menschenrechte gleichermaßen und weltweit eröffnet. Dennoch wird der gegenwärtige weltpolitische Status recht treffend mit einer Aussage von Milton Leitenberg akzentuiert: „Zu keiner Zeit in der Geschichte der Menschen sind seine politische Organisation und die zwischenstaatlichen Angelegenheiten durch die militärische Technologie, durch Kriegswaffen so stark beeinflußt, wenn nicht gelenkt worden, wie in den Jahren seit Ende des Zweiten Weltkrieges".

Geht man vom American Enterprise in seiner Welt-Modell-Wirkung aus, so wirkt also der Rüstungskomplex grundsätzlich als hemmendes Element; wegen seines sozioökonomischen Eigengewichts ist ihm dennoch schwer beizukommen: Denn Rüstungsaufträge aller Art sind schließlich nicht nur eine Quelle überhöhter, der öffentlichen Kontrolle weitgehend entzogener Profite für Firmen der verschiedensten Größenordnungen und deren Aktionäre – von der Rüstung hängt eine Riesenzahl von Arbeitsplätzen ab, und ein Viertel aller Forscher dieser Erde sind an Projekten tätig, die einen Bezug zur Rüstung haben.

Da im Rüstungsgeschäft der Innovationsdruck durch allerhand Einflüsse permanent erhöht wird – er selbst steigert die Drehzahl der Rüstungsspirale und erhält dabei rückwirkend wieder zusätzliche Impulse –, wächst die Zahl der unmittelbar an diesem Komplex Interessierten unaufhörlich mit. Bemerkt dazu der Schweizer Amerika-Korrespondent Roman Berger: „Die Löhne und Profite in der Rüstungsindustrie stehen in seltsamem Gegensatz zu den leerstehenden Fabriken, den Einschränkungen in öffentlichen Diensten und der chronischen Arbeitslosigkeit in Regionen, die nicht von der Rüstung profitieren." Im internen Gesellschaftsgefüge der USA spielt somit der militär- und rüstungsbezogene Wirtschaftsteil mittlerweile eine derart bedeutende Rolle, daß nur eine mit gewaltigem Aufwand vorgenommene Um- und Neustrukturierung in gesamtökonomischem Kontext ein Herabschalten zu effektiver Rüstungsbeschränkung zulassen würde.

Im übrigen läßt sich wohl darauf bauen, daß ein natürliches Interessenschwergewicht bei American Enterprise doch eindeutig genug auf den zivilen Produktions- und Dienstleistungssektoren liegt, um mit ihrer Exportangebotspalette schließlich auch politisch überhöhte Barrieren zu überwinden. Und da gerade die attraktivsten Angebote ihren Preis fordern, dürfte sich innerhalb der westlichen Wirtschaft zunehmend eine Unternehmenslobby Geltung verschaffen, die im Interesse steigender Kaufkraft im sowjetischen Lager auf entsprechende Entlastung durch rüstungsbeschränkende Vereinbarungen drängt.

Man kann sich gelegentlich des schlimmen Eindrucks kaum erwehren, daß in der nördlichen Industriewelt noch Tendenzen fortleben, Zustande von Unterernährung, innere Repression und Zwistigkeiten auf den südlichen Erdteilen als vorteilhaft anzusehen, weil so die eigene Machtstellung unangetastet und durch weitgehende Abhängigkeit der Schwächeren, deren Manipulierbarkeit also, am ehesten garantiert zu sein scheint. Demgegenüber steht die einer traditionellen Philosophie von American Enterprise (siehe Henry Ford I) entsprechende These, man solle seine industrielle Überlegenheit und Überproduktionskapazitäten nutzen, indem man gerade für die Unterprivilegierten günstige Voraussetzungen für die Aufnahme von höherwertigen Gütern schafft. Das größere Geschäft liegt deshalb auch hier offensichtlich nicht im Waffenexport, sondern in der Entwicklung neuer Märkte für zivile Investitionsgüter und den Massenabsatz von Qualitätsprodukten des allgemeinen Bedarfs. Allerdings werden dafür erheblich höhere Finanzmittel aufzubringen sein, als heutzutage in den Industrieländern von Staats wegen für einzelne Entwicklungsvorhaben, in Form von Kreditgarantien, für multinationale Fonds und militärische Ausrüstungen bereitgestellt werden. Der Ausbau von Infrastrukturen, die nach regionalen und Länder-Erfordernissen zu gestalten sind, wobei in jedem Fall die Schaffung einer gesunden Ernährungsbasis für die einheimischen Bevölkerungen Priorität haben muß, sollte daher großenteils von den Privatwirtschaften getragen werden: Denn diese wurden am Ende ja selbst von den auf ausgeglichenen Sozialstrukturen entstehenden neuen Markten profitieren. Ist die Wirtschaft der Industrieländer aber mittelbar an diesem Prozeß der Marktentwicklung beteiligt, so wird man ihr generell auch gewissen Einfluß auf das Entstehen einheimischer Industriezweige in diesen Gebieten zuzubilligen haben; das heißt, daß sie nur in Anpassung an einen Strukturwandel innerhalb ihres Hochindustriebereiches Schritt für Schritt erst einmal arbeitsintensive Produktionen an die Entwicklungsländer abzutreten brauchte. Solche sektorale Strukturübertragung, die nach einem Lend-and-lease-System vor sich gehen könnte, muß jedoch weitgehend gegen direkte Interessenbeteiligungen an den Objekten abgesichert sein, um hieran jede Fremdbestimmung auszuschalten. Planung, Verteilung und Einsatz der Finanzmittel, von technologischer Software und Consulting wären daher unter UNO-Aufsicht von einer internationalen Behörde vorzunehmen, in der auch Experten der Privatwirtschaft (dazu gehören ergänzend Vertreter nationaler und internationaler Gewerkschaftsorganisationen) mitarbeiten. Dieses Recht auf Mitbestimmung steht ihnen als Mittelträger zu und sollte auf allen Seiten erwünscht sein, weil erst dadurch ein stufenweiser Prozeß der Arbeitsteilung gewährleistet wird, über den sich, auf eine global integrierte Wirtschaftsordnung zusteuern läßt. Materielle und organisatorische Musteransätze für ein solches Vorgehen ergeben sich beispielsweise aus dem Projekt einer internationalen Behörde für den Meeresboden-Bergbau, die im Rahmen der UN-Seerechtskonferenzen zur Disposition steht, sowie aus dem im August 1979 auf der UN-Konferenz für Wissenschaft und Technologie in Wien vorläufig auf freiwilliger Basis beschlossenen Fonds zur Durchführung von Forschungsprojekten. Der auf der Wiener Konferenz ebenfalls diskutierte Kodex für Technologietransfer gehört untrennbar zu diesem Komplex; denn schließlich ist im Westen die Wirtschaft im Besitz jenes Know-how, das in Form partieller Freigabe von Patenten und Lizenzen zum Zwecke einer systematischen Einkommensverbesserung breiter Käuferschichten auf dem Südteil des Globus genutzt werden soll. Wie weit man im Augenblick noch von einem Gesamtkonzept nach diesem Muster entfernt ist, hat die zurückhaltende Verhandlungstaktik der USA und mancher Industrieländer der Europäischen Gemeinschaft auf beiden erwähnten Konferenzen gezeigt. Die Industrieländer des Ostens verhielten sich dabei zumeist wie stille Nutznießer einer auf westlichen Seiten gehaltenen Position des Stärkeren. Bleibt zu hoffen, daß die materiell und technisch Überlegenen die einzigartige Chance nicht verpassen, solche Modelle mit Signalwirkung in die Praxis weltwirtschaftlicher Zusammenarbeit einzuführen.

Die weltpolitische Lage ist in diesem Bereich jedenfalls durch stete Versuche der Dämpfung oder Eingrenzung schwelender Nord-Süd-Konflikte gekennzeichnet, wobei die Industriestaaten bilaterale bzw. regionale Abkommen und Aktivitäten bevorzugen, weil sie sich von der Anwendung der divide-et-impera-Formel nach wie vor größere Vorteile versprechen. Vielleicht trägt aber gerade dieses Verhaltensmuster dazu bei, daß sich die Länder der Dritten und Vierten Welt von dem einseitigen und zum Teil für ihre eigene sozioökonomische Strukturentwicklung schädlichen Konzept lösen, ihre landwirtschaftlichen und gewerblichen Produktionen weitestgehend auf die lukrativen Absatzmärkte der einkommensstarken Industrieländer abzustellen. Die Weltbanktochter „International Finance Corporation" hat in ihrem Jahresbericht vom September 1979 zu Recht darauf hingewiesen, daß auf diese Weise der Ausbau der Handelsverflechtungen zwischen den verschiedenen Entwicklungsländern vernachlässigt worden sei, und empfiehlt im Zusammenhang damit diesen eine Förderung von solchen Investitionen, die zur Kostendämpfung und Produktivitätserhöhung in dort bereits bestehenden Industrien beitragen könnten. Beispiel: Entwicklung und Ausbeutung heimischer Energieressourcen, wozu auch die Erdölprospektierung in Nicht-OPEC-Ländern gehört, die von der IFC verstärkt finanziert wird. Aber auch hier spielt sogleich wieder die Frage technologischen Transfers hinein, der von den sich nicht gerade vorbildlich im gesamtwirtschaftlichen Interesse verhaltenden Öl-Multis als ein freiwilliger noch kaum zu erwarten ist. Dennoch müssen profitbezogene Sachzwänge für eine aktive Mitwirkung und Mitgestaltung der privaten Wirtschaftspotentiale an einer langfristigen Weltwirtschaftspolitik hergestellt werden. Die Staaten in pluralistisch-demokratischen Organisationsformen degenerieren sonst immer mehr zu reinen Ordnungsapparaten, die ihre Bürger im Zustand willfähriger und subventionsbereiter Verbraucher zu halten haben, während sich unkontrollierbare Wirtschaftskonglomerate amoebenhaft auf transnationalen Ebenen bewegen können.

Die Industriestaaten westlicher Prägung verfügen einfach – auf sich selbst gestellt – nicht mehr über ausreichende Mittel und Handhaben, um die einerseits bis zur Unkenntlichkeit miteinander verwobenen und andererseits im Kräftespiel ihrer Sonderinteressen sowie im Strudel der Innovationen miteinander ringenden Wirtschafts- und Finanzkräfte in die Verantwortung zu nehmen. Für die Industriestaaten sozialistischen Genres stellt sich zwar dieses Problem nicht, weil sie das Wirtschaftssystem innerhalb ihrer Kontrollbereiche selbst verkörpern, aber wahrscheinlich gerade deswegen erweist dieses sich als so inkompetent und uneffizient, daß es ohne Anleihen und Anstöße aus der Westwirtschaft nicht auskommt. Bleibt demnach nichts als die Suche nach multinationalen Wegen, auf denen das einem Gesetz der Expansion unterworfene freie Wirtschaftspotential veranlaßt werden kann, aktiv an einem längerfristigen Projekt zur Absicherung der Weltkonjunktur auf der Basis eines sektoral und regional ausgeglicheneren Wachstums teilzunehmen.

American Enterprise – als tonangebendes Prinzip plus unermeßliche Finanzmasse, als technologischer Supermarkt, als Arbeitsstil und gesellschaftliches Schwungrad – ist von janusköpfigem Wesen: Die ihm innewohnenden Kräfte wirken ubiquitär zum potentiell Guten und Bösen für die menschlichen Gemeinschaften. Ihm *auch* innewohnende Tendenzen zur Rüstungsbegrenzung und ein *auch* grundlegendes Interesse an Lösungen der sozialen Fragen in internationalem Maßstab können vorausgesetzt werden und lassen sich stimulieren: Den neben Kapital und unternehmerischem Drive die Wirtschaftskräfte mitgestaltenden Faktoren Arbeit, Konsum und Umwelt fallen hier - auf gleichfalls multinationaler Ebene - entscheidende Aufgaben zu.

Europa ist vollständig integriert in jenes Koordinatensystem, das gebildet wird vom gleichermaßen in Licht und Schatten der American-Enterprise-Wirksamkeit stehenden Ost-West-Verhältnis und von der Nord-Süd-Problematik. Hierin erlebt das geteilte Europa auch sein gemeinsames Schicksal. Die für dieses Europa bestehenden politischen Rahmenbedingungen können nicht klarer verdeutlicht werden als durch die Zusammensetzung der KSZE und ihrer Folgekonferenzen. Die höchst aktive Teilnahme der Führungsmächte beider auf Europa abgestellten Bündnissysteme am Zustandekommen der Schlußakte von Helsinki und den sich daran anschließenden Diskussionen wie Interpretationen ist ein sicherer Beweis dafür, daß die euroasiatische Sowjetunion und die transatlantischen Vereinigten Staaten ihre Mitspracherechte und ihre Mitgestaltungsansprüche im europäischen Feld *keineswegs* nur noch auf die aus dem Zweiten Weltkrieg hervorgegangenen Positionen bezogen sehen möchten (die sich in Berlin und in den beiden deutschen Teilstaaten besonders handfest manifestiert haben). Somit ist die europäische (und, wenn man will, auch die deutsche) Problematik zuallererst mit Blick auf die sowjetisch-amerikanischen Ansprüche und Perspektiven zu beurteilen. Nach geopolitischen und geostrategischen Gesichtspunkten erscheint zwar die Frage legitim, auf welche genuinen Anrechte jede der beiden Supermächte sich für ihre Europa-Zugehörigkeit berufen kann. Einwandfrei kann die Sowjetunion ihre geographisch-historische Teilmitgliedschaft in der europäischen Völkerfamilie vorweisen; die USA und Kanada sind als vollemanzipierte ehemals europäische Kolonien dazu in keiner vergleichbaren Lage. Als Gegengewicht zum geopolitischen Europavorteil der UdSSR aber läßt sich die extensive Systemverflechtung zwischen den westeuropäischen Industriestaaten (früher auch den meisten osteuropäischen Ländern) mit den beiden Staaten Nordamerikas einbringen. Hierzu gehört auch, daß Hitler und sein europäisch begonnener Weltkrieg einen braindrain in Richtung USA sowie eine explosionsartige Aktivität in der American-Enterprise-Szene ausgelöst haben, die zum Durchbruch in eine neue wissenschaftlich-technische Dimension geführt haben. In der späteren Nachkriegsphase rollte dann auf Westeuropa eine Welle modernster Technologie- und Managementerrungenschaften zurück, die - teils in transatlantischen Verflechtungen, teils über innereuropäische Bindungen - eine American-Enterprise-Konstellation der westeuropäischen Art entstehen ließ. Es ist nicht anzunehmen und läge gewiß auch nicht im Sinne einer auf weltweite Prozesse des Interessenausgleichs beruhenden Friedensentwicklung, wenn es zu einer Polarisierung etwa zwischen American Enterprise und dessen europäischer Nach- und Eigenentwicklung kommen würde. Das Auftreten von geopolitisch, strukturell und durch Ressourcenabhängigkeiten bedingten Interessenverschiedenheiten ist dabei ebensowenig auszuschließen, wie überhaupt harte Konkurrenzkämpfe dem Wesen des Systems entsprechen, ohne daß sich daraus grundsätzliche oder gar machtpolitisch aufgeheizte Konfrontationen ergeben sollten. Der systemimmanenten Verklammerung Amerikas und Europas durch Wirtschaft und Währung kommt umso größere Bedeutung zu, je mehr im Zuge einer politischen Ost-West-Entspannung bei wirtschaftskooperativer Praxis und einem Abbau des gegenseitigen Vertrauensdefizits die militärische Sicherheitsfrage als beherrschendes Element für Europa zurücktreten würde. Um ein ausgewogenes, interdependentes - und damit dauerhaft stabiles - Verhältnis zwischen Europäern und Nordamerikanern sicherzustellen, bedarf es vor allem einer veränderten Grundbeziehung, die bislang noch immer als einseitige Abhängigkeit Westeuropas von der transatlantischen Protektoratsmacht gegeben ist. Auch hierfür liegen wichtige Voraussetzungen im militärisch-wirtschaftlichen Bereich. Die amerikanischen Unternehmen sind heute aufgrund des hohen Integrationsgrades von ziviler Forschung, Entwicklung und Produktion, auch wegen der Größe des US-Inlandmarktes und last not least wegen ihrer politisch abgestützten Verkaufsstrategie in einer absolut überlegenen Position, die in einem Verhältnis 10 zu 1 zugunsten amerikanischer Rüstungsgüter auf dem europäischen NATO-Markt zum Ausdruck kommt. Das - als solches - sichere und risikoarme Geschäft mit der Sicherheit gedeiht nun mal besonders gut auf nationalem Nährboden und ist daher nur bedingt multinational organisierbar. Aber die weitgehende Standardisierung der europäischen Bündnisstreitkräfte auf amerikanisches Rüstungsmaterial muß wiederum negative Rückwirkungen auf die Bereitschaft der Europäer zu eigenen Verteidigungsanstrengungen haben, da so entsprechende Einflüsse europäischer Rüstungslobbies und Gewerkschaften nur schwach zum Tragen kommen. In politischen Kreisen der USA erkennt man zwar das Dilemma solcher Auswirkungen einer Wettbewerbsüberlegenheit in den einschlägigen Industriezweigen, hat aber wenig Durchsetzungsmittel gegenüber American Enterprise zur Hand, wie die stets von neuem auftretenden Schwierigkeiten bei der Erfüllung von Kompensationszusagen im Rüstungsgeschäft mit europäischen Partnern (und nicht nur der NATO) beweisen. Nun bemühen sich die Eurogroup-Länder der NATO einschließlich Frankreich in der 1976 geschaffenen Independent European Programme Group (IEPG) um eine verstärkte Projektzusammenarbeit schon von der Forschung und Entwicklung her, ebenso um gemeinsame Lizenzherstellungen und gemeinschaftlichen Ankauf von Waffensystemen. Von dem faktischen Erfolg des IEPG-Konzeptes dürfte es weitgehend abhängen, ob und wie bald die europäischen Vettern von American Enterprise großjährig werden und somit auch quasi politische Mitverantwortung im Familienverband eines transnational-transkontinental agierenden Wirtschaftssystems übernehmen können. Eine solche Abnabelung Westeuropas von den USA entspräche geradezu einer Naturnotwendigkeit, umso mehr als dieser Prozeß auf dem zivilwirtschaftlichen Sektor schon recht weit vorangeschritten ist. Bliebe er indessen im militärischen Bereich künstlich unterbunden, so könnte das unter Umständen zur Dissoziierung nicht nur im Wirtschaftsleben des Westens führen, was der Aufrechterhaltung und Fortführung des komplizierten Balanceakts der Friedenssicherung bestimmt nicht dienlich wäre.

Zum Komplex der westlichen Verteidigungspolitik und Rüstungssituation gehört selbstverständlich auch das Westeuropa in zweierlei Hinsicht belastende Ungleichgewicht auf dem Felde abschreckender Nuklearpotentiale. Die im Besitz westeuropäischer Staaten – nämlich Frankreichs und (allerdings relativiert) auch Englands – befindlichen strategischen Kernwaffensysteme wirken unter den gegebenen Bedingungen politisch eher desintegrierend und sind noch dazu von nur bedingt abschreckendem Effekt–jedenfalls im Hinblick auf den Schutz des gesamten Westens unseres Kontinents. Andererseits werden Zweifel immer lauter, ob und unter welchen Voraussetzungen die USA überhaupt noch ihren „Atomschirm“ zur Abschreckung eines möglichen Angriffs auf westeuropäisches Bündnisterritorium aufzuspannen bereit sein könnten.

Weitgehend verdrängt in der diesbezüglichen Diskussion wird die Frage, ob nicht amerikanische sogenannte eurostrategische Waffensysteme als Teile des US-Atomschirms zu betrachten und zu werten sind. Andererseits würde durch eine Stationierung solcher amerikanischer Atomwaffen auf westeuropäischem Territorium, die unmittelbar die Sowjetunion bedrohen, die Verpflichtungsbindung der USA an ihre europäischen Partner in keiner Weise verstärkt und einer Interdependenz eher entgegengewirkt. Die einseitige existentielle Abhängigkeit Westeuropas (nicht nur der NATO-Mitglieder) wird nämlich praktisch durch eine solche Entscheidung nur noch unterstrichen. Denn wenn die amerikanische Globalsupermacht in einen Konflikt nuklear mit der Sowjetunion verwickelt werden sollte, so könnten nur allzubald entsprechende US-Atomstellungen in Westeuropa zu Angriffszielen sowjetischer Gegenschläge werden.

Der westeuropäische Raum aber ist inzwischen durch nukleare Zielplanung für verschiedenartige Waffensysteme der sowjetischen Seite weitreichend abgedeckt. In diesem Sachverhalt offenbart sich ein recht bedenkliches Sicherheitsmanko für das westliche Europa, wodurch letztlich auch dessen funktionale Rolle als Mitträger westöstlicher Entspannungs- und Kooperationsaktivitäten wesentlich beeinträchtigt werden könnte. Ein atomares Selbstschutzpotential der Westeuropäer sollte daher perspektivisch eigentlich im Interesse sowohl der USA als auch der Sowjetunion liegen. Aber selbst wenn auf diesen beiden Seiten das Aufkommen einer derart weitsichtigen Haltung vorausgesetzt werden könnte, müßte die Realisierung eines solchen Vorhabens – unter heute noch gegebenen Umständen – an Unvereinbarkeiten bei den westeuropäischen Staaten selbst scheitern. Denn gewiß steht Michel Debré weder in Frankreich noch in anderen westlichen Nachbarländern nicht allein mit seinem Bedenken gegen eine mögliche deutsche Beteiligung an einer westeuropäischen Atomstreitmacht, die er aus politischen Gründen für nicht funktionsfähig hält, da z. B. Frankreichs Ziel in der Erhaltung der nach dem Zweiten Weltkrieg entstandenen territorialen Lage bestehe, während die Bundesrepublik nach der Wiedervereinigung Deutschlands strebe.

Exakt an diesem Punkt aber stellt sich die Frage nach der Europa umschreibenden Philosophie und einem darauf beruhenden konkreten Konzept für die Gesamtheit unseres Erdteils. Wird heute auf seiten der Bundesrepublik das legitime deutsche Anliegen eines Zusammenlebens der staatlich geteilten Nation diskutiert, so wird man zumeist mit der gängigen These konfrontiert, daß solches nur in einem „europäischen Rahmen“ bzw. unter einem „größeren europäischen Dach“ denkbar und wünschbar sei.

Schlechthin aus westeuropäischer Sicht stellt die NATO das „Dach“ dar, unter dem die Bündnispartner-und mit ihnen die Neutralen - Schutz vor östlicher Bedrohung fänden; als ein „Rahmen“ für wirtschaftliche und potentiell politische Gemeinsamkeiten wird die Europäische Gemeinschaft von ihren Mitgliedsländern und - graduell in ökonomischer Beziehung - auch von den durch Abkommen mit der EG verbundenen übrigen westeuropäischen Staaten betrachtet. Allzuleicht bietet sich daher beim Gebrauch der Begriffe wie „Gemeinsames Dach“ oder „Gemeinsamer Rahmen“ in Hinwendung auf Gesamteuropa eine gedankliche (oder gar konzeptionelle) Assoziation zu westeuropäischen Gegebenheiten an. Daraus wiederum könnte der Eindruck entstehen, als ließe sich einmal durch eine Art „Anschluß“ eines (also der DDR) oder mehrerer Einzelteile (W.P.-Staaten ohne Sowjetunion) die europäische Einheitsfrage lösen, womit quasi als „Nebenprodukt“ dann die nationale Gemeinschaft der Deutschen entweder in einem Deutschland oder in zweien von westlich-demokratischer Bauart hergestellt würde. Auch wenn man davon ausgeht, daß ein solcher Prozeß unter grundsätzlichen Veränderungen in der bestehenden Militärbündniskonstellation ablaufen sollte, so erscheint doch die Vorstellung absurd, daß die auch-europäische Sowjetunion aus einem gesamteuropäischen Rahmenkonzept herausgehalten werden könnte. Während die USA allein schon via Wirtschafts- und Finanzbindungen auf das engste beispielsweise mit einer europäischen Konföderation jedweden Umfangs verwachsen bleiben müßte und sollte. Prinzipiell wird man daher wohl von einem Fortbestand, einer Fortentwicklung der nach ihrer ideologischen Substanz und in ihrem relativen Funktionieren verschiedenartigen Gesellschaftsordnungen innerhalb eines Großeuropas auszugehen haben, dessen inneres Gleichgewicht - auch im Wandel von Zeiten und Verhältnissen - durch ein interdependentes Dabeisein der Sowjetunion und Nordamerikas garantiert bleibt. Verschiedenartigkeit braucht deshalb längerfristig nicht unbedingt mit Gegensätzlichkeit, Wettbewerb nicht mit unerbittlicher Rivalität gleichgesetzt zu werden. Dies dürfte auch den Vorstellungen und der ausgesprochenen Hoffnung von Bundeskanzler Schmidt entgegenkommen, Europa wieder etwas enger zusammenwachsen und von jenen Grenzen heilen zu lassen, die es gegenwärtig noch sehr tief zerschneiden. Für einen Zustandswandel in Richtung auf eine Liberalisierung des Umgangs zwischen den Staats- und Gesellschaftssystemen von West und Ost bietet sich Europa als geeignetes Übungsfeld und Promotor an. Hier eben schält sich eine spezielle Rolle für die europäischen Nationen heraus, die ihnen in den Lettern ihrer eigenen Geschichte auf den Leib geschrieben ist: denn sie haben mit den beiden „europäischen Bürgerkriegen“ dieses Jahrhunderts dem west-östlichen Antagonismus entscheidende Anstöße gegeben, und schließlich haben sie aufgrund ihrer kolonialistischen Vergangenheit Wesentliches zum Entstehen der heutigen Nord-Süd-Problematik beigetragen. Aber weniger nach dem Verursacherprinzip sind die Europäer zu einer Aktivität des Ausgleichs und der Annäherung aufgefordert als vielmehr durch ihr unmittelbares Betroffensein: Ist doch ihre historisch-kulturelle Gemeinschaft mit der systematischen Abgrenzung auf machtpolitischer Teilungsgrundlage bedroht (die Deutschen sind darüber hinaus sogar der Gefahr des Auseinanderlebens ihrer Nation ausgesetzt), und müssen nicht vor allem die Europäer (von den teilhabenden Supermächten einmal abgesehen) wegen ihrer existentiellen Exportabhängigkeit bei hochgradiger Armut an Rohstoff- und Energiequellen an der Entwicklung stabiler Verhältnisse auf und mit der südlichen Halbkugel ein eminentes Interesse haben?

Im westlichen Bereich hat, unter essentiellen Einflüssen des American-Enterprise-Modells, ein interner Lernprozeß der transnationalen Zusammenarbeit bis zur Interessenverschmelzung enorme Fortschritte erbracht. Gewiß haben bei der Einübung und Institutionalisierung entsprechender Praktiken die Europäischen Gemeinschaften einen wichtigen Part gespielt, aber die business-lines und die übrigen gesellschaftsrelevanten Verbindungen haben sich – über die Brüsseler Zollschranken hinweg – zu einem geradezu unübersehbaren Kommunikationsnetz verwoben, *von dem das ganze westliche Europa* zusammengehalten wird. Der auf politischer Heterogenität und weitgehend homogenem Wirtschaftssystem beruhende flexible und mobile Charakter der westeuropäischen Staatengruppen befähigt diese, als „zivile Macht“ (so bezeichnet der britische Politwissenschaftler François Duchêne auch noch Japan – im Gegensatz zu den „soldatischen Mächten“ USA und UdSSR), ihren Beitrag zum Abbau der globalen Gefälle – und damit Spannungsverhältnisse –zu leisten. Das westeuropäische Gemischtwarenunternehmen – als ein moderates und gesellschaftlich modifiziertes Pendant zum originären American Enterprise betrachtet – hat in östlichen und südlichen Richtungen bereits recht positive Ansätze im Sinne eines spezifischen Rollenverständnisses gemacht. Vom intellektuellen Laboratorium der Welt, wie man das alte Europa auch einmal bezeichnen konnte, ist dieser Kontinent heute mehr zum Demonstrations- und Experimentierfeld für pragmatische Formen der wirtschaftlichen und politischen Zusammenarbeit im Innern (unter den Voraussetzungen der Ost-West-Bipolarität) und nach außen (unter den Aspekten einer Nord-Süd-Konfliktverminderung) geworden. Der absolut prioritäre Charakter des wirtschaftlichen Elements verschafft diesen Unternehmungen gerade eine politische Qualität besonderer Art. Denn wirtschaftliche und soziologische Faktoren spielen nicht nur eine Rolle im Kalkül der strategischen Parität zwischen den Supermächten; mindestens ebenso groß ist ihre Bedeutung für die Herabsetzung systeminterner Spannungen, die das allgemeine internationale Klima und besonders die intereuropäische Situation entscheidend zu beeinflussen pflegen. So ist das westeuropäische Rollenverhalten auch par excellence politisch zu deuten, wenn bei der Erneuerung des Lomé-Abkommens auf eine kategorische Festschreibung menschenrechtlicher Kriterien schließlich verzichtet wurde; es findet auch seine Entsprechung auf west-östlicher Ebene, wie von James O. Goldborough im „New York Times Magazine" (26. August 1979) skizziert: „Sowohl Schmidt als auch Giscard halten sich von Carters Kampagne in der Frage der Menschenrechte zurück, weil sie der Auffassung sind, daß die Sowjetunion nicht durch Erklärungen, sondern durch den Zwang der wirtschaftlichen Entwicklung zu einer Liberalisierung kommen wird." Mit dieser Interpretation einer westeuropäischen Politphilosophie ist zugleich auch der Schwerpunkt für alle konzeptionellen Ansätze im intereuropäischen Geschäft angesprochen: Um jeden Verdacht -und damit automatisch verbundene Rückschläge - bei der östlichen Führungsmacht auszuschließen, man wolle mit westlichen Wirtschaftseinflüssen das „sozialistische Lager" von der Peripherie her „aufweichen", muß die Zusammenarbeit von westlicher Seite mit der Sowjetunion unbedingte Priorität haben; sie muß nach machtpolitischen Gesichtspunkten ebenso abgestimmt erfolgen wie unter Klärung aller Fragen gemeinsamen Interesses. Ein solches Vorgehen entspräche voll und ganz der Sonnenfeldt-Doktrin, wonach der innere Zusammenhalt zwischen der Sowjetunion und ihren sozialistischen Partnerstaaten in Europa eher zu fördern als zu schwächen sei; denn nur dann, wenn die UdSSR ein gewisses Maß an Sicherheit verspüre, führe das auch zu gewissen Konzessionen Moskaus gegenüber den osteuropäischen Bruderländern im Sinne bedingter Liberalisierungen. Die in Osteuropa überall sichtbare Lockerung der Formen und die materiellen Fortschritte verleihen den dortigen Gesellschaften eine Eigendynamik; ein unweigerlich damit verbundener Liberalisierungsprozeß darf sich nicht in Explosionen entladen, sondern muß unter gegenseitiger Kontrolle vor sich gehen. Daran besteht effektiv ein gemeinsames Interesse auf beiden Seiten Europas, so man ein friedliches Miteinander zum Ziel hat.

Von entscheidender Bedeutung für das Zustandekommen einer west-östlichen Verständigung auf breiter politischer Basis ist es deshalb u. a. auch, daß europäische Einheitsparolen nicht mit Zielprojektionen eines roll-back bestehender Systemverhältnisse in Osteuropa oder gar einer deutschen gesamtstaatlichen Wiedervereinigung betrachtet werden. Die EG und die Sowjetunion müssen einander als Faktoren europäischer Stabilität zu respektieren lernen, und das wiederum wird kaum ohne faktisches und institutionalisiertes Zusammenwirken zwischen der Brüsseler Gemeinschaft und dem in Moskau residierenden Rat für Gegenseitige Wirtschaftshilfe erreichbar sein.

Ein „Europäisches Sicherheitssystem“, wie es den deutschen Sozialdemokraten vorschwebt, bedarf gewiß auch gesamteuropäischer Initiativen auf geo-wirtschaftlicher Basis und bindender Absprachen über politische Konfliktbeschränkung. Konferenzen und Institutionen beziehen ihren allgemein politischen Wert am ehesten von sach- und projektbezogenen Intentionen. Konkret bietet sich – nach globalen Bedürfnissen – aktuell und perspektivisch die Energiekooperation als Medium zum Durchbruch in eine neue Dimension industriestaatlicher Gemeinsamkeit an. Das von Kossygin bereits 1971 vorgebrachte „Gemeinsame Energiesystem für Europa“ könnte zum kontinentalen Anlasser für ein gigantisches Großprojekt werden, das unter der Ägide von American Enterprise die Erschließung sibirischer Ressourcen möglich macht. Der friedensfördernde und friedenssichernde Effekt eines solchen Unternehmens ergäbe sich schon aus der Notwendigkeit, langfristige Vereinbarungen über Kapital- und Technologietransfer zu treffen, und aus den infrastrukturellen Konsequenzen auf seiten der Sowjetunion, für die das Abbruchrisiko eher größer als für die westlichen Partner sein dürfte.

Man hat Werden und Entwicklung der Europäischen Gemeinschaften ganz treffend nach dem Motto „Fortschritt durch Krise“ beschrieben. Eine weltbeherrschende und gewiß langdauernde Energiekrise könnte sehr wohl auch entscheidende Fortschritte in Richtung auf ein Gemeinschaftsverhalten – intereuropäisch im Verein mit American Enterprise – bewirken. Das entspräche auch dem Schlußpunkt eines Forderungskatalogs, den Richard Löwenthal („Die Zeit“, Nr. 37, 1979) für eine engere Zusammenarbeit der Europäer aufgestellt hat: „Die Übernahme einer neuen Rolle in einer gemeinsamen atlantischen Politik im Ost-West-Konflikt“.

Noch spielt Europa politisches Provinztheater auf der Weltbühne von heute; man erwartet aber seinen Auftritt in dem großen Drama, das Franklin D. Roosevelt unter dem Titel „One World“ ankündigte und zu dem nun eine ganze Menschheit Zutritt begehrt. Die Stichworte heißen *Umrüstung* und *internationale soziale Unternehmenspolitik*. Der interdependente Charakter dieser beiden Schwerpunktthemen müßte in einer Europäischen Abrüstungskonferenz zum Ausdruck kommen, wie sie nach französischen Vorschlägen stattfinden soll. Auch in den kommenden Jahrzehnten werden so die heutigen Hochindustrienationen auf die vorderen Parkettreihen und den Ersten Rang abonniert bleiben können, wenn sie eben neue Prioritäten setzen, anstatt sich darauf zu versteifen, die übrige Welt ausschließlich nach ihrem eigenen Bilde und selbstgesetzten Profitzwängen zu gestalten. „The show will go on – im großen Welttheater läßt man schöpferische Kräfte in einer dem Prinzip sozialer Entwicklungschancen verpflichteten Weltmarktwirtschaft Regie führen. Diese sollte konzeptionell darauf abgestimmt sein, daß die Identität verschiedenartiger Kultur- und Zivilisationskreise gesichert bleibt, indem diese keinen einseitigen Zwängen zu blinder Übernahme fremder Modelle ausgesetzt werden, indem auch Systemkorrekturen organisch abzulaufen vermögen und das Grundrecht auf eigene Wege zu effektiven Wirtschaftsformen garantiert bleibt. Lassen sich die Europäer den Mut nicht abkaufen, dann dürfte ihnen ein tragender Part bei Eröffnung einer alternativen Weltszene zufallen. Eine *europäische Selbstverständigung* jedenfalls würde die beiden antagonistischen Industriewirtschaftsblöcke aneinanderschließen und gleichzeitig eine bilaterale Verständigung zwischen der westlichen und der östlichen Supermacht über die Köpfe der „kleineren Europäer“ hinweg ausschließen. Dieser dialektische Doppelschluß würde gewiß eine weltumspannende Neuordnung einleiten. Für die Europäer könnte in globaler Dimension eine Empfehlung gelten, die Hans Ulrich von der Hochschule St. Gallen neulich an die Unternehmensleitungen allgemein gerichtet hat: Diese sollten sich nicht nur ökonomischen Zielsetzungen verpflichtet fühlen, sondern auch menschlich und gesellschaftlich -kurz mit Moral - handeln. Eine zukunftsorientierte Management-Philosophie habe sich neuen Werthaltungen anzupassen, um so eine Dritte Kraft entstehen zu lassen, die weder als „liberal“ noch als „sozialistisch“ abzustempeln wäre, weil sie die gemeinsame materialistische Grundhaltung dieser beiden Richtungen ablehnt.

Die europäische Pionier- und Modellfunktion sollte im Vermitteln sowie Umsetzen des Wissens und Vermögens von „American Enterprise and Company“ über die wirtschafts- und machtpolitischen System- bzw. Einflußgrenzen hinweg bestehen und letztlich der Herabsetzung des internationalen sozialen Gefälles dienen. Nach Stand der Dinge verfügt nur das freiwirtschaftliche System selbst über die Kapazität, eine Wende in der Weltwirtschaftsordnung herbeizuführen, die seinen längerfristigen Interessen ebenso entsprechen dürfte, wie sie gleichzeitig den Fortbestand und die Weiterentwicklung der Menschheit in kreativ-multiplen (also nicht der Erstarrung und Verkümmerung anheimgegebenen) Gesellschaftsformen ermöglichen würde. Eine vernunftgesteuerte, humane Nutzung, Einsetzung, Aufteilung und - im ökologischen wie existentiellen Sinne - Rationalisierung der auf dem Erdball real und potentiell vorhandenen Ressourcen wird sich als Kriterium für die Lebensfähigkeit nicht eines Systems, sondern der menschlichen Kultur schlechthin erweisen. Europa vermag Lotsendienste bei der komplizierten Einfahrt ins kommende Jahrtausend zu leisten.

Gibt es eine Alternative zum militärindustriellen Wirtschaftskrieg?

(1981)

„Eine große Aufgabe westlicher Sicherheitspolitik unter ökonomischem Aspekt sind ausgewogene und stabile Wirtschaftsbeziehungen mit den planwirtschaftlichen Ländern des Ostens".

„Es wird auf lange Sicht keine effektive Weltenergiepolitik geben, falls die Sowjetunion nicht bereit sein sollte, daran mitzuwirken, oder wenn man sie davon ausschließen würde."

Bundeskanzler Helmut Schmikt in einem Vortrag beim International Institute for Strategic Studies, London, am 28. Oktober 1977, und in einem Interview mit dem US-Wirtschaftsmagazin „Fortune" vom 20. April 1981.

Nach konventionellem Kästchendenken gehören Fragen der Rüstung vor allem ins Verteidigungsressort; darüber hinaus wäre für bündnispolitische und außenwirtschaftliche Aspekte sowie zur Wahrnehmung von Abrüstungskonferenzen noch das Außenministerium zuständig; im gesamtstaatlichen Kontext tritt die Beschaffung von militärischem Material lediglich als ein Teilposten des jährlichen Haushalts in Erscheinung.

Urplötzlich ist in Bonn diese bürokratische Vorstellungsidylle einer politischen Bewußtseinserweiterung gewichen: Zaghaft beginnt man durchzublicken auf ein Netz von Bezügen und Einflüssen, die vom Sektor Rüstungsproduktion auf die politische und gesellschaftliche Verhaltensskala eines Landes auszugehen vermögen. Kaum war jedenfalls zuvor im Deutschen Bundestag der rüstungsindustrielle Komplex so herausgeschält aus dem speziellen Verteidigungszusammenhang und gelegentlichen außenpolitisch-wirtschaftlichen Erwägungen angesprochen worden, wie das der Bundeskanzler in der Haushaltsdebatte Ende 1980 getan hat. Anlaß dazu war ein Gegenstand von noch marginaler Größenordnung: So ging es um bestimmte Exportvorhaben mit Rüstungsgütern in Länder der Dritten Welt, wogegen „Gewissensschwärmer" („Frankfurter Allgemeine Zeitung") grundsätzliche und ideologische Bedenken vorgebracht hatten. Da aber dieser Vorgang zeitlich mit einer öffentlichen Diskussion zusammenfiel, die ganz im Zeichen einer prekären Konjunkturlage stand, sah Helmut Schmidt sich veranlaßt die rüstungswirtschaftliche Frage aus quasi ziviler Perspektive anzupacken und somit für die Behandlung dieses Themas neue Horizonte zu eröffnen. Die auswärtige Problematik wurde so eigentlich nur zum Aufhänger für exemplarische Aussagen zu den Risiken einer sich einspielenden Interdependenz im volkswirtschaftlichen Spektrum. Der substantielle Teil der Känzlererklärung war das Bekenntnis: „Wir wollen keine Rüstungsexportpolik aus Beschäftigungsgründen. Waffenproduktion soll nicht zu einem Instrument unserer Konjunkturpolitik werden."

Über die aktuelle Ausfuhrdiskussion hinaus ging auch die Warnung davor, Kapazitäten in deutschen Unternehmen entstehen zu lassen (so auch z. B. in der staatlich gestützten Luftfahrt- und – teilweise sogar bundeseigenen – Werftindustrie), die dann bei abgeschwächter Auftragslage den Haushaltsgesetzgeber unter den Druck der Unterbeschäftigung oder Nichtbeschäftigung setzen könnten. Daß der Kanzler mit solchen Überlegungen nicht allein steht, machen Äußerungen seines Koalitionskollegen, des FDP-Vorsitzenden Hans-Dietrich Genscher, deutlich, der die von der Schaffung neuer Produktionskapazitäten ausgehende Gefahr allerdings aus mehr ressortverengter Sicht angesprochen hat: „Wenn es darum ginge, Zugang zu neuen Märkten sichern zu müssen, dann würde die Außenpolitik zum Knecht der Rüstungsindustrie. Das darf auf keinen Fall passieren."

Unerwähnt blieben dabei mögliche Konsequenzen, die sich aus einer Ausweitung auch des heimischen Waffenmarktes und einer verstärkten Nachfrage aus den übrigen NATO-Ländern (nicht zuletzt auf kooperativer Unternehmensbasis) ergeben könnten. Noch sind nämlich „nur" 300 000 Arbeitsplatze in der Bundesrepublik Deutschland durch die Rüstungsbranche gesichert und davon etwa 36 000 durch Exportaufträge für die wehrtechnische Industrie (wobei jedoch Theo Sommer in der „Zeit" auf eine „erschreckende Steigerungsrate" hinweist). Bedenkt man, daß in den USA allein der Waffenexport einen Anteil von 20 Prozent am Gesamtvolumen der Ausfuhr hat, so wirken die deutschen Zahlen im volkswirtschaftlichen Rahmen noch erträglich. Jedenfalls scheint in der Bundesrepublik die Schwelle noch nicht erreicht, an der die Politik ernsthaft durch Unternehmens- und Arbeitnehmerinteressen (in diesem Komplex erbringt Mitbestimmung allzuleicht einen kumulierenden Effekt) unter Zugzwang geraten könnte.

Gleichwohl sollte die Problemkette, die sich aus Wachstumstendenzen bei der Waffentechnologie und Rüstungsproduktion ergeben kann, auch in der deutschen Dimension nicht verharmlost werden. Helmut Schmidt hat ein Exempel dafür vorgebracht, von welcher Art die Zwänge sind, die unmittelbar oder indirekt in diesem Bereich ausgeübt werden können: Die Erteilung von Aufträgen an deutsche Werften zum Bau von Tankern oder Containerschiffen wird gelegentlich an die Bedingung gekoppelt, auch bestimmte Kriegsschiffstypen für die Bestellerländer herzustellen. In einschlägigen Industriekreisen ist für dieses Verfahren bereits der Begriff der „Marktöffnungsfunktion" durch Lieferungen militärischen Materials gebräuchlich.

Drängt sich bei solchen Erfahrungen nicht geradezu der Gedanke auf, daß deutsche Industrieunternehmen wiederum ihre Bereitschaft zu Investitionen, die der heute dringend gebotenen technischen Innovation dienen würden, von der Erteilung gewisser Rüstungsaufträge abhängig machen könnten?

Je komplizierter die einzelnen Waffensysteme werden, desto größer ist im allgemeinen die Anzahl der an ihrer Herstellung beteiligten Konzerne und mittelständischen Firmen, die mit einer Vielfalt von Argumenten auf qualitative und quantitative Entscheidungen des Auftraggebers Staat einzuwirken versucht sind. Mit jeder Vermehrung des Produktionsanteils an wehrtechnischem Gerat in den einzelnen Unternehmen und Branchen nehmen naturgemäß das Eigengewicht und die Eigendynamik des Forschungs- und Wirtschaftsfaktors Rüstung im gesamtgesellschaftlichen Rahmen zu. Das kann bei der Einflußnahme im militärisch-fachlichen Bereich beginnen – etwa mit der Forcierung des Panzerbaus (eine Monatsproduktion von 30 Panzern sichert 10 000 Arbeitsplätze, große Serien verbilligen die Entwicklungskosten), während einer Verlagerung des Schwergewichts auf die viel weniger aufwendigen Panzerabwehrwaffen entgegengearbeitet wird. Es kann schließlich dazu führen, daß die rüstungsengagierte Industrie – mit Schrittmacheraufgaben in Bereichen der Forschung und Herstellungstechnik wohl ausgestattet – eine Art Schlüsselfunktion innerhalb der Volkswirtschaft gewinnt. Auf diese Weise geriete ein für die Politik der Bundesrepublik bisher gültiger Grundsatz in Gefahr, der von Schmidt so formuliert wurde: Man habe bei der industriellen Entwicklung des Landes bewußt nicht auf der Rüstung aufgebaut.

Und dennoch ist die Verführung nicht gering, gerade in Anbetracht einer sich anbahnenden Rezession eine solche Grundsatzhaltung vorsichtig abzubauen, zu der man sich vor drei Jahrzehnten unter dem noch unmittelbaren Eindruck geschichlicher Abläufe durchgerungen hatte. Ein ameikanisches Modell scheint sich gegenwärtig der Bundesrepublik geradezu aufzudrängen. Der neue Präsident der USA hat schon vor seinem Amtsantritt die europäischen Verbündeten nur zu deutlich darauf hingewiesen, daß diese zusammen mit den Vereinigten Staaten nicht nur über eine größere Bevölkerung, sondern erst recht über eine größere industrielle Kapazität als die Sowjetunion verfügten, sich also gemeinsam eine stärkere Militärmacht leisten könnten.

US-Rüstung als Wirtschaftsmotor

Sieht man einmal von der macht- und sicherheitspolitischen Argumentation ab, so spielt die Erhöhung der Rüstungsausgaben ganz offenbar eine erhebliche Rolle auch im Gesamtkonzept der Regierung Reagan für die wirtschaftliche Regeneration des Landes. Die vor allem auf die Freisetzung zusätzlicher unternehmerischer Initiativen abzielende Politik der Steuererleichterungen wird durch vermehrte Rüstungsaufträge, die sich als staatliche Investitionshilfe niederschlagen, entsprechend ergänzt. Bedenkt man, daß der noch unter der Carter-Administration verabschiedete Verteidigungsetat für 1981 (der bislang real höchste der USA in Friedenszeiten) allein 52 Milliarden US-Dollar für die Entwicklung neuer Waffensysteme vorsah (nach Schätzungen des Stockholmer Friedensforschungsinstituts entfallen davon allein auf ein Zerstörungspotential gegen feindliche Satelliten 7,4 Milliarden US-Dollar, das Doppelte also des zivilen Raumfahrtbudgets), so läßt sich daraus schon ein quantitativer Trend ablesen. Entsprechend höhere Rüstungsinvestitionen sind für 1982 zu erwarten, wenn – u. a. auf Kosten von Sozialausgaben – aus einem mehr als 220 Milliarden Dollar betragenden Verteidigungsetat die erforderlichen Geldmengen in so gigantische Infrastrukturprojekte wie das mobile MX-Raketensystem sowie in Entwicklung und Bau kostspieliger neuartiger Waffentypen für Marine und Luftwaffe zu fließen beginnen.

Ohne Frage wirkt sich ein derartiger Kapitalzuschuß, der sich in Forschungs-, Entwicklungs- und Produktionsaufträgen in vielen Bereichen der Spitzentechnologie niederschlägt, innerhalb eines die

Rüstung voll integrierenden Wirtschafts- und Wissenschaftssystems stark dynamisierend aus. Zu einem Zeitpunkt, da sich ein struktureller Umbruch in der Weltwirtschaft ankündigt, der die Hochindustrieländer zu weiterer Vervollkommnung ihrer Produktionsmethoden bei gleichzeitiger Verlagerung von Produktionsschwerpunkten im Sinne einer Strukturveränderung veranlaßt, kann eine unter Höchstleistungsdruck gebrachte Rüstung als Mittel zum Zweck der Innovation vorzügliche Dienste leisten.

Nun ist allerdings die Verquickung finanzieller, industrieller und militärischer Machtinteressen, wie sie faktisch unüberschaubar in den Vereinigten Staaten von Amerika stattfindet, ein in der Welt noch einzigartiges Phänomen. Die Wechselwirkungen beginnen gleichsam bei den Winzigbauteilen der Mikroelektronik, die industrielle wie militärische Macht verleihen; sie reichen bis in das Geflecht von kooperierenden und konkurrierenden Potenzen des „American Enterprise“, das auf nationaler Ebene wie über multinationale Unternehmen operiert.

Es ist gewiß nicht einfach, den heterogenen Kreis von häufig kontrovers wirksamen Institutionen zu umreißen und die dazugehörigen (austauschbaren und auch oft ausgetauschten) Persönlichkeiten auszumachen, die in ihrer Gesamtheit das wesentliche Element amerikanischer Machtentfaltung darstellen: Natürlich gehören Großbanken, Handels- und Industriekonzerne ebenso wie jene von Lothar Ruehl („Die Zeit“, Nr. 47/1980) definierte „neue technologisch-mathematische Machtelite“ dazu, gewiß auch die dem Pentagon zur Verfügung stehenden hochdotierten wissenschaftlichen Berater, die neue „Klasse der Consultants“. In einem Leitartikel der „FAZ“ (7. 11. 1980) hat Robert Held unter der Überschrift „Mächte, die hinter der Umgebung des Präsidenten stehen“ darüber sinniert: „Außer dem Präsidenten und dem Kongreß gibt es Establishments, die schwer zu orten sind, aber auf den Lauf der Dinge einwirken, wie zum Beispiel die von Carter ursprünglich gar nicht beabsichtigten Rüsungsbemühungen zeigen.“

Nun dürfte diese auf politische Entscheidungsprozesse Einfluß nehmende Hintergrundszene in der Ära Reagan um so transparenter in Erscheinung treten, je deutlicher sich die angekündigte Generallinie durchsetzen wird, die auf Reduzierung des administrativen Apparates und der Regierungskontrollen zugunsten einer von staatlicher Einmischung weitgehend befreiten, expansiven Wettbewerbswirtschaft abhebt. Daß in einer solchen Konzeption der ambivalente, in zwei Richtungen wirksam werdende Mechanismus von Rüstung einkalkuliert ist, voll ausgeschöpft werden soll und somit auch sichtbarer hervortreten wird, liegt auf der Hand: Natürlich soll der Staat mit der ihm noch verbleibenden Aufgabe der Bereitstellung von steigenden Mitteln für die Rüstung dafür sorgen, daß die militärische Überlegenheit als ein wesentlicher Faktor amerikanischer Dominanz weltweit erhalten wird; daneben rangiert jedoch zumindest gleichwertig die instrumentale Bedeutung dieser Form staatlicher Investitionshilfe mit ihrem Antriebseffekt auf ein breit angelegtes Modernisierungsprogramm für den gesamtwirtschaftlichen Rahmen. Die an die umfangreiche Rüstungsplanung geknüpften Erwartungen im Hinblick auf innovatorische Schubkraft und industrielles Wachstum können als Argument für eine Gewichtsverlagerung bei den - insgesamt zur Kürzung anstehenden - Staatsausgaben nur intern zur Geltung kommen, weil Verständis und Zustimmung für eine derartige Umschichtung von seiten der Öffentlichkeit nur durch absolut prioritäre Herausstellung sicherheitspolitischer Zwänge erreichbar sind, ganz abgesehen von den erforderlichen Rücksichten auf das äußere Image von Staat und Gesellschaft.

Dieser komplexe Sachverhalt verdient schon deswegen ausgeleuchtet und auf seine rationalen Inhalte untersucht zu werden, weil bereits der Nachweis einer Doppelmotivation gewisse Aufschlüsse darüber geben könnte, daß eben rein militärisch-machtpolitische Zielsetzungen nicht den allein dominierenden Stellenwert bei der jetzt in Washington betriebenen Hochrüstungskampagne besitzen. Wie immer das Ergebnis solcher Betrachtungen ausfällt: Die auf *facts and figures* fixierten Strategen in Moskau wird es sicher nicht dazu veranlassen, sich entsprechende Zurückhaltung bei den eigenen Rüstungsanstrengungen aufzuerlegen. Wahrscheinlich würde ihnen die Fremdheit eines westlichen Wirtschaftssystems sogar das Verstehen einer innenbezogenen Rüstungskomponente unmöglich machen, die darauf beruht, daß die Drehzahlerhöhung der Waffenentwicklungsspirale innovative Impulse auslösen und - zumindest zeitlich begrenzt - nationalökonomisch einen Nutzen versprechen kann. Für die USA hingegen ist eine unter diesem Teilaspekt eingeleitete Maßnahme im militärindustriellen Bereich etwas durchaus Plausibles; sie bietet den Vorteil relativ leichter politischer Durchsetzbarkeit und greift augenblicklicher als jedes andere Mittel aus dem Förderungskatalog für Privatinvestitionen. Rüstungsaufträge sind seit eh und je eine Quelle überhöhter, der öffentlichen Kontrolle weitgehend entzogener Profite für unzählige Unternehmen der verschiedensten Größenordnung; sie erlauben nach den Plänen der amerikanischen Regierung eine beschleunigte und erhöhte steuerliche Abschreibung aufgrund ihrer beschäftigungsstimulierenden Wirkung. (Allerdings dürften sich außerordentlich überhöhte Staatsausgaben im Verteidigungsbereich gesamtwirtschaftlich auch als schwerverdauliche Brokken erweisen, wenn es um die Durchführung eines Programms zur Inflationsbekämpfung geht.)

Wohlgemerkt kommt diese Art von Interessenzusammenspiel nur zum Tragen in einem nach westlichem Wirtschaftsmuster gestalteten Großraum, der über eine breitgefächterte Hochleistungsindustrie verfügt. (In technologisch schwach oder unterentwickelten Ländern hingegen wirkt eine in einsame Höhen vorangetriebene Wehrtechnik zwangsläufig als volkswirtschaftlicher Auszehrungsprozeß, der bei zentralistisch gelenkten Systemen wie in der Sowjetunion noch immanent verstärkt wird.) „Im Westen“, so konstatiert mit Blick auf diese kritische Diskrepanz der deutsche Politologe Claus Kernig („FAZ“, Nr. 251/80), „entsteht eine Wechselwirkung zwischen strategisch wichtigen Industrien und ziviler Umsetzung ihrer Resultate. Elektronik und Datenverarbeitung sind dabei die besten Beispiele. Nicht nur, daß die zivilen Industrien die Elektronik im Forschungs-, Planungs- und Produktionsprozeß anwenden, auch der einzelne Konsument kauft Geräte ein, die vom Taschenrechner bis zum Fernseher, vom Fotoapparat bis zur Hi-Fi-Anlage damit ausgestattet sind. Damit wird der Umgang mit Technik dieses Entwicklungsstandes breiten Schichten zur Gewohnheit. Gleichzeitig werden massenhaft Arbeitskräfte mit der Produktion solcher Geräte vertraut. Im Westen sickert die Technologie durch alle Bereiche hindurch.“ Die westliche Führungsmacht hat die relativ fortgeschrittenen strategischen Industrien als Schrittmacher der unterentwickelten Zivilindustrie zu nutzen verstanden. Auf diesen Sachverhalt hat auch Forschungsminister Andreas von Bülow (vor der List-Gesellschaft in Düsseldorf am 5. März 1981) mit dem Hinweis abgehoben, daß die USA ihren gewaltigen technischen Vorsprung „nicht ohne die massive Subventionierung über die Militärhaushalte“ erreicht hätten.

Daß aber selbst im amerikanischen System mit seiner erwiesenen Diffusionsfähigkeit erhebliche regionale und sektorale Strukturgefälle und Disproportionen durch einseitige Bevorzugung der militärtechnischen Industrien auftreten, beschrieb der Schweizer Amerika-Korrespondent Roman Berger im „Tagesanzeiger“: „Die Löhne und

Profite in der Rüstungsindustrie stehen in seltsamem Gegensatz zu den leerstehenden Fabriken, den Einschränkungen in öffentlichen Diensten und der chronischen Arbeitslosigkeit in Regionen, die nicht an der Rüstung profitieren."

Der heutige Entwicklungsstand wird z. B. durch Verhältnisse in Großunternehmen der Detroiter Automobilindustrie gekennzeichnet, wo nur die in Rüstungsabteilungen Beschäftigten von Massenentlassungen verschont geblieben sind. Andererseits ist gerade die Masse der mittleren, mit Präzisionstechnik befaßten Zulieferfirmen im Rüstungsgewerbe so stark automatisiert, daß hier nur Bedarf an hochqualifizierten Arbeitskräften besteht, für die es auch in den USA kaum ein Beschäftigungsproblem gibt. Diese werden wiederum in bestimmten Schwerpunktregionen zusammengezogen, für die das sogenannte „Silicon Valley" bei San Francisco (Standort der Mikrocomputer-Technik, integrierter Halbleiter-Schaltsysteme usw.) mit bereits 700 000 Arbeitsplätzen in nahezu anderthalb Tausend High-Technology-Firmen ein Beispiel bietet. Hier findet auch seit Jahren eine stille Rüstungsrevolution mit Sensoren, Mikroprozessoren, per „Silizium-Chips" gesteuerten Waffensystemen statt. Bei dieser regionalen Konzentration von so stark kapitalintensiven Unternehmen kann es nicht verwundern, daß schon bisher fast ein Viertel des Rüstungsetats nach Kalifornien geflossen ist. Hier und in anderen Teilen der westlichen und südlichen USA erlebt auch die Luft- und Raumfahrtindustrie durch die neue Rüstungspolitik einen Boom ohnegleichen: Aufgrund von Pentagonorders und erhöhten Exporten an Militärflugzeugen können die einschlägigen Unternehmen bereits für das laufende Jahr mit einem Gesamtumsatz von 80 Milliarden Dollar rechnen; die Zahl der in diesen Branchen Beschäftigten hat gegenwärtig die 1,2-Millionen-Marke erreicht.

Im übrigen ließe eine weitere drastische Anhebung des amerikanischen Wehrbudgets erwarten, daß ein neuer Rüstungswettlauf „at home" beginnt; zum Beispiel könnte sich die einflußreiche chemische Industrie mit Vorschlägen zur Weiterentwicklung solcher Kampfmittel bewerben, um deren Achtung und Eliminierung auf der Grundlage internationaler Abkommen man sich bisher noch bemüht. Graf Baudissin bringt die Problematik auf folgenden Generalnenner: Die Technik bietet plötzlich etwas Neues an, und von daher wird die Strategie umgeformt. Falls man sich nicht darauf zu einigen bereit ist, ganz bestimmte destabilisierende Technologien nicht zu entwikkeln, so wird es auf dieser Welt bei immer höheren Kosten immer unsicherer werden.

Aber wie auch immer: Tatsache scheint zu sein – so auch „Der Spiegel", Nr. 7/81 –, daß viele Amerikaner (und nicht nur die Rechten) glauben, die Konjunktur ließe sich „auf Panzerketten schneller ankurbeln", die Rüstung könne zugleich auch Rettung für die Wirtschaft bringen. (Bei einer Meinungsumfrage im Februar 1981 haben sich 68 Prozent der befragten Amerikaner für die drastische Erhöhung der Verteidigungsausgaben ausgesprochen.)

Wie immer man aber die stimulierenden Auswirkungen von Hochrüstung auf das allgemeine Wirtschaftsleben einschließlich der Übertragungsmöglichkeiten im Bereich der *advanced technics* einschätzen mag, der Bundesrepublik bietet sich hierin nicht das Mittel der Wahl an, um mit ihren strukturell bedingten Wachstumsschwierigkeiten besser fertig zu werden. Abgesehen von allen sicherheits- und geopolitischen Gesichtspunkten sprechen dagegen schon ganz schlicht Fakten der Größenordnung und der sozioökonomischen Eigenart.

Eine substantielle Vermehrung der wehrtechnischen Kapazitäten wäre nämlich in Anbetracht des relativ beschränkten eigenen (westdeutschen) „Marktes" überhaupt nur durch eine offensive Ausfuhrpolitik zu erreichen. Auch unter dieser Voraussetzung würde im Vergleich zu den großen Atom- und Raumfahrtmächten die Angebotspalette viel zu begrenzt bleiben müssen, um eine echte Breitenwirkung im Sinne technologischer Durchbrüche und allgemeinwirtschaflicher Belebung zu erzielen. Zusätzliche staatliche Investitionshilfe über den Rüstungsfonds ließe sich im übrigen nur bei massiven Eingriffen in den sozialen Besitzstand erreichen. Alles zusammengenommen: Die Anwendung der amerikanischen Formel könnte sich für die Bundesrepublik nur als destabilisierend erweisen.

Modell für Westeuropa?

Bliebe noch zu untersuchen, wie unter den hypothetischen Verhältnissen eines (west-)europäischen Bundesstaates sich diese Frage stellen und beantworten lassen würde. Schließlich hätte man es in einem solchen Fall politisch und wirtschaftlich mit einem Machtpotential zu tun, das gewisse Größenordnungsvergleiche mit Nordamerika zuließe. Ein solches Europa mit einer gemeinsamen Verfassung, einem gemeinsamen Staatsbudget und autonom betriebener Außenpolitik läßt sich ohne eigene starke Rüstungswirtschaft nicht denken. Auch weil diese Perspektive nicht grundsätzlich auszuschließen ist, bleibt die Ambivalenzproblematik der Rüstung für die Europäer ein Thema. Dieses könnte paradoxerweise gerade dann an Aktualität gewinnen, wenn sich die NATO-Europäer nicht zu einer so starken Anhebung der Rüstungsausgaben bereitfinden sollten, wie sie die USA erwarten. Unter diesen Umständen, so jedenfalls meint Bruno Kreisky, könnte mit einer amerikanischen Wende zum Isolationismus gerechnet werden. Eine solche Haltungsänderung wiederum könnte dazu nötigen, daß – nach Meinung des Schweizer Wirtschaftsministers Honegger (er sprach auf der gleichen Veranstaltung in Davos wie Kreisky) – Europa zur Steigerung seiner Leistungsfähigkeit einen kräftigen Innovationsschub in die Wege leiten müßte. – Eine solche Situation, so ließe sich fortsetzen, enthielte eine gewisse Verlockung, amerikanische Denkmodelle nachzuvollziehen.

Immerhin gibt es ja heute bereits eine Anzahl von Waffenentwicklungen in bilateraler oder trilateraler Kooperation verschiedener europäischer Staaten und Unternehmen; das könnte durchaus einmal als Vorstufe zu einer Rüstungswirtschaft in einem unionsstaatlichen Rahmen verstanden werden. Auch aus dieser Sicht sollte die Rollenzuweisung, die man heute in Washington teils nach innerem und teils nach äußerem Gebrauchsnutzen mit seiner militärtechnischen Industrie vornimmt, in den westeuropäischen Hauptstädten beobachtet und beurteilt werden.

War bisher vorwiegend die Rede von der in der allgemeinen Diskussion nur spärlich behandelten innenpolitisch-wirtschaftlichen Dimension der US-Rüstung, die man als „intrinsic factor" bezeichnen könnte, so gehört in Korrelation dazu ein „extrinsic factor", in dem sich das äußere Motiv für die Verstärkung wehrtechnischer Anstrengungen ausdrückt. Ein Wettlauf ergibt nur Sinn, wenn wenigstens ein anderer mitmacht. Zum Wettrüsten kann man nur antreten, wenn ein potentieller Gegner vorhanden ist, der als Herausforderer in Erscheinung tritt. Zum Aufbau und zur Unterhaltung eines hierzu geeigneten Feindbildes bietet sich den USA nach wie vor die Sowjetunion als Inkarnation des ideologischen und militärischen Gegenspielers an.

Diesbezüglich hat sich die Weltöffentlichkeit derart an ein geradezu spiegelbildliches Rollenverständnis der „beiden Supermächte" gewöhnt, daß dieses praktisch kein Gegenstand zeitgeschichtlicher Ursachenforschung mehr ist und auf seine sachliche Berechtigung schon gar nicht abgeklopft wird. Die USA und die Sowjetunion haben selber offensichtlich kaum Interesse an jeder Art von Infragestellung ihrer einzigartig hochstilisierten Rivalitätsbeziehung, die als beherrschendes Element im weltpolitischen Kräftespiel imponiert. Sie brauchen und gebrauchen einander zur Durchsetzung und Legitimation ihres jeweiligen Handelns im Innern und nach außen. Das übermächtige Feindbild dient auf beiden Seiten dem staatlich-gesellschaftlichen Selbstverständnis ebenso wie einer Selbstdarstellung, die auf die übrige Welt wirken soll. Uneingeschränkt billigen sie sich daher gegenseitig das schmückende Epitheton „super" zu, auch wenn dieses nach objektiven Maßstäben für die Sowjetunion nur mit dem relativierenden Zusatz „Supermacht des Ostens" Gültigkeit beanspruchen kann; denn eigentlich ist die sowjetische Position als überragend nur innerhalb und in den Proportionen des von Moskau politisch-militärisch kontrollierten Bereichs zu bezeichnen, sieht man einmal von der Unterstützung sozialistischer Regime in vereinzelten Ländern der Dritten Welt ab.

Pauschal betrachtet hat Christoph Bertram, Direktor des Internationalen Instituts für Strategische Studien in London, nur zu Recht mit seiner Feststellung in einem Artikel in der „Zeit": „Anders als die Vereinigten Staaten ist die Sowjetunion nicht wirklich eine Supermacht; sie ist lediglich eine globale Militärmacht. In den für alle Zukunft bedeutungsvollen internationalen Verhandlungen spielen die Sowjets keine Rolle. Am Nord-Süd-Dialog haben sie keinen Anteil. Dem Internationalen Währungsfonds gehören sie nicht an. Westliche Bankiers müssen ihnen Kredit einräumen, die Farmer Nordamerikas ihnen in schlechten Jahren Getreide liefern ..." Zu ganz ähnlichen Schlüssen gelangte der Ostexperte Mike McGuire von der Brookings Institution in einer BBC-Diskussion am 27. Januar 1981: Im Grunde sei der sowjetische Einfluß weltweit stagnativ; es habe auch nicht den Anschein, daß ein großer meisterhafter Plan hinter allem stehe. Auch wenn im Denken des Westens die Sowjetunion als militärische Macht eine zentrale Rolle spiele, sei die Bezeichnung „Supermacht" doch eher übertrieben, denn ihr stehe nicht annähernd ein solches Instrumentarium für Einflußnahmen verschiedenster Art zur Verfügung wie den USA.

Tatsächlich hat die durch den Sprachgebrauch von den „beiden Supermächten" suggerierte Gleichrangigkeit stets nur fiktiven Charakter gehabt. In diesem Scheinverhältnis liegt jenes A-priori-Mißverständnis begründet, das Moskau bis zum Weißbluten bestrebt sein läßt, sich wenigstens auf militärischem Gebiet als ebenbürtig mit den USA auszuweisen und dementsprechend vor dem Gegenspieler und aller Welt Flagge zu zeigen. Ähnlich analysiert Marion Gräfin Dönhoff in der „Zeit" (3. 4. 81): „Könnte es nicht sein, daß die Sowjetunion ihre Rüstungsanstrengungen nur unternommen hat, um ihre Schwäche auf den anderen Gebieten auszugleichen – also um sich selber Mut zu machen?" Und besorgt fährt sie fort: „... könnte es nicht sein, daß Washington mit seiner neuen Rüstungsanstrengung Moskau lediglich anstiftet, noch mehr Raketen zu produzieren, wodurch die Diskrepanz zwischen dem militärischen und dem zivilen Sektor schließlich so groß zu werden droht, daß der Kreml meint, es bleibe ihm gar nichts anderes mehr übrig, als die Waffen nun auch einzusetzen?"

Andererseits haben die aus dem Zweiten Weltkrieg als die großen Sieger hervorgegangenen Amerikaner immer besonders empfindlich auf jede mögliche oder angebliche Beeinträchtigung ihrer globalen Vormachtstellung reagiert, die sich in erster Linie aus ihrer technologisch-unternehmerischen Leistungsfähigkeit ergeben hat. So haben sie den sukzessiven Verlust ihres „Atommonopols", der – seit die Sowjets 1949 ihre erste Versuchsbombe zündeten – schließlich zu dem heute als „funktionierendes Gleichgewicht" im nuklearstrategischen Bereich bezeichneten Zustand führte, nie recht hinzunehmen vermocht, auch wenn sie auf dieser Geschäftsgrundlage Moskau als Partner eines Teststoppabkommens, beim Aushandeln des Nichtverbreitungsvertrages und im Saltprozeß als Partner akzeptiert haben.

Die in letzter Zeit erfolgten qualitativen Sprünge bei der Entwicklung nuklearer Waffensysteme (MX, Cruise Missiles, Earth-Penetration-Sprengköpfe, Tridentraketen usw.), die sämtlich als Hardware für die Option zu einem „chirurgisch geführten" Entwaffnungsschlag im Sinne der von Carter verkündeten Direktive 59 zu werten sind, können denn auch als Versuch einer Revision des – faktisch einzig auf dem Konzept einer glaubwürdig funktionierenden Abschreckung beruhenden – relativen Gleichstandes mit der Sowjetunion verstanden werden. Tatsächlich hat die neue Kernwaffengeneration etwas Destabilisierendes an sich, weil die Furcht vor dem Erstschlag der anderen Seite im akuten Krisenfall die Bedenkzeit verringern könnte. Nach Meinung Bertrams kann die neue Doktrin von der Sowjetunion allzu leicht so ausgelegt werden, als suchten die USA nun die Fähigkeit zu einem nuklearen Erststart, zu einem sogenannten Präventivschlag also, zu gewinnen, was „sicherlich keine günstige Interpretation im Sinne künftiger Stabilität und einer künftigen Rüstungskontrolle“ sei. Hinzuzufügen ist hier indessen, daß sich auch die sowjetische Seite mit Konzeptionen und technologischen Entwicklungen befaßt, die auf die „Führbarkeit“ einer atomaren Auseinandersetzung abzielen.

Den „Sputnikschock“ der fünfziger Jahre hatten die USA rasch überwunden: Aus dem kurzlebigen Vorsprung der sowjetischen Raumfahrt ist inzwischen ein beträchtlicher auch militärisch relevanter Rückstand geworden. Den entscheidenden Durchbruch dürfte jetzt das gelungene Unternehmen mit der NASA-Raumfähre Columbia gebracht haben. Offensichtlich haben die Amerikaner damit ein neues Zeitalter in der Militarisierung des erdnahen Weltraums einleiten können und sind auch in diesem Bereich der Sowjetunion um ein Jahrzehnt voraus. (Prompt wurde auch Hans Mark zum stellvertretenden NASA-Direktor ernannt; er gilt als überzeugter Befürworter der Nutzung der Raumfahrtforschung für militärische Zwecke.) – Der Genfer Politologe Curt Gasteyger bemerkte in diesem Zusammenhang in der „Stuttgarter Zeitung“ (8. 4. 81), auf technisch verschiedenen Ebenen seien beide Seiten dabei, Mittel zur Vernichtung jener Satelliten – für Leit- und Überwachungsaufgaben – zu schaffen, die „im Rahmen der Abschreckung ein Mindestmaß an gegenseitiger Sicherheit garantieren sollen; ein wahrhaft widersinniges Unternehmen“.

In der innenpolitischen Auseinandersetzung im Kongreß und vor allem bei den Kämpfen um die Macht im Weißen Haus spielt das amerikanische Bedürfnis nach militärischer Superiorität eine gelegentlich entscheidende Rolle: So hatte lange vor Aufkommen der konservativen Grundströmung John F. Kennedy die Präsidentschaft mit dem Argument einer nachgewiesenermaßen überhaupt nicht vorhandenen „Raketenlücke“ erringen können; Jimmy Carter hat es ihm mit dem Slogan „Amerika muß wieder die Nummer Eins in der Welt werden“ nachzumachen versucht, wobei Reagan ihm allerdings noch den Rang abgelaufen hat. Nichts eignet sich eben so gut wie militärische Vergleichsstatistiken, die von einschlägigen Institutionen jederzeit nach Bedarf geliefert und interpretiert werden, zu einem öffentlichen Verwirrspiel, zu Wechselbädern für die Wähler zwischen Verunsicherung und nationalem Selbstgefühl. Solchen Verfahren läßt sich lediglich mit der These von Fred Luchsinger („NZZ“, 8. 2. 1981) begegnen, daß politisches Gleichgewicht so wenig wie politische Überlegenheit oder wie politische Macht mit bloßem Zählen, Wägen und Messen zu eruieren ist.

Amerikanische Ambitionen

Wie es um das machtpolitische Artspruchsdenken und die Entschlossenheit der amerikanischen Regierung, dieses in die Tat umzusetzen, bestellt ist, läßt sich an einer Reihe von Indizien ablesen. Etwa an Planungen im Zusammenhang mit der mobilen Joint Task Force, die zum Einsatz für die „Sicherung lebenswichtiger Interessen" u. a. im arabischen Golfgebiet bereitgestellt wird. Als Stationierungs- und Übungsplatz für die landgebundene Einsatztruppe war in einer Pentagonstudie eine Insel der spanischen Kanaren vorgesehen mit der Begründung, daß sich von dort aus ein sicherer Luftkorridor für amerikanische Transportflugzeuge anbiete, weil Mauretanien, Mali, Niger, Tschad und Sudan militärisch nicht in der Lage seien, ihre Lufträume zu kontrollieren. – Als bei der NATO in Brüssel Verärgerung von europäischen Bündnispartnern darüber geäußert wurde, daß man von im Pentagon etwas voreilig angestellten Überlegungen, die Eingreiftruppen insgesamt dem amerikanischen NATO-Oberbefehlshaber in Europa zu unterstellen, nicht unterrichtet worden sei, erklärte ein US-Sprecher nur, es sei ausschließlich Sache Washingtons, zu entscheiden, welche Befehlsaufgaben General Rogers neben dem NATO-Oberbefehl für amerikanische Streitkräfte wahrzunehmen habe.

In dieses aktuelle Verhaltensmuster amerikanischer Außenpolitik passen auch direkte und indirekte Einflußnahmen auf Entscheidungsbereiche der Europäischen Gemeinschaft. So bedurfte es eines diplomatischen Gewaltaktes der EG, um die von ihr bereits beschlossenen und durch ein „Veto" der USA zurückgestellten Hilfslieferungen an Nahrungsmitteln und Medikamenten für die Bevölkerung von El Salvador (unter Kontrolle des IRK) durchführen zu können. Ein sichtbar gewordenes Interesse des Regimes von Angola, unter gegebenen Umständen dem EG-Vertrag von Lomé beizutreten, dürfte hinfällig werden, sollte die US-Regierung mit ihrer erklärten Bereitschaft durchdringen, die schon von Südafrika über Namibia geförderten Kräfte der Unita mit militärischen Mitteln zu unterstützen.

Im politischen Raum stehen auch Aussagen wie die von Senator Tower, dem Vorsitzenden des Streitkräfteausschusses: „Die Sowjets haben nicht genügend industrielle Reserven, um mit den USA in einem solchen Wettrüsten mitzuhalten. Deshalb wollten sie SALT II.“ Experten im Pentagon erklären, daß die Sowjets für technologische Entwicklung und Herstellung moderner Waffen allgemein etwa doppelt soviel Mittel einsetzen müßten, da bei ihnen die Arbeitsproduktivität nur halb so hoch wie in den USA sei. Bei mikroelektronischer Erhöhung der Zielgenauigkeit von Fernraketen - wie Minuteman III zum Beispiel - gestalten sich die amerikanischen Anstrengungen sogar mehr als sechsmal so kosteneffektiv wie die sowjetischen. Kaum noch in Kosten auszudrücken sind die Mißverhältnisse, wenn es um die Entwicklung etwa eines Luftverteidigungssystems gegen die von Fernbombern gesteuerten Marschflugkörper geht. Allein um den amerikanischen Vorsprung bei nuklearen Gefechtswaffen mit einem wirksamen Verteidigungssystem kontern zu können, brauche Moskau zehn Jahre und einen Aufwand von 50 Milliarden Dollar - so der Forschungschef des US-Verteidigungsministeriums.

Auf amerikanischer Seite neigt man dazu, das Verhältnis zur Dritten Welt prioritär unter Rohstoffstrategischen Gesichtspunkten zu sehen, wobei die eigene Versorgung mit rüstungswichtigen Grundstoffen eine bedeutende Rolle spielt. Auf einer in Paris abgehaltenen internationalen Tagung unter dem Thema „La Guerre des Ressources“ wurde eine NATO-ähnliche „triozeanische Allianz“ zur Diskussion gestellt, die sich aus einer Kette von Regionalbündnissen zusammensetzen sollte. Mit Sicherheit würde nach einem solchen Konzept der Waffenexport in selektive Gebiete der südlichen Halbkugel, bei dem die USA schon seit eh und je weit an der Spitze stehen, einen beträchtlichen Aufschwung erleben. Im Programm zur Belebung der amerikanischen Wirtschaft würde auch dieser Posten zu Buche schlagen; durch die schon beschlossene Etatkürzung bei der multilateralen Entwicklungshilfe würden jedenfalls Gelder dafür frei.

So ist es auch schon beschlossene Sache, noch in diesem Haushaltsjahr die Waffenexporte um nahezu zehn Prozent über den Voranschlag der Carter-Regierung hinaus zu steigern.

Die sich in Washington abzeichnende neue Dritte-Welt-Politik ist übrigens wohl der sensibelste Bereich für grundsätzliche Divergenzen innerhalb des Westens. Vor allem aber würde sich Bonn, wo gerade ein Konzept zur Stärkung der Blockfreien entstanden ist, schwertun, hier gegebenenfalls eine andere Politik zu machen als die Amerikaner. Der Gedanke einer möglicherweise abweichenden Politik wurde von Egon Bahr („Bonner Perspektiven", ZDF, 22. 3. 81) vorgetragen, der dagegen ist, „Ost-West-Konflikte oder Bündnisangelegenheiten auf die Dritte Welt zu erstrecken". Die überraschend hohe Aufbauhilfe, die gerade auch von amerikanischer Seite dem unter der Regierung des Sozialisten Robert Mugabe stehenden Zimbabwe zugesagt worden ist, wirft andererseits einen Hoffnungsschimmer auf die westliche Afrikapolitik; im Sinne gemeinsamer west-östlicher Verantwortung bleibt nun allerdings zu wünschen, daß sich auch die Sowjetunion recht schnell zu einer Beteiligung an der Milliarden-Kredithilfe für Salisbury-Harare entschließen könnte. Bedrohlich auf längere Sicht wäre jedoch eine Tendenz im Lager einflußreicher Ultra-Republikaner, die – laut „Newsweek" (6. 4. 1981) – ein hochgestellter Beamter in Washington so beschrieb: „Hinter den Argumenten einiger Konservativer zur Frage Südafrikas steckt Rassismus." Aus diesen Kreisen muß man auch den größten Widerstand gegen alles erwarten, was mit den Vereinten Nationen zusammenhängt. Der amerikanischen Haltung in der Namibiafrage dürfte hier eine Schlüsselrolle zukommen.

Unter den dargelegten Aspekten würde die „annähernde Parität" im weltweiten Kontext bald vollends zur Leerformel. Damit aber dürfte eine diplomatische Sprachregelung entfallen, auf die man sich im Sinne einer Art Arbeitshypothese geeinigt hatte, um eine psychologisch-politische Grundlage für Gespräche unter Gleichberechtigten herzustellen. Besagte Formel spiegelte global die wahren Machtverhältnisse zwischen West und Ost zwar nur sehr partiell wider, ließ sich jedoch immerhin auf die militärische Lage in Europa anwenden, wo – nach dem Urteil von Bertram – „ein Gleichgewicht in dem Sinne besteht, daß das Risiko eines Angriffs so groß ist, daß ein solcher nicht stattfinden wird".

Wenn jetzt Bundeskanzler Schmidt die deutsch-französische Position so beschreibt, daß sie sich gegen eine Politik des Strebens nach militärischer Überlegenheit „an jedermanns Adresse richtet", so kommt darin wohl in erster Linie die Sorge um das Fortbestehen einer Verhandlungsebene für die Führungsmächte von NATO und Warschauer Pakt zum Ausdruck.

Nach wie vor kommt der – rein militärisch verstandenen – Gleichgewichtsformel für die europäischen Kräfteverhältnisse eine Schlüsselrolle zu; denn von dem in Einflußzonen geteilten Europa aus hat sich die amerikanisch-sowjetische Rivalität überhaupt erst entwickelt, um schließlich eine weltumspannende Dimension einzunehmen. Heute aber ist eine nur auf den europäischen Großraum beschränkte Anerkennung des Gleichgewichtsprinzips, das ohnehin auch hier unter dem west-östlichen Wirtschaftsgefälle leidet, praktisch unmöglich: Entweder bleibt das Modell Europa wenigstens grob im Weltmaßstab bestimmend, oder es kommt mit massivem militärischen Übergewicht einer Seite global zu Verschiebungen, die gewiß für den europäischen Bereich noch unabsehbare Konsequenzen mit sich bringen müßten. Würde nämlich eine der beiden Machtantipoden, die durch ihre gegenseitige Zuordnung so etwas wie eine Koordinate bilden, öffentlich deklassiert oder gar demontiert, so könnte damit das recht labile Weltsystem ganz aus den Fugen geraten, bevor etwa eine europäischen Funktion politisch relevant geworden wäre. Denn in der Solorolle einer Weltordnungsmacht schlechthin läßt sich weder die Sowjetunion denken, egal was man dort selbst oder anderswo von ihrer weltrevolutionären Potenz halten mag (dazu in einem gerade veröffentlichten Bericht von vier außenpolitischen Instituten mit Sitz in Bonn, Paris, London und New York: „Angesichts der fundamentalen Unattraktivität des kommunistischen Modells ist das Problem nicht in der traditionellen Bedrohung durch die Weltrevolution zu sehen"), noch dürften die Vereinigten Staaten trotz immenser Ausstrahlungskraft von „American Enterprise" einer solchen Aufgabe gewachsen sein. Daß ein Chaos auch ohne Krieg den Sieger an der Ziellinie eines hemmungslos geführten Rüstungsrennens erwarten kann, sollte sich gerade derjenige bewußt machen, der sich im Vollgefühl seiner überragenden Kondition und Reserven in den Wettkampf stürzt.

Konkret geht es um die Frage, ob jetzt die Amerikaner gut beraten sind, wenn sie ihr dominierendes Wirtschaftspotential und die ihnen zu Gebote stehenden technischen Vorteile voll ausschöpfen, um den „realen Sozialismus" der Sowjetunion in den Bankrott zu treiben. Denn – so formuliert es der „Spiegel" –: „Gerade wegen der gigantischen Rüstungsaufwendungen Rußlands – im Vergleich zu seiner Wirtschaftskraft – ließe sich die UdSSR durch eine westliche Herausforderung ohne jeden Zweifel in schier ausweglose Schwierigkeiten stürzen – krankrüsten, kränker noch als heute schon."

In der Tat hat Moskau sich mit dem hohen Rüstungsaufwand der letzten Jahre übernommen, auch wenn (oder gerade weil) es mit diesem den Anschein, das Ansehen einer Supermacht gewonnen hat. An diesen Status hat es sich inzwischen nicht nur gewöhnt, sondern Staat, Regime und System sind davon geradezu existentiell abhängig geworden. Die sich aus der Weltmachtposition und deren Erhaltung ergebenden Verpflichtungen dienen dem Kreml gegenüber der eigenen Bevölkerung als psychologische Kompensation und zugleich als Argument für den niedrigen Lebensstandard, zur Rechtfertigung repressiver Maßnahmen sowie als Bindemittel für den Vielvölkerstaat und das sogenannte Sozialistische Lager.

Rote Flotte - Dritte Welt

In der übrigen Welt, nicht nur in der Dritten, ist das allgemeine Prestige der Sowjetmacht - nicht unbedingt nur unter positiven Vorzeichen - enorm gestiegen, wozu die Herausstellung forcierter Moskauer Rüstung durch westliche Politiker, Wirtschaftskreise und Medien einen nicht unerheblichen Beitrag geleistet hat. Aufbauend auf der schon traditionell zur militärischen Überversicherung neigenden Denkweise im Kreml, die aus geschichtlich gewachsenen Einkreisungs- und Bedrohungsängsten gespeist ist, hat sich auf diese Weise ein neues sowjetisches Selbstverständnis entwickelt, das laufend bestätigt sein will.

Formulierungen wie die des Politikwissenschaftlers François Duchêne, der die USA und die UdSSR als „die soldatischen Mächte unserer Ära“ nebeneinander stellt (im Gegensatz zu den „zivilen Mächten“ Westeuropa und Japan), liefern der prächtig florierenden sowjetischen Militärbürokratie und den Rüstungstechnokraten das gewünschte Image im Innern, um die Gesellschaft weiter militarisieren zu können. Dem Weltmachtprestige vor allem dient auch der kostspielige Ausbau der Seestreitkräfte, deren Schlagkraft auf westlicher Seite so dargestellt wird, als könnte man sich schon bald einer maritimen Übermacht der Sowjets gegenübersehen. Dazu Theo Winkler vom Institut für Höhere Internationale Studien in Genf am 19. 8. 1980 im Schweizer Rundfunk: Sowjetische Flottenaufmärsche und Schlachtkreuzer machen zwar Eindruck in den Staaten der Dritten Welt; aber daraus zu schließen, daß die Sowjetunion der amerikanischen Marine überlegen sei, scheine doch etwas übertrieben. Insgesamt gesehen hält sich die militärisch gestützte, weltweit expansive Operationsfähigkeit und -tätigkeit der Sowjets durchaus in engen Grenzen. Die von ihnen oder über Stellvertreter geleistete punktuelle und gelegentlich sprunghaft wechselnde Militärhilfe für sozialistisch gefärbte Befreiungsbewegungen und vereinzelte Regime - beispielsweise in Afrika - ergibt sich nicht selten aus Situationen, die auf westliches Fehlverhalten zurückgehen: einer auf kurzsichtigen Interessen beruhenden Stützung feudalistischer Systeme und korrupter Diktaturen – bei teils bewußter Verkennung des genuinen Charakters von aufständischen Aktionen, die auf eine Änderdung unerträglicher sozialer Verhältnisse abzielen. Das „Einspringen" der Sowjets in sich anbietenden Fällen ist sicherlich auch durch globalpolitische Erwägungen – wie Gewinnung von Stützpunkten für ihre als weltmächtiges Demonstrationsobjekt verstandene Kriegsflotte – motiviert; eine gewiß entscheidende Rolle spielt bei solchen Unternehmen auch hier wieder das Bedürfnis der Sowjetführer, sich Erfolgserlebnisse durch sozialistische Experimente in der Entwicklungswelt zu verschaffen, um sie ihrer zunehmend kritischer und – auf wirtschaftlichem Gebiet – unzufriedener werdenden eigenen Bevölkerung vorzuweisen. – Wie es tatsächlich um die Erfolge des sowjetischen Expansionismus derweil bestellt ist, geht nach Meinung des Harvard-Professors und ehemaligen US-Botschafters John K. Galbraith aus einer Gewinn- und Verlustrechnung hervor, die er in einer „International Herald Tribune"-Serie (20., 26. 3. und 4. 4. 1981) aufgemacht hat: Die Russen hätten in den beiden letzten Dekaden enorme Verluste an auswärtigen Einflußpositionen hinnehmen müssen, so in China, Osteuropa, Indonesien, Ägypten, Algerien, Ghana und bei verschiedenen kommunistischen Parteien in Westeuropa. „Dafür hat es kommunistische Expansion gegeben – in Afghanistan, um ein gescheitertes marxistisches Regime zu retten, in einem Land, das sich als so ungastlich wie kaum ein anderes gegenüber Imperialismus in den vergangenen zwei Jahrhunderten erwiesen hat. Und in Angola, wo das MPLA-Regime von kubanischen Soldaten gestützt wird und auf viel praktischere Weise durch die Lizenzzahlungen der (US-Gesellschaft) Gulf Oil. Und in Äthiopien, wo ... die Macht der Regierung niemals zuverlässig weit über den Flugplatz hinausreichte. Als eine Bastion des Kommunismus wurde Äthiopien gegen Somalia eingetauscht, das heute einen Außenposten der Freien Welt darstellt. So ist es um die zwanzigjährige Geschichte des Sowjetimperiums bestellt."

Übrigens hat es sich auf der Blockfreien-Konferenz in Neu Delhi erst wieder gezeigt, daß der sowjetische Einfluß in der Dritten Welt gerade auf politisch-ideologischem Felde eher rückläufig ist. Daß sich die ideologische Begründung aber auch innenpolitisch für Moskau als kontraproduktiv erweisen kann, geht aus einer Analyse des amerikanischen Sowjetologen Donald Shanor („Voice of America",

25. 3. 1981), Verfasser des Buches „The Soviet Triangle", hervor, dem bei längerem Studienaufenthalt in der UdSSR häufig Klagen über die „teuren Abenteuer in fernen Ländern" zu Ohren kamen. Er urteilt: „Die sowjetische Dominanz in einem kleinen Land Afrikas mag sich als Vorteil für Moskau und als Bedrohung des Westens ausnehmen, läuft jedoch den Bestrebungen jeder modernen Befreiungsbewegung zuwider. Zugleich stellt sie eine enorme Belastung der sowjetischen Wirtschaft und auch des einzelnen Sowjetbürgers dar."

Eine echte Legitimationskrise, die den Beginn einer Serie von Destabilisierungsprozessen bedeuten dürfte, könnte im Gefolge eines neuen, alles bisherige in den Schatten stellenden Rüstungsschubs für die Sowjetunion erwartet werden. Bestätigend für dieses Dilemma, dem Moskau sich gegenübersieht, ist ein Bericht in der „NZZ" vom 8. März 1981, wonach NATO-Experten in Brüssel die „milden Töne Breschnews" auf dem jüngsten Parteitag darauf zurückführen, daß sich Moskau aus wirtschaftlichen Gründen auf ein möglichst störungsfreies Klima in den Ost-West-Beziehungen angewiesen fühlt; der Kreml wolle der mit Schwierigkeiten kämpfenden Wirtschaft nicht Hilfsquellen und Kooperationen verschließen. Nur mühsam und keineswegs vollständig ist es der Sowjetunion bisher gelungen, westliche Qualitätsüberlegenheit bei wehrtechnischem Gerät großenteils durch Quantität auszugleichen. Aber auch dabei stößt sie schon an Grenzen, weil ihr die technologischen Voraussetzungen zur Massenfertigung fehlen. Je technisch anspruchsvoller das Gerät ist, desto mehr ist sie auf Kleinserienfabrikation angewiesen. Und dennoch entzieht das Rüstungsmanagement jetzt schon der übrigen Wirschaft den leistungsfähigsten Teil der fachlichen Führungs- und Arbeitskräfte. Da es im Gegensatz zu den USA in der Sowjetunion eine fördernde Wechselbeziehung zwischen Zweigen der zivilen und der Rüstungsindustrie nicht gibt – und es sie aufgrund der systemimmanenten zentralen Steuerungs- und Zuweisungsmechanismen weder geben kann noch darf –, wächst unaufhörlich die Spannung zwischen einer relativ hochentwickelten strategischen und einer unterentwickelten zivilen Industrie.

In der Komplexität dieses Entwicklungstrends ist ein großes inneres und äußeres Konfliktpotential enthalten. Welches Mehr an Personal, Material, Energie, Transportleistungen, Bauten und Außenhandelsanforderungen kann ein mit Vorrang behandelter, isoliert bestehender strategischer Bereich noch beanspruchen, ohne das Gefüge

der gesamten Sowjetwirtschaft ins Wanken zu bringen? Diese Frage steht im Raum neben der des Trierer Politologen Kernig: Was geschieht, wenn die Sowjetunion auf strategischem Gebiet mit westlichen Entwicklungen mithalten muß, die ihre Fähigkeiten überfordern? Dazu die Feststellung von Wolf Perdelwitz in seinem Buch „Wollen die Russen Krieg?“, 1980: „Der technische Rückstand wird für das sowjetische Militär immer problematischer. Denn die Gegenspieler im Westen haben inzwischen einen Entwicklungsstand erreicht, der den weiteren Rüstungswettlauf zu einem Wirtschaftskampf umwandelt, den die Sowjetunion nicht gewinnen kann. Den gegenwärtigen westlichen Rüstungsstand wird die UdSSR frühestens in zehn Jahren erreichen
– vorausgesetzt, sie kann den gewaltigen Forschungsaufwand bezahlen.“ Auch unter diesen Aspekten muß man die Budgetvorlage von US-Verteidigungsminister Weinberger betrachten, die über die Ansätze der Carter-Regierung hinaus einen Zuwachs von 6,8 Milliarden Dollar im laufenden Haushaltsjahr und von 25,8 Milliarden für das bereits im Oktober beginnende Finanzjahr 1982 beinhaltet. Bewegen wir uns „auf irrationalen Wegen“ (so der Berner Professor Hans Ruh im Schweizer Rundfunk, 5. 3. 1981), wenn z. B. die USA planen, ihren Wehretat in den nächsten fünf Jahren um 170 Milliarden Dollar aufzustocken, ihn also verdoppeln? Verbindet Washington mit seinem neuen Rüstungsprogramm die Absicht, vor aller Welt die Unterlegenheit, ja das Scheitern der Staatswirtschaftssysteme sozialistischer Machart zu demonstrieren? Wie weit das überhaupt noch erforderlich ist, mag gerade nach dem wirtschaftspolitischen Offenbarungseid des polnischen Regimes dahingestellt bleiben. Falls jedoch in Polen die Versorgungskrise über eine Systemkrise wirklich zu einer etwas pluralistisch aufgelockerteren Form des Sozialismus führen sollte, so ließen sich hieraus gewiß noch keine vergleichbaren Vorstellungen für die Sowjetunion ableiten. Der Gedanke erscheint abwegig, das Vielvölkerimperium könnte sich dadurch in Richtung eines „Sozialismus mit menschlichem Antlitz“ wandeln, daß man es zur Aufgabe seiner Weltmachtrolle zwingt. Sollte man wirklich auf einen solchen Wandel durch Aushungerung und nationalen Gesichtsverlust setzen, so wäre das schon ein sehr riskantes Spiel.

Das potentielle Risiko des sich abzeichnenden außen-, wirtschafts- und militärpolitischen Ostkonzepts Washingtons erscheint bedenklich gerade auch aus westeuropäischer Sicht. Zwei kontrovers zur eurostrategischen Nuklearrüstung argumentierende konservative

Persönlichkeiten in der Bundesrepublik („Stern“, Nr. 14/1981) kommen – ähnlich wie Marion Gräfin Dönhoff in der oben zitierten Äußerung – zu dem Schluß, daß ein in wirtschaftliche Zwangslagen gedrängtes und dadurch innenpolitisch gefährdetes Regime in Moskau einen verzweifelten Selbsterhaltungsversuch sogar in Form eines militärischen Ausfalls nach Westen unternehmen könnte: Alfred Mechtersheimer vom Starnberger Max-Planck-Institut, Oberstleutnant a. D. der Bundesluftwaffe, befürchtet, die Sowjetunion könnte angesichts rüstungsbedingter wachsender ökonomischer Schwierigkeiten in Versuchung geraten, innere Konflikte und/oder solche in ihrem europäischen Machtbereich durch „militärische Maßnahmen nach außen lösen zu wollen“; und der Verleger der „Zeit“, Dr. Gerd Bucerius, hält den Gedanken für realistisch, daß „die Sowjetführung – in schweren wirtschaftlichen Schwierigkeiten über eine ärmlich lebende Bevölkerung herrschend – auf die Schätze eines kampflos dargebotenen reichen Europa“ nicht verzichten würde. – Diese beiden aus entgegengesetzter Richtung gezogenen hypothetischen Entwicklungslinien laufen bezeichnenderweise zusammen in dem fatalen Punkt X, an dem sich Moskau einer hoffnungslos erscheinenden wirtschaftlichen Situation gegenübersehen könnte. Selbst der „hardliner“ Herman Kahn vom Hudson Institute äußert Besorgnis über den Umfang amerikanischer Rüstungsvorhaben, der in einigen Jahren zu einer fünffachen nuklearen Überlegenheit der USA und zu einer Festschreibung ihres militärischen Vorsprungs „auf beinahe jedem anderen Gebiet“ führen würde: „Daran könnte sich eine Konfrontation mit der Sowjetunion entzünden“ (Spiegel, Nr. 16/81). Sollte nicht eine solche denkbare Perspektive allein Anlaß genug für den Westen sein, eine Konzeption zu erarbeiten und den Sowjets zu unterbreiten, die ein interdependentes System zur Stabilisierung der gesamten Industriewelt ermöglichte.

Effektiv lauft die neue amerikanische Hochrüstung, flankiert von drastischen Bestimmungen zur Einschränkung des Güter- und Lizenzexports, auf die Erklärung eines Wirtschaftskrieges hinaus. Konzeptionell jedoch ist die Auseinandersetzung machtpolitisch angelegt und richtet sich nicht gegen einen wirtschaftlichen Konkurrenten. Vielmehr ist das Unternehmen gerade auf der ökonomischen Unterlegenheit eines Gegners aufgebaut, dessen weltpolitisches Einflußpotential im wesentlichen auf militärischer Stärke beruht. Diese wiederum hat er sich nur mittels eines Militärhaushaltes zuzulegen vermocht, der aus einem – verglichen mit den USA – sehr viel kleineren Bruttosozialprodukt herausgequetscht wird. An diesem kopflastigen Sektor der sowjetischen Volkswirtschaft setzt die amerikanische Offensive nun an und verbindet damit den Vorschlag eines Junktims, das eine Verlangsamung des Rüstungsvormarsches auf dem Wege neuer Begrenzungsabsprachen von einem „weltpolitischen Wohlverhalten" Moskaus abhängig macht.

Die Rüstungsspirale mit Hilfe eines Rüstungsschocks zum Stillstand zu bringen oder gar zurückschrauben zu wollen, stellt sich jedoch als ein widersprüchliches und mit unkalkulierbaren Risiken behaftetes Unterfangen dar. Denn bei Beurteilung dieses wirtschaftstrategischen Konzepts der Amerikaner sind auch Erfahrungswerte aus dem Zweiten Weltkrieg nicht zu weit hergeholt: Die im politisch-militärwirtschaftlichen Komplex verankerten und verfilzten Neuen Klassen des Sowjetsystems werden nicht zögern, die Bevölkerung zum „vaterländischen Wirtschaftskrieg" gegen einen ihre Existenzgrundlagen bedrohenden Angriff von seiten „imperialistischer Kräfte" aufzurufen. Und es steht zu erwarten, daß die große Masse der Sowjetbürger sich mit ihrer Führung auch in diesem Falle solidarisieren, also erhebliche Konsumopfer erbringen wird und zusätzliche disziplinarische Einengungen erträgt. So wird die Weitergabe des Drucks von außen zu einer allgemeinen wirtschaftlichen Mobilmachung und größeren Verarmung des Volkes führen; dabei werden die Partei-, Staats- und Gesellschaftsstrukturen politisch, ökonomisch und philosophisch nur noch weiter verkrusten. Die „FAZ" (23. 2. 1981) hat da noch weiter gehende Bedenken artikuliert: Der NATO-Generalsekretär Luns habe auf ein altes Grundgesetz aller Diktaturen hingewiesen, für die die Versuchung nahe liege, innenpolitische Verlegenheiten mit dem Ausgreifen nach außen zu verdecken, was die Untertanen zu fortdauerndem, weil national motiviertem Gehorsam veranlaßt. Aus purem Eigeninteresse sollte die westliche Industriewelt deshalb bemüht sein, der Sowjetunion einen solchen (möglicherweise selbstmörderischen) Kampf ums Überleben als Supermacht in Gestalt eines gepanzerten Kolosses auf tönernen Füßen zu ersparen. Eine sich nur durch militärische Übergewichtigkeit als Weltmacht ausweisende Sowjetunion ist als wirtschaftlich Schwerbehinderter zur politischen Verkrampfung prädestiniert; sie muß geradezu auf ihre Umwelt bedrohlich wirken, solange sie nichts als ihr Waffenpotential zum Behaupten ihrer Geltung und Stellung in der Welt einzusetzen vermag. – Wolf Perdelwitz spricht in diesem Zusammenhang (in seinem schon genannten Buch) von einem „Teufelskreis": „Von ihrer natürlichen Beschaffenheit her, nach Größe und Reichtum an Bodenschätzen, ist die Sowjetunion eine ‚geborene' Supermacht – wenn sie nur diesen Reichtum erschließen und nutzbar machen könnte. Doch daran wird sie gehindert, weil sie die Elite ihrer Wirtschaft in der Rüstung verschwendet, statt sie mit der Erschließung des Landes zu beauftragen. Daran wiederum wird sie gehindert, weil nur die Rüstung ihr den Status einer Supermacht sichert."

Ein neues „linkage"

Als Alternative zum ruinösen Rüstungskampf, der den militärischen Charakter der Sowjetmacht nur verstärken kann, bietet sich demnach das Konzept einer Rüstungspolitik an, die eine Stabilisierung der globalen Kräfteverhältnisse durch das Entstehen einer stärker zivilwirtschaftlich saturierten Sowjetunion zum Ziel hat. Das allerdings würde eine Revision des zu eng an militärischen Kategorien orientierten sicherheitspolitischen Denkens auf amerikanischer Seite und ebenso bei den Sowjets bedeuten, die aus diesem Teufelskreis nur mit Hilfe eines kühnen west-östlichen „Deals" herauskommen könnten. Ein neues „linkage" wäre gefragt, nach dem beidseitige Rüstungsbeschränkungen mit einem umfassenden Programm der Wirtschaftskooperation verkoppelt werden müßten. Die damit für beide Teile verbundenen Risiken lassen sich durch Kompromisse abfangen, die auf der Grundlage gleichgewichtiger Interessen geschlossen werden. Das wiederum würde politische Grundsatzentscheidungen erforderlich machen: Bei den Amerikanern geht es im Kern um eine Revision ihrer von konventionellem Sicherheitsverständnis bestimmten Außenwirtschaftspolitik, wie sie vom US-Verteidigungsministerium beispielsweise im Oktober 1977 (über zwei Jahre also vor dem sowjetischen Einmarsch in Afghanistan) definiert wurde: „Die Kontrolle des Exports von technologischem Wissen im Bereich von Design und Fabrikation ... ist absolut notwendig für die Aufrechterhaltung der technologischen Überlegenheit der Vereinigten Staaten." Natürlich wären auch bei einer solchen Revision sicherheitspolitische Grenzen zu beachten: Die Entscheidung über Definition und Gebrauch der „technologischen Waffe" durch die westlichen Industrieländer sollte dahingehend getroffen werden, daß die Schwarze Zone des rein militärischen Know-how und Materials ausschließlich den eigenen, dem sowjetischen Rüstungsstand angepaßten Sicherheitsbedürfnissen vorbehalten bleibt. Hingegen sollten das technische Wissen und Produkte der Grauen bzw. Weißen Zone, die im Zweifelsfall zivilen wie militärischen Zwecken dienen könnten oder sich auch aus dem zivilen Sektor in einen Rüstungsbereich transferieren ließen, als kontrollierbare Waffen zum friedlichen Ausgleich der Systeme eingesetzt werden.

Moskau wird dogmatisch-ordnungspolitische Bedenken zu überwinden haben, um in seinem starren Wirtschaftssystem Korrekturen vorzunehmen, die es dann zu den verschiedenen sich anbietenden Formen der Zusammenarbeit mit westlichen Partnern befähigen könnten. Die Interessenlage der sowjetischen Volkswirtschaft ist heute schon so vorrangig auf Technologietransfer aus dem Westen konzentriert, daß sich der Kreml mit einiger Wahrscheinlichkeit zur Annahme eines Vorschlagspaketes im Rahmen wirtschaftlich-wissenschaftlicher Zusammenarbeit bereitfinden würde, auch wenn ihn das etliche Abstriche an staatswirtschaftlicher Dogmatik kosten sollte. Inzwischen beginnt sich nämlich dort auch in den zentralen Steuerungs- und Kontrollinstanzen die Einsicht bemerkbar zu machen, daß das bestehende Plansystem ebenso uneffektiv wie unflexibel arbeitet und von pragmatischen innovatorischen Anstößen aus dem Westen nur profitieren kann.

Auf eine weitere Dimension einer engeren Zusammenarbeit ging Jürgen Nötzold vom Forschungsinstitut für Internationale Politik und Sicherheit (Europa-Archiv, Nr. 23/1980) ein: Die Folge von Maßnahmen zur Reduzierung des Technologietransfers wäre ein Abbau des Stabilitatspotentials, das sich aufgrund der Wirtschaftsbeziehungen schon entwickelt hat. Der internationale Technologietranster schaffe weit tiefergehende Verflechtungen der beteiligten Partner als der einfache Rohstoffhandel oder auch Weizenkäufe. Gerade längerfristige Projekte mit einer engen Zusammenarbeit der Partner seien mit Kommunikationsbeziehungen verbunden, die nicht nur Güter, sondern auch Menschen betreffen. Längerfristig könnte sich eine Perspektive von Christian Kind („NZZ", 23. 11. 1980) bewahrheiten: „Mehr als Carter, der soeben der Lieferung von Röhrenverlegungsmaschinen an die Sowjetunion zugestimmt hat, könnte Reagan auch ein Ohr für die Osthandelswünsche amerikanischer Großhandelsfirmen haben, was wiederum geringeren Widerspruch gegen entsprechende deutsche Pläne für Großlieferungen in gigantischem Ausmaß an die Sowjetunion erwarten ließe."

Bisweilen drückt allerdings, von doktrinären Konservativen ausgehend, geradezu ein Klima des Neo-McCarthyismus auf Verbündet ebenso wie auf den innenpolitischen Raum der USA: Ein Beamter des State Department charakterisierte es „Newsweek“ (6. 4. 1981) gegenüber mit dem Satz: „Manchmal überlege ich mir, ob sich einige von diesen Leuten nicht gegen den Vorwurf absichern wollen, sie träten zu weich im Hinblick auf den Kommunismus auf.“ Ob und wie konkret sich dieses Klima durchsetzen kann, dürfte sich schon auf dem Wirtschaftsgipfel in Ottawa im Juli dieses Jahres erweisen, wo aller Voraussicht nach auch über die Verbindlichkeiten der erweiterten Verbotsliste für die Ausfuhr strategisch bedeutsamer Güter gesprochen wird.

Weit über die oben angesprochenen Kompensationsprojekte im Bereich des Energietransports hinaus bietet sich ein Ausbau der Unternehmenskooperation für die im Strukturwandel fortgeschrittensten westlichen Industrieländer mit der Sowjetunion und anderen RGW-Ländern an. In dieser Intensivform wirtschaftlich-technischer Zusammenarbeit sieht Nötzold ein vielversprechendes Mittel zur Erhaltung des Westhandelsspielraums; denn gerade die RGW-Länder „bieten gegenüber manchen anderen Ländern der Welt den Vorteil einer bewußten Industrialisierungsstrategie, die auf die kontinuierliche Übernahme höherwertiger Technologie abstellt. Außerdem verfügen sie über qualifizierte Arbeitskräfte und setzen relativ umfangreiche Mittel für Forschung und Entwicklung ein.“ Eine teilweise Freisetzung der Kräfte und Mittel, die dort heute weitgehend vom Rüstungssektor absorbiert werden, sollte dann über ein „linkage“ von Rüstungsbeschränkung und Kooperationspaket erreicht werden. Im übrigen schafft der auf diesem Wege ablaufende Technologietransfer die dringend erforderlichen Voraussetzungen für eine allgemeine Produktionssteigerung in der sowjetischen Industrie und damit auch Abhilfe für deren ungünstige Exportstrukturen.

Ein Geschäft ohnegleichen

Das Volumen des volkswirtschaftlichen Nachholbedarfs allein in der Sowjetunion ist so enorm, daß es sich zahlenmäßig kaum erfassen läßt. Bringt man dazu jedoch nur die potentiellen Reichtümer an Rohstoffen ins Kalkül, so zeichnen sich die Umrisse eines westöstlichen Geschäfts ohnegleichen ab. Die Schwerpunkte liegen in einer Modernisierung und zugleich strukturellen Ausweitung der sowjetischen Investitionsgüterindustrie, die durch „technologischen Konservativismus“ (so eine Analyse der Yale University von 1977 „The technological level of Sovjet Industry“) geprägt ist; darüber hinaus geht es um die Schaffung einer industriellen Basis für die Fertigung von Produkten des Massenkonsums, um eine Entwicklungsstrategie für die Landwirtschaft, den Ausbau der dürftigen kommunalen und regionalen Infrastrukturen und – last not least – bieten sich Großprojekte zur Exploration und Förderung von Ressourcen im Energiebereich und darüber hinaus an.

Schon diese Übersicht über die hauptsächlichen Betätigungsfelder läßt das ganze Dilemma erkennen, in dem sich die sowjetische Staatswirtschaft befindet: Hier können mit einzelnen westlichen Partnern abgeschlossene Kredit- und Kompensationsverträge über die Ausführung bestimmter Großprojekte nur Stückwerk bleiben, ebenso wie der Verkauf ganzer Spezialfabriken mit dazugehörigen Lizenzen oder die Detaillieferung und Installation von Gerätschaften der Spitzentechnologie, etwa zur Datenverarbeitung oder zur elektronischen Steuerung. Auf diese Weise werden nur zusätzlich Fremdelemente in den sowjetischen Wirtschaftskörper verpflanzt, die dort, ohne „Diffusionswert“, die bestehenden Disproportionen eher noch verstärken. Eine die produktive Phantasie anregende und damit einen Erneuerungsprozeß an der industriellen Basis der Industrie einleitende Wirkung läßt sich dagegen nur über methodische Kooperationspraktiken erzielen. Als Mittel der Wahl bietet sich dazu vorrangig eine breitgefächerte betriebliche Zusammenarbeit mit westlichen Unternehmen der verschiedensten Größenordnung an, die traditionelle Industriezweige mit einschließt, daneben aber das viel zu konservative Produktionsmuster der Sowjetwirtschaft verändern hilft. Denn der technische Rückstand der Sowjetunion wird – nach Feststellung des „New Scientist“ (24. 11. 1977) – gerade dadurch noch verstärkt, daß die Verbreitungsrate neuer Produkte und Prozesse, gemessen an ihrem Anteil an der Gesamtproduktion, langsamer als in den anderen Industrieländern wächst. Dies bedeutet, daß andauernd eine Produktion technologisch weniger fortgeschrittener Anlagen stattfinden mußte, um die erforderlichen Kapazitätsausweitungen zu bewerkstelligen, während solche Produkte oder Industrien in anderen Ländern bereits aus der Produktion entfernt worden sind.

Die gegenwärtige Sowjetführung hat diesen zentralen Schwächebereich in ihrem Wirtschaftssystem ebenfalls ausgemacht und räumt daher jetzt der technologischen Verbesserung im Gegensatz zur Erweiterung des Anlagevermögens Vorrang ein. Sie dürfte gleichzeitig erkannt haben, daß die geringe Ersatzrate von veralteten Herstellungsanlagen für Investionsgüter auch der Ursprung allen Versorgungsübels ist, weil eben in der Leicht- und Konsumgüterindustrie nur unter Verwendung von EDV, Fertigungsautomaten und Instrumenten zur Produktionskontrolle eine rationelle Massenfertigung in großen Serien möglich wird.

In Moskau hat man die Modellversuche zur Gründung von „Joint Ventures" (gemeinsamen Unternehmungen), die in einigen osteuropäischen Ländern angelaufen sind, mit offenbar positivem Interesse beobachtet; man zeigt selbst zunehmend Bereitschaft zu organisatorischen Reformen, die als Voraussetzung für eine Unternehmenspartnerschaft auf der Grundlage verschiedenartiger Systeminteressen erforderlich sind. Natürlich ist eine solche pragmatische Systemüberbrückung nicht als ein starres Verfahren anzusehen; vielmehr sollte es sich unter Einhaltung bestimmter Grundregeln dynamisch-funktional entwickeln können, was durch gemeinsame Erfahrungen und Vertrauensbildung erreichbar sein muß. Je längerfristiger und intensiver die Formen der Zusammenarbeit angelegt sind, desto mehr Erfolg kann man sich von dem damit verbundenen Gewöhnungs- und gegenseitigen Lernprozeß versprechen. Durchsetzung und Durchführung eines auf Breitenwirkung angelegten Programms der betrieblichen Kooperation erfordert gewisse wirtschaftspolitische Konzessionen von beiden Seiten, verlangt aber weder den westlichen noch den östlichen Partnern unzumutbare Abstriche an ihren Gesellschaftsphilosophien ab.

Auf westlicher Seite kann der Staat durch einen Katalog gesetzlicher und fiskalischer Erleichterungen das unternehmerische Interesse an Investition und Expansion auf den östlichen Marktgebieten stimulieren; auf östlicher Seite wird durch eine Beteiligung privater Kapitalinteressen, die selbstverständlich auf einen staatlichen Mehrheitsanspruch abgestellt sein müssen, eine Auflockerung der im Zentralismus erstarrten Formen wirtschaftlicher Steuerung und Lenkung zu erwarten sein. Der in der Praxis entscheidende Einfluß dürfte von der Mitwirkung technischen und geschäftlichen Managements aus dem Westen ausgehen: Durch sie werden Elemente echten Wettbewerbs in das sowjetische Wirtschaftsleben einfließen, es wird marktorientierter produziert werden.

Ein sich für westliche Unternehmen durch die Modernisierung der Sowjetindustrie mit Herstellung und Einsatz neuer technologischer Produktionsmittel aufschließender Markt verspricht große Gewinnmöglichkeiten, wenn man bedenkt, daß allein in der Bundesrepublik im vergangenen Jahrzent deutsche Unternehmen etwa 2000 Milliarden DM für arbeitssparende Maschinen und Produktionsanlagen, also für eine Erhöhung der Arbeitsproduktivität, ausgegeben haben. Sobald aber auf dem Wege der Rationalisierung und Automatisierung die Voraussetzungen für die Massenherstellung von Verbrauchsgütern in einer sich verbreiternden Angebotspalette geschaffen sind, wird sich der sowjetische Konsumgütermarkt als sehr aufnahmefähig erweisen, auf dem das westliche Unternehmenspotential dann auch die erforderliche Zeit und Kraft gewinnen kann, um die für ihre eigenen übersättigten Marktbereiche notwendigen Innovationen vorzunehmen.

Auch die Agrarwirtschaft darf als besonderes Notstandsgebiet in der sowjetischen Versorgung bei einem Kooperationsprogramm großen Stils nicht ausgespart bleiben, nachdem den amerikanischen Farmern ohnehin schon ein zeitweiliger Verzicht auf den Verkauf ihrer Überschußproduktion an Weizen und Mais in die Sowjetunion zugemutet worden ist und in den EG-Ländern sich die Empörung über die zu niedrig ausgehandelten Preise beim Absatz ihrer Butterberge immer wieder Luft macht. Über west-östliche Firmenkooperation sollte auch der Mangel an chemischen Düngemitteln, Pflanzenschutzstoffen, spezialisierten Landwirtschaftsmaschinen, Lagerkapazitäten und Verabeitungsanlagen in der Sowjetunion sowie anderen RGW-Ländern überwunden werden.

Energiepolitik globalen Zuschnitts

Der wohl zentralste Bereich west-östlicher Kooperation ist die Energiepolitik, bei der in großzügigem Maßstabe die Grundkonzeption „Technologie gegen Ressourcen“ zum Tragen kommt. Als multilateraler Ansatz bietet sich hierfür eine sachlich breitgefächerte Diskussion und Planung über das Instrument „Europäische Energiekonferenz“ an. Für die Abhaltung eines solchen Unternehmens hat sich Bundeskanzler Schmidt bei seinem Moskaubesuch im Sommer 1980 klar ausgesprochen, und Außenminister Genscher hat später im Jahr in seiner Eröffnungsrede auf der KSZE-Nachfolgekonferenz das deutsche Interesse an diesem Vorhaben ausdrücklich bestätigt. Zu einer entsprechenden Beschlußfassung konnte es in Madrid leider nicht kommen, weil sich auch in dieser Frage eine retardierende

Grundhaltung der USA durchsetzte, die in Sachen Energie von spezifischen Interessen der großen Ölgesellschaften mitbestimmt sein dürfte. Auch hier sieht es so aus, als ob sich die im erweiterten europäischen Kontext stehende Energiekonferenz nur innerhalb eines Angebotspakets zur Rüstungskonversion verwirklichen ließe. An die Spitze der Konferenzagenda würden Fragen des Austauschs gesicherter Daten über die nationalen Energiepolitiken gehören, damit man nicht weiterhin gegenseitig auf spekulative Geheimdienstprognosen angewiesen bleibt; als Sachprobleme wären zu behandeln: Reaktorsicherheit und praktische Lösungsvorschläge zur nuklearen Entsorgung, technologische Fortschritte auf Gebieten des Stromtransports zur Verlustminderung bei langen Distanzen, Energiereduzierung bei Tiefbohrungen und Pipeline-Pumpstationen, östliche Beteiligung an Projekten der Internationalen Energie-Agentur in Paris zur Energieeinsparung. Ein solches Programm einübender Zusammenarbeit könnte die Grundlage und den erforderlichen Bewegungsraum sowohl für neue bilaterale Abmachungen als auch für ein europäisches Energie-Verbundsystem schaffen. In welchem Maße schon heute die Sowjetunion von einer energiewirtschaftlichen Zusammenarbeit mit dem Westen abhängig ist und welche Rolle ein Ausbau dieses Bereichs der Außenwirtschaft für die Modernisierung ihrer Industrien spielen könnte, geht aus einer analytischen Studie von Jochen Bethkenhagen (Deutsches Institut für Wirtschaftsforschung, Berlin [West]), hervor. So erzielte die Sowjetunion im Warenverkehr mit den OECD-Staaten allein aus Mineralöllieferungen 1979 knapp 60 Prozent ihrer Exporteinkünfte (1970: 22 v. H.); obgleich sie 1980 das Fünfjahresplanziel von 640 Mio. t bei weitem nicht zu erreichen vermochte, konnte sie mit 603 Mio. t doch ihre Stellung als größter Ölproduzent der Welt halten; sie stellte 20 Prozent der Weltjahresfördermenge, wobei wiederum die Hälfte davon aus westsibirischen Ölfeldern kam. Um dieses Ergebnis zu erreichen, hat die Sowjetunion allerdings den Anteil an Industrieinvestitionen auf diesem Sektor im Jahre 1979 schon auf 13 v. H. heraufschrauben müssen. Wenn Moskau – seinen Plänen entsprechend – den Westexport noch steigern will, muß es sich vor allem auf Westsibirien konzentrieren, wofür wiederum zusätzliches Investitionskapital zur qualitativen Verbesserung der Bohrausrüstungen sowie der Erkundungs- und Produktionsmethoden erforderlich sind. Bedenkt man ferner die Höhe der für solche Entwicklungen im westsibirischen Raum aufzuwendenden Infrastrukturmittel – die Neuansiedlung einer Arbeitskraft erfordert Ausgaben bis zu 20 000 Rubel – so erweist es sich, daß einer Verlangsamung der sowjetischen Erdölförderung praktisch nur mit westlicher Hilfe entgegengesteuert werden kann. Aber auch die Probleme der sowjetischen Steinkohleproduktion (geplante Fördermenge für 1980 war 800 Mio. t, es wurden jedoch nur 716 erreicht) ließen sich am ehesten durch das Einbringen westlicher Interessen lösen. Die Produktionskosten sowie die Investitionsausgaben sind, wie Bethkenhagen registriert, bei der zumeist im Tagebau beförderten Steinkohle jenseits des Urals erheblich niedriger als in Europa; jedoch schlagen hier wiederum die Infrastrukturkosten (Transport, Bau von Wärmekraftwerken vor Ort) gewaltig zu Buche. Bethkenhagen weist auch auf das ständige Zurückbleiben der UdSSR hinter den Planungen auf dem Gebiet der Kernenergie hin, die bis Ende 1980 lediglich 5 Prozent der gesamten dortigen Stromkapazitäten gedeckt hat, was etwa nur der Hälfte des von der EG und in den USA erreichten Prozentsatzes entspricht. Trotz an sich günstiger Voraussetzungen hat die Sowjetunion auch hier technische und organisatorische Probleme und ist im übrigen an einer Schwerpunktverlagerung ihrer Kernkraftproduktionszentren in bevölkerungsarme Gegenden Sibiriens interessiert, was wiederum westliche Mitarbeit attraktiv erscheinen läßt, denkt man allein an die sich dort anbietenden Möglichkeiten zur Beseitigung radioaktiver Abfälle.

Eine Konzeption geradezu globalen Zuschnitts erfordert die Entwicklung der sibirischen Brenn- und Rohstoffressourcen. Auch hier wieder geht es um Kapitaleinsatz, Technologie und Know-how: Material zur seismischen Tiefenbohrung, moderne Pump- und Kompressionsanlagen für Förderung und Transport. Exploration und Erschließung der Bodenschlitze in diesem wegen seiner infrastrukturellen Problematik und seiner Ausdehnung nach einzigartigen Raum stellen ein Jahrhundertunternehmen dar, zu dessen Bewältigung man den Einsatz technischer und finanzieller Mittel aus allen großen Industriestaaten der nördlichen Halbkugel benötigt. Auch hier muß –im transkontinentalen Maßstab – nach dem Prinzip der Kooperation vorgegangen werden, während bisher bestenfalls in Kategorien von Kompensationsprojekten (Röhren-/Erdgas- bzw. Erdölgeschäfte) und des Verkaufs von Spezialgerät oder Herstellungsanlagen gedacht und gehandelt worden ist. Und sogar bei diesen minimal-peripheren Geschäftsaktivitäten haben sich politisch bedingte Hemmnisse ergeben, oder wirtschaftliche Partikularinteressen führten zur Aufgabe weitreichender Vorhaben. So ist das Jakutsk-Gasprojekt, über das die Sowjets sechs Jahre lang mit Amerikanern und Japanern verhandelt haben, steckengeblieben; so ist ein recht großzügig konzipiertes Vorhaben in Vergessenheit versunken, das nach der Ölkrise Anfang der siebziger Jahre zur Diskussion stand: Man plante eine Erdgasleitung von Westsibirien zu einem Platz an der sowjetisch-norwegischen Grenze, wo die Amerikaner eine riesige Gasverflüssigungsanlage bauen sollten. Das hier gewonnene Flüssiggas sollte in Zügen von Schwimmcontainern an die USA-Küste transportiert, dort wieder in den ursprünglichen Aggregatzustand zurückversetzt und über Pipelines an die Verbrauchsorte weitergeleitet werden. Technisch durchführbar jedenfalls war dieses North-Star-Projekt.

Immerhin hatte Washington in jenen Jahren ausdrücklich den Verkauf von Erdölausrüstungen gestattet, und diesen Posten von der für die NATO-Mitglieder verbindlichen Co-Com-Embargoliste gestrichen. Als Vergeltungsmaßnahme für den sowjetischen Einmarsch in Afghanistan hat 1980 die Carter-Regierung jedoch den Dresser Industries eine Exportlizenz entzogen, unter der das texanische Unternehmen in der Sowjetunion seit 1978 eine Fertigungsstätte für Bohrspitzen zu Erdöl- und Endgasbohrungen errichtete. Zum Zeitpunkt des Verbotes war diese Fabrik praktisch fertiggestellt; zur Inbetriebnahme fehlten nur noch technische Anpassungen und Informationen sowie die Ausbildung des technischen Bedienungspersonals. Die US-Administration machte geltend, daß als Folge der Revozierung der Lizenz der Beginn der Fabrikation um mindestens zwei Jahre verzögert werde.

Selbst die „Neue Zürcher Zeitung“ (6. 12. 1980) bezeichnete diesen Fall als Anschauungsmaterial daür, daß in den USA „die eigenen Interessen nicht genau definiert sind“. Das ergebe sich unter dem besonderen Blickwinkel, ob es nicht mehr im amerikanischen Interesse liege, der Sowjetunion, die nach Washingtoner Ansicht Mitte der achtziger Jahre auf einen Energieengpaß zusteuere, bei der Erschließung der eigenen Erdöl- und Erdgasvorkommen beizustehen und damit einer möglichen sowjetischen Expansion an die Erdölquellen des Mittleren Ostens entgegenzuwirken.

Tatsächlich wird am Beispiel deutlich, zu welchen paradoxen Verhaltensweisen mit letztlich wahrscheinlich kontraproduktiven Auswirkungen ein verengtes sicherheitspolitisches Denken führen kann. In die gleiche Richtung weist eine Äußerung des Staatssekretärs im Auswärtigen Amt, van Well (Bergedorfer Kreis, Dezember

1980): „Gerade die europäischen Staaten sind jedenfalls daran interessiert, daß sich die Sowjetunion selbst versorgen kann und aus dem Nahen Osten als ‚Einkäufer oder Einmarschierer' heraushält."

Das große Sibiriengeschäft

Momentan scheinen amerikanische Kreise allerdings ihr „röhrenverengtes" Blickfeld auch auf Westeuropa übertragen zu wollen. So ist in Washington ein Institut für Strategischen Wandel ins Leben gerufen worden, das mit seiner ersten Studie zum Thema „Sowjetische Gaspolitik als Bedrohung Westeuropas" an die Öffentlichkeit getreten ist. In dieser Abhandlung angeführte Zahlen und Daten wirken eher desinformierend, so daß die vorgegebene Besorgnis um eine einseitige Abhängigkeit der Westeuropäer unglaubwürdig erscheinen muß. Immerhin muß – so auch Nötzold (Schweizer Rundfunk, 17. 3. 1981) – in solchen Symptomen noch keine endgültige Kursfestlegung der amerikanischen Politik gesehen werden, die sich am Ende doch noch zu einer globalen Verantwortung der Industriemächte für die Erschließung von Rohstoffen bekennen könnte. Allerdings weist Nötzold auch darauf hin, daß sich schon in der Vergangenheit das europäische Verhalten von dem der USA unterschieden habe, indem „wir die wirtschaftlichen Beziehungen auch als ein Mittel zur Stabilisierung der politischen Beziehungen ansehen. Wenn die wirtschaftlichen Beziehungen zur Sowjetunion entwickelt werden sollten, dann ist das Erdgasgeschäft ein ganz zentrales Geschäft ..."

Ein neuer Vorstoß von sowjetischer Seite zielt darauf ab, „eine stabile Entwicklung der Energiewirtschaft in der Welt als ganzer ... mittels wirtschaftlicher und politischer Zusammenarbeit" in den Griff zu kriegen. Unter diesem Motto wurde in der „Prawda" (19. 3. 1981) auf Öl-, Gas- und andere Energieressourcen hingewiesen, die größtenteils unter dem Permafrostboden des nordöstlichen Sibirien liegen. In dem Artikel wird das Interesse an einer internationalen Arbeitsteilung hervorgehoben: „Im Austausch gegen Kredite würden die kapitalistischen Länder ihrerseits garantierte Brennstofflieferungen, die sie so sehr benötigen, bis zum Jahre 2000 und darüber hinaus erhalten ... Eine gleichberechtigte internationale Zusammenarbeit ist nicht nur der kürzeste Weg zur Lösung der globalen Probleme, darunter auf dem Gebiet der Brennstoff- und Energiewirtschaft, sondern auch ein richtiger Weg zur materiellen Unterstützung des Entspannungsprozesses, was in unserer Zeit dringend notwendig ist." In einem Gemisch aus offenbarer Enttäuschung und einer Polemik, die nur die Mutmaßung nähren könnte, Moskau suche lediglich kapitalistische Interessen gegeneinander auszuspielen, ist in dem „Prawda"-Artikel aber auch von einem immer stärkeren Druck Washingtons auf seine westeuropäischen und japanischen Partner die Rede, „um neue Hindernisse für die Übergabe der Technologie zu errichten und die Gewährung von Krediten für die Realisierung umfangreicher Energieprojekte im Osten der UdSSR zu begrenzen und zu erschweren". Einen Zustand sowjetischer Resignation spiegelt indessen der Satz wider: „Die amerikanische Administration bemüht sich jetzt darum, mehrere großangelegte wirtschaftliche und wissenschaftlich-technische Projekte der sowjetisch-amerikanischen Zusammenarbeit einzuschränken und einzufrieren." – Hier bleibt anzumerken, daß ohne die führende Mitwirkung von Kapital und Technologie der USA schon wirtschaftlich ein Vorhaben der skizzierten Größenordnung nicht zu verwirklichen wäre; Westeuropäer und Japaner könnten lediglich initiativ werden, um die Amerikaner für den Gedanken einer derart großzügigen West-Ost-Kooperation zu gewinnen. Diese Absicht darf man wohl auch Bemerkungen von Bundeskanzler Schmidt in einem Aufsatz für „Foreign Affairs" (April 1981) unterstellen: „Längerfristig halte ich zwei Überlegungen für wichtig: zum einen eine energiepolitische Zusammenarbeit, die Westeuropas drückende Abhängigkeit vom Nahen Osten verringern und das Interesse der Sowjetunion auf die großen Gas- und Ölvorräte Sibiriens konzentrieren kann. Es versteht sich von selbst, daß wir dabei nicht die eine Abhängigkeit durch eine andere eintauschen wollen. Zum anderen ein allmähliches Heranführen der Sowjetunion an ihre Mitverantwortung für eine funktionierende Weltwirtschaft und einen Interessenausgleich zwischen Industrie- und Entwicklungsländern." – Von instrumentaler Bedeutung auch in dieser Hinsicht könnte sich langfristig der Vorschlag der International Economic Policy Association in Washington erweisen, als Tochtergesellschaft der Weltbank eine „Energiebank" ins Leben zu rufen – ein Konzept, das auf dem Wirtschaftsgipfel in Venedig im vergangenen Jahr einstimmige Billigung gefunden hatte, jedoch bei der Reagan-Administration bisher eher auf Ablehnung gestoßen ist.

Der Einstieg ins große Sibiriengeschäft, zu dem die Sowjetführung seit Jahren die Bundesrepublik, andere westeuropäische Länder und Japan einlädt, würde gerade die amerikanische Forschung und Industrie vor neue Aufgaben stellen, deren innovatorischer und wachstumsanregender Wert zumindest vergleichbar mit der Entwicklung hochgezüchteter Waffensysteme wäre. In Konsequenz einer mit Moskau zu treffenden Umrüstungsvereinbarung - im Sinne einer Schwerpunktverlagerung vom militärischen auf den Ressourcenkomplex - könnte Washington Mittel aus der vorgesehenen Steigerungsrate im Verteidigungsbudget in einen Forschungs- und Entwicklungsetat für die Erschließung von sibirischen Energiequellen übertragen, während die Sowjets Mittel in entsprechender Höhe zusätzlich für gemeinsam festgelegte Infrastrukturmaßnahmen bereitzustellen hätten. Ein solches Vorgehen entspräche einem gesamtwirtschaftlich gleichgewichtigen Interesse beider Seiten: So hatte das American Enterprise Institute in Washington vor eineinhalb Jahren schon konstatiert, daß eine deutliche Abschwächung der Wachstumsrate der amerikanischen Produktivität zum Teil auf die Einführung weniger energieintensiver Herstellungsmethoden, die sich jedoch als technisch unergiebiger erwiesen hätten, zurückzuführen sei. Mit Hilfe von Energielieferungen aus der Sowjetunion könnten demnach die USA zu einer optimalen Befriedigung ihrer Bedürfnisse auf diesem Gebiet gelangen.

Andererseits geht aus einem - Anfang 1981 bekanntgewordenen - Bericht des Direktors des westsibirischen Ölforschungsinstituts, Iwan Nesterow, hervor, daß in der Tjumen-Region, die den gesamten Produktionszuwachs im abgelaufenen Planjahrfünft lieferte, zur Zeit nur 35 von 100 gesicherten Erdöllagern ausgenutzt werden können, da sich die Ausrüstungskosten pro Bohrloch seit 1976 um ein Drittel verteuert hätten und die Produktionskosten um 20 Prozent gestiegen seien. (Nachdem bisher überhapt erst ein Fünftel des Tjumen-Territoriums geologisch untersucht worden ist, werden die bis jetzt bekannten Vorräte auf rund 100 Milliarden t geschätzt; dabei gehen die Bohrungen nicht tiefer als 2500 Meter, und es gibt Hinweise auf Reserven in tieferliegenden Schichten.) Hier ist die Rede von einem „nur“ ca. eine Million Quadratkilometer großen Teilgebiet Sibiriens, dem insgesamt noch der öl- und gasträchtige Festlandssockel bis zur Barentssee zuzurechnen wäre.

Allein diese Zahlen lassen schon die immensen Möglichkeiten Sibiriens erkennen, zeigen aber auch sehr deutlich, daß diese mit dem begrenzten sowjetischen Potential niemals auszuschöpfen wären. Als Gemeinschaftsaufgabe zur Stabilisierung der Industriewelt angepackt, bei der ein westliches Teilhaber-Konsortium unter amerikanischer Führung (Washington und Öl-Multis) stehen würde, ließe sich eine technische und finanzielle Bewältigung der Probleme denken. Auch hier müßte Moskau sich jedoch zur Offenlegung von Informationen und zu einer vernünftigen Teilung in der Managementführung bereitfinden. Der friedensfördernde und friedenssichernde Effekt einer solchen Unternehmung ergäbe sich schon aus der Notwendigkeit, langfristige Vereinbarungen über Kapital- und Technologietransfer zu treffen, und aus den infrastrukturellen Konsequenzen auf seiten der Sowjetunion, für die (nach einer Untersuchung von Friedemann Müller, Europa-Archiv, Nr. 11/1979) das Abbruchrisiko eher noch größer als für die westlichen Partner sein dürfte.

Bedenkt man ferner, daß die bisher aufgetretenen west-östlichen Interessenkollisionen in Bereichen der Dritten Welt vor allem mit Fragen der Energie- und Rohstoffversorgung im Zusammenhang stehen, so würde ihnen durch ein Programm der energetischen Interessenverflechtung in der skizzierten Dimension auf die Dauer schon zumindest die sachliche Begründung entzogen. Darüber hinaus wäre es aber geboten, daß in den politischen Rahmen eines solchen Programms Verhaltensregeln aufgenommen würden, die etwa dem sowjetischen Partner besondere Zurückhaltung in Gebieten der Dritten Welt auferlegen, wo sich westliche energiepolitische Interessen konzentrieren: Das träfe beispielsweise auf das arabische Golfgebiet ebenso zu wie auf den zentralamerikanischen Isthmus als Umfeld der mexikanischen Ölreserve. Hinweise von sowjetischer Seite, die eine grundsätzliche Bereitschaft zur Verknüpfung sicherheitspolitischer Interessen des Westens mit einer langfristig angelegten Kooperation signalisieren, gibt es. Auch einer stillschweigenden Abmachung über „Interessensphären“ würde Moskau vermutlich nicht abgeneigt gegenüberstehen.

Eine Übereinkunft über derartige „Spielregeln“ (um die sich – laut Jan Reifenberg, dem Washingtoner „FAZ“-Korrespondenten – die amerikanische Regierung bemüht, um die Nord-Süd-Zukunftsfragen desto energischer angehen zu können) könnte aber gleichzeitig den Ansatz für konstruktive Formen der west-östlichen Zusammenarbeit in weiten Teilen der südlichen Entwicklungswelt bilden. Um das dort bestehende soziale Konfliktpotential abzubauen und dessen Ausnutzung durch die Sowjetunion – mit der Förderung von ihr abhängiger Regime – zu verhindern, sollte dem Prinzip der dreiseitigen Kooperation in der Entwicklungshilfe zum Durchbruch verholfen werden. Je wirtschaftlich stärker die Sowjetunion durch Modernisierung ihrer zivilen Industrie wird, in desto größerem Umfang vermag sie sich auch an multilateralen Fonds und an Entwicklungsprojekten in der Dritten Welt zu beteiligen, für die es – unter Mitwirkung einiger RGW-Länder – schon Modellfälle gibt.

Trilaterale Kooperation

Das Interesse auch der Sowjetunion gerade an solchen Unternehmungen ist gewiß nicht ohne politisch-ideologischen Hintergrund: Sie sucht auf diesem Wege einen Fuß in vorwiegend westliche Einflußgebiete zu bekommen, um dort für ihr Gesellschaftssystem werben zu können. Da aber der Westen, voran die Bundesrepublik, gegenüber den blockfreien Staaten immer wieder betont, daß diese die freie Wahl zur Gestaltung ihrer staatlichen und gesellschaftlichen Verhältnisse haben müßten, sollte man das sicherlich kaum allzu große Risiko nicht scheuen, das eine Kooperation dreier Partner aus verschiedenen Ländern mit unterschiedlichen Wirtschaftsordnungen (außer den damit verbundenen praktischen Problemen) mit sich bringt.

In Entwicklungsländern, wo an trilateralen Projekten gearbeitet wird, man sich also gegenseitig auf die Finger schauen kann, dürften am ehesten subversive Aktionen mit oder ohne Waffenhilfe auszuschließen sein. Hierzu sei nochmals Nötzold zitiert: „Die trilaterale Kooperation würde die Intentionen der KSZE aufnehmen. Schon in der Präambel zum ‚Korb II‘ der KSZE wurde davon ausgegangen, daß die Förderung der west-östlichen Wirtschaftsbeziehungen auch den Interessen der Entwicklungsländer dienen kann. Andere Größenordnungen als bislang erscheinen in der trilateralen Kooperation besonders wichtig, damit die Konfrontation zwischen Ost und West in den Entwicklungsländern durch kooperative Verhaltensmuster abgelöst werden kann.“

Das Zustandekommen einer neuen Weltwirtschaftsordnung kann man sich nur schwer ohne die Mitwirkung des größten sozialistischen Industrielandes, der Sowjetunion, und des größten sozialistischen Entwicklungslandes, der Volksrepublik China, vorstellen. Äußerst wünschenswert wäre es daher – nach bereits erfolgter Zusage Pekings –, wenn auch Moskau Bereitschaft bekunden würde, an der für Oktober dieses Jahres geplanten Nord-Süd-Gipfelkonferenz in Mexiko teilzunehmen. Als Konferenzthemen sollten dabei neben

Wirtschafts- und Energiefragen auch Währungs- und Finanzprobleme, vor allem das Thema „recycling" der Petrodollars, auf die Agenda kommen, wie es den Wünschen der Entwicklungsländer entspricht. – In einen Neuordnungsprozeß speisen die westlichen Industriestaaten ohnehin ein erhebliches Übergewicht sowohl an für sie lebenswichtigen Forderungen (Rohstoffbedürfnisse, Verkehrs- und Handelsfreiheiten) als auch an verlockenden Angeboten (Kapital, technisches Know-how, Management und Markterfahrung) ein. Nur wird dieser Prozeß niemals zu fruchtbaren Ergebnissen führen, wenn er von amerikanischer Seite unter der Zielsetzung gesehen werden sollte, die Welt allein nach ihren Vorstellungen und Interessen zu formen. Indessen würden die sozialistischen Länder, sobald sie unter westlicher Mithilfe ihre zivilen Produktionsmittel modernisiert und ihre Produktionsstrukturen schrittweise verändert hätten, beträchtliche Marktanteile aus ihren traditionellen Industriezweigen automatisch an Entwicklungsländer abgeben. Damit wiederum könnte auch ein Transfer konventioneller Technologien aus der Zweiten in die Dritte Welt einhergehen. So böte sich ein fließendes Spektrum westöstlicher Zusammenarbeit für den Abbau globaler Spannungsfelder an. Ausgehend von dem Konzept einer Grundbedürfnisstrategie könnten Industrie- und Schwellenländer gemeinsam die Grundlagen für ein menschenwürdiges Überleben in den Hungerregionen der südlichen Halbkugel schaffen.

Die starke wirtschaftliche Position des Westens, wesentlich geprägt durch die amerikanische Unternehmensphilosophie und -praxis, erlaubt auch politisch eine solche Weichenstellung im Entwicklungshilfekonzept.

Die Interessengemeinschaft der westlichen Demokratien steht vor einer Zerreißprobe, sollte sie sich nicht sehr bald auf ein allseitig akzeptiertes und akzeptierbares Strategiekonzept für die Beziehungen zum Osten einigen. Die Entspannungspolitik der siebziger Jahre hat in Europa wesentlich zur Erhaltung eines relativen Gleichgewichtes beigetragen, dessen Grundlagen allerdings durch die amerikanische Eindämmungspolitik der fünfziger Jahre geschaffen worden waren. Außerhalb der europäischen Region hat sich Entspannung nicht eingestellt, weil das Kräftespiel der ungleichen, mit inneren Spannungen aufgeladenen Weltmächte dem ebenso entgegenstand wie eine Vielzahl von Umwandlungs- und Neuordnungsprozessen in der Dritten Welt. Die Weltuhren lassen sich nicht auf „Die Zeit" der Jahrhundertmitte zurückdrehen, als eine Art Pax americana weite

Teile des Globus zusammenhielt. Trotz ihrer noch immer überragenden Stärke würden die USA heute schwerlich den internationalen Rückhalt finden, den sie für eine Neuauflage der Strategie rein militärischer Eindämmung benötigten. Mit weltweiter Zustimmung indessen dürfte ein Angebot des Westens bedacht werden, das auf ein Konzept der Einbindung Moskaus in ein stabiles Geflecht gleichgewichtiger Interessen hinausläuft.

Hier muß man dem ehemaligen Sicherheitsberater Zbigniew Brzezinski beipflichten, der in einem Interview mit dem „Monat“ (April 1981) im Verhältnis zur Sowjetunion für eine Politik plädiert, die militärische Entschlossenheit mit der Suche nach Möglichkeiten eines friedlichen Ausgleichs kombiniert: „Unser langfristiges Ziel muß es sein, die Sowjetunion zu ermutigen, als konstruktive Weltmacht aufzutreten.“ – Diesem Ziel dürfte man schwerlich durch ein *Forderungs-„linkage“* näherkommen, wie Außenminister Haig es einmal ausdrückte: „... Sie können keine Vorteile (benefits) für sich erwarten ... seien es Rüstungskontrolle, Handel, Kredite oder Technologie, solange sie weltweit Aktivitäten nachgehen, die den internationalen Frieden gefährden.“ Statt dessen sollte sich der gesammelte Westen auf ein die lebenswichtigen Interessen Moskaus ansprechendes *Angebots-„linkage“* einstellen – also nicht mit negativ aufgeladenen Akzenten, sondern unter positivem Vorzeichen das Gespräch mit dem sozialistischen Lager neu eröffnen, ohne daß eine abschreckende Kriegsführungsfähigkeit auf beiden Seiten – als essentieller Faktor einer friedenserhaltenden Balance – in Frage gestellt würde. Wenn der Westen wirklich an einer „sozialistischen Erneuerung“ im östlichen Europa interessiert sein sollte, müßte diese jedenfalls prioritär bei der sowjetischen Vormacht in Gang kommen, was sich wiederum zu allerletzt durch den Einsatz von eineinhalb Billionen Dollar erreichen ließe, die von der Regierung Reagan – nach Auskunft des offiziellen Amerika-Dienstes (8. 4. 1981) – für Verteidigungsausgaben in den kommenden fünf Jahren vorgesehen sein sollen. Eine auf Konfrontation zulaufende Ost-West-Polarisierung spiegelt fehlorientiertes Problembewußtsein wider; denn die wahren Schwierigkeiten betreffen heute die kapitalistischen und sozialistischen Industrienationen gleichermaßen. Es sind die zur Lösung anstehenden Fragen wirtschaftlicher Strukturen von globaler Dimension. – So schreibt Michael Howard von der Oxford-Universität in „Foreign Affairs“ (Nr. 3/1981): „Zunehmend sind es heute nicht Probleme der internationalen Sicherheit, die den Regierungen im Nacken sitzen, sondern die Probleme innerer Stabilität ... Die Sowjetunion leidet unter diesen Schwierigkeiten wie jeder andere Staat auch. Gewiß muß man sie davon abhalten, ihre Probleme auf Kosten ihrer Nachbarn zu lösen; aber letztlich kann es für sie und die übrige Welt keine andere Lösung geben als geduldige und weitsichtige Kooperation." – Die Außenpolitik der USA wird gegenwärtig etwas einseitig in wirtschaftsstrategischen Kategorien formuliert und dabei vornehmlich auf die Absicherung von Einflußsphären in der Dritten Welt abgestellt, ohne daß die sozialen Aspekte dort hinreichend wahrgenommen werden. Aber noch scheint der außenpolitische Kurs in Washington nicht so fest abgesteckt zu sein, daß keine Korrekturen in einer Richtung mehr denkbar wären, wo wieder ideologischer Konflikt mit Konsens in konkreten Interessenbereichen, wo Wettbewerb wieder mit wirtschaftlicher Zusammenarbeit vereinbar werden könnte.

Teilweise Konversion von Kapazitäten für die Rüstungsproduktion auf nichtmilitärische Programme, das Hinwirken auf Verhältnisse der inneren Stabilität und Ausgewogenheit bei den Weltmächten, gemeinsame Anstrengungen der westlichen und östlichen Industrieländer zur Lösung der sie verbindenden Überlebensprobleme (Ressourcen und Umwelt) und zu vereinten Bemühungen um konkrete Antworten auf die internationale soziale Frage, die sich ihnen vom Süden her stellt – das alles zusammen erbrächte einen funktionierenden Interessenausgleich. Je höher der Grad gegenseitiger wirtschaftlicher Abhängigkeit, je intensiver die sich daraus ergebende Verflechtung wird, desto größer dürfte der Stellenwert der zivilen Kooperation im sicherheitspolitischen Spektrum werden. Auf der Basis gegenseitigen Nutzens würde ein essentieller Ergänzungsbeitrag zur militärischen Abschreckung geleistet, deren Mittel allseitig endlich zum Einfrieren gebracht werden könnten. Das Prinzip des Wettbewerbs würde auf diese Weise nicht etwa aus der Welt geschafft, sondern auf neuen Ebenen – durch den Anreiz zu Systemreformen im Osten – nur größere Verbreitung finden.

„Die Alternative, daß man die Sowjetunion durch Vorenthaltungen der Zusammenarbeit zu Reformen im Sinne westlicher Intentionen zwingen oder den Einsatz ihres Militärpotentials unwahrscheinlicher machen könnte, indem man sie ihren Wirtschaftsproblemen selbst überläßt, ist eine Politik der Selbstbestätigung westlicher Überlegenheit, aber nicht notwendigerweise ein Konzept westlicher Sicherheit" (Friedemann Müller, Europa-Archiv, Nr. 3/81). Ein

Ausdruck wahrer Politik der Stärke wäre es, wenn die amerikanische Supermacht einen New Deal zur Stabilisierung der west-östlichen Industriewelt auf den Tisch legte.

Daß hiermit auch die Frage nach der inneren Stärke des Westens gestellt und zu beantworten ist, machte ein Kommentar der „Stimme Amerikas" (Papus, CBS-News, 12. 3. 1981) deutlich: „Wie viele arme und bedürftige Amerikaner werden durch das unausgesprochene Bestreben der Administration zu leiden haben, letztlich eine militärische Überlegenheit gegenüber den Sowjets zu gewinnen, und wieviel für die Verteidigung ist eigentlich zuviel?" - Nicht eben beiläufig hat Bundeskanzler Schmidt in seiner Rede auf dem Kant-Kongreß der Friedrich-Ebert-Stiftung am 12. 3. 1981 erwähnt, daß der deutsche Philosoph bereits vor 200 Jahren die friedensfördernde Funktion eines kontinuierlichen Prozesses wirtschaftlicher Verflechtung unterstrichen hat. - Als eindringliche Mahnung müssen wohl auch die anschließenden Worte von Schmidt verstanden werden, daß Voreingenommenheit und Ressentiments in der Auseinandersetzung zwischen Ost und West nicht nur auf einer Seite herrschten, „... und Angst gibt es dort wie hier". - Ein düsterer Schatten der Ungewißheit um die Erhaltung ihrer Existenzgrundlagen liegt heute über der gesamten Menschheit; als rationales Mittel der Wahl, um diese Ängste zu mildern, bietet sich die partielle Umrüstung von militärischer Technologie auf neue Techniken der Erschließung und sinnvollen Nutzung von Ressourcen an: Das liefe auf eine Therapie des west-östlichen „Rüstungssyndroms" im Sinne einer „Rüstungskonversion" hinaus; d. h. die fortschreitende Militarisierung der internationalen Politik ließe sich mit einer sozioökonomischen Initiative von globaler Wirkungsbreite kupieren. Entspannung wird eben nur auf der Grundlage ausgewogener allseitiger Stabilität erreichbar.

Medien-Ping-Pong über den Atlantik

(1981)

Es war schon ein düsteres Bild von der politischen Landschaft der Bundesrepublik, das just ein paar Tage vor der Abreise des Kanzlers nach Washington ein ABC-Korrespondent über den amerikanischen Soldatensender in Deutschland seinen Landsleuten in Uniform und ihren 70 000 Angehörigen vorsetzte. Der Kommentar kam aus München. Vielleicht erklärt das die unheilschwangere Tonlage, in der von anti-amerikanischen oder pro-roten Ressentiments vor allem in der jungen deutschen Generation die Rede war, aber auch von Leuten, die den Zweiten Weltkrieg erlebt haben und heute Beschwichtigung gegenüber dem Kommunismus befürworteten. Mag sein, daß sogar der Geheimtip, den der Berichterstatter bei dieser Gelegenheit weitergab, etwas mit dem bayerischen spiritus loci zu tun hat: Es könne durchaus nur eine Frage der Zeit sein, bis der Bundeskanzler die Vertrauensfrage für seine Regierung stellen müsse ... „Das könnte den Sturz des Super-Schmidt herbeiführen und den geselligen Genscher dem Bayern Strauß zu einer neuen Koalition in die Arme treiben, in eine Koalition die früher für unmöglich gehalten wurde." – Unwillkürlich drängt sich einem aber auch die Frage auf, ob hier nicht ein sensibler Reporter verborgene Wünsche nachempfunden hat, die der eine oder andere im Dunstkreis der Macht ums Weiße Haus und Kapitol hegen mag. Deutet sich etwa ein improvisiertes Zusammenspiel zwischen Gleichgesinnten an, das sich um einen Wunschkanzler aus Bayern rankt, dem man in Washington ein geradezu spiegelbildliches Verhaltensmuster auf allen relevanten Gebieten der Politik zutrauen würde? Ist damit vielleicht das neue „Wunder für Westdeutschland" gemeint, das im Schlußsatz der AFN-Sendung beschworen wurde, nachdem gerade von den Lecks im deutschen Staatsschiff die Rede war, die „die Regierung Schmidt anscheinend nicht abdichten kann"?

Erstaunlich jedenfalls, wie sich die Töne gleichen: Immerhin scheute der um law and order in der Bundesrepublik besorgte US-Korrespondent nicht davor zurück, „antiamerikanische Demonstrationen im März und April" als ein Anzeichen für das Wiederaufleben der Baader-Meinhof-Bande auszuweisen, nachdem Strauß kurz zuvor bei Demonstrationen gegen die Nachrüstung Zusammenhänge mit terroristischen und anarchistischen Gruppen angedeutet hatte. (Der

SPD-Pressedienst nannte das die Worte „eines Scharfmachers, der zur Mobilmachung gegen alle Andersdenkenden aufruft, der den Bürgern einredet, bei den Gegnern der Nachrüstung handle es sich um Terroristen oder Ostagenten".)

Eine bayerisch-texanische Seelenverwandschaft scheint heute gelegentlich voll durchzuschlagen und vergessen zu machen, was Strauß so vor fünfzehn Jahren über Erhard-Schröderische Phantastereien dachte, die auf eine Sonderbindung zwischen der Bundesrepublik und den USA hinausliefen. Als Kanzler Erhard sich damals dem Texaner Johnson als Solopartner für eine atomar bewaffnete Überseeflotte andiente, hatte Strauß dafür nur die wegwerfende Bemerkung: zumindest er werde es vorziehen, europäisch zu überleben als atlantisch zu verrecken! (Allerdings gab es in jenen Tagen auch einen Herrn Becher in seiner Partei, der nicht müde wurde, auf das Bestehen einer „machtvollen CSU-Fraktion im amerikanischen Senat" hinzuweisen, mit der engen Kontakt zu pflegen sich lohne.) Mag Strauß auch im oberbayerischen Kyffhäuser sitzen und bleiben, so wird doch am blauen Band, das die Neuen Rechten Amerikas mit den Rechten auf dem Alten Kontinent verbinden soll, emsig gewebt.

Zur Zeit läuft ein transatlantisches Ping-Pong mit den drei Bällen „Antiamerikanismus", „Pazifismus", „Neutralismus" auf ziemlich breiter Platte. Matthias Walden schreibt vom neuen Antiamerikanismus und einem pazifistischen Wählerreservoir in der SPD. Ein paar Tage darauf erscheint in einem sonntäglichen Schwesterblatt ein Exklusiv-Interview mit dem Sicherheitsberater des US-Präsidenten, der sich tief besorgt über einen „Wandel der Gemütslage in der Allianz" zeigt und wieder mal den „verwerfenswerten Slogan ‚Lieber rot als tot'" in den Ohren hat.

In der deutschen Presse wird ein Aufsatz des Leiters eines amerikanischen Strategie-Instituts wiedergegeben, der einen maßgeblichen Mitarbeiter der Reagan-Administration zitiert, welcher von einer „Vichy-Mentalität" in Westeuropa spricht. Der Strategieforscher selbst weist auf die „leicht zu beeinflussende Stimmungslage der Öffentlichkeit in den USA" hin, die die Gefahr in sich berge, „daß aus der Erkenntnis, die USA müßten immer alle Lasten der NATO tragen, einer Abkehr vom Bündnis das Wort geredet wird".

Und wie wird diese Stimmungslage in den Vereinigten Staaten selbst taktiert! Hierfür ein Beispiel aus dem „Wilden Westen". Von Bonn her gesehen ist San Francisco finsterste Presseprovinz. Deutsche, überhaupt europäische Angelegenheiten finden in den lokalen oder regionalen Massenmedien dieser Metropole an der amerikanischen Pazifikküste gemeinhin nur selten Erwähnung. Diese Gegebenheit teilt die Traumstadt am Golden Gate allerdings mit den meisten Millionensiedlungen der USA, wenn man einmal von New York, Washington und Boston absieht, deren „national Papers" jedoch eher das westliche Europa erreichen als die immer gewichtiger werdenden Wirtschafts- und Politikzentren des amerikanischen Westens und Südens. Außenpolitik findet in den dortigen Öffentlichkeiten schwach dosiert gerade noch über die von Küste zu Küste geschalteten Fernsehnetze von NBC, CBS und ABC statt, deren politische Eierköpfe in New York oder in der Bundeshauptstadt zuhause sind. – Verglichen mit Japan und sogar mit Australien war somit für den „San Francisco Examiner" (werktägliche Auflage 160 000, am Sonntag 667 000) die Bundesrepublik seit längerem schon kein Thema mehr – vielleicht auch, weil eben gute Nachrichten für Journalisten und ihre Leser keine Nachrichten sind. Neulich aber schien sich doch ein lesenswerter Report aus dem fernen Germanien angeboten zu haben: die schlimme Kunde von Widerspenstigkeit, ja einer mutmaßlichen Abtrünnigenbewegung unter den bislang Treuesten der treuen Bundesgenossen auf dem Old Dark Continent: neutralistisches, pazifistisches (also antiamerikanisches) Denken grassiere in Westdeutschland, so weiß der „Examiner" zu berichten, und sein Kronzeuge ist der Bundeskanzler in Person, dessen Äußerungen im Aprilheft der „Evangelischen Kommentare" schon vorher hohen Herren in Washington zu Zitatzwecken willkommen waren.

Natürlich unterhält der „Examiner" keinen Korrespondenten in Bonn oder anderswo in Europa. Die Schreckensmär, dreispaltig unter der headline „Welle des Antiamerikanismus entwickelt sich in Westdeutschland" aufgemacht, stammt daher von einem angereisten Mr. Bernhard Kaplan, der seine Recherchen im Bonn-nahen Köln angestellt hat, wie der Datumszeile zu entnehmen ist. Im Schaufenster der Universitätsbuchhandlung, so leitet der „Examiner-Korrespondent" seine Story ein, habe er unter einer Vielzahl von antiamerikanischen Literaturprodukten die in dieser oder jener Weise die Vereinigten Staaten als Urheber allen Übels in der Welt beschrieben, ein Buch mit dem Titel „Amerikas Pläne zur Besetzung der Sowjetunion" gesehen, und dieses Werk sei gegenwärtig der Bestseller bei Westdeutschlands „Gegenkultur"-Aktivisten. Um Mr. Kaplan und den „Examiner" davor zu bewahren, daß dieser für San Francisco exotische Themenbeitrag etwa bei der nächsten Pulitzerpreis-Ausschreibung nominiert wird (und dann gar noch das Schicksal einer späteren Rückgabe erfahren würde), tut man gut daran, den Aufhänger und sich daran knüpfende Reportererlebnisse im Zuge der fact-finding-mission in Germany auf ihren Realitätsgehalt hin zu untersuchen. So hat der Berichterstatter gewiß keine Kölner Uni-Buchhandlung (wo besagter Buchtitel nicht einmal dem Hörensagen nach bekannt ist) ausfindig gemacht, sondern bestenfalls einen „alternativen" Buchladen von jener Sorte mit einer Klientel, die ihm nicht zuletzt aus seiner kalifornischen Heimatstadt bestens vertraut sein sollte. Über diese effektvolle Verwechslung der Geschäftsadressen hat ihn offensichtlich auch ein Kölner „Dozent für Geschichte" nicht aufzuklären vermocht, dem er ansonsten einige erleuchtende Mitteilungen zur aktuellen politischen Lage in der Bundesrepublik verdankt. In den einschlägigen Fakultäten und Seminaren der Kölner Universität kennt man allerdings diesen namentlich erwähnten Gewährsmann überhaupt nicht, dessen Aussagen immerhin darin gipfeln, daß in Westdeutschland eine ganze Generation herangewachsen sei, für die die Vereinigten Staaten pauschal zumindest sehr suspekt wären. Auch eine Begründung für diesen Sachverhalt liefert besagter Historiker: In der Bundesrepublik habe man keine direkte Erfahrung mit dem Kommunismus, denn „es gibt hier keine kommunistische Partei". Den einzigen ausländischen Einfluß, die einzigen fremden Eindringlinge, die von den jungen Deutschen erlebt worden seien, stellten eben die Angehörigen der US-Armee dar. Wörtlich: „Früher oder später mußte es zu einer Form des Antiamerikanismus kommen. Es ist ein Wunder, daß es so lange gedauert hat." Es folgt noch der Kommentar eines deutschen Journalisten, dessen Identität und Wirkungsfeld sich auch bei einschlägigen Berufsverbänden nicht ausmachen läßt. Nach dessen Expertise jedenfalls ist ein großer Teil der westdeutschen Intelligenzia, speziell deren akademischer Zweig, heute der Meinung, daß die USA und nicht die Sowjets die internationale Spannung anheizten, und daß die Amerikaner letztlich bereit seien, einen Krieg gegen die UdSSR zu provozieren, bevor diese zu stark geworden sei. Unter dem Schutzschild von Entspannungspolitik und Ostpolitik sei es eben den Kommunisten gelungen, besonders solche bundesdeutschen Meinungsmacher für sich einzuspannen, die den größten Einfluß auf junge Menschen hätten. Wenn auch sehr spät, versuche nun endlich Kanzler Schmidt, die Wogen neutralistischer und pazifistischer Ideen, die bereits die protestantische Kirche umspülten, unter Kontrolle zu bekommen

Dieser „Examiner"-Artikel verdient eine so ausführliche Beschreibung, weil er im Tenor (wenn auch nicht unbedingt in der Machart) ein Musterbeispiel für den in den USA nationwide angelaufenen Horrorfilm zum Thema Europa und seinen Deutschen abgibt. Bezeichnend ist dabei der Aufmarsch deutscher „Zeugen", die in diesem Falle gesucht und gefunden worden sind, um die in Washington heute so gängigen Thesen von einer „pazifistischen Strömung" im westlichen Europa und die immer wieder ausgesprochene Besorgnis über die „verheerenden Folgen der Entspannungspolitik" bestätigt zu erhalten.

In den aufgeklärten Redaktionen der großen Ostküstenblätter geht man natürlich sophistischer mit dem Stoff um, aus dem die Tagträume der Neokonservativen am Potomac sind, um Europa exakt nach ihrem Bilde zu gestalten.

Während sich der „Houston Chronicle" im fernen Texas noch auf Sicherheitsberater Richard W. Allen beruft, der seinen Sorgen über „pazifistische Gefühle" unter den Europäern Luft gemacht hat, und an anderer Stelle sich mit der Schlagzeile „Americans get out" wegen einer sich angeblich auch in Westdeutschland verbreitenden antiamerikanischen Stimmung ereifert, ist das New Yorker „Wall Street Journal" (dessen Leser zu 4/5 Reagan-Wähler waren) inzwischen zu ganz anderen Einsichten gekommen. So hieß es dort nach der NATO-Außenministertagung in Rom in der ersten Maihälfte: Die USA hätten den europäischen Verbündeten mit der Zusicherung von Rüstungskontrollgesprächen über eurostrategische Nuklearwaffensysteme gar nicht entgegenzukommen brauchen. Die europäischen Regierungen beriefen sich zwar auf die Notwendigkeit, den pazifistischen Strömungen in ihren Ländern durch die Aufnahme solcher Gespräche mit den Sowjets entgegenzuwirken. Diese Friedensbewegungen würden jedoch bewußt übertrieben dargestellt, weil die Verbündeten dahinter ihre Haushaltsprobleme zu verbergen suchten. Die Ausgaben für den Sozialbereich seien eben in Europa, und gerade in der Bundesrepublik, zu hoch. Europas Sozialdemokraten würden aber eine Verringerung des Sozialbudgets zugunsten höherer Verteidigungsausgaben als politischen Selbstmord betrachten. Kein Wunder also, daß sie die Schreckenserscheinung des Pazifismus künstlich aufbauschten, während es durchaus fraglich sei, ob das Wählervolk dieser Argumentation wirklich folge. Exemplarisch kommt hier anstelle gegenseitigen Verständnisses für die innenpolitische Situation der jeweils anderen Seite, wie es vom Bundeskanzler als Voraussetzung zu einem guten amerikanisch-deutschen Verhältnis bezeichnet worden ist, ein höchst einseitiges Verständnis zum Vorschein. Angesichts eines solchen Wustes von Infragestellungen, Unterstellungen und kaum verhülltem Wunschdenken kann sich eigentlich eine Regierung in Bonn nur abwechselnd auf den Arm oder in die Zange genommen fühlen. Natürlich trägt auch eine mit dem Reizwort „Selbstfinnlandisierung“ gespritzte Saat - schon von Carters Sicherheitsberater Brzezinski rechtzeitig vor den Bundestagswahlen im Vorjahr ausgestreut und von deutschen Oppositionssprechern pfleglich aufbereitet - noch dazu bei, daß inzwischen unter den vielfarbigen Früchten an Bäumen journalistischer Erkenntnis auch solche reifen, wie sie just zur Begrüßung des Kanzlers in Washington das konservative Nachrichtenmagazin „U.S. News and World Report“ anzubieten hatte: Engste Mitarbeiter Präsident Reagans seien besorgt wegen „fundamentaler Differenzen zwischen Washington und Bonn - besonders über Verteidigungsausgaben und Beziehungen mit der Sowjetunion“. Noch beunruhigender aber seien für manche US-Regierungsbeamte Anzeichen, daß bei einer großen Anzahl der Deutschen die Ergebenheit gegenüber der NATO rapide zurückgehe; der Pazifismus werde ständig populärer und sei von einem Trend zum Neutralismus begleitet. Selbstverständlich prägen solche Tendenzen nicht einhellig das Meinungsbild in den amerikanischen Medien. Wie unterschiedlich, ja widersprüchlich Interpretationen in den politisch einflußreichsten Tageszeitungen der USA ausfallen können, hat im „Washington Star“ vom 19. April 1981 einmal der Kolumnist Henry Brandon anläßlich der Wiedergabe der Erklärung der deutschen Bundesregierung zur Lage der Nation aufgezeigt: Während die „New York Times“ hervorgehoben hätte, daß der Bundeskanzler die Sowjetunion für die Verdüsterung des politischen Horizonts verantwortlich gemacht habe, hätte die „Washington Post“ seinen starken Appell für Ost-West-Kooperation unterstrichen. - Für Brandon spiegelte sich übrigens in diesen beiden Schwerpunktauslegungen auch die Spaltung im Bewußtsein einer geteilten Nation wider, die sich letztlich aber doch als Zeiger der Waage des europäischen Gleichgewichts sähe. Politisch und psychologisch sei es grundsätzlich für alle Westeuropäer schwierig, den Gedanken eines fortgesetzten Ost-West-Dialogs aufzugeben. Diese Tatsache sei jedoch keineswegs als ein Zeichen von Pazifismus oder Defätismus, sondern eher als ein Mittel zur Bekämpfung oder Vorbeugung solcher Symptome zu betrachten. Indessen glaubte der Publizist eine tief sitzende Ungewißheit bei den Europäern in der Frage ausgemacht zu haben, ob die Reagan-Administration überhaupt eine Politik zu entwickeln in der Lage sei, die auf Bewältigung der ost-westlichen Rivalität abzielen werde.

Eine derartige Bereitschaft oder Fähigkeit zum Nach-Denken in europäischen Dimensionen ist bei den US-Medien leider nicht allzu häufig anzutreffen. Der Grund dafür dürfte jene Mischung von Selbstgerechtigkeit und kontinentalprovinziellem Desinteresse sein, das einen Großteil amerikanischer Journalisten mit ihrem Leserpublikum verbindet; danach läßt sich auswärtiger Stoff überhaupt nur in der schrecklichsten Vereinfachung absetzen und kommt beim Konsumenten erst dann an, wenn er in unmittelbare Nähe zu einheimischer Problematik gerückt wird und zugleich an nationale Empfindlichkeiten appelliert. Von diesem allgemeinen Schema sind seit eh und je gelegentlich einige Star-Kolumnisten abgewichen, die sich als öffentliche Ratgeber, Orientierungshelfer oder Kritiker der Regierung verstehen. So haben etwa James Reston und Joseph Kraft eine Einstimmung der Öffentlichkeit Amerikas auf den Kanzlerbesuch besorgt, die ein Bemühen um freundliches Klima und herzliche Aufnahme in Washington überdeutlich erkennen ließ, das allerdings einen beinahe mitleidigen Beigeschmack hatte, weil es ein Image innenpolitischer Schwäche des deutschen Regierungschefs zum Ausdruck brachte. So ist zumindest zweifelhaft, ob der Rettet-Schmidt-Aufruf von Kraft („er ist wahrscheinlich der beste Freund der USA in der Welt") so ausgesprochen hilfreich für konkretes Entgegenkommen von amerikanischer Seite auf deutsche Vorstellungen und Wünsche gedacht waren. Bei der in Sachen atomare Mittelstreckenwaffen-Problematik und Hochzinspolitik nach dem Motto „verbindlich in der Form - hart in der Sache" taktierenden US-Regierung könnten Krafts gute Ratschläge letztlich effektiv zu ähnlichen Folgerungen geführt haben wie die Aufforderung des „Wall Street Journal" am 21. Mai 1981: Man solle nur ja den Kritikern des Bundeskanzlers in Westdeutschland nicht nachgeben; denn damit würde man deren Forderungen nur legitimieren und ihren Appetit nach mehr anregen. Daß diese Haltung in Washington durchaus gängig ist, registrierte am selben Tage übrigens „The Sun" (Baltimore): Zumindest einige hohe Beamte in Washington seien der Meinung, die Regierung würde sich selbst eine Niederlage beibringen, wenn sie sich im Hinblick auf fehlorientierte europäische Verhaltensweisen einschließlich der „gegenwärtigen Pazifismuswelle" übermäßig besorgt zeige.

Die französische Wochenzeitschrift „Le Point" hat in ihrem Fazit aus dem USA-Besuch des Bundeskanzlers eine geradezu brutale Erklärung für solche Attitüden in der veröffentlichten Meinung Amerikas zu geben versucht. Eingangs stellt sie die Behauptung auf, Schmidt habe angesichts der Streitigkeiten mit zunehmenden „Anhängern des Neutralismus" bei der US-Regierung Unterstützung gesucht; Reagan aber habe gezögert, ihm diese zu geben. Weiter im Text heißt es dann: „Selbst in der Umgebung des Weißen Hauses spricht man offen davon, die Karte Helmut Kohls zu spielen. Alexander Haig, der beste Freund Schmidts in Washington, teilt diese Meinung allerdings nicht, wohl aber viele andere einschließlich Persönlichkeiten aus der nahen Umgebung des neuen Präsidenten ... Sie fragen sich offen, ob die USA tatsächlich Vorstellungskraft und guten Willen mobilisieren sollen, um Schmidt zu helfen, an der Macht zu bleiben ...".

Derartige Äußerungen sind in ihrer spekulativen Tendenz kaum nachprüfbar, bedenklich stimmen muß nur ein gewisser Gleichklang im Medienspiel beiderseits des Atlantik. Da hatte am 20. 5. schon mal die „Los Angeles Times" bemerkt, ein Rücktritt Schmidts könne zu einer „konservativeren Koalition" in Bonn führen, was aus amerikanischer Sicht nicht notwendigerweise ungünstig sein müsse; weil aber „neutralistische Gefühle" sich nicht nur auf den linken Flügel der SPD beschränken, sondern quer durch das politische Spektrum der Bundesrepublik anzutreffen seien – ebenso wie in Dänemark, den Niederlanden, Belgien und Großbritannien –, sei es doch wohl klüger, wenn Reagan für den Bundeskanzler ein offenes Ohr habe, um diesem das Eintreten für die Allianz zu erleichtern. – Unzweideutig, ohne Wenn und Aber hingegen formulierte tags darauf das „Wall Street Journal": „Wir sollten uns über unsere Ziele klar sein und nicht die linken Kritiker Schmidts ‚appeasen' wollen." Denn schließlich gebe es auch eine Herausforderung von rechts in der Bundesrepublik, und die Zukunft dort könne sehr wohl eher den Rechten als den Linken gehören. Schmidt habe mit seiner Rücktrittsdrohung einen Hochseilakt unternommen; es bestehe für die Reagan-Administration aber kein Anlaß, ihn bei diesem Seiltanz zu begleiten.

Prompt hieß es in einem Kommentar der „Welt“ vom 22. Mai 1981: „In Amerika wird darüber diskutiert, ob es sinnvoll sei, die Qualität der amerikanisch-deutschen Beziehungen an die Person Schmidt zu binden. Offensichtlich hat das Reagan-Team das nicht vor. Das wäre auch zu riskant bei der höchst labilen Situation in Bonn.“ Nicht nur bei diesem Beispiel ist jedenfalls schwer überhörbar, daß sich die Unionsparteien über ihnen nahestehende Sprachrohre zuhause und anderen Orts als einen für Washington genehmeren deutschen Partner empfehlen möchten. Als Mittel der Wahl scheuen diese Fürbitter eines Machtwechsels in Bonn schon gar nicht vor dem häufigen Gebrauch solcher Schlagworte wie Anti-Amerikanismus, Pazifismus und Neutralismus zurück, um in einem Chor der Denunziation das westliche Vertrauen in die sozialdemokratisch geführte Bundesregierung zu untergraben und auf diese Weise in Kreisen der deutschen Bevölkerung, vor allem bei Anhängern der Koalitionsparteien, das für einen Regierungswechsel geeignete Störklima herzustellen.

Solchen Versuchen und Versuchungen steht immerhin eine Betrachtung des Kolumnisten Henry Brandon im „Washington Star“ (24. 5. 1981) entgegen: Politisch müsse es eigentlich viel logischer erscheinen, wenn die US-Regierung auf die Machtübernahme durch eine unionsgeführte Regierung setzte; aber Reagans Erwägungen gingen dahin, daß die Bundesrepublik unter Schmidt doch ein stabilerer und effektiverer Partner sein könne als unter einer konservativen Führung.

Gewissen Meinungsmachern kommt hüben und drüben jene Portion Unbekümmertheit entgegen, mit der amerikanische Politiker heutzutage auf interne Bedürfnisse und Verhältnisse in verbündeten Ländern – von solchen in Staaten der Dritten Welt ganz zu schweigen – eingehen und indirekt Einfluß nehmen. Wenn also Verteidigungsminister Weinberger vor dem Verband amerikanischer Zeitungsverleger Anfang Mai 1981 darauf hinweist, daß sein Präsident „viele innenpolitische Regierungsausgaben mit großer Wählerschaft dahinter beschnitten hat und unsere Hilfsmittel aufstockt, um der wachsenden militärischen Bedrohung zu begegnen“, so dürfte die große Mehrzahl der Zuhörer seiner anschließenden unmißverständlichen Forderung an die europäischen Bundesgenossen bedenkenlos gefolgt sein: „Ich weiß, daß unsere Verbündeten durch dieses Beispiel tief beeindruckt sind. Ich hoffe, daß es vielen von ihnen ermöglichen wird, unserem Vorbild zu folgen.“

Bestimmt ist es kaum einem der dort anwesenden Verleger in den Sinn gekommen, ein Europäer könnte derartige Worte als Versuch auslegen, Entscheidungen über die Staatshaushalte anderer Länder zu beeinflussen. Es bedurfte aber noch viel direkterer, über die US-Medien transportierter Hinweise von amerikanischer Seite, die Willy Brandt schließlich veranlaßt haben, von Leuten zu sprechen, die nicht weit vom Präsidenten der USA entfernt seien und sich anmaßten, über den Haushalt der Bundesrepublik Deutschland zu verfügen.

Das Thema ist von so außerordentlicher Brisanz, weil sich ein fortdauerndes amerikanisches Drängen mit publizistischen Mitteln auf vermehrte Bonner Rüstungsanstrengungen bei der Behandlung des Bundesetats 1982 durchaus als massiver Eingriff in die deutsche Innenpolitik erweisen könnte. Typisch dafür die „New York Times" vom 30. 5. 1981 zum Kölner FDP-Parteitag: Ohne Kürzung der Sozialausgaben werde eine Erhöhung des Verteidigungsbudgets, auf das Präsident Reagan „hoffe", äußerst schwierig sein.

Ist es schon eine ungeheuerliche Unterstellung, jede kritische Betrachtung oder Diskussion über den praktischen Wert oder Unwert des Doppelbeschlusses zur Atomraketen-Stationierung (der schließlich auch unter dem Global-Aspekt des US-Rüstungsschubs zu sehen ist) schlicht als „Pazifismus" zu bezeichnen, so gilt das erst recht für die mögliche Zurückhaltung, an einem all-out-Rüstungswettlauf neuen Stils teilzunehmen. Auch wenn für Heiner Geißler „Pazifismus" kein Schimpfwort ist, so wird es doch bewußt in diffamierendem Sinne eingesetzt, synonym mit Kapitulantentum. Ist nun ein Pazifist, wer auf das Anspruchsrecht der Unterzeichner des Nichtverbreitungs-Vertrages pocht, die Supermächte zu nuklearer Abrüstung zu drängen, oder wer ein Bonner Veto-Recht gegen den Einsatz von US-Atomwaffen von deutschem Boden verlangt? Ist der Vater der Eindämmungspolitik, George F. Kennan, ein Pazifist, weil er von seinem Präsidenten verlangt, der Sowjetunion möglichst umgehend eine Halbierung der jeweiligen Atomwaffenbestände vorzuschlagen? Ist der neue US-Botschafter in Bonn, Arthur Burns, ein Pazifist, weil er durch strikte Ablehnung des Vietnam-Krieges hervorgetreten war und auch schon ein Mißtrauen gegenüber zu großen Verteidigungsbudgets geäußert haben soll? Sind etwa Tausende von amerikanischen Studenten vom Bazillus des „Anti-Amerikanismus" befallen, weil ihnen Washingtons neue Hochrüstungspolitik ähnlich gefahrvoll erscheint wie die sowjetische Politik und Rüstung? Die amerikanische Journalistin Flora Lewis schrieb neulich in der „International Herald Tribune“ nach Eindrücken, die sie auf dem Schweizer Bürgerstock gewonnen hatte (wo die gewiß nicht als „neutralistisch“ verdächtige Bilderberg-Konferenz tagte): Wenn die Amerikaner wirklich darauf beständen, ihre Militärausgaben gewaltig zu erhöhen und dafür ihre Auslandshilfe und Unterstützung der Dritten Welt drastisch zu beschneiden, so sollte doch eine Arbeitsteilung neuen Stils ins Auge gefaßt werden, bei der Europa und die USA sich jeweils auf solche Aufgaben konzentrierten, die sie in dieser Periode mit dem Haupteinsatz ihrer Kräfte zu übernehmen wünschten. Höchste Anstrengungen seien schließlich auf beiden Gebieten erforderlich. Ausgehend von einer gleichgewichtigen Bedeutung der Verteidigung und der Entwicklungspolitik würde ein komplementäres Handeln in der vorgeschlagenen Weise den Westen stärken, anstatt ihn im Streit über Prioritäten auseinanderfallen zu lassen.

Ein geradezu revolutionär klingender Vorschlag, der nicht von einer Amerikanerin in Paris, sondern wie von einem anderen Stern zu kommen scheint, wenn man bedenkt, wie gleichzeitig mit inhaltsverfremdeten Begriffen nach Art von „Pazifismus“, „Neutralismus“ und „Anti-Amerikanismus“ die verschiedensten Medien ein schlimmes Meinungsbild gerade über die deutsche Jugend den älteren Generationen in den USA einzuprägen bemüht sind. Natürlich ist die Gefahr nicht von der Hand zu weisen, daß durch ein solch methodisches Vorgehen, das wahrscheinlich zur Disziplinierung des deutschen Bundesgenossen gedacht ist, als Reflex sich eines Tages wirkliche antiamerikanische Ressentiments entwickeln könnten. Größer muß man aber wohl die Gefahr einschätzen, daß in den Vereinigten Staaten auf diesem Wege ein anti-europäisch ausgerichteter Neo-Isolationismus herbeigeredet wird, für den eine Anfälligkeit ohnehin mehr als jemals zuvor in diesem Jahrhundert zu bestehen scheint.

Daß auch bei sogenannten Internationalisten im heutigen Washington latent eine sehr starke US-Egozentrik (nicht nur im Hinblick auf die Dritte Welt) anzutreffen ist, machten neulich Äußerungen des Haig-Stellvertreters Lawrence Eagleburger vor dem außenpolitischen Unterausschuß des Repräsentantenhauses deutlich. Danach hätten erst einmal die Vereinigten Staaten über den „richtigen Kurs bei der Rüstungskontrolle“ zu entscheiden, bevor sie sich der Frage einer Konsultation mit den Europäern zuwendeten. Denn deren Gesichtspunkte dürften lediglich als ein Teilfaktor Berücksichtigung finden – „und offen gesagt, nicht als hauptsächlicher Teil bei der Abwägung zu Buche schlagen." Ihre volle Bedeutung gewinnen diese Bemerkungen des für die Vorgespräche zu Verhandlungen über Euroraketen mit den Sowjets nominierten Leiters der Europa-Abteilung im State Department erst dann, wenn man sie vor dem Hintergrund der Worte Reagans in Westpoint am 28. Mai aufnimmt: „Amerikas Wiedererstarken ist wichtiger als das Bemühen um Rüstungskontrolle."

Aus solcher Globaloptik muß natürlich jeder Ansatz, eine europäische Interessenpolitik zur Geltung zu bringen, die letztendlich auch eine autonomere Außen- und Sicherheitspolitik einer westeuropäischen Staatenunion nicht ausschließen würde, als Ausgeburt „neutralistischer Denkungsweise" angesehen werden. Wehe also allen vorwitzigen Unionspolitikern, die in den sechziger Jahren schon ihre Träume von einem neu zu definierenden atlantischen Bündnis ausbreiteten, das auf zwei gleichen Säulen (Nordamerika und Westeuropa) ruhen sollte. Nach neokonservativer Sprachregelung in den USA gehören sie in die Schmähecke „antiamerikanischer Neutralisten" - ebenso wie André Fontaine, der am 5. Juni 1981 in seiner „Le Monde" de Gaulle's große Illusion von einem „europäischen Europa" beschwor, der er in der Ära Mitterrand - im Verein mit einer sozialdemokratisch geführten Bundesrepublik - eine reale Chance zu geben bereit ist.

Wäre es nicht an der Zeit, daß sich Regierungen europäischer NATO-Staaten in aller Öffentlichkeit dagegen verwahren, wenn einzelne ihrer Bürger oder ganze Gruppen pauschal als amerikafeindlich und verteidigungsunwillig abgestempelt werden, nur weil sie nicht exakt nach der Pfeife amerikanischer Hitzköpfe des rechten Flügels tanzen wollen? So jedenfalls bezeichnete der britische „Economist" (6. Juni 81) unter dem Titel „Sagten Sie Alliierte?" jene „vorschnellen Diagnostiker" von jenseits des Atlantik, die mit ihren Unkenrufen von der angeblichen Abtrünnigkeit der NATO-Europäer das Bündnis mindestens so chronisch krank redeten, wie das Hitzköpfe auf dem linken Flügel täten, die für Reagan's Amerika nur noch die Fehldiagnose einer Außenpolitik der ideologischen Quichotterie parat hätten.

Allerdings ist es nicht eben leicht, einer in Washington gebräuchlichen Argumentation zu folgen, wonach etwa ausgerechnet landgestützte Atomraketen in Europa eine stärkere Abwehrbereitschaft in den Stationierungsländern bewirken sollen, als wenn diese Systeme seegestützt installiert würden. Und es ist schon gar nicht einzusehen, daß entsprechende Diskussionsbeiträge von europäischer Seite in die Nähe weltanschaulichen Pazifismus' gerückt werden, während Gouverneure und konservative Senatoren der US-Staaten Utah und Nevada sich heftig den Stationierungsplänen für interkontinentale MX-Systeme in ihren äußerst schwach besiedelten Regionen widersetzen. - Offenbar denkt man sogar dort schon, was - laut Flora Lewis in der „New York Times" - für alle Europäer gilt: daß nämlich die Frage von Krieg oder Frieden gleichbedeutend mit der Frage von Tod oder Leben ist - und nicht nur ein Problem, das mit abstrakten Begriffen wie Ideologie, Superiorität und Demonstration von Willen zu tun hat.

In Umkehrung der einst gängigen Sentenz, wonach ein flotter Geschäftsgang bei „General Motors" gleichbedeutend mit dem Wohlergehen der Vereinigten Staaten von Amerika sei, wird gegenwärtig in großen Teilen der US-Presse die These favorisiert: Wer immer in der Welt an dieser oder jener politischen, monetären oder wirtschaftlichen Entscheidung Washingtons herummäkelt, will Amerika böse. Auf diese Weise kann in den Vereinigten Staaten ein Anti-Amerikanismus-Komplex erzeugt werden, der das eben ausgerufene neue Weltmachtbewußtsein der USA ziemlich plötzlich in ein von Resignation und Enttäuschung getragenes insulares Festungsdenken umschlagen läßt. Eine solche Tendenzwende in der amerikanischen Grundhaltung würde das Verhältnis zu Europa am empfindlichsten treffen und für beide Seiten gewiß nicht nur einen Verlust an Sicherheit nach sich ziehen.

Eine amerikanische Korrespondentin in Bonn skizziert eine gegenwärtige Gefühlslage auf beiden Seiten so: Ein Teil der amerikanischen Öffentlichkeit schaukelt heute auf der Welle eines selbstgerechten Konservativismus, während ein Teil der deutschen Öffentlichkeit sich in selbstgerechter Ablehnung eines selbstgerechten Amerika gefällt. Diese Darstellung ist so unzutreffend nicht. Nur braucht und darf ein solch momentanes psychologisches Verhaltensmuster nicht dazu führen, daß als Langzeiteffekt daraus ein tiefgreifender deutsch-amerikanischer Dauer-Dissens entsteht, wie das durch leichtfertige Verwendung von Reizworten - zuletzt auch in deutschen Oppositionsmedien - fast befürchtet werden muß.

Während amerikanische Journalisten in deutschen Landen den Poltergeist von Rapallo zu hören wähnen, taucht ein Gespenst jenseits des Atlantik auf, das Gespenst eines McCarthyismus in neuem Gewande. Seine Erscheinung wurde von einem US-Nachrichtenmagazin sogar schon in den intimsten Gemächern Washingtons gesichtet: Ein hochgestellter Beamter, der nicht gerne genannt sein wollte, habe die Vermutung geäußert, daß dort manch einer sich nur deswegen als Superfalke gebärde, um nicht von einem Rivalen als knieweich im Streit gegen den kommunistischen Feind angeschwärzt zu werden. Was jedoch dem auf den Wogen des Kalten Krieges der frühen 50er Jahre reitenden Senator Joe M. McCarthy die „unamerikanischen Umtriebe“ waren, sind heute für den Senator Jesse Helms und seine ultrakonservativen Gesinnungsfreunde „antiamerikanische Verhaltensweisen“, die es vor allem bei den europäischen Bündnispartnern aufzuspüren und an den Pranger zu stellen gilt. Eine transatlantische Hexenjagt droht in der Allianz auszubrechen, die der Sicherung freier Gemeinwesen des Westens im Innern und nach außen schaden würde. Niemand ist mehr berufen und dazu aufgerufen, dieser antiamerikanischen Herausforderung zu begegnen, als gerade die Journalisten in den Ländern der atlantischen Gemeinschaft.

Im Stunden- und Tagesrhythmus transportieren die Massenmedien Nachricht und Meinung, laden sie ab, um Neues aufzunehmen. Von den Machern oft unbeachtet, bleibt jedoch so manches effektvoll hingestreute Wort im Raume stehen, trägt durch wunderbare Vervielfachung dazu bei, daß unversehens Freund- und Feindbilder im Wechselrahmen einer breiten Öffentlichkeit ausgetauscht werden. Wer also trägt hier Verantwortung?

Das Bündnis soll modernisiert werden

(1982)

Nahezu kongruente Schlußfolgerungen finden sich überraschend in zwei Analysen, die kürzlich, von recht verschiedenartigen Denkansätzen ausgehend, zum Komplex deutscher Bündnis- und Ostpolitik angestellt und der Öffentlichkeit bekanntgemacht wurden. Günter Gaus, einstmals von Willy Brandt als Staatssekretär ins Bundeskanzleramt berufen, gelangte in der „Zeit“ (22. 1. 1982) zu der lapidaren Aussage, daß die NATO sich in einer Krise befinde, aus der sie sich nicht unverändert befreien könne. In diesem Sinne forderte er die Spitzen der Allianz auf, nach Wegen zu suchen, wie das Militärbündnis durch gleichwertige Entscheidungsstufen für das Gesamtterritorium zu restabilisieren sei. „Westeuropa, das seinen de Gaulle gehabt hat, wird sich darüber mit den verbündeten USA gründlich und möglichst bald zu unterhalten haben.“ – Zur gleichen Zeit konnte man im „Spiegel“ (Nr. 4/82) Auszüge einer Studie des Planungsstabs im Auswärtigen Amt lesen, in denen die Empfehlung stand, bei einer „sicherheitspolitischen Abstimmung“ zwischen der Bundesrepublik, Frankreich, Großbritannien und Italien sollte die Grundbedingung gelten, daß sie das Bündnis durch Errichtung „eines zweiten europäischen Pfeilers stärkt und von den Amerikanern als konstruktiv, nicht als spaltend empfunden wird“. Die neue Lage erfordere mehr denn je auch eine europäische Zusammenarbeit in der Sicherheitspolitik einschließlich der Verteidigungspolitik, so hieß es noch an anderer Stelle des für den internen Gebrauch im Genscher-Ministerium fabrizierten Papiers.

Diese Option für sich allein enthält noch eine weitere Überraschung; denn der Außenminister hatte erst wenige Monate zuvor, als er vor dem Europäischen Parlament in Straßburg (19. 11. 1981) für das Stufenmodell einer „Europäischen Akte“ warb, das die Einbeziehung sicherheitspolitischer Thematik in die politische Zusammenarbeit vorsieht, ausdrücklich hinzugefügt: „Wohlverstanden: Dies bedeutet keine militärische Abstimmung der Zehn, wie mancherorts vermutet wird. Der militärische Teil der Sicherheitspolitik bleibt anderen Organisationen vorbehalten.“ Er ließ dabei allerdings offen, ob er dem institutionellen Status quo der NATO weiter den Vorrang geben möchte oder auch Erwägungen über eine Neubelebung und Revision der Westeuropäischen Union zu folgen bereit wäre, wie sie neuerdings auf französischer Regierungsseite wieder angestellt werden.

Jedenfalls begrüßte am selben Tag und Ort Willy Brandt die (deutsch-italienische) Initiative in Richtung auf eine politische Union und sprach sich in diesem Kontext deutlich für ein größeres Gewicht der europäischen Staaten im atlantischen Bündnis aus. Noch direkter wurde der SPD-Vorsitzende drei Tage darauf im Interview mit einer niederländischen Rundfunkgesellschaft: Wir Europäer müßten uns mehr Mühe geben, um zu einem eigenständigen, selbstbewußten aber auch verläßlichen Partner im Westbündnis zu werden. Es gelte Überlegungen anzustellen, ob alles, was auf verteidigungspolitischem Gebiet in den vergangenen dreißig Jahren richtig war, für die vor uns liegenden Jahre genauso richtig bleiben müsse. „Das muß man bereit sein, in Frage stellen zu lassen, sich herausfordern zu lassen."

EVG

Daß man in Bonn noch vorsichtig abtastend an diese Problematik und an Lösungsvorschläge herangeht, die auf eine Generalrevision des bestehenden Bündnissystems hinauslaufen würden, erklärt sich nicht zuletzt auch aus zeitgeschichtlichen Reminiszenzen: Da taucht aus der Frühzeit der Bundesrepublik die traumatische Erfahrung mit einer gescheiterten Europäischen Verteidigungsgemeinschaft (EVG) auf, die als erster Franzose übrigens der General de Gaulle bereits im Juli 1950 (auf der Grundlage eines deutsch-französischen Vertrages) vorgeschlagen hatte, die knapp zwei Jahre danach - aus dem durch alliiertes Gerangel verwässerten Plan des Ministerpräsidenten Pleven hervorgegangen - von den Außenministern der sechs Montanunionstaaten in Vertragsform unterzeichnet und nach zwei weiteren Jahren von der Französischen Nationalversammlung verworfen worden war. Als Hauptgrund für dieses Scheitern, das Adenauer noch an seinem 90. Geburtstag als den schwersten Rückschlag seines politischen Lebens bezeichnen sollte, führt die Geschichtsschreibung die Beitrittsweigerung Englands an, die allerdings schon seit 1951 eine feststehende Tatsache gewesen war. Viel mehr spricht für die These, daß der damalige EVG-Prozeß zur Unzeit in Gang gesetzt worden war, weil der europäischen Seite eigentlich alle substantiellen Voraussetzungen fehlten, um verteidigungspolitisch eine ins Gewicht fallende Rolle spielen zu können: Die westeuropäischen

Länder, ob sie nun zur Sieger- oder Verliererseite des Zweiten Weltkrieges gehörten, befanden sich materiell und psychologisch noch in einem Schwächezustand, der ihre Schutz- und Hilfebedürftigkeit von den USA geradezu zwingend machte. Die britische Abstinenzhaltung zur EVG (und in den frühen sechziger Jahren auch gegenüber den Fouchet-Plänen für eine politische Union) entsprang der Absicht, sich auf der Basis einer „special relationship" mit den Amerikanern eine Art Aufsichts- und Vorrangstellung über die Kontinentalen zu sichern; die Amerikaner sahen in einer EVG, die fest in den Unterbau der von ihnen gelenkten nordatlantischen Paktorganisation eingefügt sein würde, kaum mehr als ein Mittel zur Beruhigung der westlichen Nachbarn einer Bundesrepublik, deren „Wiederbewaffnung" in Washington beschlossene Sache war. Bonn ging es damals vor allem um eine nominell gleichberechtigte Aufnahme in ein westliches Bündnissystem, von der es sich einen Zuwachs an Souveränität versprach; die als politisch wünschenswert betrachtete Eingliederung in ein Europa-Heer rangierte dabei erst an zweiter Stelle. Die EVG aus jenen Tagen war auch in keiner Beziehung als eine tragende Säule des atlantischen Bündnisses, als europäisches Pendant etwa zum amerikanischen Gegenüber konzipiert, sondern bestenfalls als eine Heeressäule, in der Soldaten aus sechs kontinentalen Ländern marschieren sollten, ausgerüstet mit Waffen aus US-Depots und letztlich einem amerikanischen Oberbefehlshaber unterstellt.

Historisch gewachsene Interessendivergenzen

Diese Konstellation entsprach, ob nun mit oder ohne EVG, den tatsächlichen Kräfteverhältnissen der fünfziger Jahre und den Anforderungen des Kalten Krieges, der wesentlich auf die europäische Front konzentriert war. Zwar waren die Amerikaner auch als pazifische Macht weltweit präsent und in Bündnissystemen zwischen Bagdad und Manila militärisch engagiert, aber ihr Hauptanliegen bei der Eindämmung sowjetisch-kommunistischer Machtausdehnung galt dem Schutz und Halt des westlichen Europa. In ihre umfassende weltpolitische Rolle wuchsen sie erst im Zuge der Liquidation europäischer Kolonialherrschaft hinein. Mit der Konsolidierung ihrer europäischen Einflußzone wurde diese mehr und mehr zu einem Randgebiet unter anderen im globalpolitischen Verständnis Washingtons, das prioritär von der Rivalität mit der sowjetischen Atom-

und Weltraummacht bestimmt wurde. Die mittlerweile überaltete Struktur der westlichen Allianz aber überlebte – auffrisiert mit optisch wirksamen Zusätzen wie Eurogroup, Nuklearer Planungsgruppe, Konsultationsausschuß usw. alle Wandlungsprozesse und evolutionären Veränderungen, denen die Positionen der USA und Europas seither unterworfen waren. Institutionelles Beharrungsvermögen, Gewohnheit und Bequemlichkeit auf beiden Seiten führten zu einer Verdrängung der sich auf natürliche Weise ergebenden Interessendivergenzen, die nunmehr mit Wucht das Westbündnis im Kern bedrohen. Aus dieser Perspektive läßt eine europäische Option, wie sie heute mit dem Ziel einer Neuformierung der Allianz zur Debatte steht Analogien zum EVG-Projekt der frühen fünfziger Jahre überhaupt nicht zu. In den achtziger Jahren geht es darum, eine Geschäftsgrundlage für das Bündnis zu finden, die von einem europäischen Selbstverständnis ausgehend ein gedeihliches Zusammenwirken der westlichen Industriestaaten langfristig möglich macht. Wenn man eine eigenständige Außenpolitik der europäischen Gemeinschaftsländer anstrebt, so gehören Sicherheits- und Verteidigungspolitik als komplementäre Bereiche dazu. Amerikanische Weltpolitik und europäische Interessenpolitik können sich bestenfalls sektoral überlappen, aber unter keinen Umständen deckungsgleich sein. So verschieden schon die Dimensionen angelegt sind, so unterschiedlich sind auch die Kriterien und Prioritäten, die jeder Seite durch Geographie, geostrategische Bedingungen, Zugang zu Energie- und sonstigen Rohstoffressourcen sowie eine Skala geschichtlicher und gesellschaftlicher Erfahrungswerte vorgegeben sind. Dabei spielt ein verschiedenartig entwickeltes soziales Bewußtsein eine nicht unerhebliche Rolle, denkt man etwa an Aspekte der Nord-Süd-Problematik unter Stichworten wie Menschenrechte, Rassenpolitik, Blockfreiheit oder Weltwirtschaftsordnung aus dem Gesamtkatalog der internationalen sozialen Fragen. Unterschiede in der politischen Mentalität treten neuerdings besonders auch im Hinblick auf das West-Ost-Verhältnis zutage, wenn von Sicherheitspartnerschaft, dem Ausbau eines Netzes gemeinsamer Verantwortungen, wirtschaftlichen Kooperationen, von einem Konzept des „peaceful change“ die Rede ist.

Im unilateralistisch tendierenden Washington neigt man der Auffassung zu, daß einem sich ausdehnenden Spektrum gegenseitiger Abhängigkeiten positive Bedeutung gerade noch für den westlichen Zusammenhalt zukommt, soweit es auch dem Wohlergehen von

American Enterprise dienlich ist. Im westlichen Europa hingegen setzt sich immer mehr die Einsicht durch, daß eine Ausgestaltung der Beziehungen nach Grundsätzen der Interdependenz auch mit den Staaten des Ostens und den südlichen Regionen nicht nur aus Gründen allgemeiner Stabilität erforderlich, sondern nach westlichen Wertvorstellungen ein geradezu unverzichtbares Petitum sein sollte.

Gemeinsame Werte

Für ein Bündnis, das nicht nur auf gemeinsamen Interessen, sondern auch auf gemeinsamen Idealen (so Eagleburger am 7. 12. 1981 in Bonn) begründet sein soll, ist eine Verständigung allein im negativen und defensiven Sinne - über die Ablehnung von Zuständen des realen „Sozialismus" für die eigenen Lebensbereiche und über eine Politik zur Verhinderung sich ausweitender sowjetischer Machteinflüsse also - schlechthin nicht ausreichend. Die für die Allianz entscheidende Bedeutung der gemeinsamen Werte, auf die gerade von amerikanischer Seite immer wieder hingewiesen wird, sollte doch in einem Minimalkonsens über gemeinsame Grundsätze und entsprechendem Handeln gegenüber der übrigen Welt, der Mitmenschheit im Sinne des Wortes also, zum Ausdruck kommen. Gerade deshalb erscheint es unumgänglich, daß eine Bestandsaufnahme und eine Definition der politisch-philosophischen Inhalte, die dem Bündnis zugrunde liegen, am Anfang einer offen und öffentlich geführten Debatte steht, die mit dem Ziel einer Modernisierung des organisatorischen Rahmens der Allianz eingeleitet wird.

Reformen im Bündnis

Natürlich wird es in der politischen Strategie eines neu geformten Westbündnisse Grauzonen eines „agree to disagree" geben; ein solcher Sachverhalt wäre jedoch nicht als Folge des Emanzipationsprozesses, sondern als eine seiner eigentlichen Ursachen zu interpretieren. Nicht länger mehr in einem NATO-Rat würden unter dem unvermeidlichen Disziplinierungsdruck der Führungsmacht USA - jeweils nach Geschmack der in Washington installierten Regierung und nach wechselnden Mehrheitsstimmungen im Kongreß - die Sicherheitspolitiken der Alliierten in Westeuropa dahingehend fixiert werden, daß sie sich möglichst nahtlos in das Rüstungsprogramm und die operative Globalplanung des Pentagon einfügen. Stall dessen würde zukünftig ein Europäischer Verteidigungsrat in Selbstverantwortung über ein sicherheitspolitisches Regionalkonzept unter Einschluß der militärischen Komponenten zu entscheiden haben, um diese dann auf der Ebene eines Ständigen Konsultations- und Koordinierungssausschusses mit dem amerikanischen Partner abzustimmen.

Die Frage ist nur, ob und wann die Amerikaner die Bereitschaft und die europäischen Verbündeten den Mut aufbringen werden, konkrete Schritte in solcher Richtung zu unternehmen, um letztlich eine wirkungsvollere Allianz auf beiden Seiten des Atlantik zu erreichen. Eine Diskussion zu diesem Themenkomplex ist - im westlichen Ausland mehr als in der Bundesrepublik - durch und über die Medien bereits in Gang bekommen. Als Befürworter einer europäischen Verteidigungspolitik hat der britische EG-Kommissar Christopher Tugendhat sehr zu Recht betont: „Wir werden mit größerer Wahrscheinlichkeit Partner eines erfolgreichen Bündnisses sein und die erforderliche Unterstützung durch die Öffentlichkeit erreichen, wenn wir im Rahmen Europas vorgehen und nicht als uneinige Einzelstaaten."

Ein gemeinschaftskonformes Argumentieren führt auch die Amerikaner nicht so schnell in Versuchung, die Bundesrepublik als weichste Stelle im europäischen NATO-Bereich zum zentralen Ansatzpunkt politischer Druckausübung zu machen. Denn die amerikanische Einstellung zu den europäischen Verbündeten ist heute so facettenreich und unbestimmt wie selten zuvor: Teils droht man, die Schutzbefohlenen mit „Liebesentzug" zu bestrafen, um sie zu größerer Folgsamkeit und mehr Anerkennung der Führerschaft Washingtons zu bewegen, teils beschäftigt man sich aber auch ernsthaft mit Möglichkeiten einer Neuordnung und Reanimation der Allianz, die den USA größere Beweglichkeit bei der Wahrnehmung ihrer weltweiten Interessen verschaffen könnten.

So oder so spielt der Wunsch nach Entlastung eine Schlüsselrolle im amerikanischen Denken an Europa, und hierin liegt perspektivisch die große Chance, im *Einvernehmen* mit den USA über eine autonome Verteidigungspolitik günstigere Voraussetzungen für das Entstehen eines „europäischen Europa" zu schaffen.

Kein ausgereiftes Strategieprogramm der USA

In offiziellen Verlautbarungen hat die Regierung Reagan bisher allerdings kaum Neigung signalisiert, die den USA im geschlossenen Organisationsschema des Bündnisses zufallende politische und militärische Vormachtstellung aufzugeben; der geradezu doktrinäre Eifer, mit dem sie die Stationierung von US-Mittelstreckenraketen auf westeuropäischem Boden betreibt, ohne etwa die Alternative einer seegestützten Dislozierung überhaupt in Erwägung ziehen zu lassen, spricht eher für das Gegenteil.

Für eine großinsulare, somit maritime Weltmacht wie die Vereinigten Staaten mag es eine verführerische Vorstellung sein, das kontinentale Sowjetimperium von dessen westlicher europäischer Flanke aus und zugleich vom Osten her mit den Bevölkerungspotentialen Chinas sowie den Kapazitäten der japanischen Industriegroßmacht in die Zange zu nehmen und wenn möglich auf die Knie zu zwingen. Nur hätte eine Idee von so weltumfassender strategischer Dimension mit dem ursprünglichen Verteidigungsauftrag der NATO nur noch wenig gemeinsam; denn dieses Bündnissystem ist zwar als Eckpfeiler der europäischen Sicherheit konzipiert (und hat sich auch als solcher im großen und ganzen bewährt), nicht aber als Eckpfeiler einer Politik, die den Rest der Welt nach amerikanischen Prinzipien und Interessen auszurichten vorhat.

Wie viel oder wie wenig reale Absicht und realistische Erfolgsaussicht auch in solchem Planspiel stecken mag, dieses muß jedenfalls für eine Regierung in Washington schon insofern verführerisch sein, als sie bei steigendem Defizit an innenpolitischem Prestige selbstverständlich danach trachtet, dieses Manko durch außenpolitisches Auftrumpfen und demonstrativen Führungsstil innerhalb ihrer Bündnisse wettzumachen. Das erklärt auch den amerikanischen Druck auf Westeuropa mit besonderem Akzent auf die durch Deutschlandvertrag und Truppenstationierungsabkommen in ihrer Souveränität eingeschränkte sowie durch ihre Berlin-Verpflichtungen zusätzlich eingebundene Bundesrepublik. Der immer häufiger zu hörende Hinweis amerikanischer Emissäre auf eine denkbare Neuauflage der Mansfieldresolution zu einem Truppenabzug aus Europa, die angesichts des „latenten Isolationismus“ in den Staaten heute eine parlamentarische Mehrheit finden könnte, soll bei uns als freundschaftliche Warnung, womöglich auch als Drohung verstanden werden, über die man eine außenpolitische Gleichschaltung bewerkstelligen möchte.

Quasi als „second choice“ kommt ein alternatives Denkmuster beispielsweise in Äußerungen des „Pazifikers“ Caspar Weinberger zum Vorschein aus dessen Sicht Schweden kein eigentlich neutraler Staat ist (wie er Journalisten vor seiner Stockholmvisite neulich anvertraute), weil es über eine eigene potente Rüstungsindustrie und ein relativ starkes Verteidigungsdispositiv verfüge. Der US-Verteidigungsminister könnte demnach kaum Deutsche und andere Westeuropäer eines latenten Neutralismus oder der „Selbstfinnlandisierung“ zeihen, wenn diese sich – noch dazu im Bündnis mit Nordamerika – zu einem ihren wirtschaftlichen und technologischen Kapazitäten entsprechenden Verteidigungssystem unter eigener Regie entschlössen.

Es sollten auch Bemerkungen Weinbergers über die Notwendigkeit einer Verstärkung der konventionellen Abwehrkräfte durch die Westeuropäer selbst so ernst genommen werden, wie sie sich auf der Münchner Wehrkundetagung Mitte Februar dieses Jahres anhörten. Dahinter könnte sich durchaus auch ein Überdenken der noch immer gültigen NATO-Doktrin der flexible response verbergen, die einen möglichen Ersteinsatz von Atomwaffen auf europäischem Boden vorsieht und damit von einer Anzahl amerikanischer Autoritäten (wie George McBundy, Averell Harriman, George F. Kennan, Richard W. Allen u. a.) betonten Maxime widerspricht, wonach Nuklearwaffen *ausschließlich* für den Zweck zur Verfügung zu stehen haben, den Gegner vom Gebrauch derartiger Vernichtungsmittel abzuhalten.

Der NATO-Oberbefehlshaber aber, US-General Bernard W. Rogers, hat in München ohne Umschweife darauf hingewiesen, daß die ihm unterstehenden Streitkräfte in der „unglücklichen Situation derjenigen seien, die einen Atomkrieg beginnen müßten“, wenn sie nicht aufgrund eines erhöhten konventionellen Potentials die Entscheidung der anderen Seite zuschieben könnten. Zwar hatte der General vor einigen Monaten erst Presseleuten erklärt, daß die NATO-Truppen in Europa gut genug konditioniert seien, um allein mit konventionellen Mitteln einen Angriff aus dem Osten abwehren zu können; aber immerhin zielen seine jüngsten Äußerungen genau in eine Richtung, die den Grundvorstellungen für eine autonome europäische Verteidigungspolitik entsprechen würde, der Abkehr nämlich vom NATO-Konzept einer atomar-integrierten abgestuften Reaktion.

Hierfür könnten Vorschläge nützlich sein, die der frühere stellvertretende Oberkommandierende der US-Armee in Europa, Arthur Collins, im „Baltimore Sun" (9. 9. 1981) gemacht hat. Der ehemalige Armeegeneral lehnt vor allem die Einführung von Neutronen-Sprengköpfen im europäischen Verteidigungsbereich strikt ab, weil er sie als militärisch kontraproduzent einstuft, aber ihre politische Sprengkraft für das Bündnis als lebensgefährlich betrachtet. Er will statt dessen die zur Produktion, Lagerung und eventuellen Dislozierung dieser Waffen erforderlichen Milliardenbeträge für die Beschaffung von modernsten konventionellen Panzer- und Flugabwehrwaffen verwendet wissen. Er möchte überhaupt die taktischen Atomwaffen aus den vorderen Verteidigungsgebieten abgezogen haben, so daß lediglich weit im Hinterland luft- und wassergestützte Abschreckungsmittel zum sofortigen Einsatz gegen einen atomar angreifenden Gegner bereitstünden. Jene große Zahl von Soldaten, die jetzt für die Sicherung der vorderen Atomwaffenstellungen gebraucht werden, würde dann für eine Aufstockung der konventionellen Panzerabwehr zur Verfügung stehen; Reserve- und Territorialeinheiten hätten – mit Handpanzerabwehrwaffen ausgerüstet – in der Tiefe des Verteidigungsraums eine entscheidende Rolle zu übernehmen.

Die Ausführungen des amerikanischen Militärexperten mit langjähriger Europaerfahrung, so wegweisend sie auch für ein strategisches Umdenken sein mögen, haben jedenfalls nicht verhindert, daß in Texas die Produktion und Weiterentwicklung der Neutronenbombe voll in Gang gekommen ist und daß gegenwärtig große Teile der in der Bundesrepublik stationierten NATO-Artillerie und Raketenträgerwaffen durch technische Ergänzungen für den Abschuß von Neutronenbomben verwendbar gemacht werden.

Und doch wäre es verfehlt, würde man aus diesem Konglomerat von widersprüchlichen Worten und Handlungen nur negative Schlüsse für die Zukunft des Westbündnisses ziehen bzw. keine Chance des Ausweichens vor einer „kriegsorientierten Außenpolitik" (Jimmy Carter) sehen, die unweigerlich die Nordatlantische Verteidigungsorganisation beherrschen müßte. Eine Antwort auf eine selbst gestellte Frage, wie sie Richard Burt, Direktor für politisch-militärische Angelegenheiten im US-Außenministerium, in seiner Rede bei der Friedrich-Ebert-Stiftung am 2. Dezember 1981 in Bonn gab, ließe sich auch dahingehend deuten, daß sich die problemüberladenen USA einem konkreten europäischem Votum nicht verschließen könnten: „Hat sich Westeuropa in seinem Streben nach Einheit bis zu dem Punkt entwickelt, wo es seine eigene Verteidigung ohne fremde Hilfe aufrechterhalten kann? Sollte sich eine solche Entwicklung in Europa manifestieren, dann kann ich Ihnen versichern, daß die Vereinigten Staaten dem keine Hindernisse in den Weg legen würden."

Amerikanische Zweifel

Immer eindringlicher artikulieren amerikanische Kommentatoren und Wissenschaftler von Gewicht ihre Zweifel, ob es wirklich weise und dem gemeinsamen westlichen Interesse dienlich sei, sich an der überkommenen Bündnisstruktur festzuklammern. So drückt sich für William Pfaff (14. 11. 1981 in der „International Herald Tribune") in jenem Chor von Mißmut und Selbstherrlichkeit, der in schrillen Tönen die angeblich kapitulationsbereiten Westeuropäer geißelt, ein Symptom des instinktiven Isolationismus und Nationalismus unter konservativen Amerikanern aus, die es mutwillig auf eine Demontage der Allianz abgesehen haben. Andererseits sei die NATO als solche eben eine überalterte Bündniskonstruktion, die schleunigst durch ein „besseres Sicherheitsarrangement" in Europa abgelöst werden solle. Ein solcher Prozeß dürfe jedoch die Völker beiderseits des Atlantik nicht auseinandertreiben, er müsse vielmehr von der positiven Absicht getragen sein, die westliche Zusammengehörigkeit auf einer wahrhaft partnerschaftlichen Vertrauensgrundlage erneut zu bestätigen. Die Existenzberechtigung der NATO müßte schon deswegen in Frage gestellt werden, weil in Europa die Konfrontation mit Rußland heute völlig anderer Art sei als vor dreißig Jahren. Jetzt gäbe es ein Problem der gemeinsamen Sicherheit für ganz Europa – einschließlich der Sowjetunion.

Der Leitartikler der erzkonservativen „Chicago Tribune", Stephen Chapman, drückt sich bündiger aus: „Es gibt keinen überzeugenden Grund mehr für den Fortbestand der NATO. Die Verantwortung, Europa zu verteidigen, liegt jetzt bei den Europäern."

Im „Wall Street Journal" schließlich schreibt Professor Walter Laqueur (4. 1. 1982), es sei einfach lächerlich gewesen, so zu tun, als ob immer alles großartig in der Allianz liefe; nun wäre es aber nicht mehr möglich, diese Fiktion aufrechtzuerhalten. Amerika sollte sich über das Ausmaß gemeinsamer Interessen mit Europa in der

Welt des Jahres 1982 Klarheit verschaffen und nicht länger den Eindruck erwecken wollen, als sei es europäischer als die Europäer selbst. Die Frage nach der Zukunft des Bündnisses stehe jetzt auf der Agenda der Geschichte und werde sobald nicht davon verschwinden.

In der Londoner „Times“ (16. 2. 1982) konstatiert Zbigniew Brzezinski, daß sowohl die NATO wie auch der Warschauer Pakt Produkte der Verhältnisse seien, die in den späten 40er und den frühen 50er Jahren bestanden hätten. „Die Zeit ist gekommen, wo wir uns die Frage stellen sollten, ob Jedes der beiden Arrangements im Zusammenhang mit dem internen Charakter oder den Beziehungen zwischen den beiden Allianzen in jeder Hinsicht noch immer historische Geltung hat.“

Die Enttabuisierung der NATO hat begonnen – in Amerika

In besonders konkreter und konstruktiver Weise setzt sich der führende Europaexperte von Harvard, Stanley Hoffmann, mit dem Themenkomplex auseinander, wobei seine Überlegungen auf die zentrale Schwachstelle der NATO abzielen: die letztlich exklusive Entscheidungsvollmacht der USA über den Gebrauch atomarer Waffen im Rahmen des atlantischen Verteidigungssystems. Auf der American-European-Conference (März 1981 in Princeton) forderte er eine neue Bündnisstrategie, die eine schrittweise Formation einer westeuropäischen Verteidigungsorganisation herbeiführen solle; das bedeute eine Verstärkung der konventionellen Rolle Westeuropas, während gleichzeitig die Nuklearpotentiale Englands und Frankreichs integriert werden müßten. Wenn nun einmal die USA einen größeren Beitrag von den Europäern zu deren eigenem Schutz verlangten, hätten die bisherigen amerikanischen Widerstände gegen eine Reorganisation der NATO und gegen eine Europäische Verteidigungsgemeinschaft jede Berechtigung verloren.

In einem Aufsatz, den Hoffmann für das Winterheft 81/82 von „Foreign Affairs“ schrieb, geht er noch direkter auf eine nukleare Autonomie Westeuropas zu. Ausgehend von der TNF-Problematik und den divergierenden Sicherheitspolitiken im Bündnis postuliert Hoffmann, daß eine westliche Politik, die darauf ausgerichtet ist, die Gefahr eines Krieges mit der Sowjetunion durch politische und militärische Mittel abzuwenden, nicht länger allein von Washington her bestimmt werden dürfte. So sollten auch die europäischen Alliierten an Verhandlungen über Rüstungskontrolle, soweit sie den europäischen Schauplatz beträfen, aktiv teilnehmen können. Es sei auch ins Auge zu fassen, eine eigenständige europäische Abschreckungsmacht entstehen zu lassen; es könnten die französischen Mittelstreckenraketen-Systeme durch den Erwerb entsprechender Waffen aus amerikanischer Produktion ergänzt werden, wenn diese damit aus der Kontrolle der USA oder der NATO (was gleichbedeutend ist) einem Europäischen Oberkommando unterstellt würden. Voraussetzung dafür wäre allerdings die Schaffung eines „Europäischen Verteidigungsdirektorats", in dem die Bundesrepublik nicht nur an der Einsatzentscheidung für Atomwaffen, sondern auch an deren Produktion und damit an ihrem kollektiven Besitz teilhaben müßte; damit wäre auch per se sichergestellt, daß Bonn nicht selbständig solche Waffen herstellen oder über sie verfügen könnte.

Und Moskau?

Leider wird man noch davon auszugehen haben, daß Moskau in seiner ideologisch verkrampften politischen Inflexibilität durchaus starke Vorbehalte gegen jede Form von westeuropäischer Verselbständigung auf militärischem Gebiet hat, besonders wenn diese unvermeidlich eine nukleare Komponente vorsieht. Die Sowjets betrachten ein solches Vorhaben schlicht aus der Perspektive einer damit verbundenen Verstärkung des westlichen Gesamtpotentials.

Eine Rücksichtnahme auf sowjetische Vorstellungen solcher Denkungsart wäre aber schon deshalb verfehlt, weil das unserem Verständnis von Sicherheitspartnerschaft zuwiderliefe; denn schließlich bestünde ja Sinn und Zweck einer Autonomisierung der westeuropäischen Verteidigungspolitik gerade darin, das politische und militärische Verhaltensmuster dieser Staatengemeinschaft nicht nur für den amerikanischen Bundesgenossen verbindlicher, sondern auch für die Sowjetunion berechenbarer werden zu lassen.

Die Haltung des westeuropäischen Verbündeten

Was nun die Haltung unserer westeuropäischen Verbündeten - speziell der französischen Nachbarn - zum Projekt einer eigenständigen Verteidigungsunion in Allianz mit Nordamerika und der damit verbundenen nuklearpolitischen Problematik betrifft, so braucht man nicht auf entsprechende Offerten de Gaulles in der Mitte der 60er Jahre zurückzugreifen, die den von Stanley Hoffmann formulierten

Ideen schon recht nahe gekommen waren. Was am 29. Januar 1982 in der seriösen Wochenzeitschrift „Paris Match“ unter der Rubrik „Schlagzeilen von morgen“ berichtet wurde, blieb soweit unbestätigt: Danach soll Bundeskanzler Schmidt bei seinem Blitzbesuch Anfang des Jahres in Paris dem französischen Staatspräsidenten nahegelegt haben, Pershing-II-Raketen in Frankreich zu stationieren. Angebliches Schmidt-Zitat: „Die Vereinigten Staaten sind bereit, Ihnen die Kontrolle zu überlassen.“

Reagierte Frankreich positiv auf eine solche Offerte, so wäre damit eine wichtige Voraussetzung für das Zustandekommen einer autonomen europäischen Verteidigungspolitik geschaffen. Mitterrand hatte bereits in einem Interview mit dem „Corriere della Sera“ im Oktober 1981 erklärt: „Die Friedensbewegungen verstehe ich sehr gut, besonders die in der Bundesrepublik. Dies ist ein Land, das kein Recht hat, Atomwaffen zu besitzen, aber sein Territorium ist mit Waffen überdeckt, deren Einsatz von anderen abhängt.“

Helmut Schmidt hat genau diesen Punkt im Interview mit dem „Nouvel Observateur“ (30. 1. 1982) aufgegriffen: „Die Deutschen befinden sich in dieser Hinsicht nicht in derselben erfreulichen Lage wie die Franzosen, denn der französische Staatspräsident entscheidet allein über den Gebrauch der auf französischem Boden befindlichen Atomwaffen. Auf deutschem Gebiet befinden sich Waffen, deren eventueller Einsatz von anderen Regierungen abhängt.“

Es liegt auf der Hand, daß ein so skizzierter, höchst unbefriedigender Zustand am ehesten über eine europäische Verteidigungsunion, für deren Mitgliedsländer faktisch eine territoriale Interessenidentität gegeben ist, verändert werden kann. Europäische Abschrekkungswaffen aus dem ABC-Arsenal sind grundsätzlich von anderer politischer Qualität als etwa amerikanische. Wenn noch dazu ein Europäischer Verteidigungsrat als oberstes sicherheitspolitisches Gremium die Kontrolle über diese Waffen, die unter dem Befehl eines europäischen Oberkommandierenden stehen würden, ausübt, dann ist auch die Frage nach den Stationierungsplätzen politisch soweit entschärft, daß sie weitgehend nach Gesichtspunkten militärischer Zweckmäßigkeit behandelt werden kann.

Als richtungsweisend aber für die Einstellung der französischen Regierung, die sehr stark von außenpolitischer Kontinuität geprägt ist und daher auf breitem nationalen Konsensus basiert, waren Äußerungen des Ministerpräsidenten Pierre Mauroy bei der Führungsakademie in Paris am 14. 9. 1981. Er ging in seiner Rede auf die „gesamte geopolitische Zone, in die wir eingebunden sind", ein und bezeichnete ein Bemühen um Reorganisation und Solidarität im europäischen Maßstab als dringend notwendig, um die Hindernisse zu überwinden, die sich der Schaffung eines „gemeinsamen militärischen Verteidigungsraums in Europa" entgegenstellten. Mauroy betonte, daß eine Aggression gegen Frankreich nicht erst begänne, „wenn ein Feind auf unser Staatsgebiet vordringt". Nach dem amerikanischen Konzept einer Abschreckung auf selbstgewählter Stufe könne Europa „nur eine Sprosse auf der Leiter der Gewalt und nicht einer der Hauptzwecke ihrer Verteidigung sein. Für Franzosen ist das eine unannehmbare Eventualität. Eine Eventualität, welche die Europäer veranlassen sollte, über die Perspektive eines politischen Ganzen nachzudenken, das über eine eigenständige Verteidigung verfügt." (Europa-Archiv 21/81).

Den programmatischen Bemerkungen von Mauroy schlossen sich dann auch entsprechende Äußerungen von seiten führender Regierungsmitglieder, Parlamentarier und hoher Funktionäre der Sozialistischen Partei Frankreichs an, die durch Kommentare auch in konservativen Zeitungen ergänzt wurden. Es ist mehr als verwunderlich, daß diese Flut von Avancen, die ganz offensichtlich mit Vorrang Bonn galten, in der deutschen Öffentlichkeit kaum registriert worden sind:

> „Ich bin für die Nutzung der europäischen Dimension. Wir werden die Institutionen schaffen, die wir brauchen."
>
> *(Außenminister Cheysson, 10. 10. 1981).*

> „Wie kann man diesem Europa die strategische Dimension und die unabhängige Verteidigung verwehren?"
>
> *(Jospin, Erster Sekretär der Sozialistischen Partei, am 21. 10. 1981)*

> „Es wird immer offenkundiger, daß Europa selbst die Möglichkeiten seiner Verteidigung und seines Überlebens finden muß."
>
> *(Claisse im französischen Rundfunk).*

> „Tatsächlich werden die Zirkusspiele, mit denen sich Moskau und Washington abgeben, über unsere Köpfe hinweg gespielt. Sie müßten die Europäer in einer gemeinsamen Entschlossenheit befestigen, sich mit autonomen nuklearen und konventionellen Waffen auszustatten ..."
>
> *(„L'Aurore", 19. 11. 1981)*

Gegenargumente

Als Haupteinwände gegen eine Revision des atlantischen Bündnisses durch Austausch der militärisch integrierten NATO mit einem autonomen europäischen Verteidigungssystem, werden bei uns und in anderen westeuropäischen Ländern vorwiegend die folgenden Argumente ins Feld geführt: Erstens stelle eine massive US-Truppenpräsenz auf dem Kontinent die sicherste Garantie für eine automatische Verwicklung Amerikas in jedem Fall einer militärischen Angriffshandlung aus dem Osten dar (Geiseltheorie). Zweitens würde ein Abzug amerikanischer Streitkräfte Kompensationen seitens der europäischen Staaten erfordern, denen sie finanziell nicht gewachsen seien. Drittens wäre zum Ausgleich eine Aufstockung der deutschen Kontingente erforderlich, die ein für die Nachbarn schwer erträgliches militärpolitisches Übergewicht der Bundesrepublik mit sich bringen würde.

Das erste Argument enthält ein grundsätzliches Mißtrauen gegenüber dem amerikanischen Alliierten, das dieser nicht verdient, solange für seine Politik überhaupt Maßstäbe der nationalen Sicherheit - noch dazu gepaart mit Weltmachtinteressen - maßgebend sind: Die atlantische Gegenküste, hinter der die andere Hälfte des westlichen Gesamtpotentials versammelt ist, hat für die USA schlicht existentielle Bedeutung. Wenn also heute im „wartime host nation support agreement“ die ausdrückliche Zusicherung Washingtons enthalten ist, im Krisenfall sechs Divisionen zum Schutz Westeuropas zu entsenden, so ist nicht einzusehen, warum Expeditionseinheiten solchen oder sogar größeren Umfangs nicht auch zur Verfügung stehen sollten, wenn die hier zur Zeit stationierten fünf US-Divisionen in ihre Heimat oder anderswohin verlegt würden. Es versteht sich von selbst, daß amerikanische Verbindungsstäbe bei einem europäischen Oberkommando angesiedelt würden, amerikanische See- und Luftstützpunkte ebenso wie Depots, Unterkünfte und sonstige logistische Einrichtungen auf westeuropäischem Gebiet bereitzuhalten wären. Die Entscheidung allerdings über Notwendigkeit, Zeitpunkt und gegebenenfalls den Einsatz militärischer Mittel könnte nicht einseitig von den USA getroffen werden, sondern dürfte nur aufgrund eines Beschlusses des Europäischen Verteidigungsrates in Abstimmung mit Washington erfolgen.

Das zweite Argument der haushaltsmäßigen Überlastung widerlegt recht eindrucksvoll der Präsident des Italienischen Instituts für

Internationale Beziehungen, Cesare Merlini („Europa“ 24/81) mit seinen Vorschlägen für eine „radikale Reform“ der EG in Richtung auf eine politisch handlungsfähige Gemeinschaft: „Das Europa der Zehn gibt für die Verteidigung ungefähr zwei Drittel der Aufwendungen der Vereinigten Staaten aus, aber nur wenigen diesseits des Atlantik ist das bekannt. Das Fehlen selbst eines gewissen Maßes von Rationalisierung - geschweige denn Integration - führt dazu, daß der Unterschied in der strategischen Effektivität gigantisch ist.“

Das dritte Argument des möglichen deutschen Übergewichts verlöre schon viel an Stichhaltigkeit durch ein strukturell verändertes Verteidigungskonzept, das die Mobilisierung operationstüchtiger Reserveeinheiten gleichsam aus dem Stand vorsieht. Außerdem sollte es realisierbar sein, die jetzt in der Bundesrepublik stationierten britischen, französischen, belgischen und niederländischen Truppenkontingente von insgesamt über 150 000 Mann auf rund eine Viertelmillion zu bringen.

Gesellschaftlicher Konsens

Der in England lehrende Schwede Neild macht darauf aufmerksam, daß in den westeuropäischen Friedensbewegungen neuerdings auch über alternative Verteidigungsmodelle diskutiert wird, die auf eine stärkere Betonung der konventionellen Abwehr hinauslaufen, wie sie auch von etlichen Militärexperten empfohlen wird. Als gemeinsamer Nenner könnte sich dabei die ebenso simple wie einleuchtende These des Kopenhagener Politologen Anders Boserup erweisen, nach der eine Verbesserung der Abwehrkraft durch Bereitstellung von zusätzlichen Waffen, die ausschließlich für Verteidigungszwecke geeignet sind, von potentiellen Gegnern nicht als Bedrohung verstanden werden könnte. Auf solche Weise ließe sich ein Rüstungswettlauf sogar ohne Verhandlungen abbrechen.

Eine Umfrage der Zeitschrift „Capital“ hat neulich ergeben, daß 80% der Bundesdeutschen, 75% der Franzosen und 59% der Briten für eine Vereinigung Westeuropas sind. Das sich in diesen Zahlen ausdrückende Selbstverständnis der Bevölkerungen sollte die Regierungen der großen EG-Länder zu Initiativen ermutigen. Italiens Außenminister Emilio Colombo hat am 19. 2. 1982 in einer Rede vor der Georgetown-Universität in Washington einen europäisch-amerikanischen Freundschaftspakt vorgeschlagen. Ein solcher könnte - zum Beistandspakt erweitert - eine neue Harmonie im Westen begründen, die ihre Haltbarkeit aus der gegenseitigen Respektierung verschiedenartiger Interessenlagen bezieht.

Die Quintessenz einer derart umfassenden Bündnisreform mag in der Aussage von François Mitterrand liegen, die er am 23. 2. 1982 im Zweiten Deutschen Fernsehen zu der Frage einer europäischen Verteidigungsautonomie gemacht hat: „Wenn wir eine größere Unabhängigkeit Europas anstreben, dann nicht in einer Konfliktstellung zum Altantischen Bündnis, das unsere Sicherheit garantiert. Andererseits wollen wir auch nicht diese gefestigte Einheit Westeuropas als eine Art Vorposten gegen das östliche Lager aufbauen. Ich glaube, daß wir nichts Positives erreichen können, wenn wir jene schwere Spannung vertiefen, die heute die Welt und insbesondere Europa belastet."

Auswärtige Politik und Öffentlichkeit

(1983)

Eine durchgängig funktionierende Demokratie sollte sich dadurch auszeichnen, daß die in Exekutive und parlamentarischen Gremien stattfindende Meinungsbildung sowie die einzelnen Stadien eines jeden Entscheidungsprozesses ausreichend transparent sind, der Bevölkerung also zugänglich gemacht werden, um es dem Staatsbürger zu erlauben, an der Erörterung des Für und Wider wenigstens informativ-konsultativ teilzuhaben. Diesem Grundsatz kommt besondere Bedeutung im System der repräsentativen Demokratie zu, wo der Wähler nicht direkt – wie etwa beim Schweizer Modell – über Gesetzesvorhaben oder außenpolitische Beschlüsse per Referendum mitentscheidet. Der Wahlbürger kann nur mit Resignation oder Unwillen reagieren, wird er erst dann mit kontroversen, sein persönliches Schicksal beeinflussenden Themen (aufbereitet und programmiert in den Dienststuben der Administration) vertraut gemacht, wenn darüber bereits im Parlament debattiert und abgestimmt wird, nachdem hinter den verschlossenen Türen der „Experten"-Ausschüsse von Grüppchen privilegierter Abgeordneter der Regierungs- und Oppositionsparteien Vorentscheidungen getroffen bzw. ausgehandelt worden sind. Dem Demokratiebewußtsein im Volk bekommt es auf Dauer gar nicht gut, wenn dem Souverän das Gefühl vermittelt wird, draußen vor der Tür zu bleiben und sich mit vollendeten Tatsachen abfinden zu müssen, weil ihm die Urteilsfähigkeit schlicht abgesprochen wird.

Das gilt besonders auch für den Bereich der Außenpolitik, wo z. B. auf der Grundlage von Mitgliedschaften in internationalen oder multinationalen Organisationen und früher einmal ratifizierter Rahmenverträge von den Regierungen zu jeder Zeit Absichtserklärungen abgegeben oder Verpflichtungen eingegangen werden können, die oft genug das Leben der Völker entscheidend prägen, ohne daß diesen jedwede Form der Mitsprache, sei es auch nur über ihre gewählten Vertreter, eingeräumt wird. Erst post festum wird gegebenenfalls anläßlich einer gerademal anstehenden Wahl dem Souverän Gelegenheit geboten, seine Meinung zu dieser oder jener Weichenstellung, welcher der Zug der Zeit bereits gefolgt ist, Ausdruck zu verleihen. Seine Wahlentscheidung aber hat er dann über ein umfassendes Ergebnis- und Programmpaket zu treffen, in dem innen- und außenpolitische Probleme miteinander verschnürt sind. So wird sich sein Votum zwangsläufig undifferenziert aus den gerade im Vordergrund stehenden Eindrücken und Sorgen ergeben. Als ein klassisches Beispiel für die Überlagerung eines sicherheitspolitischen Komplexes von geradezu schicksalshafter Bedeutung durch ein auf den Nägeln brennendes wirschaftlich-beschäftigungspolitisches Problem bietet sich die Bundestagswahl vom 6. März 1983 an. Dennoch könnte theoretisch eine Mitbestimmung des Wählers im Sinne von Kurskorrekturen oder Neuorientierungen stattfinden, wenn zufällig ein Wahltermin mit außenpolitischen Entscheidungszwängen zusammenfiele, die das allgemeine Interesse voll auf sich lenken und zu denen die Opposition echte Alternativvorschläge anzubieten hätte.

Die praktische Möglichkeit einer Einflußnahme des Wählers auf außenpolitische Entscheidungen wird allerdings nicht unwesentlich eingeschränkt durch das verführerische Etikett „Kontinuität", das von den rivalisierenden Parteien im Sinne „wohlverstandener nationaler Interessen" allzu gerne benutzt wird. So geschehen bei den Märzwahlen in der Bundesrepublik, als es um eine Auseinandersetzung mit der aktuell anstehenden Frage einer Stationierung amerikanischer Mittelstreckenraketen ging: Die konservativen Koalitionäre verstanden es, sich als Hüter des Prinzips einer sogenannten Null-Lösung in Positur zu stellen, das sie wie einen Stafettenstab vom Ex-Kanzler Helmut Schmidt übernommen zu haben vorgaben. Der SPD-Kanzlerkandidat Hans-Jochen Vogel wurde von ihnen als Abweichler von der rechten Bahn denunziert, weil er sich für einen ausgewogenen Kompromiß einsetzte, der nach Möglichkeit eine Heranführung neuer US-Kernwaffensysteme auf westeuropäisches Gebiet überflüssig machen sollte. Geflissentlich unbeachtet blieb dabei, daß auch Schmidt bereits im Sommer des vergangenen Jahres die von Präsident Reagan vorgetragene Version einer „Zero Option" lediglich als eine „Eröffnungsposition" bezeichnet und einen Verzicht auf Stationierung von Pershing II sowie von Marschflugkörpern befürwortet hatte, falls sich die sowjetische Seite mit etwa 75 Systemen der SS-20 in Europa begnügen würde. Nicht unerwähnt sollte in diesem Zusammenhang bleiben, daß auch schon unmittelbar vor den Wahlen auf politisch verantwortlicher Seite der Bundesregierung die Meinung artikuliert worden war, zumindest die Pershing II brauchte überhaupt nicht in Europa, sprich: exklusiv auf deutschem Boden, stationiert zu werden, so wie das etwa die 1982 von dem Amerikaner

Nitze und dem Russen Kwitzinski entworfene Kompromißformel vorsah.

Mit dem vollständigen Verzicht auf eine Dislozierung dieser typischen Erstschlagwaffe (deren Charakter durch eine zusätzliche Stationierung der nuklearen Boden-Luft-Rakete Patriot noch unterstrichen würde) wäre wenigstens vermieden, daß die Bundesrepublik politisch und militärisch in eine Sonderbeziehung mit den USA geriete, indem sie zu einer vorgeschobenen Basis für amerikanisches strategisches Bedrohungspotential gemacht würde und überdies die Option für eine Partnerschaft in einer europäischen politischen Union de facto abzuschreiben hätte. Hatte man wirklich den deutlichen Hinweis z. B. im Leitartikel der „New York Times" vom 21. 12. 1982 übersehen: Der NATO-Doppelbeschluß diene primär politischen Zwecken; militärisch sei er im Grunde nur von marginaler Bedeutung, da das vorhandene strategische Potential beider Seiten zur Abdeckung der betreffenden Ziele ausreiche? (Wie politisch die USA eine Globalisierung des Altantischen Bündnisses zu betreiben suchen, zeigt sich deutlich genug an der Ermunterung Japans, einen „Konsultationsmechanismus" mit der NATO zu etablieren.) Allein aus dieser Perspektive wirkten die häufig von Unionspolitikern vorgebrachten Beschwörungen, man sollte aus nationalen und Bündnisinteressen doch ja von einem „Raketenwahlkampf" Abstand nehmen, reichlich konzeptionslos und etwas widersprüchlich. (Auch nach Tische hörte es sich am - 15. April 1983 - dann weiter ganz so in Washington an, als hätten am 6. März Stationierungswahlen stattgefunden.) Dieses Ablenkungsmanöver entsprach nicht nur einem verengten Demokratieverständnis, sondern war auch ein Mißtrauensvotum zur europäischen Identität. Paradoxerweise war es aber gerade Bundeskanzler Kohl gewesen, der als erster - nämlich Mitte November 1982 in Washington - die Entscheidung über die Raketenstationierung als ein essentielles Wahlthema angekündigt hatte.

Er mag bald darauf seine Absicht revidiert haben, als ihm im Januar 1983 Umfrageergebnisse vorgelegt wurden, wonach gut 60 Prozent der Bundesbürger (etwa eine gleiche Mehrheit wie in der britischen Bevölkerung) der Meinung waren, eine Entscheidung über die für den kommenden Herbst vorgesehene US-Stationierung sollte erst einmal verschoben werden, wenn bis dahin in Genf keine Einigung erzielt sein würde. Eine im deutschen Regierungsauftrag durchgeführte SINUS-Untersuchung hatte immerhin ergeben, daß eine Majorität auch unter den potentiellen Unionswählern mit einer möglichen Nachrüstung die Vergrößerung des Risikos eines Atomkrieges verband und deswegen Proteste gegen die Stationierung ausdrücklich begrüßte. Bedenkt man ferner, daß laut einer „Newsweek"-Umfrage (veröffentlicht am 31. 1. 83) deutliche Mehrheiten in praktisch allen europäischen NATO-Ländern sogar zu einem Neutralismus im Ost-West-Konflikt neigten, weil diese Befragten befürchteten, daß Feindseligkeiten zwischen den USA und der Sowjetunion unweigerlich einen 3. Weltkrieg auslösen könnten – dann wird hier erstmals die Gefahr sichtbar, daß NATO und Demokratie in einen offenen Gegensatz zueinander geraten. Das gilt letztlich auch für die USA selbst, wo eine repräsentative Umfrage im Februar 1983 („US-News and World Report") ergab, daß zwei Drittel der Amerikaner für ein Einfrieren der amerikanischen und sowjetischen Atomarsenale sowie einen Entwicklungs- und Versuchsstopp eintreten, „selbst wenn zwischen beiden Ländern kein Gleichstand herrscht". Das Bündnis mitsamt den natürlich gewachsenen freundschaftlichen Bindungen zwischen den westlichen Nationen gerät allerdings unweigerlich unter die Räder, wenn elitäre Anmaßung den Ton bestimmt, wie anläßlich der 33. deutsch-englischen Gespräche in Königswinter (am 18. 3. 1983) in den Worten eines britischen Unterstaatssekretärs: „Würden wir jetzt vor dem Druck aus der eigenen Bevölkerung zurückweichen, so würden wir unsere Sicherheit gefährden."

Beinahe ebenso bedenklich klingt auch die reichlich eigenwillige Behauptung des US-Vizepräsidenten vom 24. 3. 1983 in Ottawa, wonach die Wahlen zum 10. Deutschen Bundestag „etwas ausgesagt" hätten über die Ernsthaftigkeit der Genfer Verhandlungen, aber auch über die Nachüstung.

In der „Washington Post" schrieb am 9. November 1982 Michael Getler über seine Eindrücke von einer Civil-Service-Konferenz in Sunningdale, England, daß sich offenbar besonders solche Beamten, die mit Fragen der militärischen Sicherheit befaßt sind, von der öffentlichen Meinung in den NATO-Ländern isoliert hätten. So habe ein britischer Diplomat darauf hingewiesen, daß die Unterstützung für die NATO als Verteidigungsbündnis gegen einen konventionellen Angriff zwar nach wie vor in allen Mitgliedstaaten in befriedigendem Maße gegeben sei, während jedoch die Einstellung zur Atompolitik der NATO von Konfusion und zunehmender Ablehnung geprägt werde. Wenn sich die NATO diesen Zweifeln nicht stellen würde und ihre Konzepte nicht besser erläutern könnte, werde sie mit der öffentlichen Meinung Probleme bekommen. Ein in Europa tätiger Amerikaner wurde zitiert: „Die Bevölkerung fühlt sich mehr bedroht durch unsere Reaktionen auf die (sowjetische) Bedrohung als durch diese selbst. Die Leute haben das Gefühl, wir seien außer Kontrolle geraten."

Was für einen Reim soll man sich erst in diesem unserem Lande auf die öffentliche Äußerung eines journalistischen Militärexperten machen, der inzwischen zu den höchsten Beamten der Bundesregierung gehört: Da eine atomare Auseinandersetzung auf deutschem Boden nun mal nicht auszuschließen sei, ginge es letztlich nur darum, die biologische Substanz und den Fortbestand der Nation in der Geschichte zu erhalten.

Die deutschen Massenmedien beleben nicht unbedingt die kritische Auseinandersetzung und demokratische Willensbildung in der Allgemeinheit mit auswärtigen Problemen. Der fernsehende Bürger wird zwar reichlich bedient mit Begegnungszeremonien, bei denen gekrönte Häupter oder Staatspräsidenten, Regierungschefs oder Minister an den vom Protokoll reservierten TV-Terminen ins Bild gesetzt werden, sich mit einer maskenhaft anmutenden Herzlichkeit zum Gespräch in Fauteuils plazieren oder später bei einer Pressekonferenz Kommuniqués verlesen, die meist schon lange vor dem Treffen von routinierten Beamten fabriziert wurden; auf etwaige Journalistenfragen wird mit wenig aussagestarken Floskeln geantwortet. Zwar müht sich in Radio, Fernsehen und in den Leitartikelspalten der Intelligenzblätter eine Anzahl von Moderatoren und Kommentatoren redlich auch mit außenpolitischer Thematik ab; sie bleiben aber nur zu häufig bestrebt, sich den Beifall ihres Publikums dadurch zu sichern, daß sie auf parteiische Erwartungshaltungen unter Bestätigung gängiger Klischeevorstellungen eingehen. Den ihr vorgegebenen Auftrag, durch eigenwillige Interpretationen und konzeptionelle Beiträge die breite Öffentlichkeit im Sinne einer Anregung von Kritikfähigkeit mehr in die außenpolitische Debatte einzubeziehen, erfüllt die vierte Kraft im Staate auf diese Weise nur unzureichend. Wenig darf man sich übrigens auch von einem Zuwachs an politisch relevanten Einsichten durch das Phänomen des Europa- und Ferntourismus versprechen, wenn man nur die Attitüde reiselustiger Landsleute zur Gastarbeiterproblematik beobachtet.

So fällt die Außenpolitik nahezu unreflektiert in die Exklusivität einer Kabinettspolitik des 19. Jahrhunderts zurück. Dieser Sachverhalt muß um so bedenklicher stimmen, als die Bundesrepublik in ein ganz spezifisches Netz geopolitischer Abhängigkeiten und nationaler Verantwortlichkeiten verflochten ist, was dazu führt, daß ihre Innenpolitiken in extremem Maße von Umfeldbedingungen beeinflußt sind. Bei aller Betonung der sich in der westlichen Industriewelt und letzten Endes global verdichtenden Interdependenzen bleibt noch immer das Charakteristikum für eine große Macht, daß diese ihre Innenpolitik in Stil und Substanz das außenpolitische Handeln bestimmen läßt. Besonders deutlich tritt das heute bei den Supermächten USA und Sowjetunion zutage, die ihre militärische Sicherheit selbst besorgen und mehr oder minder - wenigstens potentiell - wirtschaftlich autark lebensfähig sind. Demgegenüber kennzeichnet das Ausmaß an Einwirkungen außenpolitischer Faktoren, gegeben durch essentielle ökonomische und Verteidigungsbedürfnisse, auf die innenpolitische Konstellation und Situation eines Landes dessen einseitigen Abhängigkeitsgrad und relativen Machteinfluß.

Es liegt auf der Hand, daß gerade einem Land wie der Bundesrepublik Deutschland, in dem bei Bundestagswahlen Fragen der auswärtigen Beziehungen noch stets eine wichtige Rolle zugekommen sind, die besondere Verpflichtung auferlegt sein sollte, seine Bürger zum Mitdenken auf diesem Sektor heranzuziehen. Als dafür geeignetes Mittel könnten Meinungsumfragen durchaus eine wesentliche Rolle spielen; bisher jedoch haben sie eigentlich nur im Vorfeld von Wahlen eine - allerdings vorwiegend innenpolitisch und personell betonte - stärkere Beachtung in der breiten Öffentlichkeit wie natürlich erst recht in den politischen Führungskreisen gefunden. (Dabei zutage tretende Ansätze von parteiischer Manipulation haben noch dazu leider diesem wichtigen Medienelement ein bedenkliches Seriositäts-Defizit zugefügt.) Repräsentative Stichproben, die sich auf die Einstellung der Bevölkerung zu dem einen oder anderen Problem in den Bereichen der Sicherheit, des Ost-West-Verhältnisses oder der Dritten Welt bezogen, sind gelegentlich im Auftrag der Bundesregierung, verschiedener Medien oder Institutionen durchgeführt worden, ohne jedoch wesentlich zu einem Dialog zwischen Bürger und politischer Führung beigetragen zu haben.

Das systematische Hineinhorchen in die Volksseele im eigenen Land oder auch anderswo, sei es in Nachbarstaaten oder ferneren Ländern, deren außenpolitisches Verhaltensmuster sich auf das eigene politische Schicksal auswirkt, trägt durchaus ambivalente Züge. Natürlich nehmen die Regierenden in allen Ländern - unabhängig von ihrer Staatsform - ein reges Interesse daran, wie es um die statistisch verifizierbare Meinung eigener oder fremder Staatsbürger bestellt ist. Man braucht Extrembeispiele aus Herrschaftsbereichen des „realen Sozialismus“ oder rechtsautoritärer Staatsregime (wo ganz selbstverständlich Umfrageergebnisse nicht zur Veröffentlichung freigegeben, sondern in den Gifttresoren der Geheimdienste gehütet werden) nicht heranzuziehen, will man Geheimnistuereien auf diesem Feld nachweisen. Ganz allgemein üben Regierungen, sei es aus innen- oder außenpolitischen Gründen, Zurückhaltung bei der Publizierung der von ihnen gewonnenen Meinungsanalysen. Auch wenn man solchem Verfahren subjektive, in Einzelfällen sogar objektive Berechtigung zubilligen kann, kommt es doch sehr darauf an, welchen Gebrauchswert ein öffentlicher Auftraggeber den für ihn erstellten Umfragen zumißt. So ist es politisch von grundsätzlich verschiedenartiger Qualität, ob eine Regierung die aus einer solchen Untersuchung gewonnenen Erkenntnisse dazu benutzt, um ihre eigenen Pläne und Beschlüsse danach zu überprüfen, oder ob sie die Auswertung lediglich unter dem Gesichtswinkel vornimmt, Schwachstellen ihres politischen Einwirkens auf die Bevölkerung auszumachen, diese als Informationslücken zu diagnostizieren, die es durch zusatzliche Aufklärung und Propaganda auszubessern gilt. Günstigstenfalls wird eine pluralistisch orientierte Regierung ihre Schlüsse in beiden Richtungen ziehen, auch wenn sie nur jene Teile eines ihr vorliegenden Meinungsbildes unter die Leute bringen sollte, aus denen sich eine weitgehende Zustimmung zu dem von ihr eingeschlagenen Kurs ergibt, oder die zumindest nicht unnötige Irritationen im Ausland auslösen, soweit es sich um Fragen gegenseitiger Beziehungen und Einschätzungen handelt.

Daß die Amerikaner, so sehr sie auch aufgrund ihrer Weltmachtstellung in sich selber ruhen, als quasi Erfinder der „opinion polls“ nicht nur jeden politischen Meinungstrend im eigenen Staatsgebiet registrieren und verfolgen, sondern die Volksmeinung auch überall dort im Ausland observieren, wo sie ihre Interessen und Einflüsse berührt sehen, darf nicht verwundern. Als beispielhaft für die Art und Weise, wie die US-Regierung Stimmungsentwicklungen in ihrem Land und bei den europäischen Bundesgenossen in Einzelfragen, etwa der Sicherheitspolitik, beobachtet, um daraus zu gegebener Zeit Erwägungen über politische Revisionen anzustellen, ließe sich der Vorstoß des Oberbefehlshabers der NATO, General Bernhard W. Rogers, in der Zeitschift „Foreign Affairs“ (Sommer 1982) ansehen. In diesem Aufsatz ging es wesentlich um ein Überdenken der heute noch gültigen NATO-Strategie nach der Abschreckungsdoktrin einer „flexible response", die einen verhältnismäßig frühzeitigen Ersteinsatz auf westlicher Seite von sogenannten atomaren Gefechtsfeldwaffen im Falle eines Einbruchs sowjetischer Angriffsverbände in die Verteidigungsriegel des Bündnisses vorsieht.

Man darf wohl getrost davon ausgehen, daß dem General, dem Pentagon und erst recht dem amerikanischen Präsidenten seit Jahr und Tag schon eine Trendanalyse über die Volksmeinung in den Allianzstaaten vorliegt, die steigendes Unbehagen vor allem bei den Westeuropäern über diese Verteidigungsplanung bestätigt. Äußerungen von Präsident Reagan bei seinem Besuch in Bonn über eine mögliche Anhebung der nuklearen Schwelle weisen darauf hin, ebenso wie schon frühere öffentliche Erklärungen führender amerikanischer Militärexperten zu diesem Thema. Erst aber, als offensichtlich die technologischen Voraussetzungen für eine konventionelle Umrüstung und damit für ein stufenweises Zurückschrauben der atomaren Ziel- und Einsatzplanung greifbar geworden waren, kamen offizielle Informationsstellen in Washington mit einem letzten Umfrageergebnis heraus, das im August 1982 von Gallup-Partnerinstituten in fünf westeuropäischen Ländern ermittelt wurde: Es zeigte sich, daß ein Erstgebrauch von Atomwaffen auch im Falle eines überwältigenden sowjetischen Angriffserfolges gegen die NATO-Kräfte von nicht mehr als 16 Prozent der befragten Kontinentaleuropäer (Bundesbürger, Italiener, Holländer und Belgier) und von nur 19 Prozent der Briten befürwortet wird. Über eine derartig massive Absage an das verbindliche Strategiekonzept der NATO, das schon einem Referendum nahekommt, sollten die Entscheidungsträger der verbündeten Staaten nicht einfach zur Tagesordnung übergehen können; auch läßt sich ein solch eindeutiger Meinungstrend, der eine eindrucksvolle Entsprechung übrigens im Hirtenbrief-Entwurf der katholischen Bischöfe in den USA findet, wohl schwerlich argumentativ umdrehen. Auf amerikanischer Seite ist das wohl auch gar nicht mehr beabsichtigt, seit sich General Rogers (ARD-Interview, 23. 11. 82) zum Konzept einer „konventionellen Abschreckung" bekannt hat. Übrigens hatte der scheidende Oberbefehlshaber der amerikanischen Landstreitkräfte in Europa, General Frederick J. Kroesen – wie vor Jahresfrist schon einmal – im Gespräch mit der Zeitung „The Sun" (Baltimore), veröffentlicht am 9. 3. 1983, erklärt, die konventionelle Verteidigungskraft der NATO reiche heute schon aus, um die Grenzen Mitteleuropas zu verteidigen; er sei

„enttäuscht“, wenn ständig über eine angeblich „überwältigende Übermacht“ der Sowjetunion geredet werde. Bedenklich stimmen muß schließlich auch eine Gallup-Umfrage vom Februar 1983 in Großbritannien, wonach dort 70 Prozent nur geringes oder überhaupt kein Vertrauen in die Fähigkeit der USA setzen, mit Weisheit die Weltprobleme zu behandeln. Aus einer Veröffentlichung des American Enterprise Institute (März 1983) geht hervor, daß sich der Prozentsatz der Negativ-Urteile gegenüber 1977 nahezu verdoppelt hat.

Natürlich beobachten einschlägige US-Regierungsstellen mit besonderer Sorgfalt auch die Stimmungskurve der westdeutschen Bevölkerung zur Frage der Stationierung von nuklearen Mittelstrekkenwaffen (Pershing II und landgestützte Marschflugkörper), die bei einem Scheitern der amerikanisch-sowjetischen Verhandlungen in Genf für den Herbst 1983 beschlossen worden ist. Der starke Prozentanteil derer, die noch immer ihre persönliche Entscheidung von Verhandlungsführung und Ergebnis in Genf abhängig zu machen bereit sind, signalisiert dabei eine Mahnung und Warnung an die beiden Gesprächspartner. Immerhin aber war der Prozentsatz jener, die der amerikanischen Seite einen ernsthaften Verhandlungswillen zusprechen, bei Umfragen Ende 1982 noch recht bedeutend; er lag sogar bei den eine INF-Stationierung bedingungslos Ablehnenden bei über 40 Prozent. Damit wird auch ein Befragungsergebnis gerade innerhalb dieser Gruppe unterstrichen, die im Juli 1982 eine mehrheitlich positive Einstellung zu den USA überhaupt ausweist. Die Gesamtheit solcher Erkenntnisse dürfte dazu beigetragen haben, daß man in den amerikanischen Medien mittlerweile die deutsche Meinungsszene differenzierter als noch vor einem Jahr einzuschätzen begonnen hat, als dort noch die Tendenz vorherrschte, kritische Kundgebungen in der Bundesrepublik schlechthin als Ausfluß sowjetischer Propaganda darzustellen und mit anti-amerikanischer Haltung gleichzusetzen.

Unter dem Vorzeichen eines ideologischen Purismus war mit Beginn der Reagan-Ära von hochgestellten Mitarbeitern der Administration, die teilweise als Emissäre in die Bundesrepublik ausschwärmten, den Westdeutschen – mehr noch als anderen Verbündeten – vorgeworfen worden, es machten sich unter ihnen zunehmend Anti-Amerikanismus sowie pazifistische und neutralistische Neigungen breit. Einflußreiche Kolumnisten in den amerikanischen Medien folgten diesem Tenor und schürten somit – bewußt oder unbewußt – eine in der Bundesrepublik stattfindende innenpolitische

Auseinandersetzung, die im wesentlichen über wirtschaftliche und gesellschaftliche Strategiekonzepte in Gang gekommen war. Die westdeutsche Bevölkerung sah sich wie aus heiterem Himmel vor einen Zerrspiegel gestellt, der ein Negativ-Image (so nach dem Nonsense-Motto „Lieber rot als tot“ oder einer angeblichen Option für ein wiedervereinigtes Deutschland von Moskaus Gnaden) von ihnen reflektierte, das Amerikaner und westeuropäische Nachbarn nur mit großer Sorge erfüllen konnte. Schon weil ein solches Erlebnis sehr leicht über Verärgerung, Enttäuschung und Trotz einen Induktionsprozeß bei den Bundesbürgern auslösen, diese also in eine wirkliche anti-amerikanische Stimmungslage treiben konnte, wurden durch deutsche Meinungsinstitute mehrfach Kontrollbefragungen angestellt: Bei einer Erhebung des Allensbacher Instituts im Dezember 1981 bezeichneten sich lediglich 3 Prozent als Gegner der Allianz und 8 Prozent als Pazifisten; das entsprach weitgehend dem Ergebnis der jährlichen Umfragen des Bundesverteidigungsministeriums, demzufolge sich im August 1982 auch die „kritischen Jahrgänge“ unter 25 Jahren mit 91 Prozent zum Westbündnis bekannten. Das Infas-Institut konnte im Februar 1982 bereits feststellen, daß trotz eines deutlich von ihnen wahrgenommenen Dissenses mit den USA in Fragen der Entspannungspolitik die Grundeinstellung der Bundesbürger unverändert geblieben war: auf der Sympathieskala von +5 bis -5 rangierte Amerika mit +1,6 gegenüber der Sowjetunion mit -1,6.

Da aber besonders in diesen Ermittlungsstadien für die USA-Medien „nur schlechte Nachrichten gute Nachrichten“ aus Deutschland zu sein schienen, bleiben solche Zahlen praktisch ohne Niederschlag in der amerikanischen Öffentlichkeit. Diese wurde zwar mit ausführlichen Fernsehberichten über das Verbrennen von Sternenbannern und Krawallen anläßlich des Berlin-Besuchs von Haig und über Terroristenanschläge gegen US-Installationen und den General Kroesen versorgt, keineswegs aber mit einer sorgfältig zusammengestellten Umfrage, die das Nachrichtenmagazin „Newsweek“ durch Gallup-International anstellen ließ und am 15. März 1982 in ihrer Übersee-Ausgabe veröffentlichte - aber ihrer Leserschaft in den USA bis heute vorenthalten hat. Nicht einmal die mehrfachen Hinweise des damaligen Bundeskanzlers vor Auslandsjournalisten in Bonn und bei Interviews in Amerika führten dazu, daß diese gewiß nicht zufällige Unterlassung von den US-Medien überhaupt nur erwähnt wurde. Die „Newsweek“-Untersuchung in verschiedenen westeuropäischen Ländern (teilweise auch in den USA) hatte Resultate erbracht, die für die amerikanische Öffentlichkeit aufsehenerregend hätten sein müssen, vor allem, weil sie das düstere Deutschland-Bild in den US-Medien überraschend aufhellte: Im Vergleich mit Briten, Franzosen, Italienern, Belgiern fiel nämlich die Meinung der Deutschen allgemein über die USA am positivsten aus, die Deutschen zeigten am meisten Vertrauen in ein vernünftiges Vorgehen der USA bei weltweiten Problemen und vertrauten gleichermaßen der Fähigkeit der NATO, Westeuropa gegen einen Angriff zu verteidigen.

Während sich die Kontroverse über das europäische Erdgasröhrengeschäft auf Regierungs- und wirtschaftlichen Ebenen zuspitzte, begann sich allerdings ein deutlicher Wandel in der veröffentlichten Meinung der USA bemerkbar zu machen. Simultan mit einer wachsenden allgemeinen Kritik an den wirtschafts- und sozialpolitischen Maßnahmen der eigenen Regierung entwickelte sich bei den US-Medien ein zunehmend großes Verständnis für Interessen und Besorgnisse auf europäischen und damit auch deutschen Seiten.

In diese Korrekturphase hinein geriet in der zweiten Augusthälfte 1982 eine repräsentative Umfrage, die das Gallup-Institut in Princeton zur Auswertung von EMNID in den Vereinigten Staaten anstellte. Zum Teil wurden dabei Fragen an die erwachsene US-Bevölkerung wiederholt, die bereits Ende 1977 im Auftrag des Presse- und Informationsamtes der Bundesrepublik Deutschland gestellt worden waren. Ein daraus zu ermittelnder Trend weist deutlich eine Stabilisierung des insgesamt freundlichen Meinungsbildes von der Bundesrepublik in den USA auf. Ein Beweis dafür, daß jene Flut von Anschuldigungen, wonach Pazifismus, Neutralismus und Anti-Amerikanismus wie eine geradezu reißende Strömung in Westdeutschland wüten sollten, beim amerikanischen Bürger nicht angekommen bzw. von ihm nicht übernommen worden ist. Die positive Einschätzung des politischen Verhaltens der Bundesdeutschen stieg dabei noch auffallend mit dem Bildungsgrad der Befragten an. Die Amerikaner sind sich mehrheitlich der Bedrohung ihrer eigenen Sicherheit für den Fall bewußt, daß Westeuropa unter sowjetischen Einfluß geriete; die Frage aber, ob eine Anhäufung von Nuklearwaffen das Risiko eines Atomkrieges in Europa erhöhen würde, wurde von rund 60 Prozent (bei den Jüngeren bis 24 Jahre von rund 70 Prozent) bejaht.

Im Vergleich zu der Erhebung von 1977 zeigt sich ein insgesamt noch größeres Interesse bei den Amerikanern für Informationen über Westdeutschland und das Ausland generell, während 80 Prozent ihr

Urteil über die Bundesrepublik im Laufe der letzten Jahre entweder verbessert (13%) oder als „gleich gut" beibehalten haben. Eine ähnlich positive Beurteilung erfahren nur Großbritannien und Schweden. Als zuverlässiger Bündnispartner wird die Bundesrepublik von 74 Prozent der Amerikaner eingeschätzt; nur 21 Prozent zählen sie nicht zu den treuesten Alliierten. Von den Amerikanern mit höherer Schulbildung schätzen 90 Prozent besonders die moralische Stärke der Deutschen. Der Einfluß europäischer Friedensbewegungen auf die europäische Politik wird übrigens von doppelt soviel US-Bürgern „eher nützlich" (34%) als „eher schädlich" (17%) empfunden.

Tendenziell größtenteils untermauert und komprimiert werden solche Ergebnisse durch eine von der „International Herald Tribune" und dem Atlantic Institute in Paris in Auftrag gegebene Umfrage, die in der zweiten Septemberhälfte 1982 in den USA und sieben europäischen NATO-Ländern vorgenommen worden ist. Danach geben Amerikaner und deutsche Bundesbürger gleichermaßen die höchste Priorität einer effizienten Zusammenarbeit zwischen den USA und Europa auf dem Verteidigungssektor als wichtigstes Element für die Sicherheit des Westens. Am positivsten beurteilen die in der Bundesrepublik Befragten die Rolle der USA bei der Wahrnehmung westlicher Interessen. Joseph Fitchett kommt in seiner Analyse (IHT vom 25. 10. 1982) zu dem Schluß, daß ernsthafte Symptome für antiamerikanische Ressentiments in Westeuropa nur geringfügig auszumachen seien, während jedoch allenthalben Besorgnisse vor allem über den sowjetischen Machtzuwachs, aber auch über die amerikanische Rüstungs- und antisowjetische Politik zu registrieren seien. Andererseits rangiert in allen abgefragten NATO-Ländern die Vorstellung von einem unzureichenden Verteidigungspotential auf westlicher Seite an letzter Stelle ihres Sorgenkatalogs (USA = 9%; Bundesrepublik = 12%). Zusammenfassend konstatiert Fitchett allgemein grundsätzliche Zufriedenheit mit dem Status quo auf sicherheitspolitischem Gebiet.

Als ein wegen seiner allgemeinen Bedeutung wichtiges Ergebnis förderte die Untersuchung noch eine Generationen-Kluft (generation gap) in der Beurteilung des amerikanischen Verhaltens auf militärischem Gebiet zutage. So sind von den befragten Deutschen im Alter zwischen 18 und 24 Jahren 64 Prozent der Ansicht, daß die USA wegen ihrer Rüstungspolitik für die wachsenden internationalen Spannungen verantwortlich zu machen seien; bei den mittleren Jahrgängen vertreten 41 Prozent diesen Standpunkt und von den über

65jährigen sind es nur 29 Prozent. William Schneider (American Enterprise Institute, Washington) kommt jetzt im „Public Opinion Magazine“ zu dem Schluß, daß ein vor allem in der Bundesrepublik Deutschland und in Italien bei den Nachkriegsjahrgängen stetig wachsender Anteil der akademischen Bildungsschicht den eigentlichen Grund für die zunehmend kritische Einstellung der Jüngeren gegenüber diesem Aspekt der US-Politik liefere. (In Großbritannien, wo seit zwei Jahrzehnten konstant nur ganze fünf Prozent der Gesamtbevölkerung College-Ausbildung haben, tritt praktisch überhaupt keine Kluft zwischen der Weltkrieg-2-Generation und der Nachfolgegeneration auf.) Judith Miller kommentiert dazu in der „New York Times“ vom 4. 4. 1983: „Zunehmende Vorbehalte unter den jüngeren Europäern gegenüber den Vereinigten Staaten bedeuten indessen nicht eine wachsende Zuneigung gegenüber der Sowjetunion ... Die Umfrageresultate zeigen, daß sie sich mit der ‚Nichttraditionellen Linken‘ – den französischen Sozialisten, den italienischen Radikalen und den Grünen in Westdeutschland –, keineswegs aber mit Moskau identifizieren.“

Aus den hier angeführten Beispielen läßt sich leicht ablesen, daß essentielle Bedeutung dem Medium der Meinungsumfrage für ein erweitertes Demokratie-Verständnis in bezug auf den außen-sicherheitspolitischen Komplex zukommt. Das bezieht sich auf die Möglichkeiten ihrer internen Auswertung und des Gebrauchs durch Regierungen und politische Entscheidungsträger überhaupt, ebenso wie auf eine Ermutigung zur politischen Mündigkeit, wenn man so will auch auf die Einbeziehung breiter Bevölkerungsschichten in Entscheidungsprozesse außenpolitischer Natur. Zum ersten Mal in der Geschichte der Vereinigten Staaten war in Verbindung mit den Nachwahlen zum Kongreß Anfang November 1982 beinahe so etwas wie eine nationale Volksbefragung zu einem außenpolitischen Thema mit hoher Aktualität unternommen worden: Fast ein Drittel aller US-Bürger konnte sich in neun Staaten und in einer Anzahl großer Städte zu dem Vorschlag der „Nuclear Freeze“-Bewegung äußern, die einen Erprobungs- und Produktionsstop für Atomwaffen einvernehmlich und gleichzeitig mit der Sowjetunion anstrebt. Zu dem Abstimmungsergebnis bemerkte die „New York Times“-Kolumnistin Flora Lewis (4. 11. 82), fraglos werde das mehrheitliche Bekenntnis der Wähler für das Einfrieren der Atomrüstungen eine Rolle spielen, sowohl innerhalb der Administration wie auch bei den Reaktionen im Kongreß, sobald der MX-Plan (Stationierung neuartiger kontinentaler Raketen) vorgelegt würde. In der französischen „Le Monde" hieß es im selben Zusammenhang, die demokratischen Führer im Kongreß, die für eine Verlangsamung der beachtlichen Militäranstrengungen der republikanischen Regierung eintreten, hätten jetzt eine bessere Position zur Vertretung ihrer Ansichten gewonnen.

Dieses Experiment, das einen Ausbruch aus dem Reservat der Kabinetts- und Expertenpolitik über die Wahlurnen bedeutet, dürfte - ohne daß damit einer direkten (Referendums-)Demokratie Tür und Tor geöffnet werden sollte - nicht ohne Wirkung auf die abgefragte Sache selbst bleiben. Darüber hinaus aber könnte die amerikanische Initiative auch der Wahrnehmung eines sichtlichen Defizits an Öffentlichkeit schlechthin in der Außenpolitik dienen, das eine pluralistische Gesellschaft abzubauen bemüht sein muß. Eine umfassende Untersuchung über „Amerikanische Öffentliche Meinung und U.S. Außenpolitik 1983", die soeben vom Chicago Council on Foreign Relations herausgegeben worden ist, ergab u. a., daß von 1982 befragten Amerikanern dem Militär (40%), dem US-Business (35%) und der CIA (28%) größeren Einfluß auf die Außenpolitik ihres Landes zugemessen wird als der öffentlichen Meinung (23%). Die Unzufriedenheit über diesen Sachverhalt fand deutlichen Ausdruck in den Antworten auf die Frage, wer denn mehr Einfluß auf diesem Gebiet haben sollte: Dabei rangiert absolut an erster Stelle die öffentliche Meinung (54%) noch vor dem Kongreß (44%), dem Präsidenten (39%), dem Außenministerium (34%) - und erst recht vor Militär (26%), Wirtschaft (23%) und CIA (16%). Die überraschend steigende Wißbegier der Amerikaner an Informationen über andere Länder, ihr wachsendes Interesse an internationaler Politik überhaupt, wie es aus den neueren Umfragen hervorgeht und bereits im US-Fernsehen reflektiert wird, könnte hier wieder einmal Piooniercharakter haben.

Ein solcher Trend läßt es immerhin nicht hoffnungslos erscheinen, daß Amerikaner und Europäer ein neues Verständnis füreinander gewinnen, ein Vorgang, der sich gewiß nicht „von oben" verordnen läßt, sondern aus den Wurzeln eines breiten Bewußseinsspektrums in den Bevölkerungen auf beiden Seiten erwachsen muß. Das Europa von 1983 ist und kann nun mal nicht mehr das von 1953 sein, so wie es nächst den CARE-Paketen, den Milchsuppen-Speisungen in westdeutschen Schulen und Marshallplan-Dollars mit eingemottetem Kriegsmaterial von den Amerikanern hochgepäppelt worden war. Das europäisch-amerikanische (und das besondere deutsch-amerikanische) Verhältnis haben ihre bald 40jährige geschichtliche Vergangenheit im Guten wie im Problematischen. Die überwiegend positiven Aspekte dieses Geschichtsabschnittes könnten sich zum Nachteil aller Beteiligten schnell im Vergessen auflösen, wenn ein Gemisch von Nostalgie und zuchtmeisterlichen Allüren, das den Zustand einseitiger Abhängigkeiten konservieren möchte, den Grundtenor der Beziehungen bestimmt. Dankesbekundungen und Dankeserwartungen haben noch niemals eine gesunde Grundlage für dauerhafte Freundschaften abgegeben. Stattdessen sollten die Beziehungen auf gegenseitiger Achtung und auf gegenseitiger Anerkennung von gegenwarts- und zukunftsorientierten Interessen und Wertbegriffen beiderseits des Atlantik beruhen.

Dazu gehört auch ein Abbau jenes zwischenstaatlichen Störpotentials, das sich aus gewissen - zumeist noch dazu kontraproduktiven - Versuchen eines äußeren Einwirkens auf das politische Verhalten der Bevölkerung eines verbündeten Landes im Sinne von Waffendiplomatie ergibt. Solche Spielarten von „public diplomacy", vorgestellt etwa als „Aktion Wahrheit" und gelegentlich einer Desinformationskampagne zum Verwechseln ähnlich, wirken sich wenig gedeihlich auf das gesellschaftliche Klima in einer freiheitlichen Staatengemeinschaft aus. Im Grunde stellen sie vielmehr das glatte Gegenteil dessen dar, was die Schlußakte von Helsinki ihren Unterzeichnern abverlangt, nämlich gegenseitiges Vertrauen unter Völkern und deren Regierungen zu fördern. In einem Aufruf zu entsprechend seriöser Öffentlichkeitsarbeit im Ausland forderte Richard N. Gardner, Professor an der Columbia University, ehemals US-Botschafter in Italien („The New York Times Magezine", 20. 3. 83) mehr Einsatz von Washington für eine wirkungsvoll funtionierende „intellectual connection", indem er darauf hinweist, daß für Programme des Kultur- und Ausbildungsaustauschs heute gerade noch ganze zwei Drittel der Gelder zur Verfügung gestellt werden, die im Jahre 1965 zu diesen Zwecken ausgegeben wurden. Die nach KSZE-Bekundungen so wünschenswerte Förderung und Erleichterung von menschlichen Begegnungen, die man zu Recht den sozialistischen Regimen immer wieder dringlich abverlangt, überläßt man im Westen selbst allzu bereitwillig vorwiegend dem glücklicherweise freien Spiel der privaten Institutionen und individueller Initiativen. In der heute mehr denn je militarisierten Politikwelt gewinnt indessen ein eiskalt kalkuliertes Propagandainteresse die Oberhand, artikuliert von Atom-Kopfjägern und geheimen Wunderwaffenräten, die sich unter Einsatz zunehmender Geldmittel in makabrer Spiegelfechterei üben und ein verschlüsseltes Zahlenverwirrspiel mit den Menschen des eigenen Landes und anderswo treiben dürfen. So sind politische Werbeagenturen in Ost und West - vorerst noch in Wort und Bild - jedenfalls damit voll beschäftigt, die ihnen zugeteilten Zielgruppen in den Zustand eines „aufgeklärten" Steinzeitalters zurückzubomben.

Nach Meinung der Trägerin des Friedensnobelpreises 1982, der Schwedin Alva Myrdal, handeln die Supermächte so, weil sie „Gefangene ihres eigenen Militärs und der Industrie" sind. Sollte diese Diagnose stimmen, dann wäre es wohl höchste Zeit, daß in einem demokratischen Prozeß der Durchbruch zu mehr Öffentlichkeit in der auswärtigen Politik erreicht wird.

Die konservative Wiener „Presse" schrieb aus Anlaß des vom Bundesverfassungsgericht verfügten einstweiligen Stopps der Fragebogenaktion zur Volkszählung: „In Umkehr der Agitationsparole vom Volksverhör sind es nun die Politiker, die so in ein ‚Volksverhör' geraten. Haben sie das Organ für die Stimme im Volk eingebüßt, die notwendige Flexibilität und damit das Gespür dafür, daß eine neue Politik fällig ist?" - Diese Mahnung sollte in ganzer Bandbreite verstanden werden.

Ein neuer Sicherheitskonsens ist gefragt

(1984)

Nach dem gelungenen Raketentest mit Pershing II auf deutschem Boden dürfte das Washington Reagans kaum zögern, die Dankbarkeit für gewährte Hilfestellung und das eingeübte Wohlverhalten der ausführenden Organe in Bonn weiteren Proben zu unterwerfen. Einmal im Schlepp amerikanischer Vorwärtsstrategie zur Durchsetzung eines missionarischen Anspruchs, die Welt nach dem Wunschbild des großen Inselstaates zwischen Atlantik und Pazifik zu gestalten, wird das adoptierte Westdeutschland dazu ausersehen bleiben, an allen New Frontiers auf diesem Globus ganz im Sinne der USA präsent zu sein. Hatte die amerikanische Diplomatie taktisch noch etwas zurückhaltend agiert in Fragen deutsch-deutscher Kommunikation, wirtschaftlich-technischer Zusammenarbeit mit Moskau, europäischer Gemeinschaftsinteressen oder einer differenzierten Haltung gegenüber Staaten der Dritten Welt, so wird sie - nach ebenso disziplinierter wie pünktlicher Ausführung des Stationierungsbeschlusses - nunmehr forscheren Schrittes darauf dringen, daß sich die Außenpolitik der Bundesrepublik Deutschland noch konsequenter als bisher auf amerikanische Zielvorhaben einstellt. Das bisher gezeigte Verhaltensmuster hochgerechnet, läßt einen Prozeß der Gleichschaltung erwarten.

Sollte ausgerechnet der Bundesaußenminister auf die Herstellung eines solchen Zustandes erpicht sein, weil er doch die militärische Kopplung mittels neuer US-Raketensysteme „in eine feste politische Kopplung" umzusetzen empfiehlt? Sind es nun Alibiübungen, Schadenbegrenzungsversuche oder klingt es nicht gar wie ein wehmutiger Nachruf auf den verlorenen außenpolitischen Konsens in der Bundesrepublik,

- wenn Hans-Dietrich Genscher (in dem von seinem Amt am 2. 12. 1983 vertriebenen Namensartikel) den Amerikanern nahelegt, die Sowjetunion, entsprechend ihrer gemeinsamen Erklärung vom 29. Mai 1972, wieder als gleichberechtigte Weltmacht anzuerkennen;
- wenn er positiv die beidseitigen Vorteile aus den Entspannungsbemühungen im Europa der siebziger Jahre würdigt;

- wenn er die politische Einigung Westeuropas forciert sehen möchte;
- wenn er unverhohlene Kritik an die allererste Adresse in Washington richtet, indem er es als fehlerhafte Vorstellung bezeichnet, man könne durch Androhung von Nachteilen bei den Sowjets mehr weltpolitische Zurückhaltung erreichen als mit dem Angebot von Vorteilen;
- wenn er sich gar zu der Mahnung versteigt, der Westen müsse „sein Augenmerk stärker auf die sozialen und wirtschaftlichen Wurzeln regionaler Konflikte richten und nicht nur auf die Rivalität auswärtiger Mächte, die sich durch die Spannungen angezogen fühlen"?

Zwecklos, meint Horst Ehmke dazu, solange die US-Administration davon ausgehen könne, daß die Bundesregierung „im Zweifel das tut, was Washington fordert." - Durch die zur Staatsräson erhobene Gefolgschaft für Ronald Reagan wird der außenpolitische Gestaltungsraum der Bundesrepublik progressiv eingeengt.

Indem die Außenpolitik Bonns schwerpunktmäßig auf die Intentionen von White House, State Department, Pentagon, damit indirekt auch funktional auf das breite Interessenspektrum der US-Multis umgepolt wird, erhält sie den Rang eines Advokaten oder Agenten im Auftrag der westlichen Weltmacht zuerkannt. Aus der Sicht der Reagan-Administration dient so der „Frontstaat" Westdeutschland als vorgeschobene strategische Basis, als Exerzierplatz für ein Airland Battlefield und als Schildträger in Europa (das es von nun ab noch schwieriger finden wird, zu sich selber zu finden), und die westdeutsche Diplomatie, der Waffenexport sowie logistische Bereitschaft werden sich voll auf amerikanische Prioritäten zu konzentrieren haben: sei es in Ost- und Südostasien, Mittel- und Südamerika, im Mittleren Osten sowie letztendlich auch in Südafrika.

Führt man sich diesen Film des Wandels durch Abhängigkeit vor Augen, so findet sich unschwer eine erklärende Antwort auf die innenpolitisch brisante Frage, auf wen und auf was es zurückzuführen ist, daß der Grundkonsens in diesem unserem Lande gerade auf dem Sektor der Außen- und Verteidigungspolitik schon mehr als brüchig geworden ist. Ein steigendes Mißbehagen unter den Deutschen wegen des Abhandenkommens von lange Zeit hindurch als selbstverständlich empfundener Übereinstimmungen - nicht nur innerhalb von Parteien und deren Wählerschaften, sondern auch über die Parteien hinweg – könnte sehr bald die gesellschaftliche Substanz unseres staatlichen Gemeinwesens angreifen. Im Organismus müssen daher schleunigst wirksame Abwehrkräfte mobilisiert werden, um die Schadstoffe destruktiver Polarisierung in einem neuen Konsens aufzufangen und abzubauen. Damit würde dem durchaus natürlichen Wunsch wohl eines jeden Staatsvolkes entsprochen, sich nach außen als Willensgemeinschaft zu bestätigen, in der allein sich so etwas wie eine nationale Identität Ausdruck verschaffen kann. Daß ein solches Bedürfnis bei den Bürgern eines Staates, der sich gezwungenermaßen aus einem Teilungsprozeß der Gesamtnation entwickelte, eine besondere Bedeutung und seine eigene Ausprägung hat, liegt eigentlich auf der Hand. Diesen Bedarf zu befriedigen heißt, den Gesetzen innerer und äußerer Stabilität zu folgen; ihn zu vernachlässigen, würde allenthalben Verunsicherung nach sich ziehen.

Unabhängig von demokratisch-pluralistischer Meinungsvielfalt in Einzelfragen und mentalitätsbedingter im Verhaltensmodus ist es bei den Bürgern der Bundesrepublik zu einem erstaunlichen Grad von Einvernehmen über Trends und Leitlinien in den Beziehungen zur Außenwelt gekommen:

- Im Bündnisrahmen werden Land und Leuten der USA (einschließlich der „hiesigen“ GI‘s) durchaus freundliche, wenn nicht gar freundschaftliche Gefühle entgegengebracht;

- ein freundnachbarschaftliches Verhältnis im westeuropäischen Bereich ist (trotz Schlamassel auf dem Gemeinsamen Markt) zur Selbstverständlichkeit geworden und hat ein solidarisches Bewußtsein geweckt;

- die staatliche Teilungssituation hat über die relative Öffnung von Kommunikationswegen manches von ihrer menschlichen Härte und damit auch ihren krassen Feindbildcharakter verloren. Eine isolierte, restaurative Lösung der deutschen Frage steht kaum noch zur Debatte, seitdem die Zweistaatlichkeit im europäischen Zusammenhang begriffen wird;

- das Verhältnis zu den osteuropäischen Nachbarländern und zur Sowjetunion hat durch den Begriff der Interdependenz im sicherheitspolitischen, wirtschaftlichen und kulturellen Verständnis eine neue, konstruktive Dimension erhalten;

- die Probleme der Dritten Welt sind zunehmend ins Massenbewußtsein gerückt; ein Kennenlernen über Medien und Reiselust hat wesentlich dazu beigetragen, den Stellenwert fremder Kultur- und Sozialstrukturen zu erfassen. Mit Anerkennung des Rechtes auf politische Selbstgestaltung werden die Prinzipien und Äußerungen der Blockfreiheit respektiert.

An diesen Sockeln, auf denen die Basiseinstellung zur deutschen Außen- und Verteidigungspolitik ruht, wird heftig gesägt. Der westlichen Allianz aber droht somit die Zerrüttung, weil an ihrer sensibelsten Stelle, der Bundesrepublik Deutschland, tragende Essentials gemeinsamer Ziel- und Wertvorstellungen zu Bruch zu gehen drohen. Der von der Reagan-Regierung auf Bonn ausgeübte Durchsetzungsdruck zur Stationierung strategischer Ersteinsatzwaffen, indem sie deren Hinnahme - nicht ohne erpresserischen Beigeschmack - mit der Frage nach der Bündnisloyalität verbunden hat, könnte sich schließlich als Initialzündung für ein fatal komplettes Auseinanderfallen der westlichen Verbundenheit erweisen. Für eine Mehrheit der Deutschen bringt die Pershing II in ihrem mit quasi exterritorialen Flecken durchsetzten Lande ein hautnahes Erlebnis mangelnder Souveränität und der zynischen Mißachtung des Volkswillens mit sich. Das Zutrauen in den amerikanischen Partner ist damit gleichermaßen erschüttert wie das Vertrauen in die repräsentative Demokratie, nachdem von einer Bundestagsmehrheit faktisch der Ausstieg aus der gemeinsamen Sicherheitspolitik vollzogen wurde. Durch dieses Verfahren ist ein breiter Bewußtseinsschub in der Bevölkerung ausgelöst worden, der erhebliche Auswirkungen auf das nationale Selbstverständnis und Verhaltensmosaik mit sich bringen wird und in mancher Beziehung das Ende einer nahezu vier Jahrzehnte währenden Nachkriegsära markiert.

So etwas ließe sich als Symptom für eine durchaus erfreuliche Normalisierung im west-westlichen Seelenleben deuten, stünde dahinter nicht die traumatische Erkenntnis der letzten Jahre, daß sich die USA von Geist und Buchstaben des Allianzvertrages immer weiter entfernen, sich selbst also aus den Bindungen an den europäischen Westen desintegriert haben: Technologisch-wirtschaftlich bedrohen sie - je nach politischem oder ökonomischem Bedarf - ihre Partner mit Lizenzentzug, Lieferboykott oder Einfuhrbeschränkungen; ihr finanz- und währungspolitisches Gebaren drückt eine splendide Egozentrik aus, die Rücksichtnahme auf konjunkturelle und soziale Folgen in den befreundeten Ländern nicht kennt; zur eigenen Unverwundbarkeit treffen sie Entscheidungen, wie etwa die Überbauung der Festung Amerika mit einem Star-War-Potential, ohne vorher auch nur in einen Gedankenaustausch mit ihren engsten Bundesgenossen getreten zu sein.

Für die rüstungslastige Staatsverschuldungspolitik der USA erforderliche Geldmengen kommen nicht zuletzt aus Europas Taschen: Der sich auftürmende Kreditbedarf Washingtons treibt die Bankzinsen progressiv in die Höhe und zieht auf diese Weise europäisches Kapital ins Land. Diese Kettenreaktion mündet primär in einen circulus vitiosus bei den Volkswirtschaften Westeuropas, deren Gemeinschaftspotential reduziert wird, denen die notwendigen Investitionsmittel für technologische Strukturanpassungen entzogen werden, und deren Bewegungsfreiheit in einer nach ihrer regionalen Schwerpunktinteressen gestalteten Partnerschaftshilfe für Länder der Dritten Welt empfindlich eingeengt wird.

Angestoßen durch den neudefinierten singulären Weltvormachtanspruch der Vereinigten Staaten, der eine gewisse Entsprechung in der sich militärisch artikulierenden Supermachtbehauptung seitens der Sowjetunion findet, hat ein Prozeß der Selbsterkundung zwecks revidierender Lage- und Kursbestimmung offen im westlichen Deutschland und - noch verdeckt - im östlichen Staat eingesetzt. Die auf neu angelegtem Konfrontationskurs zueinander befindlichen nuklearbestückten Supermächte scheinen wieder mal entschlossen, jede für sich die deutsche Teilungsfrage zu usurpieren: So ist es peinlich und für einen Deutschen entwürdigend, das Spiel der Teilungsmächte mitanzusehen, wie sie die deutsche Karte anreizen (ohne sie ernsthaft auf den Tisch bringen zu wollen), nur um politisch-psychologische Vorteile für sich einzuheimsen. Das gilt für Reagan, der in einem Grußwort für eine Publikation der Konrad-Adenauer-Stiftung („German Comments“, Oktober ’83) eine Krokodilsträne verdrückt: „Solange Deutschland geteilt bleibt, wird sein Volk in unerfüllbarer Sehnsucht leben.“ So möchte er wohl dem Restaurationsbegehren auf der deutschen Rechten Futter mit der Hoffnung auf ein roll-back geben, um sie sich als stramme Verfechter amerikanischer Vorherrschaft zu erhalten. Die Sowjets hingegen suchen ihr Heil an beiden Rändern des politischen Spektrums der Bundesrepublik, indem sie unverbindlich-vage Andeutungen in Umlauf setzen, wonach ein neutrales Westdeutschland Voraussetzung für eine Annäherung zwischen den beiden deutschen Staaten sein könnte.

Der Fluchtgedanke, sich auf einen neutralistischen Elfenbeinturm – gleich welchen deutschen Umfangs –, auch wenn er konventionell nach modernsten Maßstäben bewehrt sein sollte, zu retten, ist eine geopolitische Fehlkonzeption. So etwas mag – im Schatten ihrer großen Berge und einer schwerbewaffneten westlichen Allianz – den Schweizern im toten Winkel Westeuropas gerade noch zu Gesicht stehen, nicht aber dem westdeutschen Handtuchstaat inmitten unseres zerschnittenen Kontinents ein gesichertes Dasein bieten. Ein wie immer bewaffnetes und vereintes Deutschland, noch dazu der schlimmste Alptraum all unserer Nachbarn zur Rechten und zur Linken, geriete alsbald so hoffnungslos in Isolierung, daß es – wie gehabt – einer Einkreisungspsychose verfallen würde, die sogar das sowjetische Überversicherungsbedürfnis übertreffen dürfte.

Nein, eine bewaffnete deutsche Neutralität kann nach deutscher und europäischer Interessenlage nicht als Alternative zu NATO- bzw. auch Warschauer-Pakt-Mitgliedschaft gelten, wie etwa Scholl-Latour das im STERN seinen Lesern weismachen wollte. Die dazugehörige Umfrage, die eine glatte Mehrheit für die NATO ergeben hat, war schlicht irreführend, weil sie eine dritte Wahlmöglichkeit ausließ: nämlich die Eingliederung der Bundesrepublik in einen außenpolitisch autonomen westeuropäischen Staatenverband mit einer selbstverantwortlich geführten Verteidigungsorganisation, durch einen Beistandspakt mit Nordamerika verbunden.

Zeit und Umstände reifen heran, die einen solchen Emanzipationsakt möglich und notwendig erscheinen lassen. Binnen einer Dekade werden die französischen und britischen eurostrategischen Systeme – die diese Bezeichnung zu Recht verdienen – soweit verstärkt und modernisiert sein, daß sie eine glaubwürdige Zweitschlagskapazität (also einzig zur Verhinderung einer atomaren Erpressung geschaffen) repräsentieren.

Bei einer Umsetzung entsprechender Planspiele in politische Wirklichkeit wäre, wie Helmut Schmidt beim Kölner Parteitag im November 1983 betont hat, die Bundesrepublik auf den atomaren Schutz durch die USA nicht mehr angewiesen. Das Prinzip der gleichen Sicherheit gelangte dadurch auf gesamteuropäischer Ebene zum Durchbruch. Diese These erlaubt eine unmittelbare Verbindung zu dem Plädoyer von Willy Brandt für ein erstrebenswertes europäisches Sicherheitskonzept, das Europa in der vor uns liegenden Zeit zu einer Macht des Friedens und des Ausgleichs machen sollte.

In diesem Kontext könnte sich allerdings eine „Mitzählung“ der französischen und britischen Mittelstreckenraketen bei jedweden Rüstungskontrollabmachungen der USA mit der Sowjetunion längerfristig als zweischneidiges Schwert erweisen. Würden nämlich die Amerikaner durch eine zahlenmäßige Berücksichtigung europäischer Nuklearsysteme im Rahmen eines „gesamtwestlichen Potentials“ vom Gleichheitsprinzip zwischen ihnen und den Sowjets, wie es im Jackson-Amendment von 1974 festgelegt war, nominell abweichen, so dürfte es einer späteren politischen Staatenunion in Europa äußerst schwerfallen, als eigenständiger Verhandlungspartner in Abrüstungsangelegenheiten aufzutreten. Die Europäer aber dürfen ihren sich selbst gegebenen Auftrag nicht aufs Spiel setzen, mit aller Macht der destabilisierenden Natur des Wettrüstens entgegenzuwirken. In diesem Licht kann man auch den Vorschlag des SDP-Vorsitzenden David Owen („The Times“, 20. 10. 1983) sehen, England solle sich bereithalten für bilaterale Nukleargespräche mit Moskau.

Für die deutschen Sozialdemokraten gibt es genügend gute Gründe, jedem weiteren Versuch entgegenzutreten, die Außen- und Verteidigungspolitiken der Bundesrepublik mit denen des Weißen Hauses gleichzuschalten. Indem die SPD eine frische Politik für Europa reklamiert, bietet sie zugleich die Basis für einen neuen Konsens im Volke auf den Feldern der äußeren Sicherheit und Beziehungen an.

Die Partei darf sich nicht in die neutrale Ecke drängen lassen; deswegen müssen neutralistische Tendenzen, die in Randgruppen des eigenen Spektrums virulent sind, abgefangen werden. Zugleich bietet sie damit der Mehrheit, die wegen des immer sichtbarer werdenden Defizits an Souveränität und Selbstbestimmung für die Bundesrepublik von zunehmendem Unbehagen erfüllt ist, eine plausible Lösung ihres Identitätsproblems an. Der jugendbewegten Politszene mit ihrem grünen Kern, die sich in einer Art pazifistischem Nationalismus artikuliert, wird eine wirklichkeitsnahe Alternative in Form von effektiver Mitbestimmung über ein rein defensiv ausgerüstetes westeuropäisches Militärdispositiv und an einer nach gesamteuropäischer Interessenlage orientierter eigenständiger Außenpolitik eröffnet.

Mit solchen Zielprojektionen wirkt die Sozialdemokratie auch tief in Kreise der konservativen Mitte - bei CDU, CSU und FDP - hinein, wo sich wegen der Liebedienerei und Unterwerfungsgesten der Koalitionsregierung gegenüber Washington latente Unzufriedenheit breit macht. Gerade in der Union sieht man sein Image aus der Adenauer-Tradition als die eigentliche „deutsche Europapartei“ im bedingungslosen Transatlantizismus dahinschwinden und beginnt zu durchschauen, daß der Genscher-Colombo-Plan nicht mehr als eine europäische Alibiübung und parteitaktische Spiegelfechterei bedeutet.

Und schließlich gibt es noch ein handfestes Argument, dem sich keiner verschließen sollte, dem es wirklich ernst ist mit dem Wunsch nach mehr Selbstbestimmung – zumindest in innenpolitischen Bereichen – für die osteuropäischen Verbündeten der Sowjetunion: Wenn sich nicht zuerst im Westteil unseres Kontinents etwas bewegt, kann und wird auf östlicher Seite in friedlicher Weise kein Wandel der Verhältnisse in Gang kommen, der durch die physische Präsenz der Supermächte festgeschmiedete Status quo in Europa mit seinem immanenten Unruhe- und Konfliktpotential bliebe auf unabsehbare Zeit erhalten.

Eine Europäisierung der Verteidigungspolitik würde selbstverständlich auch umfassende Kooperation und Standardisierung in allen Bereichen der konventionell-militärischen Ausstattung bedeuten. Eine europäische Technologie- und Industriepolitik könnte über diesen Sektor starke Impulse erhalten, die sich auf die Wirtschaft als Ganzes stabilisierend und stimulierend auswirken und somit perspektivisch in den einzelnen Ländern zur Erhaltung und Schaffung neuer Arbeitsplätze beitragen würden. Aufgrund des in der jetzigen NATO geübten nationalen Rüstungsprotektionismus wird etwa die Hälfte der zur Verfügung stehenden Geldmittel unnütz ausgegeben. Hinzu kommt, daß Europa auf diese Weise nicht nur militärisch, sondern auch mit seinen Volkswirtschaften in immer größere Abhängigkeiten von den USA gerät („EG-Magazin“, November 1983).

Dieser Zustand ist nicht ohne Einfluß darauf, daß die Westeuropäer immer mehr in Gefahr kommen, den Zug der neuen Technologien, die eine Implementierung und Breitenentfaltung mit Wachstum und Mehrbeschäftigung in zivilen Zukunftsindustrien versprechen, zu verpassen. Würden sich indessen die in einer europäischen Verteidigungsunion zusammengeschlossenen Staaten u. a. darauf konzentrieren, „intelligente“ konventionelle Abwehrwaffensysteme selbst zu entwickeln und zu produzieren, so erschlössen sie sich damit ein konkretes Betätigungsfeld in der alle Wirtschaftszweige tangierenden Querschnittstechnologie der Mikroelektronik.

Eine Neustrukturierung der westlichen Allianz, mit der die Aufhebung einseitiger Abhängigkeit von den USA im Bereich der Verteidigung und außenpolitisch verbunden wäre, würde gleichzeitig also einen nicht unbedeutenden Anstoß in Richtung auf wirtschaftliche Strukturanpassung in Europa mit sich bringen, wie er zur Überwindung der innovativen Schwindsucht heimischer Arbeitsplätze dringend erforderlich ist. Nach neuesten Umfragen der Brüsseler Kommission treten 85 Prozent der Bundesbürger für die Vereinigung Westeuropas ein.

Um diesem Ziel näherzukommen, müssen wir endlich ohne Tabuvorbehalte über alles mit unseren europäischen Partnern sprechen, was zur Lösung noch bestehender Probleme führt, die ein „europäisches Europa" heute noch blockieren. Die Zeichen stehen günstig und die Gelegenheit ist da, um über einen europäischen Konsens auch den inneren Frieden in der Bundesrepublik wieder herzustellen.

Die atlantische Zeitrechnung geht zu Ende

(1984)

Man wird sich mit dem Gedanken vertraut machen müssen, daß die atlantische Zeitrechnung im Westteil Europas ihre generelle Gültigkeit verliert. Interkontinentale Verschiebungen, verbunden mit machtpolitischen Verwerfungen, sind in Gang gekommen, bei denen die inneramerikanisch ausgelöste Interessenverlagerung zum pazifischen Becken hin nur eine unter mehreren Bewegungsfunktionen darstellt. Funktionalität im Sinne einer allgemeinen Antriebs- und Aufbruchsdynamik kommt in erster Linie wohl auch jenem aufwendigen west-östlichen Konfliktschauspiel zu, für das – unter amerikanischer Regie – als Popanz ein vermeintlicher Weltherrschaftsanspruch des maroden Sowjetsystems herzuhalten hat. In einer zweiten Regentschaftsperiode von Ronald Reagan und seinen „neuen Patrioten" dürfte das Strickmuster ihres abenteuerlichen Dollarkolonialismus als Handlungsmaxime der USA nicht nur gegenüber der Dritten Welt – einschließlich der Schwellenländer des „eigenen" Subkontinents – bestimmend bleiben. In verstärktem Maße wird ein US-zentristisches Washington bestrebt sein, die Beziehungen auch zu den verbündeten Industriestaaten jenseits des Atlantik in einer Weise zu gestalten, die der Behandlung peripherer Protektoratsgebiete entspricht, in denen es Ansätze von Eigenwilligkeit und Autonomie als Merkmale von Defätismus möglichst im Keim zu ersticken gilt.

In Anbetracht eines unaufhaltsamen amerikanischen Dranges, aus der zweifellos labilen Weltbalance Vorteile für eigennützige Machtausübung und -ausdehnung zu ziehen, wird auch Europa endlich sehen müssen, wo es bleibt. Unter Berücksichtigung seiner vitalen Erfordernisse bleibt ihm kaum eine andere Wahl, als den zeitgeschichtlich überfälligen Prozeß einer Abnabelung von den USA zu bewerkstelligen. Die Situation für aktives Handeln mit dieser Zielsetzung ist gegeben: Daß Europa sich einzig unter dem Einfluß kritischer Pressionen von außen einen Weg zur eigenen Identität zu bahnen vermag, hat sich schon bei Abschluß der Römischen Verträge erwiesen, die nur im Klima des Kalten Krieges angesichts nationaler Schwächen auf wirtschaftlichem Gebiet zustandekommen konnten.

Die Abnabelung Westeuropas von Nordamerika braucht und sollte nicht gleichbedeutend mit einem Kappen aller für beide Seiten bedeutsamen Verbindungslinien sein. Ein derart drastischer Akt, der nicht nur für Europa selbst die akute Gefahr eines Gleichgewichtsverlustes heraufbeschwören würde, ließe sich aber um so eher vermeiden, je zügiger und konsequenter das zur Fessel gewordene Netz einseitiger transatlantischer Abhängigkeiten in den Bereichen der Finanz- und Geldpolitik, der Spitzentechnologien (wo die US-Regierung nicht vor Sanktionsmaßnahmen gegen Verbündete zurückschreckt), der Energie- und Rohstoffmonopole von protektionistischen Außenwirtschaftsmethoden der Waffenentwicklung und Strategieplanung gelockert und gelöst wird.

Selbstverständlich andersartig, aber unter einzelnen Aspekten doch etwas spiegelbildlich verhält es sich mit den Beziehungen der ostmitteleuropäischen Länder zu der eurasischen Kontinentalmacht Sowjetunion. Hier gibt es, eingefangen in ein ideologisch engmaschiges Netzwerk frühindustrieller Machart, ein höchst unbequemes und entwicklungshemmendes Beieinander von europäischen Staaten mit einer – in diesem Falle – räumlich hautnahen Übermacht, die noch dazu diesen Zustand vorrangig als eine Art Schutzpanzer, als strategisches Glacis im ureigenen Sicherheitsinteresse betrachtet

Gerade unter diesem Aspekt der geopolitisch und geostrategisch gegebenen Verschiedenheit aber, so wie sie sich aus dem Zweiten Weltkrieg ergeben hat, läßt sich ein absolut gleichseitiges, synchrones Disengagement der beiden Vorherrschaftsmächte in Europa kaum denken. Ein solches theoretisches Vorhaben wäre vielmehr einer Aufrechterhaltung eines Kräftegleichgewichts in der nördlichen Hemisphäre höchst abträglich. Man wird also davon auszugehen haben, daß nach dem Kriterium der gleichen Sicherheit das westliche Europa aus Sicht der USA tatsächlich einen geringeren Stellenwert hat, als ihn die osteuropäischen Vorfeldstaaten objektiv für die Sowjetunion einnehmen. Deshalb wird man Moskau zumindest zubilligen müssen, daß es bei Rücknahme seiner Streitkräfte hinter die eigenen Staatsgrenzen vom Westen garantierte Beistandspaktformeln auf bilateraler Ebene erhält.

Hinzu kommt, daß Westeuropa potentiell durchaus in der Lage ist, mit eigenen Verteidigungsmitteln seine territoriale Integrität abzusichern. Unterstrichen hat Präsident Mitterrand diesen Sachverhalt in seiner Rede vor dem Europäischen Parlament in Straßburg (24. 5. 1984), als er von einer neuen Situation sprach, die einen neuen Vertrag für ein politisches Europa erforderlich mache, das seine gemeinsame Sicherheit durch eine gemeinsame Verteidigung garantieren kann. „Europa, das mehr als zwei Drittel aller freien

Regierungen in der Welt stellt", sollte als Kraft des Friedens und des Gleichgewichts zwischen den Supermächten, als Kraft der Gerechtigkeit und des Fortschritts zwischen dem Norden und dem Süden wirken.

Danach war es kaum noch überraschend, daß Helmut Schmidt bei einem Gespräch mit Mitterrand in Paris am 19. Juni 1984 dessen volle Zustimmung für seinen Vorschlag im Rahmen der Europa-Debatte des Bundestages (28. 6. 1984) gefunden hat. Schmidt trat bei dieser Gelegenheit für eine „französisch-deutsche Sicherheitsinitiative" ein, die zur Bildung einer konventionellen Abschreckungsstreitmacht im westlichen Mitteleuropa führen sollte. Sein Konzept lief auf eine teilweise Revision der noch gültigen NATO-Strategie der „flexible response" (möglicher Ersteinsatz von taktischen Atomwaffen) hinaus, indem es den „Verzicht auf jedwede taktisch-nukleare Doppelbewaffnung für die deutschen Streitkräfte vorsieht – zugunsten einer „umfangreichen Mitfinanzierung für gemeinsame Waffenentwicklungen und -produktion konventioneller Art". Als Ausgleich für die konventionellen Modernisierungsanstrengungen deutscherseits empfahl Schmidt den Franzosen die Aufgabenstellung ihrer autonomen Force de frappe durch einseitige Erklärung auch auf den Schutz des Territoriums der Bundesrepublik auszuweiten.

Man darf wohl davon ausgehen, daß Hans Apel, der Wahlkandidat für den Posten des Regierenden Bürgermeisters von Berlin (W), sich u. a auch mit Schmidt in der Sache einig war, als er die deutsche Frage, so wie sie nach konservativ-nationalem Verständnis noch immer gestellt wird, als nicht mehr „offen" bezeichnete. Die politische Essenz dieser Aussage bedeutet nicht mehr und nicht weniger als das Zugeständnis an die Sicherheitsinteressen der Sowjetunion, keine einheitsstaatliche Deutschlandlösung – in welcher Form auch immer – mehr zur Debatte zu stellen oder anzustreben. Im Klartext läuft dieser Verzicht auf die Wiederherstellung einer „kritischen Masse" im Zentrum Europas darauf hinaus, daß ein östlicher deutscher Staat, dessen Souveränität allseitig völkerrechtlich garantiert ist, in einem Cordon sanitaire der Sowjetunion verbleiben soll, der jedoch den bisherigen Gleichschaltungscharakter eines „Cordon stalinaire" ablegt.

Gordon Craig, Präsident der American Historian Association, hat gerade in einem Interview mit den „Evangelischen Kommentaren" (August 1984) darauf hingewiesen, daß „die Wiedervereinigung niemals ein erklärtes Ziel amerikanischer Politik war". Ein geteiltes

Deutschland habe schon seit den fünfziger Jahren auch für die westlichen Siegermächte einen ungleich sicheren Faktor dargestellt als ein wiedervereinigtes.

Aktuell hat diese Grundstimmung in der öffentlichen Meinung des Westens voll durchgeschlagen, seit von der Möglichkeit eines Honecker-Besuchs in der Bundesrepublik überhaupt nur die Rede gewesen ist. Die in westlichen Medien immer wiederkehrenden Formulierungen wie „deutsch-deutscher Flirt", „Annäherung hinter Moskaus Rücken" und die Anspielungen auf neutralistische Einigungstendenzen ließen sich kaum anders deuten als ein Augenzwinkern in Richtung Kreml, man würde ein Unterbinden allzu intensiver zwischendeutscher Kontakte durchaus gutheißen und sei auch bereit, das Seine dazu beizutragen. Unter hörbarem Aufatmen haben westliche Presseorgane übrigens schließlich die Absage des Staatsratsvorsitzenden registiert; denn das Programm habe mit der West-Ost-Politik herzlich wenig, mit deutsch-internen Dingen aber um so mehr zu tun gehabt.

Eine grundsätzliche Bereitschaft auf westeuropäischer Seite, eine Sicherheitspartnerschaft mit der UdSSR einzugehen, kann daher gerade jetzt gar nicht deutlich genug zum Ausdruck gebracht werden. Daß sich ein grundsätzlicher Konsens in dieser Frage zwischen der derzeitigen Bundesregierung und der sozialdemokratischen Opposition bereits abzuzeichnen beginnt, ließ sich Äußerungen des wichtigsten außenpolitischen Mitarbeiters des Bundeskanzlers entnehmen, die dieser im Juli 1984 auf einer deutsch-sowjetischen Konferenz in Moskau machte. Horst Teltschik bezog sich dort ausdrücklich auf den von der deutschen Sozialdemokratie herausgestellten Begriff der „Selbstbehauptung" Europas und betonte, „daß immer mehr Staaten nach politischen und wirtschaftlichen Alternativen sowohl zur Sowjetunion wie zu den Vereinigten Staaten suchen ... Die Sowjetunion sollte die Entwicklung als eine Chance begrüßen, den Frieden im Herzen Europas zu sichern".

Nur in einer Deutschstunde der Wahrheit wird jedoch letztlich die Formel gefunden werden, die jene Kräfte im Moskauer Politbüro ermutigt und stärkt, die eine Generalrevision der noch heute geübten Repressionspraxis im Ostteil Europas bei einem gleichzeitigen Arrangement mit einem autonomiebewußten Westeuropa ins Auge fassen können. Den Deutschen auf beiden Seiten der Elbe, deren geschichtliches Konto nun einmal mit der Aufteilung Europas in Einflußsphären der gegenwärtigen Supermächte belastet ist, fällt dabei eine entscheidende Aufgabe zu: Sie müssen sich der Einsicht beugen, daß es eine Äquidistanz von „Gesamteuropa“ zu dem transatlantischen Nordamerika und der auch-europäischen Sowjetunion schon allein nach den Gesetzen der Geographie, die das Kräftegleichgewicht und die Sicherheitsinteressen nach wie vor maßgeblich bestimmen, nicht geben kann. Wer eine „gesamteuropäische“ Dimension anpeilt – und darin eine Lösung der deutschen Frage im Sinne nationaler Selbstbestimmung sucht –, käme schlechterdings nicht darum herum, die UdSSR („bis zum Ural“) in ein solches Konzeptionsgebilde mit einzubeziehen. Ein so definiertes Gesamteuropa unter Mitwirkung einer Supermacht würde gewiß niemals zu rechtverstandener Selbstbehauptung befähigt sein. Nur eine Neuformierung, ausgehend von den beiden Europas, denen jeweils einer der beiden bestehenden deutschen Staaten zuzurechnen ist, vermag den Zustand in verschiedenartigen Stufen von Unabhängigkeit auf diesem Kontinent herzustellen.

Initiativen in dieser Richtung sollten das Leitmotiv aller deutsch-deutschen Dialoge sein. Bonn würde dabei über seinen Schatten deutschlandpolitischer Nostalgie zu springen haben, in dem bislang noch immer – in einer unheiligen und bestimmt ungewollten Allianz mit den Orthodoxen im Kreml – der DDR eine Souveränität mit allen völkerrechtlichen Merkmalen verweigert und damit die volle Nutzung ihres politischen Spielraums verwehrt worden sind. Wäre der beharrliche Widerstand nationalistischer Einzelgänger und Profilneurotiker im politischen Spektrum der Bundesrepublik gegen eine ausgewogene europäische Interessenhaltung erst einmal durch einen konsolidierten Mehrheitswillen in Bonn gebrochen, dann erschiene der Gedanke gar nicht mehr so abwegig, daß sich die beiden Deutschlands in dem Vorschlag zusammenfänden, ihre Zweistaatlichkeit in einem Friedensvertrag mit den ehemaligen Besatzungsmächten zu besiegeln. Die Einbeziehung beider deutscher Staaten in eine mitteleuropäische atomwaffenfreie Zone könnte wichtiger Bestandteil eines derartigen Vertragswerkes sein. Deutscherseits würde damit ein entscheidender Schritt zur Auflockerung der festgefahrenen Situation in den beiden Europas eingeleitet.

Ein solcher Doppel-Friedensvertrag würde auch die offene Wunde im Warschauer Vertrag von 1970 schließen, der, wie Bundeskanzler Kohl am 2. September 1984 in Braunschweig verdeutlicht hat, nur die Bundesrepublik – nicht aber „ein später wiedervereinigtes Deutschland“ zur Anerkennung der Oder-Neiße-Linie als Westgrenze Polens völkerrechtlich verpflichtet. „Dies ist ein Teil", so Kohl wörtlich, „der durch das Nichtzustandekommen eines Friedensvertrages fortgeltenden Rechtslage".

Ohnmächtiges oder eigenmächtiges Europa

(1985)

Mit einem gebrochenen Verhältnis zur Macht, wie es im Kreise der Bundesregierung und – auf andere Weise – bei den Grünen kultiviert wird, kommt kein Eigenleben in die politische Landschaft Europas. Unbeirrt macht Kanzler Kohl die westeuropäische Sicherheit abhängig von der Kraft und der Herrlichkeit einer transatlantischen Führungsmacht, quasi im Pacht- und Leihverfahren. Hingegen setzt Otto Schily auf eine Art mitteleuropäischen Staatenbund unter Einschluß beider Deutschlands von Benelux bis Österreich und Ungarn, der ohne eigenen Aufwand an militärischer Stärke Frieden zwischen den Mächten schaffen soll. Damit aber würde, gerade was als „Sicherheitspuffer" inmitten Europas gedacht ist, zum „open house" für jedwede Machteinflüsse (natura abhorret vacuum) gemacht. – Verwaschene Blaupausen und windschiefe Versuchsmodelle verlieren sich so im europäischen Sandkastenspiel: denn sie gehen allesamt nicht von dem Anspruch und der Bereitschaft einer Staatengruppierung aus, in geschlossener Formation eine neue Qualität der Selbstbestimmung zu erwerben und zu behaupten.

Auf dem Europäischen Ratsgipfel in Mailand und danach wurden Kanzler Kohl und sein Genscher nicht müde, die „Stunde der Wahrheit" anzukündigen – und wollen es doch nicht wahrhaben, daß europäische Selbstverantwortlichkeit für die äußere Integrität das unabdingbare Kernstück einer jeden außen- und sicherheitspolitischen Gemeinsamkeit darstellt, die sich nicht nur in Formalitäten wie gegenseitiger Information und allgemeinen Willensbekundungen zu abgestimmter Gangart auf dem Parkett der internationalen Diplomatie erschöpft.

Es bleibt das Geheimnis der Verfasser jenes „Deutsch-französischen Entwurfs eines Vertrages über die Europäische Union", der mit dem Kurier des Kanzlers noch in letzter Minute vor dem Mailänder Spektakulum im Elysée zusammengeschustert worden war, worin denn eigentlich der Durchbruch zu neuen Ufern, das Überschreiten des europäischen Rubikon bestehen sollte. Aufmerksamkeit erheischt allenfalls die strikte Forderung, die EG Kommission solle künftig an allen Treffen der politischen Zusammenarbeit teilnehmen; man darf also davon ausgehen, daß Mitverfasser Genscher sich noch immer Chancen ausrechnet, 1987 nahtlos seinen

Außenministerposten in Bonn mit einer entsprechenden Position in Brüssel zu vertauschen. In der Substanz brachte dieser von Mitterrand sogleich auch zum „Arbeitspapier“ heruntergestufte 5-Seiten-Text letztlich genauso wenig Neues im Westen zutage wie das von Margret Thatcher über den Gipfeltisch geschobene Alternativprogramm.

Eine solche Absichtserklärung mit beschränkter Haftung war und ist es aber gewiß nicht wert, in feierliche, zur Ratifizierung durch die Parlamente der Mitgliedstaaten anstehende Vertragsform gebracht zu werden, und das Ganze als Revision der Römischen Verträge von 1957 auszugeben. Man kann also Frau Thatcher nur beipflichten. wenn sie ein derartiges Vorhaben des Etikettenschwindels, das jetzt zum Jahresende in Luxemburg auf dem Spielplan steht, schlicht als „Larifari-Konferenz“ bezeichnet hat. Sie überläßt es ihrem Außenminister, bis dahin die EG-Reformvorhaben auf den möglichst kleinsten gemeinsamen Nenner gebracht zu haben.

Es gehört schon eine gute Portion Chuzpe oder Lebenslüge dazu, das von Frankreich angeregte EUREKA-Projekt zur verstärkten Zusammenarbeit auf den Gebieten der Forschung und Technologie, an dem in verständlicher und dankenswerter Weise neben den künftigen EG-Staaten der iberischen Halbinsel auch Norwegen und die Neutralen - Österreich, Schweden und die Schweiz - teilhaben möchten, sowie den Beschluß zur „Vollendung des Binnenmarktes“ der EG innerhalb der nächsten sieben Jahre zum Erfolgserlebnis auf dem Mailänder Gipfel hochzutrimmen, wie es in der Erklärung des Bundeskanzlers vom 4. Juli 1985 geschehen ist. Ist das etwa Ausdruck seiner Vision vom im Westen geeinigten Europa, das - nach Genscher - die Gegensätze von West und Ost überwinden soll (so im Deutschlandfunk am 11. 6. 1985)?

Auch nach amerikanischer Interessenlage kann EUREKA eine gute Sache sein; aber sie bietet noch ganz konkrete Ansätze, um Visionäres in europäische Realität umzusetzen: wenn etwa Kohl, der Anregung des Internationalen Sekretärs der sozialistischen Regierungspartei Frankreichs, Jacques Huntzinger, folgend, sich klipp und klar für Entwicklung und Bau eines europäischen Kampfflugzeuges und des SAMBRO-Beobachtungssatelliten bereiterklären würde, damit Europa nicht länger allein von amerikanischen Daten abhängig zu sein brauchte. Jacques Huntzinger kam damit einige Tage nach dem einstimmigen Vorstandsbeschluß der PS heraus, der eine Generalrevision der französischen Strategie ankündigte, wonach Frankreich seinen Atomschutz auf die Bundesrepublik ausweiten und zugleich „seinen Teil der konventionellen Abschreckung für Europa übernehmen“ solle.

Für Frankreich hatte soeben die Stunde der Wahrheit geschlagen. Dort hatte es ein langes Abschiednehmen von dem - zu guter Letzt durch die Pershing-Stationierung östlich des Rheins verdeutlichten - Widersinn einer nuklearen Verteidigungskonzeption für das nationale Sanktuarium gegeben, wonach ein amerikanisch gestütztes westdeutsches Glacis eine Art Maginot-Linie in Breitwandformat darstellen könnte. Französische Logik hat nun endlich ein sicherheitspolitisches Tabuthema, in dem diese Existenzlüge der Nation verpackt war, aufgebrochen und damit das Tor für eine französisch-deutsche Sicherheitsinitiative (Helmut Schmidt, nach Absprache mit Mitterrand, am 28. 6. 1984 vor dem Bundestag) weit geöffnet. - Der PS-Beschluß vom 27. 6. 1985 sollte Kanzler Kohl am 28./29. Juni in Mailand schon zu Ohren gekommen sein; er blieb offensichtlich ohne Wirkung bei dem Manne, der bei Übernahme der Kanzlerschaft die militärische Integration der NATO, aus US-Sicht heute ein Auslands-Tochterunternehmen des Pentagon, zur Staatsräson der Bundesrepublik erklärt hatte.

Solchem Verständnis von deutscher und europäischer Identität entspricht allerdings voll und ganz der Artikel 8 des von Genscher überarbeiteten Mailand-Papiers. Darin wird vorweg zwar vollmundig „eine engere Zusammenarbeit in Fragen der europäischen Sicherheit“ als wesentlicher Beitrag zur Entwicklung einer außenpolitischen Identität Europas bezeichnet; aber schon im zweiten Absatz erfährt man, daß daran interessierte Mitgliedstaaten „dies im Rahmen der Westeuropäischen Union unter Beachtung der Rolle des Bündnisses und ihrer spezifischen Lage und Strategie innerhalb des Bündnisses, zu tun hätten. Sieht man einmal davon ab, daß lediglich gut die Hälfte der demnächst 12 EG-Staaten der WEU angehören, so kommt schon allein in der Wahl dieses im NATO-Schatten dahinvegetierenden Vereins zum Ausdruck, daß hier kein Gedanke an eine eigenständige Verteidigungspolitik in Europa verschwendet werden soll. Im 4. Absatz endlich ist die Rede von der Entschlossenheit der Unterzeichnerstaaten, „die für ihre Sicherheit nötigen technologischen und industriellen Bedingungen *aufrechtzuerhalten*“. In dieser Formulierung kommt geradezu enthüllend eine ängstliche Status-quo-Haltung gegenüber der expansiven Waffentechnologiepolitik Amerikas zum Tragen, deren personellen und materiellen Brain-Drain-

Effekt man von europäischer Seite günstigstenfalls Grenzen setzten möchte; jedoch fehlt jedes Selbstvertrauen, die Möglichkeiten für unabhängige auf die politischen und militärischen Erfordernisse der Europäer zugeschnittenen Do-it-yourself-Lösungen ernsthaft ausschöpfen zu können.

Die Betonung des letztlich apolitischen Charakters der EUREKA-Konferenz Mitte Juli in Paris durch deren „Mitinitiator" Genscher hat erneut bestätigt, daß alle Bonner Bekundungen zu einer Europäischen Union weniger als halbherzig gemeint sind, weil sie die außenpolitische Gretchenfrage des militärischen Selbstschutzes (transatlantisch) außen vor lassen. Der Rahmen einer europäischen Technologiegemeinschaft ist inzwischen so weitgespannt und umfaßt politisch und wirtschaftlich derart heterogene Interessenten, daß sich militärisch relevante Projektplanungen schon von selbst verbieten. Deshalb konnte man es eigentlich als verwunderlich ansehen, daß nicht wenigstens eine generelle Einladung von Paris aus an die europäischen Länder des Ostens ergangen ist, sich ebenfalls an EUREKA zu beteiligen. Die Antwort liegt allerdings auf der Hand: Big Brother in Washington würde mit schärfsten Repressionen nicht zögern, um solcher ziviltechnologischen Transferöffnung nach Osten entgegenzutreten. Hier aber kommt nun wieder des Pudels Kern zum Vorschein: Solange der Status quo westeuropäischer Abhängigkeit vom Protektor USA erhalten bleibt, lassen sich nun einmal auf diesem Kontinent keine eigenen Initiativen entwickeln. Selbst das schemenhafte EUREKA ist eingebunden in die NATO.

Der Mailänder Entwurf spiegelt Verweigerungshaltung seitens der Bundesregierung wider, am Zustandekommen einer wehrhaften Eigenmacht in Europa aktiv mitzuwirken. Natürlich böte ein solches Machtkonsortium auf französisch-deutschem Fundament ein auch militärisch ausreichendes Sicherheitspotential, das einerseits gegenüber dem Osten substantiell und strukturell nichtangriffsfähig, andererseits aber gegen Übergriffe jeder Art soweit gewappnet wäre, daß ein Aggressor mit größter Wahrscheinlichkeit schon einen Globalkonflikt in Kauf zu nehmen bereit sein müßte. Denn wie auch immer sich die USA und ein mit dieser eng verbunden bleibendes Großbritannien mit dem westlichen Kontinentaleuropa arrangieren, würden es deren ureigene Interessen doch unter allen Umständen erfordern, diesem in Krisen- oder Kriegsfällen uneingeschränkt zur Seite zu stehen. Insofern kann das Bedürfnis der Briten nach immer mehr Sonderbindungen an die USA den Kontinentaleuropäern nur willkommen sein, stellt es doch auch ein militärisches Engagement in Form maritimer Präsenz der westlichen Supermacht vor ihren Küsten sicher.

Der grundlegende Unterschied eines solchen neuartigen West-Arrangements zum „Atomschutz und -schirm“ der Amerikaner für NATO-Europa besteht vor allem darin, daß Frankreich und die Bundesrepublik eine territoriale Einheit hinsichtlich ihrer nuklearen Verletzbarkeit darstellen und daß deswegen die französischen Atomwaffen in der Praxis ausschließlich eine Abschreckungsfunktion gegen den Ersteinsatz eines Aggressors besitzen. Eine „flexible Antwort“, die nach heutiger NATO-Doktrin noch die Möglichkeit einer Erstverwendung nuklearer Mittel auf westlicher Seite vorsieht, wäre ebenso obsolet wie jenes Planspiel um einen „begrenzten Atomkrieg“.

In Bonn war für den 8. 7. 1985 ein Interview eines konservativen französischen Senior-Diplomaten mit dem deutschen Bundeskanzler fest verabredet. Kohl hat es kurzerhand abgesagt. Wie würde er sich wohl gegenüber dem ebenfalls konservativen amerikanischen Ex-Außenminister Henry Kissinger verhalten haben, der im vergangenen Jahr eine Deutschstunde der Wahrheit gab, als er im Interview mit dem „Stern“ (Nr. 14/1984) eine Wiedervereinigung ganz bestimmt nicht im Interesse der Vereinigten Staaten, Frankreichs und Englands sah und selbst ein kommunistisch vereintes Deutschland nicht als Wunschvorstellung Moskaus bezeichnete. Und Kissinger, eigentlich des Antiamerikanismus unverdächtig, vermochte sich sogar vorzustellen, daß die USA zum Rückzug aus Europa bereit sein würden, wenn Moskau dafür die DDR und vielleicht noch Polen aus dem Warschauer Pakt und damit aus seinem Herrschaftsbereich entlassen würde.

In dieser Planskizze steckt eine gar nicht so unsympathische Perspektive. Aber dahinter kommt auch die Lebenswahrheit zum Vorschein, daß Großmächte nun mal nach eigenem Kalkül geben und nehmen können. In Anbetracht dieser Sachlage ist es sicherlich von Vorteil, nicht als Dauerzahler einer Versicherungsprämie von ihnen ein Dasein in nationalstaatlicher Ohnmacht zu fristen, sondern auf kollektiver Basis über ein relatives Machtpotential zur regionalen Selbstbehauptung und über einen erweiterten Handlungsspielraum auf anderen internationalen Ebenen zu verfügen. Willy Brandt mochte derartiges im Sinn gehabt haben, als er in einem Interview mit „L’Express“ (Ende Juni ’85) von einer „deutsch-französischen

Entente" - auch im Sinne einer engeren verteidigungspolitischen Zusammenarbeit beider Länder - sprach, um Europa „bei aller Loyalität zum westlichen Bündnis ein Stück von dem unfruchtbaren Gegensatz der beiden Weltmächte zu lösen".

Bündnisreform an Haupt und Gliedern

(1986)

Die dicht aufeinanderfolgenden Gipfel von Genf und Luxemburg haben den politischen Zustand der Europäer als Zaungäste des Weltgeschehens erneut vorgeführt. Für beidseitigen Hausgebrauch und zur Unterweisung der Komparserie haben sich die Hauptdarsteller aus Washington und Moskau gegenseitig bestätigt, daß sie in eigener Machtvollkommenheit auf der Weltbühne allein agieren wollen. Die Repräsentanten der westeuropäischen Staatenkolonie blieben eine Antwort darauf schuldig. Das dürftige Vertragsmäntelchen der außenpolitischen Zusammenarbeit vermag ihre Blöße unterentwickelten Selbstbehauptungswillens nicht zu bedecken. Seine äußere Sicherheit soll das westliche Europa auch weiterhin aus einer zum Dogma erhobenen NATO beziehen, einem nach amerikanischen Entwürfen im ersten Nachkriegsjahrzehnt entstandenen Vereidigungssystem, das auf die damaligen Kräfteverhältnisse zugeschnitten war.

Atomarer Schirm für Europa: mehr Mythos als Realität

Heute fördert das starre Festhalten an antiquierten Strukturen und Strategiemodellen eher einen schleichenden Prozeß amerikanisch-europäischer Entfremdung und droht auf diese Weise die absolut erhaltenswerte Substanz des Nordatlantischen Bündnisses, so wie sie sich nach Geist und Buchstaben im Vertragswerk von 1948 darstellt, aufzuweichen. Vieles deutet darauf hin, daß man sich auf amerikanischer Seite durch die feste Einbindung in den organisatorischen Rahmen des Allianzsystems eingeengt fühlt. Entsprechend ihrem Rollenverständnis haben die USA ihre Strategieentscheidungen weltweit nach eigenen politischen, wirtschaftlichen und militärischen Prioritäten zu treffen. In Anbetracht einer schwerpunktmäßig wechselnden Interessenlage stellt es sich daher für die amerikanische Weltmacht als zunehmend hinderlich heraus, auf unterschiedliche Bedürfnisse und Wünsche von Bündnispartnern Rücksicht zu nehmen, die mit moralischen, nationalen oder regionalen Motivationen vorgebracht werden. Wenn noch dazu Regierungen von Alliierten sich an eine Verteidigungsdoktrin klammern, die den möglichen Ersteinsatz atomarer Waffen seitens der „Führungsmacht“ einschließt, so ist für diese ein Ausmaß an Verantwortlichkeit erreicht, das die nationalen Sicherheitsbelange der USA am Lebensnerv berührt und wachsendes Unbehagen hervorruft.

In der Erstausgabe der neokonservativen US-Zeitschrift „The National Interest“ nahm Chefredakteur Irving Kristol neulich kein Blatt vor den Mund, als es um die NATO ging: Den atomaren Schirm für Europa sieht er wie „von Motten zerfressen, mehr Mythos als Realität“. Nur sehr wenige Amerikaner seien bereit, einen nichtnuklearen Angriff mit einer wechselseitigen atomaren Verwüstung zu bezahlen. Dies aber verdeutliche, daß die NATO in ihrer gegenwärtigen Struktur eine „archaische Einrichtung“ darstelle. Die Verteidigung Westeuropas fiele in erster Linie in die Verantwortung der Europäer, die selbst für die Voraussetzungen zur Abwehr eines konventionellen Angriffs auf ihr Territorium zu sorgen hätten. Es sei zu erwarten, daß sich die USA in den kommenden Jahren von ihren Bündnisverpflichtungen freimachen würden, um so über den Einsatz ihrer militärischen Macht effektiver nach eigenen Maßstäben verfügen zu können.

Protektionismus unter dem Deckmantel der Sicherheit?

Man darf von der Wahrscheinlichkeit ausgehen, daß sich in dieser scharf pointierten Tonart aus dem publizistischen Umfeld Washingtons auch in politisch unmittelbar einflußreichen Kreisen angestellte Betrachtungen niederschlagen. Die im Laufe der letzten Jahre in Washington forcierte Rüstungspolitik erschüttert schon per se das internationale Kräftefeld. Damit verbunden ist eine massive Staatsverschuldung, deren Auswirkungen auf Zinssätze und Wechselkurse die Volkswirtschaften der übrigen Industriestaaten in schwere Bedrängnis gebracht und Länder der Dritten Welt an den Rand des Bankrotts getrieben haben. Ergänzt wird dieses Bild noch durch einsam verhängte Embargos und neuerdings ganze Bündel von Gesetzesvorlagen zu drastischen Einfuhrbeschränkungen.

Ein Kapitel für sich im außenwirtschaftlichen Verhalten der USA stellt die Verknüpfung von sicherheits- und wettbewerbspolitischen Aspekten dar, die unter dem Schlagwort vom High-Tech-Protektionismus zum Ausdruck kommt. Nach Meinung des Wehrexperten der Unionsfraktion im Bundestag, Willy Wimmer, tritt hier ein „technologischer Isolationismus“ zutage, der den wirtschaftlichen und politischen Zusammenhalt der westlichen Allianz zu gefährden droht („Süddeutsche Zeitung“ 26. 11. 1985). Er weist auf ein Mitspracherecht des Pentagon bei der Weitergabe auch von nichtmilitärischer Technologie in westliche Länder hin und stellt die Vermutung an, der Technologietransfer könnte als Instrument genutzt werden, mit dem sich außen- und sicherheitspolitisches Wohlverhalten erzwingen ließe. Gleichzeitig verberge sich jedoch unter dem Mantel des angeblichen Schutzes von technologischem Wissen gegenüber dem Osten eine gehörige Portion wirtschaftlichen Protektionismus.

In der Zeitschrift *Außenpolitik* (Nr. 4/1985) hat Hanns-D. Jacobsen, Mitarbeiter der Stiftung Wissenschaft und Politik (Ebenhausen), den wirtschaftlich-militärischen Komplex der amerikanischen Technologiepolitik eingehend beleuchtet. Er geht davon aus, daß im Finanzjahr 1984 das Pentagon mit 28 Mrd. Dollar zu beinahe zwei Dritteln am gesamten öffentlichen Auftragsvolumen für Forschung und Entwicklung beteiligt war. Dieser Anteil erhöhe sich jetzt noch um jährlich weitere 3 Mrd. für das SDI-Programm. Um die eigenen Wachstumsindustrien zu schützen und die nationale Sicherheit zu gewährleisten, kontrolliere die US-Regierung den grenzüberschreitenden Verkehr von Waren, Daten und Informationen aus dem Bereich der Spitzentechnologie besonders scharf, was wegen der schieren Größe der amerikanischen Volkswirtschaft und ihrer bestimmenden Rolle im internationalen politischen und wirtschaftlichen System ein bedeutendes Konfliktpotential in den Beziehungen zu anderen Ländern mit sich bringen würde. Zudem gäbe es immer wieder Versuche, die amerikanische Gesetzgebung extraterritorial anzuwenden, was 1982 schon zur Kontroverse um das Erdgas-Röhren-Geschäft geführt hat. Nichtamerikanische Firmen fragten sich bereits, inwieweit sie sich noch in eine technologische Abhängigkeit von US-Firmen begeben dürften, nachdem sich durch die verstärkte Anwendung restriktiver Bestimmungen die internationale Kooperationsbereitschaft der USA im Bereich fortgeschrittener Technologie so spürbar gesenkt habe. Internationale Zusammenarbeit auf diesem Gebiet werde auf der amerikanischen Seite, die ihren wissenschaftlich-technischen Vorsprung möglichst zu erhalten und weiter auszubauen suche, im wesentlichen nur dann noch akzeptiert, wenn sich damit Zugang zu bedeutenden technologischen Entwicklungen im Ausland eröffne.

Den „Klientenstatus“ der Europäer beenden

Das Prinzip der internationalen Arbeitsteilung, in dem ein Wesenszug von offener Gesellschaftsordnung faktisch Anwendung findet, droht so auf der Strecke zu bleiben, die im Alleingang zu bewältigen sich die USA offenbar vorgenommen haben. In Verbindung militärischer mit technologischer Dominanz gewinnt der amerikanische Unilateralismus eine Dimension, in der sich eine radikale Abkoppelung der USA vom westlichen Europa vollziehen könnte. Die Europäer scheinen eine solche Gefahr des Zerreißens der transatlantischen Bande noch verdrängen zu wollen.

In Europa wird auch nicht genügend in Rechnung gestellt, daß die Vereinigten Staaten von Haus aus eine See- und Weltraummacht sind, die zwar Stützpunkte braucht, aber nicht dauerhaft mit massiven Landstreitkräften in anderen Erdteilen gebunden sein möchte. Dieses Amerika will freie Hand, um global operieren und schwerpunktmäßig überall dort präsent sein zu können, wo seine Interessen und die politische Weltlage das jeweils erfordern. Partnerähnliche Verbindungen wird es nur da eingehen wollen, wo das der eigenen Entlastung dient. Um perspektivisch die solide Grundlage für eine derart gestaltete Beziehung zu gewinnen, müßten im westlichen Europa erst einmal handfestere Tatsachen geschaffen werden als ein zaghafter Hinweis auf eine Politische Union, für die Kanzler Kohl nicht einmal eine Begriffsbestimmung vorzuweisen hat (Cambridge-Rede vom 27. 11. 1985).

Wollen wir Deutsche mit den übrigen Westeuropäern nicht vom großen Strom der Weltpolitik abgeschnitten werden, dann müssen wir endlich frischen Elan für eigenständige Politik in Europa aufbringen. Es fehlt bei uns nicht an gewichtigen Stimmen, die in diese Richtung weisen. Worauf es jetzt aber ankommt, ist die Umsetzung solcher positiver Gedanken, die potentiell von einer breiten Stimmung im Volke mitgetragen wird, in ein konkretes innovatives Handlungsprogramm.

Deutsch-französischer Staatenbund

Mit bemerkenswerter Klarheit fordert Schmidt eine „deutsch-französische Führung“ als Schubkraft für die Selbstbehauptung Europas und für eine ausgeglichenere Gesamtkonstellation im Westen.

Die engere Ausgestaltung der deutsch-französischen Bindungen ist inzwischen auch zu einem zentralen Wahlkampfthema in Frankreich geworden. Das flache außenpolitische Profil der Bonner Regierungskoalition sollte Sozialdemokraten eigentlich den Entschluß leichtmachen, mit einer mutigen Initiative vor die Wähler zu treten: Verhandlungen mit Paris über eine spezifische Art von Konföderation, deren Kernelemente integrierte Verteidigungspolitik, Technologieverbund und eine gemeinsame Währung sein sollten.

So schwierig sich diese Aufgabe auch ausnimmt, weil sie den Beteiligten die Überwindung nationaler Tabus und ein hohes Maß an Kompromißbereitschaft abverlangt, würde doch ihre Inangriffnahme schon eine politische Dynamik beweisen, die dem grassierenden Zweifel an europäischer Handlungsfähigkeit ein Ende machen könnte. Mit einem deutsch-französichen Staatenbund wäre endlich das Fundament für den europäischen Pfeiler erstellt, der eine die divergierenden Interessen abfedernde und daher beständige Verbindung mit den USA zu tragen vermag. Ein solches Vorgehen entspräche voll und ganz dem Atlantischen Bündnisvertrag, der es den Mitgliedern zur Pflicht macht, ihren größtmöglichen Beitrag zur Selbstverteidigung (Art. 3) zu erbringen. Zugleich schafft erst eine derart neu programmierte Westpolitik die Voraussetzungen für einen effektiven Interessenausgleich auf der Grundlage eigenständiger Entwicklungen auch im gesamteuropäischen Raum.

Bei realistischer Beobachtung eines unübersehbaren Trends in der amerikanischen Außenpolitik sollte eine zur Zurückgewinnung der politischen Entscheidungsmacht antretende SPD das Feld deutsch-französischer Wahrnehmung der europäischen Belange im Bündnis nicht dem vereinsamt lavierenden Außenminister überlassen, dessen beherzigenswerte Worte im fehlprogrammierten Bonn, wo das „Europa der zwei Geschwindigkeiten" beharrlich abgeblockt wird, ohnehin nur auf taube Ohren stoßen können. Immerhin spricht Genscher jetzt („Nordseezeitung", 28. 12. 1985) von einem „deutsch-französischen Sicherheitsverbund", der zum Kristallisationspunkt einer europäischen Sicherheitspolitik werden sollte. Von Bonn und Paris möchte er ein Konzept entwickelt haben, das zu einer dichteren West-Ost-Zusammenarbeit führt, „aus der sich in langfristiger Perspektive die Konturen einer europäischen Friedensordnung ergeben, die Europa vom Atlantik bis zum Ural umfaßt und die das Zusammenleben verschiedener Staats- und Gesellschaftsordnungen ohne Angst voreinander möglich macht".

Teure Anleihen für fragwürdige Verteidigungsinitiative

(1986)

Der neueste Anschlag auf ein nach Mündigkeit trachtendes Europa wurde um die Iden dieses März vollführt. Just zur selben Stunde, als Agenturen des Altkanzler Schmidts Mahnung verbreiteten, dem Präsidenten Reagan sollte verdeutlicht werden, daß er nicht der politische Oberbefehlshaber in Europa sei, schritt sein Amtsnachfolger Kohl unter den Klängen einer US-Militärkapelle über den Roten Teppich, den sein durchreisender Gastgeber, Pentagonchef Caspar Weinberger, auf dem amerikanisch verwalteten Truppenübungsplatz Grafenwöhr für ihn hatte ausrollen lassen.

Die hinter der Geräuschkulisse rasselnder Panzerketten zwischen Weinberger und Kohl diskret geführte Unterhaltung hatte den Charakter einer vorprogrammierten Farce. Beiderseits bestand kein Anlaß zum Handeln mit harten Bandagen; denn die jeweils wahren Motive für Vereinbarungen im SDI-Bereich waren längst erforscht und einvernehmlich stillschweigend akzeptiert. Unter Mißachtung aller nur denkbaren europapolitischen, nationalen und globalstrategischen Imponderabilien war es für den Stationierungskanzler aus dem Jahr 1983 von vornherein beschlossene Sache gewesen, Präsident Reagan jeden Wunsch nach Unterstüztung des von ihm favorisierten Projektes von den Augen abzulesen, um sich durch solche Beflissenheit eine wohlwollende Hilfestellung aus dem Weißen Haus für die Bundestagswahlen und weitere vier Jahre auf dem Kanzlersessel zu sichern.

Dabei schert sich Kohl nicht um die Zweifel, die wegen seiner „schwachen politischen Stellung“ und mutmaßlich mangelnder Fähigkeit, die amerikanischen Interessen in seinem Land wirksam zu vertreten, bei der Reagan-Administration immer lauter werden („Washington Post“, 1. April 1986); ebenso übersieht er mit Bedacht neuere Umfragen, wonach nur ein gutes Drittel der Bundesbürger lieber noch engere Beziehungen mit Amerika wollten, während über 54 Prozent eine gleichermaßen enge Zusammenarbeit mit den USA und der Sowjetunion vorziehen. Rückhalt und Bestätigung findet er bei der „Stahlhelm-Fraktion“ in der eigenen Partei (von den US-Medien auch als „Dreggerites“ bezeichnet), wo man Traumphantasien vom Deutschen Reich hegt, die sich irgendwie und irgendwann im Schutze oder gar im Verein mit der Führungsmacht

USA verwirklichen lassen könnten; wo man sich überhaupt mit der von den Ultras im neokonservativen Spektrum Amerikas verkündeten Philosophie der militanten Stärke innig verbunden fühlt. Kohl mag für derart Visionäres nicht viel übrig haben, aber er kann es auch als Rücksichtnahme auf den rechten Flügel seiner Partei deklarieren, wenn er unverdrossen auf das Führerstigma des weltmächtigen Präsidenten setzt, das auf ihn abfärben soll.

Für dieses Show-Business hat er sich auf einen Räumungsverkauf europäischer Eigeninitativen und Perspektiven eingelassen, was allerdings aus Washingtoner Sicht eine willkommene Dreingabe zu den Vereinbarungen mit dem „wichtigsten Verbündeten in Europa" darstellen dürfte. Für die amerikanische Regierung bestand von vornherein der eigentliche Wert jedweder SDI-relevanten Abmachung mit Bonn darin, daß deren politisch-militärischer Charakter glasklar in Erscheinung trat. Selbstverständlich enthielten beide in New York unterzeichneten Dokumente des Einverständnisses schon insofern einwandfrei militärische Komponenten, als in ihnen streng restriktive Sicherheitsauflagen nach Maßgabe des Pentagons festgeschrieben waren. Das deutsche Anliegen, mit dem SDI-Rahmenabkommen eine Prinzipienerklärung über technologische Zusammenarbeit zu verbinden, konnte aus diesem Grunde Weinberger und seinen Mannen nur gelegen kommen: bot sich hiermit doch eine zusätzliche Gelegenheit, die deutsche Forschung und Industrie in einem geradezu rechtsverbindlichen Super-COCOM einzukokonieren, diese also über die im Pariser Kreis erklärten guten Absichten und Warenlisten hinaus in die Pflicht zu nehmen, um so wesentliche Teile des deutschen Osthandels durch Verbotsauflagen auch für den Transfer ziviler Technologiegüter unter ihre Kontrolle zu bringen.

Für eine politische Mithaftung und militärische Einbindung der Bundesrepublik, die nicht zuletzt den deutschen Handlungsraum in west- wie in osteuropäischer Richtung einengen soll, reichten diese wirtschaftsbetonten Maßnahmen noch nicht aus. Das Monstergebilde der SDI ist eben nicht nur ein missionarischer Traum des alten Präsidenten, sondern bietet bereits im Projektstadium eine ganze Palette ungeahnter Möglichkeiten zu Eingriffen auch in das politische Innenleben Amerikas sowie zu drastischen Veränderungen seines Verhältnisses zum Rest der Welt an. So meint denn Professor Melvyn Krauss von der Hoover Institution, daß der Präsident sich überhaupt nur auf den Genfer Gipfel eingelassen und seinen Außenminister auf die Reise nach Osteuropa geschickt habe, um den Westeuropäern eine tätige Mitwirkung an SDI schmackhafter zu machen.

Bleibt die Frage, ob sich das neueste amerikanisch-deutsche Modell drinnen wie draußen auch gut verkauft, wo man es vielleicht als einen Schlag in den Korb Zwei (wirtschaftliche Zusammenarbeit) der KSZE und gegen das Harmel-Prinzip der NATO (verhandeln vor rüsten) verstehen wird; und gerade Weinberger läßt keinen Zweifel daran, daß SDI kein Spielmaterial für Tauschgeschäfte abgibt. Die Einzelabfertigung von Verbündeten beim Forschungsprogramm hat aber auch etwas mit der in Washington wachsenden Abneigung gegen multilaterale Unternehmungen überhaupt zu tun. Dabei dürften die Amerikaner ihre triftigen Gründe gehabt haben, als sie ihre Bemühungen gerade auf Großbritannien und die Bundesrepublik konzentrierten: Eine zementierte Special Relationship mit dem Inselreich sichert ihnen jedenfalls eine Rückfallbasis am Rande des europäischen Kontinents, mittels der sie auf eine Fleet-in-being-Strategie umsteigen könnten; wogegen der westdeutsche Frontstaat für sie einen vorgeschobenen Großstützpunkt darstellt, auf dem sie komfortable Sonderrechte genießen. Noch dazu kann man dem Bonner Stationierungspartner synchron finanzwirtschaftliche und politische Lokomotivfunktionen aufnötigen, wann immer das den Globalinteressen im unilateralen Verständnis der USA dienlich ist. Daß ein Verfahren der Singularisierung innerhalb der Allianz, wie es schon mit der Aufstellung der Pershing-2-Systeme geübt wurde, eine desintegrierende Wirkung auf den Bündniszustand hat, nimmt Washington ziemlich leichten Herzens in Kauf.

Um eine wasserdichte militärische Verbindung herzustellen, hatte man zu guter Letzt noch die Untersuchung von Möglichkeiten zur Bekämpfung von auf die Bundesrepublik zielenden Kurzstreckenraketen nachgesattelt, wie das am Tage nach Grafenwöhr Weinberger und SDI-Direktor Abrahamson den erstaunten Teilnehmern an der Sitzung der Nuklearen Planungsgruppe in Würzburg offenbarten. Daß es sich hierbei um so etwas wie einen „europäischen Ableger des SDI-Projekts“ (Erwin Horn, „Frankfurter Rundschau“, 5. 4. 1986) handeln soll, der auch eine Abwehr ballistischer Raketen aller Reichweiten miteinschließen könnte, wurde durch Verteidigungsminister Wörners spontanen Kommentar geklärt, die westeuropäischen Partner müßten „Ihre eigenen sicherheitspolitischen Interessen von Anfang an einbringen“. Das Ganze wurde als großzügiges Angebot der amerikanischen Vertragspartner in den Handel gebracht. Von wem der zündende Funke wirklich ausgegangen war, ist schwer zu entscheiden; denn auf beiden Seiten gab es reichlich Gründe, europäischen Alternativprojekten bei der Entwicklung einer erweiterten Luftverteidigung den Boden zu entziehen. Wörner kann nun sein Ressort um eine Kontaktstelle für militärischen Informationsaustausch mit den Amerikanern erweitern; er ist so zum stillen Teilhaber am SDI-Vertragsunternehmen geworden, was der Erfüllung eines laut von Weinberger vorgebrachten Wunsches nach Unterzeichnung durch den deutschen Verteidigungsminister sehr nahe kommt.

Das Pentagon könnte so etwas wie eine Komplizenschaft mit der Bundesrepublik im Sinn haben, mittels derer sich der lästige ABM-Vertrag von Moskau 1972 aufweichen ließe. Legt doch der Artikel IX dieses Abkommens fest, daß die USA und die Sowjetunion keine ABM-Systeme oder deren Komponenten an andere Staaten weitergeben dürfen. In einer Erklärung dazu (Agreed Statement G) verpflichten sich die Vertragspartner, „anderen Staaten keinerlei Beschreibungen oder Blaupausen zur Verfügung zu stellen, die spezifisch für die Herstellung von ABM-Systemen oder deren Einzelteile, welche durch den Vertrag limitiert sind, ausgearbeitet wurden". – Bei einer streng restriktiven Auslegung des ABM-Vertrages, die offiziell zum Maßstab für die deutsche Beteiligung an der SDI-Forschung gemacht worden ist, läßt es sich schwer vorstellen, auf welche Weise dies praktisch mit den amerikanisch-deutschen Abmachungen vom 27. März 1986 zu vereinbaren wäre, wonach beide Regierungen in abgestimmten Bereichen der SDI-Forschung zur Verbesserung der konventionellen Verteidigung in einen Informationsaustausch eintreten sollen.

Es drängt sich die Vermutung auf, daß dem Pentagon unter dem Motto *Buy American* eine Zusammenarbeit nach folgendem Muster vorschwebt: Die USA erstellen einen breiten Fächer von Raketenabwehrwaffen zur Stationierung in Europa, an denen sie ohnehin schon seit einer Weile basteln; die europäischen Verbündeten sind für die Finanzierung zuständig, während die transatlantische Vormacht für die Einpassung der neuen Systeme in ihr eigenes Strategiekonzept Sorge trägt, sie unter ihrer Befehlsgewalt fest in den Händen behält, also auf deutschem Boden extraterritorial verwaltet. Erwin Horn (s. o.) hat in einem „Positionspapier für die SPD" sehr einleuchtend nachgewiesen, daß einem derzeit „eher amerikanisch-deutschem Konzept einer Flugkörperabwehr die politische und militärische Funktion“ zufallen soll, das amerikanische SDI-Projekt zu stützen, mit dessen Komponenten es sich überschneidet. Ganz im Geiste von Pentagon-Staatssekretär Fred Iklé (Münchner Wehrkundetagung im März d. J.) würden auf diesem Weg den Bündnispartnern in Europa die Vorwärtsstrategien nach Modellen wie „Follow-On-Forces Attack“ und „Deep Strike“ aufgedrückt. Vorlagen für ein originär europäisches Verteidigungskonzept, das Möglichkeiten für ein Zustandekommen struktureller Nichtangriffsfähigkeit (die, so Andreas von Bülow, strukturelle Verteidigungsfähigkeit voraussetzt) auf seiten beider Bündnisse in Europa offenließe, wären damit erst einmal dem Reißwolf überantwortet.

Der von Sozialdemokraten im Grundsatz durchaus gesehenen Notwendigkeit, eine Verbesserung der Luftvereidigung mit nichtnuklearen Mitteln gegen unbemannte Flugkörper zu prüfen, hätte längst schon auf europäischer Ebene entsprochen werden sollen. Eine deutsche Initiative in dieser Richtung sollte selbstverständlich das Problem einer Bekämpfung von ballistischen Mittelstreckenraketen, wie der SS 20, solange ausgeklammert halten, wie überhaupt eine realistische Aussicht auf ein Wegverhandeln der sowjetischen und amerikanischen INF-Systeme in Genf gegeben erscheint. Diese bewußte Abstinenz sollte wiederum nicht soweit getrieben werden, daß französische Offerten zu gemeinsamer Entwicklung der Raumfähre HERMES und zum Bau eines Beobachtungssatelliten schlicht überhört werden, wie das - nicht zuletzt mit Rücksicht auf amerikanische Monopolinteressen - seitens der gegenwärtigen Bundesregierung geschieht. Spätestens seit EUREKA, von Frankreich als eine auf europäische Bedürfnisse zugeschnittene Antwort zur SDI konzipiert, nach Bonner Intentionen in eine Art offener Handelsgesellschaft für ziviltechnologische Gemischtwaren umfunktioniert worden ist, stehen die Zeichen für eine französisch-deutsche Zusammenarbeit an Rüstungs- und Raumfahrtprojekten ausgesprochen schlecht.

Dabei bietet gerade das umfassende Feld einer Modernisierung der Luftverteidigung eine einzigartige Chance, die strategischen Konzeptionen der beiden kontinentalen Schlüsselländer in Westeuropa, deren weitgehende territoriale Interessenidentität auf der Hand liegt, einander anzunähern. Der deutsche Projektpartner gewänne darüber eine starke Einflußposition auf eine „Europäisierung der französischen Sicherheitsphilosophie“ (Hermann Scheer, NG/FH 8/85), die „unverzichtbar ist für jede sicherheitspolitische Alternative, die von den europäischen Staaten die Klammer zweier Supermächte nehmen will“. Es unterliegt kaum einem Zweifel, daß die heutigen Regierungsparteien in Paris, die schon während ihrer Oppositionsjahre in der Diskussion über eine Europäisierung der französischen Sicherheitspolitik vorangegangen waren, heute mindestens so aufgeschlossen für einen Konsens mit Bonn in Fragen konkreter Verteidigungsvorhaben von gesamtstrategischer Bedeutung wären, wie das bei Mitterrand und seinen Sozialisten seit 1984 der Fall ist.

Die Bestattung 2. Klasse, welche das Vierergespann Kohl/Wörner und Weinberger/Abrahamson dem Kooperationsprojekt einer europäischen erweiterten Luftverteidigung angedeihen ließ, dürfte in Paris als erneute Absage an ein französisch-deutsches Tandem und als schockierender Affront voll durchgeschlagen haben.

Die linke „Liberation“ vermerkte immerhin: „Bereits im Mai ’85 (Bonner Wirtschaftsgipfel) hatte das SDI-Thema zu einer ernsthaften Verstimmung mit Paris geführt. Auf der Aktivseite der Bilanz kann Kohl einen demonstrativen Treuebeweis gegenüber Washington geltend machen ... Der Bundeskanzler zeigt sich wieder mal als der ergebene Diener Reagans.“ In westdeutschen Medien vermerkte wenigstens Theo Sommer („Die Zeit“) „eine Belastung des Verhältnisses mit Paris“, und Peter Bender sagte im „Hessischen Rundfunk“: „Wir lassen unsere wirklichen Verbündeten in Amerika im Stich - nämlich alle dort, die Reagan zu bremsen suchen. Wir verderben eine gemeinsame Haltung Westeuropas zu SDI und schaffen uns Ärger mit den Franzosen.“

Auf seiten der französischen Regierungsparteien ist ebenso wie bei den Sozialisten grundsätzlich eine Bereitschaft erkennbar, die nukleare Abschreckungsmacht ihres Landes in eine vereinte Territorialverteidigung mit der Bundesrepublik einzubringen, ohne daß damit eine Form deutschen Mitbesitzes verbunden wäre. Zu den Voraussetzungen auf deutscher Seite für eine „cohabitation“ im Gesamtbereich der Verteidigungsstrategie sollte allerdings gehören, daß die Force de dissuasion einzig der Verhinderung eines atomaren Angriffs auf das Gebiet eines oder beider Partner zu dienen hätte, und daß Frankreich dieses Zweitschlagpotential nur auf U-Boot-gestützte strategische Systeme mit dem Auftrag beschränkt, eine noch bestehende nukleare Bedrohung vom Osten her abzublocken. Eine Absprache mit der Sowjetunion über atomwaffenfreie Zonen im mitteleuropäischen Raum sollte die Bereitstellung von taktischen und Gefechtswaffen mit nuklearer Ladung überhaupt obsolet machen. Auf diese Weise würden im französischen Wehrhaushalt die erforderlichen Mittel auch für den verstärkten Auf- und Ausbau konventioneller Verteidigungskräfte freigestellt, die ein ausgeglicheneres Verhältnis in der strukturellen Beschaffenheit bei den Bündnispartnern bewirken und zugleich deren politisches und militärisches Gewicht für Abrüstungsverhandlungen mit den östlichen Nachbarn anheben würde.

Mehr Freiheit im Bündnis

(1986)

Das Ende dieses Monats auf dem Offenburger Wahlparteitag vorgelegte Programm für eine sozialdemokratische Bundesregierung spricht dezidiert eine Reform der westlichen Allianz-Strategie an: Struktur und Bewaffnung der Streitkräfte müßten „unverwechselbar der Verteidigung dienen und dürfen dem Ziel einer europäischen Friedensordnung nicht entgegenstehen". – Etwaige Zweifel, ob nicht einem Kanzler Rau durch Disziplinierungsdruck im Bündnisapparat und vertragliche Sonderrechte der ehemals Besatzungsmächte die Hände zu fest gebunden wären, um qualitative Veränderungen im Verteidigungskonzept überhaupt wirkungsvoll vertreten zu können, sind erst kürzlich von autorisierter amerikanischer Seite zerstreut worden. So geschehen in einem Stern-Interview mit dem Obersten NATO-Befehlshaber in Europa, der hier gleichsam die Rolle eines militärischen Prokonsuls der USA innehat.

„Nur als Bernie Rogers" sorgte der NATO-Chef, dem zugleich die Führung der – euphemistisch – teilintegrierten US-Streitkräfte in Europa obliegt, für längst fällige Klarstellungen, als er zum Thema des Vetorechts etwa der deutschen Verbündeten gegen die Stationierung von C-Waffen auf unserem Territorium befragt wurde. In (vielleicht unbewußter) Rückbesinnung auf den 48er Originaltext des Nordatlantischen Vertrages sprach er kategorisch der Achtung „jeder Nation in der Allianz" auf ihre Souveränität einen so überragenden Stellenwert zu, daß dieses Prinzip auch auf zweiseitige Ergänzungsverträge (wie z. B. das Truppenstatut zum Deutschlandvertrag) Anwendung zu finden habe. Das gelte jedenfalls allemal beim Umgang mit Massenvernichtungswaffen.

Rogers im O-Ton: „Deshalb kann die Souveränität einer Nation nicht übergangen werden, wenn es um die Stationierung solcher Waffen auf ihrem Boden geht – also bei chemischen und nuklearen Waffen." Auch über den Einsatz solcher Waffen habe nicht mehr der US-Präsident allein zu verfügen, vielmehr: „Die politisch Verantwortlichen (aller verbündeten Staaten) müssen die Entscheidung treffen, was sie dem amerikanischen Präsidenten bezüglich des Einsatzes von Massenvernichtungswaffen vorschlagen." Ob und wie bindend für diesen ein Einspruch gegen die Freigabe derartiger Systeme wirksam sein würde, ließ Rogers vorsichtshalber offen.

Wenn sich auch Pläneschmied Rogers nicht gerade als Selbstauflöser in Sachen NATO zu bestätigen sucht (eher als Veränderer bestehender Strategiedoktrinen für Europa), so bieten doch seine offenherzigen Aussagen zu europäischen Besorgnissen und Bedürfnissen nach eigenständiger Interessenwahrnehmung all denen Argumentationshilfe, die zwar eine transatlantische Allianz bejahen, aber gerade deswegen die überholte hegemoniale Organisationsform abgelöst sehen möchten. Horst Ehmke hat ja bei seinem Besuch neulich in Washington reichlich Bestätigung dafür gefunden, daß gerade dort in einflußreichen Kreisen verschiedener Couleur ähnlich nachgedacht wird.

Ein Kernsatz in der Nürnberger Parteitagsrede von Johannes Rau: „Es geht um die Freiheit durch das Bündnis und um die Freiheit im Bündnis“ zeigt, daß die SPD den richtigen Weg einschlägt, auf dem unter Bedingungen gleicher Sicherheit in Europa voranzuschreiten sich lohnt.

Signale außenpolitischer Vernunft

(1986)

Genschers Anregung vor dem KSZE-Forum in Wien, komplementär zu den bei der Stockholmer KVAE erreichten Ansätzen für militärisch vertrauensbildende Maßnahmen eine Konferenz für die verstärkte wirtschaftliche Zusammenarbeit folgen zu lassen (und welcher Platz wäre dafür geschaffener als Berlin!), kann nur als Aufruf für eine unabhängige europäische Gesamtstrategie verstanden werden. Damit wäre eine im Grunde unvermeidliche Neuorientierung in den transatlantischen Beziehungen angekündigt. – Dem entspräche auch ein Passus in einem gemeinsam mit seinem französischen Kollegen Raimond formulierten Aufsatz: Die Sicherheit Europas sei kein Anhängsel des Sicherheitsverhältnisses zwischen den beiden Großmächten. Wen anders als Washington könnte Genscher gemeint haben, als er in Wien ein „konfrontatives Denken in Kategorien des Handelskriegs" für unvereinbar mit dem dringenden Erfordernis bezeichnete, eine technologische Spaltung Europas zu verhindern. Auf den Punkt gebracht wurden dadurch schwelende Interessendivergenzen zwischen Westeuropäern und einem allzu selbstherrlichen Amerika.

Zur Politik der Stärke, wie sie heutzutage auf dem Sternenbanner geschrieben steht, gehört neben dem Anspruch auf absolute militärische Superiorität auch die Erhaltung einer technologischen Dominanz, die ausnahmslos gegenüber dem Rest der Welt durchgesetzt werden muß. Als drittes Essential gesellt sich dazu die Wahrung amerikanischer Wirtschaftseinflüsse und sonstiger verschiedenartig definierter Interessen rund um den Erdball, deren Beeinträchtigung oder Beschädigung den Gebrauch von Waffengewalt grundsätzlich rechtfertigen würde. In dieser Komplexität stellt sich nun für die zwischen Ozeanen eingebettete „imperiale Republik" (Raymond Aaron) das schlüssige Konzept einer Pax americana vor. Und man täusche sich nicht: Im Prinzip sehen dies viele US-Demokraten genauso.

Unter diese Maxime von „Friede durch Stärke" gestellt zu sein, also instrumental jederzeit verfügbar zu bleiben, ohne ein Recht auf Selbstbestimmung über seine regionalen, kontinental orientierten Sicherheitsbedürfnisse zu haben, ist für das westliche Europa schlechterdings untragbar. Einem zur Emanzipation entschlossenen

Westeuropa wird unter diesen Umständen Mut zu kraftvollen Initiativen abverlangt. Aber hat nicht schon vor zwei Jahrzehnten Strauß sein Verständnis für den Austritt Frankreichs aus der atlantischen Militärintegration damit begründet, daß dieses amerikanische Hegemonialsystem einer politischen Einigung Europas im Wege stünde? An anderer Stelle vermerkte er damals, daß praktisch von einer gemeinsamen NATO-Strategie nicht mehr die Rede sein könne!

Gretchenfragen an West und Ost

(1987)

Der Chefredakteur der Europaausgabe vom „Wall Street Journal", das über jeden Verdacht sozialistischer Neigungen erhaben ist, sinnierte neulich darüber, welcher Denkschule in Washington zu folgen wohl das Bessere sei: Soll man die Sowjets in die Ecke quetschen oder mit ihnen ins Geschäft zu kommen suchen? Falsche Entscheidungen könnten zu verschärften Spannungen und weltweiten Turbulenzen führen, während richtige Entscheidungen gesicherte Abrüstung, profitable Wirtschaftsbeziehungen und international eine allgemeine Beruhigung mit sich bringe würden.

Gorbatschow weiß sehr gut, daß hinter der militärischen Imponierfassade seines Vielvölker-Riesenreichs ein ziemlich brüchiges Staatssystem dahinsiecht. Wirft man nur einige Blicke auf seine Reformvorhaben, so wird man von zwiespältigen Gefühlen befallen: Bestürzung über wahrhaft entmutigende Verhältnisse in der sowjetischen Wirklichkeit, die zu ordnen und in Bahnen moderner Zivilisationsentwicklung zu lenken sich als Sisyphos-Unternehmen erweisen könnte; und eine gewisse Bewunderung für das Selbstvertrauen und den Tatendrang derjenigen, die sich – unter den von sozialistischem Totalitätsanspruch getragenen Rahmenbedingungen zu dramatischen Neuerungen und Verhaltenskorrekturen durchgerungen haben.

Wie immer sich die Erfolgsaussichten auf einen tiefgreifenden Wandel der politischen, bürgerrechtlichen und wirtschaftlichen Strukturen einschätzen lassen, das Vorhaben an sich muß ernsthaft als eine innersowjetische Realität begriffen werden, als nahezu verzweifelter Rettungsversuch des staatlichen Systems einer Nationalitätengesellschaft, die sich am eigenen Schopf aus dem Sumpf ziehen soll. Auch millimeterweise kann sowas überhaupt nur gelingen, wenn von außen her zumindest nicht dagegen gearbeitet, sondern wo möglich Hilfestellung geleistet wird. Auf westlicher Seite bedarf das mancherlei Überwindung, weil hier die so verschiedenartigen Maßstäbe und Lebensumstände eine Optik bewirken, die von Skepsis, Überlegenheitsempfindungen und unbestimmten Ängsten gegenüber dem sowjetischen Koloß schlechthin geprägt ist. Was in Moskau als reformerischer Durchbruch angekündigt wird und sich aus dortiger Sicht auch tatsächlich so darstellt, verlangt dem westlichen Betrachter vielfach ein schwer nachzuvollziehendes Verständnis dafür ab, daß Gorbatschow nicht etwa beim Punkt Null, sondern bei minus x ans Werk zu gehen hat. So soll etwa dem Sowjetbürger erstmals Einblick in die bestehenden Gesetze – in Buchform käuflich zu erwerben – gewährt werden; Angeklagte werden ihre staatlich bestellten Verteidiger schon vor der Gerichtsverhandlung zu Gesicht bekommen. Es sollen wirtschaftliche Aktivitäten, soweit nicht gesetzlich verboten, prinzipiell zugelassen werden. Industriebetriebe für Verbrauchsgüter wie Uhren, Glaswaren und Schmuck sollen selbst über den Großteil ihrer Deviseneinnahmen verfügen dürfen, um diese für Investitionen und Dienstleistungen einzusetzen. Künftig sollen Bestimmungen für Visaerteilungen schriftlich fixiert vorliegen, und Anträge für Familienzusammenführung müssen normalerweise nach einem Monat, spätestens aber innerhalb eines halben Jahres entschieden sein. Und schließlich wird erwogen, daß die KPdSU bei lokalen Wahlen (später auch für den Obersten Sowjet) jeweils mehrere Kandidaten benennen soll; sogar Referenden über „Fragen von gesellschaftlicher Bedeutung" werden ins Auge gefaßt. – Pläne und Maßnahmen solcher Art ergeben gewiß einen betrüblichen Einblick in den bisherigen Zustand sowjetischer Lebensbedingungen. Dennoch sollten Ratio und demokratisches Selbstverständnis uns zu einer positiven Einstellung und Zuwendung veranlassen, wenn es darum geht, auf einleitende Prozesse einer internen Humanisierung und Öffnung zur Außenwelt zu reagieren, wie sie in der Gorbatschow-Ära möglich geworden sind. Bieten sie doch immerhin eine Entwicklungsperspektive in Richtung auf einen point of no return, der ein Zusammenleben mit der Sowjetunion auf veränderter, stabilerer Grundlage ergeben würde.

Um diese Chance offenzuhalten und abzusichern, muß allerdings in der westlichen Staatengemeinschaft energisch jenen Kräften entgegengetreten werden, die schon die Aussicht auf einen sowjetischen „Sozialismus mit menschlichem Antlitz" in Schrecken versetzt, weil sie davon ein Verblassen oder gar den Verlust ihres Feindbildes befürchten.

Ein hoher Preis für die High-Tech-Träumereien

(1987)

Daß uns, dem mit dem Gütesiegel von Qualitätsarbeit und Zuverlässigkeit behafteten Lieferantenvolk, jetzt auch noch der zweifelhafte Triumph zugefallen ist, auf Platz Eins unter den Exporteuren der Welt zu landen, hat die amerikanischen Rekordhalter im Außenhandelsdefizit uns nicht gerade gewogener gemacht. Mehr noch als die Japaner sind wir mittlerweile zur bevorzugten Zielscheibe für die Finanzgewaltigen in Washington geworden, die – begleitet vom Sperrfeuer öffentlicher Meinungsmacher – seit mehr als einem Jahr auf die Bundesrepublik einhämmern, sie möge gefälligst ihr ökonomisches Gebaren in Anbetracht internationaler Ungleichgewichte und natürlich auch mit Rücksicht auf die Budgetbedürfnisse ihres staatsüberschuldeten Beschützers einer drastischen Korrektur unterziehen. Wenn die Westdeutschen in ihrer „fetischistischen“ Inflationsfurcht und aus wohlfahrtsstaatlicher Voreingenommenheit einfach nicht hören wollten, dann würden sie die Folgen schon zu fühlen bekommen. Auch nach den Genfer Vereinbarungen bleibt „Handelskrieg“ angesagt: Botschafter Burt drohte offen mit „Vergeltung“, sollte der Absatz ziviler amerikanischer Luftfahrt- und Telekommunikationserzeugnisse (seit eh und je über den militärischen Sektor subventioniert) durch europäische Konkurrenz behindert werden. Den Währungskrieg hat US-Geldstratege Baker schon auf volle Touren gebracht, auch wenn er von einem freien Fall des Dollars – in der „Washington Post“ als gerechte Strafe für deutsche Intransigenz bezeichnet – nichts wissen will. Bemerkenswert ist überhaupt der Umstand, daß bei solchem, an Nötigung grenzenden Drängen Kongreß und Medien, ob es sich nun um die letzten Mohikaner auf der Reagonomic-Spur oder um deren innenpolitische Widersacher handelt, mit am gleichen Strang ziehen: Die einen beißen sich an unseren aus ihrer Sicht immer noch unerträglich überhöhten Sozialleistungen fest; die anderen bemäkeln die Geld- und Zinspolitik der Bundesbank, zu zögerliche Steuerreformen und zurückhaltende Ausgabenpolitik.

Dabei sollten auch positive Anregungen und Beurteilungen von liberalen amerikanischen Seiten keineswegs übersehen werden, die warnend auf die Gefahren bestehender und wachsender Massenarbeitslosigkeit, auf die Konsumschwäche der unteren Einkommensgruppen und eine allzu große Anhängigkeit von einer exportkopflastigen deutschen Volkswirtschaft hinweisen.

Während das reichste Land der Erde vor wenigen Jahrzehnten noch ganz selbstverständlich mit einer breitgefächerten Palette eigener qualitativ hochwertiger Industrieprodukte präsent war, hat – ausgehend vom „Sputnik-Schock“ der endfünfziger Jahre – ein Prozeß weitreichender De-Industrialisierung im sozioökonomischen Spektrum der USA stattgefunden: Ganze Zweige der Investitions- und Konsumgütererzeugung wurden lahmgelegt oder ausgemustert. Die stetig zunehmende Schubkraft des militärindustriellen Komplexes, unter dessen Regie eine zu immer gewaltigeren Generationssprüngen angetriebene Hochtechnologie zum neuen Fortschritts-Credo stilisiert wurde, trug mehr zur Verkümmerung der traditionellen Produktionsbereiche bei, als sie an „Spin-off“ zu deren Modernisierung weitergeben konnte. Den USA geblieben sind massenweise Produktionsstätten für mediokre Wegwerfgüter sowie Großkonzerne mit ihren Zulieferbetrieben, die sich auf Entwicklung und Herstellung kostspieligster Erzeugnisse der Spitzentechnologien konzentrieren. Um diese Wirtschaftskomplexe rankt sich ein wild wucherndes Dienstleistungs- und Informationsgewerbe.

Ein amerikanisches Warenangebot, das den Ansprüchen der potenten Käuferschichten vom Mittelstand aufwärts entspricht, ist schlechterdings nicht zur Stelle; es muß also aus Übersee kommen. Für die Regeneration eines ausgewogenen Binnenwirtschaftssystems fehlen bereits die Voraussetzungen vom Erziehungs- und Ausbildungsstandard her. Von etwa 20% der High Schools in Wohlstandsgebieten und 20 Elite-Universitäten mit international hohem Niveau abgesehen, rangiert der Leistungsdurchschnitt der Schulen und Colleges hinter dem der meisten Industrieländer in West und Ost. Nach den im Reagan-Reich gepflegten Visionen von Kraft und Herrlichkeit dürfte sich daran kaum etwas ändern. „Schreite vorwärts, Amerika, greif nach den Sternen!“, so hieß es in der neuen Botschaft zu „State of the Union“ Ihre irdischen Defizite würden die Amerikaner auf diesem Weg auch fortan durch Einfuhren zu begleichen haben.

Unteilbare Solidarität

(1988)

Eine Message von (selten genug) hochkarätigem Neuigkeitswert aus dem Weißen Haus, in den Schmalspurmedien hierzulande kommentarlos vermerkt, sollte doch zumindest im politischen Bonn zentral angekommen sein: Schließlich hat sich ausgerechnet Ronald Reagan – als erster US-Präsident der Nachkriegsära – konkret für einen Prozeß der Neugestaltung transatlantischer Partnerschaft eingesetzt, indem er einer engen deutsch-französischen Verteidigungskooperation seinen Segen gab. In Paris und Bonn sollte das Grüne Licht aus Washington, das ein dort gegenwärtig waches Interesse an beherzten Schritten in Richtung auf eine autonome Verteidigungsstruktur im westlichen Europa signalisiert, die dem großen Bündnis mehr Flexibilität und Beständigkeit verleihen dürfte, voll wahrgenommen werden.

Die im Vorfeld des 25. Jubiläums vom Elysée-Vertrag getroffenen Vereinbarungen lassen sich als transnationale Weichenstellung verstehen, die einem von sozialdemokratischen Exponenten eindringlich reklamierten europäischen Handlungsbedarf folgt. Für die Opposition ist daher das Gebot der Stunde, einem Rückfall der Bundesregierung in die ihrem Chef eigene Entscheidungsschwäche und Verschwommenheit entgegenzuwirken, zugleich aber auch den Franzosen eine schlüssige Konzeption vorzutragen, die – nach den Worten Mitterrands – nicht ohne globale Vision von einem Europa, das es zu erbauen gilt, definiert werden kann.

Mit der Zielsetzung einer Integration der konventionellen Streitkräfte und gemeinsamer Außenpolitik sollte parallel eine Vergemeinschaftung der Wirtschafts- und Geldpolitiken beider Länder einhergehen. Die Schlüsselfunktion einer solchen Kombination für den französisch-deutschen Akkord hat Mitterrand als Staatsgast in Bonn verdeutlicht, als er einer gemeinsamen Währung höchste Priorität zuwies. Das synchrone Zustandekommen eines Verteidigungsrates und eines Ausschusses für Wirtschaft und Finanzen, der neben den Ressortministern auch den Präsidenten beider Notenbanken unterstellt werden soll, könnte den Weg für eine Zusammenführung von Bundesbank und Banque de France vorzeichnen. Von den Rats- und Koordinationsebenen her muß der Aufstieg auf das Hochplateau gemeinsamer Direktiv- und Exekutivorgane durchgeplant sein. In vergleichbarer Weise hätte der verteidigungspolitische Schulterschluß vonstatten zu gehen, für den sich auch bereits erste Konturen im Ausblick auf abgestimmte Militärdoktrinen und Bewaffnungen mit dem Osten – nach dem Prinzip struktureller Nichtangriffsfähigkeiten – abzuzeichnen beginnen.

So gewinnt auf französischer Seite die Einsicht an Boden, daß die „prästrategischen" Kernwaffen als Abschreckungselemente doch eher von kontraproduktiver Bedeutung sind (wie Mitterrand in Bonn durchblicken ließ), also wohl in eine „dritte Null-Lösung" einbezogen werden könnten. Hingegen läge es durchaus im gemeinsamen Interesse, daß die seegestützten strategischen Systeme unter Pariser Regie, deren Kapazität ohnehin einen Ersteinsatz praktisch ausschließt, solange schlagkräftig erhalten bleiben, wie die Supermächte selbst noch über entsprechende Drohpotentiale verfügen.

Zum Projekt der gemischten Brigade hat Mitterrand hinreichend klargestellt, daß es sich hierbei keineswegs nur um eine symbolische Schaustellung (als Ersatzgeste) handeln soll, sondern um die Keimzelle für ein Gesamtgefüge der zu entwickelnden gemeinsamen Konzeption von europäischer Sicherheitspolitik. Demnach wird in Böblingen eine *zwischenstaatliche* Organisationseinheit (voll im Einklang mit Artikel 24 des Grundgesetzes!) als Vorstufe für eine eigenständig europäische Integrationsstruktur erstellt. Nicht zwecks „Aufweichung", Frau Thatcher, sondern zur ausgewogenen Konsolidierung der Allianz!

Von einer politischen „Kontrollierten Kernfusion" deutsch-französischer Initiativen dürfte ein friedensförderndes Energiepotential ausgehen, das schließlich nur allen Parteien in einem durchweg wohnlich gestalteten Europa-Kondominium zugute kommen kann.

Klarsicht nach Westen

(1988)

Glasnost hat zuwege gebracht, daß der Blick aus der Bonner Provinz nach Osten freier geworden ist und eine Wahrnehmung revolutionierender Vorgänge erlaubt, die zum Wegfall einer systemversteiften Sperre im geopolitischen Kontext und zu interdependentem Nachbarschaftsverhalten führen könnten. In westlichen Richtungen hingegen erscheint das politische Gesichtsfeld der Deutschen eher eingeengt durch Selbsttäuschung und Verdrängungskünste, was Achtlosigkeit für Fahrplanänderungen auf transatlantischer Schiene wie auch das Verpassen westeuropäischer Anschlußzüge bedeuten kann. Bedenklich stimmen muß es schon, wenn auch Parteien und Medien der Wirklichkeit eines bevorstehenden Wandels in der Allianz auszuweichen suchen und deutliche Symptome europäischen Unvermögens zu selbständigem Handeln glatt übersehen. – Weil nicht sein kann, was nicht sein darf?!

Jedenfalls wird „the Gesamtkonzept" (so haben US-Experten mokant die von deutscher Grundsätzlichkeit zeugende Umstandsvokabel ihrem Fachjargon einverleibt) kaum noch alten NATO-Wein in neuen Schläuchen den Bundesgenossen weiterhin frei Haus bescheren. Die Pointe eines kurzgefaßten Auftrags der NATO für Europa, „die Russen draußen, die Amerikaner drin und die Deutschen unten zu halten", kommt im heutigen Washington nicht mehr richtig an. Hinter den Wolkenkulissen der Wahlplattformen werden auf dem Capitol bereits Aufrisse einer arbeitsteilig revidierten Bündnisstruktur ausgetauscht. Danach sollen in nicht mehr so ferner Zukunft die Europäer ihre militärische Sicherheit mit konventionellem Aufwand selbst besorgen, während die USA ihren Bündnisverpflichtungen durch Bereithalten einer atomaren „Fleet in being" zu politischer Rückendeckung nachkommen würden. Einschlägige Hinweise, die Rupert Scholz schon bei seiner Vorstellungsrunde vor Ort erhalten haben dürfte, veranlaßten den Atlantizisten reinsten Wassers zwar zu der kleinlauten Anmerkung „riskant"; aber die Lektion von Übersee erklärt auch den plötzlichen Eifer, mit dem sich Bundesregierung und der alerte Wörner auf seinem Brüsseler Aussichtsposten – unter Hintenanstellung des ominösen „Gesamtkonzepts" – für möglichst baldigen Beginn von Verhandlungen über konventionelle Stabilität zwischen Atlantik und Ural einsetzten.

Inzwischen hat Dukakis bereits verdeutlicht, daß sein Festhalten an Flexible Response und möglichem atomaren Ersteinsatz nur als Spielmaterial für den konventionellen Abrüstungspoker gedacht ist; und Bush beruft sich auf „Politik der Stärke“ nur insoweit, als diese sich förderlich für den Umgestaltungsprozeß im Sowjetsystem erwiesen habe. Strauß hat schon recht, wenn er die sicherheitspolitischen Perspektiven beider Kandidaten für nahezu identisch hält.

In der „New York Times“ hatte Starjournalist Safire vorher schon vermerkt, daß der Atomschirm längst zum „Sonnenschirm“ geworden sei und die NATO zu einer „Papierallianz“. Und ob nun die Europäer zur Übernahme eigener Verantwortung bereit sein würden oder nicht - der 41. Präsident werde in den Neunzigern seine 300 000 Soldaten vom Kontinent abziehen. Der Deutschamerikaner Kissinger mahnt wie seit eh und je eine Verteidigungsunion in Europa an, die es jetzt im Zuge einer Reorganisation des Westens, verbunden mit der Schaffung eines europäischen Binnenmarktes, bis ’92 zu verwirklichen gelte.

Mit Hinsicht auf beidseitig vorgegebene Nichtangriffsfähigkeit sollte auch Gorbatschow seine Bedenken fallen lassen, durch Einbindung der Bundeswehr in ein europäisches System könnte der Abbau der Blockkonfrontation behindert werden. Vielmehr würde gerade erst eine im westlichen Kontinentalbereich politisch festverankerte Bundesrepublik dem Bau eines europäischen Hauses die notwendige Statik verleihen und eine territoriale Ausgewogenheit garantieren.

Eine bündige deutsche Antwort auf die im Westen offene europäische Frage steht allerdings noch aus. In Bonn wird mit nationaler Reserviertheit und gemeinschaftlichen Ersatzhandlungen taktiert, wann immer es um politische Entscheidungen von hoher Dringlichkeitsstufe geht, wie etwa bei Währungsunion und Europawehr. Eine Art Komplizenschaft mit London zeichnet sich ab. Wäre es denn sonst verständlich, daß nicht mal die kristallklare Absage aus Thatcherland an jedweden Souveränitätsverzicht die deutschen Gemüter aufzuregen vermocht hat?

Zu neuen Horizonten

(1989)

Kaum hatte der frisch Inaugurierte - ein Hauch wie von Morgenröte übergoß noch seine sonst so blassen Wangen - im eiförmigen Herrenzimmer des Weißen Hauses Platz genommen, als ihm schon die allzeit skeptische „Le Monde“ aus Übersee ihr dickes Fragezeichen vorsetzte: Nach dem „Großen Kommunikator“ der „Kleine Korrektor“? *Positive thinking* dagegen im nationalen Optimismus verströmenden „Time“-Lager, wo der ganz und gar amerikanische Traum von *Proud, Peace and Prosperity* in einem Schlußsatz kulminierte: „Wenn Bush eine Ära mit seinem Namen festzuschreiben hofft, muß er die Welt erst einmal daran erinnern, daß Neues Denken durchaus auch eine amerikanische Spezialität sein kann.“ - Keiner fragt jedenfalls mehr „Where was George?“; nur wohin und wie weit er mit den Bush-Männern zu wandeln imstande sein wird, darüber klaffen die Erwartungshorizonte erheblich auseinander. Zieht Ritter Georg (der mit der traurigen Cocker-Miene) doch aus, die Schuldendrachen in der Gesamthemisphäre zu töten, das von Demokraten okkupierte Capitol zu charmieren, einem energiegeladenen und zugleich steuerbegünstigten Amerika ein Rüstzeug der Stärke zu belassen, es dabei durchgehend geöffnet zu halten für Dollarhandel wie sozialen und Bildungswandel ... und last not least: einen „historischen Kompromiß“ mit den Moskowitern anzusteuern, der Europäern und Eingeborenen der 3. Welt goutieren - und schließlich noch den fatalen Hang zu deutscher Großmannssucht in erträglichen Grenzen halten soll. Wahrhaftig, eine Abrakadabra-Formel aus liberal-konservativer Zauberküche ist vonnöten, wenn kein Sisyphus aus diesem Bush werden soll! Aber die Zeichen der Zeit stehen gar nicht schlecht für ein „freundlicheres und maßvolleres Amerika“ (Bush) und den Rest der Welt, sollte wirklich ein Wettbewerb sich öffnender Systeme an die Stelle von Rüstungsmanie - mit Waffentests in abgelegenen Stellvertreterkonflikten - treten. Immerhin weisen Einsichts- und Absichtsbekundungen in erstaunlichem Gleichklang darauf hin, daß sich eine behutsame Verlagerung des Schwergewichts sicherheitspolitischer Optionen vom Militärischen auf die Felder innerer Stabilität bei den Großmächtigen anbahnt. So glauben heute bereits 3/5 der Amerikaner, daß die Rüstungsausgaben ihrem Wohlstand schadeten, daß der wirtschaftlichen Konkurrenzfähigkeit ihres Landes überragende Bedeutung für die nationale Sicherheit zukomme, – und üppige 4/5 treten für Wirtschaftshilfe an die Sowjetunion ein, um Freiheit und Demokratie dort zu fördern. Aus der Moskauer „Literaturzeitung“ war zu erfahren, daß der Status eines Landes in der Welt immer weniger von seinem Rüstungsaufwand als vielmehr von seinem wissenschaftlich-ökonomischen Potential abhänge.

So graduell und qualitativ unterschiedlich sich die Komplexitäten der zu bewältigenden Aufgaben für Washington und Moskau auch darstellen mögen, sind doch beide darauf angewiesen, Machtgehabe wie missionarische Anwandlungen zu verdrängen, um sie durch Kompromißfähigkeit und politischen Zusammenarbeitswillen zu ersetzen. Viel steiniger Acker bietet sich da im weiten Erdenrund zur Bereinigung und Bestellung an. Ansätze zu politischen Übereinkünften nach jener Art von Kabinettspolitik auf abgeschirmt diplomatischen Kanälen zwischen Kreml und USA-Administration, wie sie zwecks Beilegung regionaler Konflikte in Gang gebracht worden sind, dürften hier wegweisend sein.

Eine umfassend politische Flurbereinigung der europäischen Problemregion, deren östlicher Teil eine mehr als latente internationale Gefahrenzone geworden ist, könnte den entscheidenden Durchbruch in stabile Staaten-Vergesellschaftungen erbringen und so „die Welt pluralistischer, offener und sicherer machen“ („Washington Post“). Gorbatschows kühne Perspektiven der „universalen menschlichen Werte“, des „absoluten Prinzips der freien Wahl eigener Wege“ und eines auf wirtschaftlichem Wohlstand beruhenden Verständnisses von nationaler Sicherheit sollten als Signal einer entstalinisierten Außenpolitik – auch und gerade gegenüber Moskaus europäischen Verbündeten – aufgenommen werden. Dem verkündeten Teilabzug der sowjetischen Streitkräfte könnte – unter Garantie des territorialen Status quo – in überschaubarem Zeitraum ein Totalabzug folgen. Hierzu bedürfte es einer in aller Vertraulichkeit sensitiv vorbereiteten Einladung seitens der USA zu einem „historischen Konsens“, der beidseitige Interessen in und an Europa befriedigt. Sowjets und Amerikaner könnten viele Milliarden Rubel bzw. Dollar – und weit mehr noch aus freiem Wettbewerb und Zusammenspiel der Marktkräfte – gewinnen, wenn sie ihre Aufpasser- und Beschützerrollen auf ein Minimum beschränken würden; z. B. je eine Flottenbasis im nördlichen Europa (etwa Bremerhaven bzw. Rotterdam und Rostock bzw. Stettin). – Läßt man die Bush-Bunch fürs Auswärtige Revue passieren: durchweg gemäßigtere Republikaner von pragmatischer Gangart, als Betreiber einer entideologisierten Außenpolitik gut vorstellbar –, so ergäbe sich für den neuen Präsidenten eine echte Chance, die „New Horizons“ für ein internationales System abzustecken, die ein J. F. Kennedy kaum zu erahnen vermochte.

Fasten seat belts

(1989)

Ein bedachtsamer George Bush hat sich in klarer Erkenntnis der diffizilen Umbruchsprozesse in Polen und Ungarn jedes Anscheins von ungemäßer Intervention enthalten; als das Rumoren um deutsche Staatseinheit lauter wurde, ist er sogar von seiner riskanten Mainzer Formulierung abgerückt, in der noch von einem Abriß der Berliner Mauer im Verlauf seiner Präsidentschaft die Rede gewesen war. In schroffem Gegensatz zu derart sorglicher Beachtung sensibler Stellen im global-europäischen Beziehungsnetz drohte allerdings sein naßforscher Jung-Vize düster mit „Aktionen“, falls Moskau ungestüm nationalistische Absetzbewegungen in den Baltenstaaten behindern würde; der greise US-Botschafter in Bonn Verkündete gar übers Radio, er rechne in Bälde schon mit einem Zusammenschluß der „beiden nicht normalen Deutschlands“. Die Europaexpertin der „New York Times“, Flora Lewis, sah darin eine „höchst unbedachte Äußerung“, die Gefahren für jedermann, auch für den Westen heraufbeschwören müßte.

So registrierte selbst Kohl durchaus treffend, daß die deutsche Frage wieder auf dem Tisch des Weltinteresses liege. Bemächtigt sich doch geradezu ein westliches Glasnost dieses Komplexes - im selbstkritischen Rückblick auf jahrzehntelange Deutschland-Heuchelei im trauten Kreise der Allianz. Denn nicht nur die voll auf Paris–Bonn abfahrende Flora macht jetzt transparent was seit eh und je so in den Köpfen der „Großen Drei“ und anderen Orts vorging, wann immer man augenzwinkernd den ahnungsvollen deutschen Bundeskameraden Lippendienste zum Hausgebrauch leistete. Vor allem in den USA, Britannien und Frankreich stellt man sich unter Politikern, Diplomaten und in den großen Medien die Frage, ob es wirklich eine legitim-läßliche Lüge (wie sie selbst Bush mal wieder im menschenleeren Montana entschlüpfte!) war, wenn man sich in scheinheiligen Formulierungen, um die NATO-Reihen fest geschlossen zu halten, zum Ziel einer Wiedervereinigung bekannte und somit einen Deutschnationalismus mit Lebenslüge versorgte, die sich als Sprengstoff inmitten eines instabilen Europas auswirken könnte. Allzu fahrlässig, so die Londoner „Sunday Times“ habe man sich „privatim“ gegenseitig versichert, daß die Russen schon „die Hunnen“ in Schach halten würden. Der „Quotidien de Paris“ stellt fest, daß der zweite deutsche Staat „auch ein wesentlicher Teil des strategischen und diplomatischen Spiels auf europäischer Bühne darstelle und für die Sowjetunion zusammen mit Polen der Schlüssel zur eigenen Sicherheit sei – schießlich diene seine Existenz allen Ländern Europas als Garantie gegen die Wiedergeburt eines deutschen Imperialismus.

Wohl auch mit einem Seitenblick auf deutsche Vorgänge hat Henry Kissinger, der Metternich-Stratege des Atomzeitalters, soeben wieder verdeutlicht, daß er im Zweifelsfall dem Prinzip eines Mächtegleichgewichts in Europa den Vorzug gegenüber Legitimitätsansprüchen nach Maßgabe uneingeschränkt außenpolitischer Selbstbestimmung gibt. (Siehe auch Chevénement, sozialistischer Verteidigungsminister in Frankreich.)

Präzise in diese Richtung weisen Gedankengänge in einem NYT-Editorial zum „Virus des Nationalismus" am Beispiel Baltikum: Auch aus amerikanischer Wertesicht könnte es sich als unmöglich erweisen, für diese Völker volle nationale Selbstbestimmung und gleichzeitig eine reformierte, gemäßigte Sowjetunion zu erhalten. Solche Erkenntnisse führen dahin, daß bei allem zwingend erforderlichen politisch-ökonomischen Substanzwandel in den Oststaaten die gesamtterritorialen Verhältnisse unangetastet bleiben sollten, wozu auch eine grundsätzliche Beibehaltung der Bündnisse, allerdings unter Verzicht auf bestehende Hegemonial- und Besetzungsstrukturen, gehören müßte.

Die Integrität der sowjetischen Vielvölkergemeinschaft läßt sich auf Dauer nur sicherstellen, wenn es Gorbatschow gelingt, sich der Bürde sozialistischer Bruderpflichten außerhalb seiner Unionsgrenzen zu entledigen und innerhalb derselben eine drastische Revision der staatsrechtlichen Republikenordnung durchzusetzen, die mit einer weitgehenden Diversifizierung deren wirtschaftlicher Kompetenzen einhergeht.

Ein gewaltiges Arbeitspensum – nach dem Motto „demokratisieren statt destablisieren" – steht den Gipfelpartnern Bush und Gorbatschow voraus, das sie zu einem „agreement in principle" über Europas Zukunft bringen sollte. Noch verfügen hier beide über Macht und Einfluß genug, um auch die deutsche Frage nach den Aspekten des Grenzproblems (Beispiel: Bayern/Österreich) und beidseitig pluralistischer Regierungssysteme zu lösen.

NATO auf Abruf

(1990)

Noch ist kein Jahr verflossen, seit ein abgeschlafftes Siegerquartett von anno 45 – soeben noch den Kammerton A anschlagend, um in frisch-fröhlicher Harmonie den Begrüßungschor an ein glücklicheres Europa einzustudieren – abrupt den sprichwörtlichen Frosch (*rana germanica*) im Halse verspürte; was den allseitig Betroffenen auf Stimme und Stimmung schlug. Im Moment der Irritation nämlich beschlich die wetterfühligen Vier ein Ahnen, hier könnte sich ein schnelles Ende ihres exklusiven „Clubs mit Vorbehaltrechten" ankündigen. Alsbald setzte ein babylonisches Gewirr des Räusperns ein, unter dem eine Fülle unausgegorener Parolen und vieldeutiger Floskeln hervorgestoßen wurde: Über- und ducheinander stolperten da Neuer Atlantizismus, Neutralisierung, Zwölferunion, Doppelallianz, KSZE-Regiment ... bis hin zur Moskauer NATO-Anwartschaft. Dieser in Panik entfachte *brainstorm* hat einen Wirbel von Windeiern aufgewühlt, auf die sich wohl ihre vorschnellen Büter selbst noch keinen eigenen Reim machen konnten. Dennoch geistern solche Gedankenschnitzel, unentwegt neue Variationen hervorbringend, über einer europäischen Phantasielandschaft, deren territoriale Konturen und machtpolitsche Strukturen ins Schwimmen geraten sind.

Mit Hängen und Würgen bleibt man zugange, den Klebefix-Klumpen „Made in Germany" für Resteuropa und fernere Nachbarschaften verträglich, wenn schon nicht verdaulich zu machen. Dabei erscheint es geboten, das abbröckelnde Weltmachtprestige des Symptome von inneren Leiden aufweisenden Nachbarn aus Übersee mit einem Schutzfilm zu überziehen, dessen Glanz den wahrhaften Pyrrhussieg im Kalten Krieg kaschieren soll. Andererseits gilt es auch, das vom Bösen zum Guten sich mausernde Reich im Osten davor zu bewahren, daß es – von Gott und der Welt verlassen – im eigenen Saft verschmort. Soll es doch von einem „Gorbi" als eurasische Spielart des *Commonwealth* innenpolitisch und außenwirtschaftlich unabhängiger Staaten in eine umfassend freiheitliche Wertegemeinschaft eingebracht werden, was schließlich der Menschheit als Ganzem von Nutzen wäre. Dies wiederum setzt hochsensible Verhaltensweisen in Wahrnehmung von antagonistisch gelagerten Nationalinteressen der beiden – mehr oder minder – abstiegsgefährdeten Großmächte voraus. Deren bedenklichste Schwachstelle ergibt sich aus der Logik, daß irreversible Emanzipationsprozesse nicht nur den sowjetischen Glacisgürtel wegschmelzen und westlichen Einflußgewinn erbringen, sondern dazu noch als eine Art *Roll-back-Effekt* zugunsten der militärischen Allianzvormacht Amerika imponieren - kausal und fast zeitgleich damit verbunden Sezessionsdruck und ethnische Turbulenzen und Parteienchaos im östlichen Vielvölkerimperium befördern. Ein derart durch psychologische Rückkoppelung erhitztes Implosionsgemisch könnte eine Kettenreaktion auslösen, die unabsehbare Störungen im Interdependenznetz - nicht allein in der nördlichen Staatenwelt - nach sich ziehen würde; ein politischer Super-GAU wäre keineswegs auszuschließen.

NATO-politischer Ausdehnungseifer

Auch oder gerade unter dem Aspekt des Schreckens sollte die transatlantisch vor- und nachgekaute These abgeklopft werden, wonach die bestehende Integrationsform der NATO zentraleuropäisch noch expandierend, in ihrer Kernstruktur (wie reduziert auch immer) ein militärisch durchorganisiertes Machtsystem, schlechthin als *das* tragende, daher unverzichtbare Element europäischer Stabilität und Sicherheit zu gelten habe. Unter Biegen und Brechen aber zeigen sich die Amerikaner entschlossen, indem sie sich als bewährte Ordnungspolizeiinstanz empfehlen, ein Fortbestehen der unter ihrer Anleitung zustande gekommenen Bündniskonstruktion zum Angel- und Hangelpunkt jedweder Entwicklungen im westeuropäischen Bereich wie auf gesamteuropäischen Ebenen zu machen. Bezeichnend für dieses geradezu verzweifelte Festklammern an supermächtiges Positions- und Anspruchsdenken ist die Äußerung von Außenminister Baker, daß NATO-Streitkräfte eben „nur für eine Übergangszeit“ nicht auf das Territorium der früheren DDR ausgedehnt werden sollten. Zynismus klingt in der US-Presse an, wenn als eigentliches Motiv für den NATO-politischen Ausdehnungseifer herausgestellt wird: Ein in diesem Allianzrahmen vereintes Deutschland werde das außenpolitische Juwel in der Krone von Mr. Bush's erster Präsidentschaftsperiode sein. Ergänzend dazu war in der „Washington Post“ zu lesen, nur bei einem mit der „amerikanisch dominierten NATO“ verbundenen Deutschland könnte man sich getrost auf allerhand KSZE-Institutionen einlassen, die dann als „*Europäische Liga*“ (wem fällt da nicht der Genfer Völkerbund ein!) firmieren dürfte, auch wenn diese sich im Zweifelsfall als Feigenblatt erweisen sollte.

Da verhallen im gleichen Blatt die mahnenden Worte von Paul Nitze, dem alten Kämpen in Sachen Auf- und Abrüstung, der seinem Land eine zwar immer noch einflußreiche, wenngleich nicht mehr dominierende Rolle im Weltgeschehen zuspricht, zugleich den USA aber dringend ans Herz legt, sich auf die bedrohliche Problemlawine im Innern (Staatsverschuldung, industrielle Auszehrung, Bankenverfall, desolates Erziehungs- und Ausbildungswesen, ungehemmte Zuwachsraten bei Armuts- und Drogenpotentialen) zu konzentrieren.

Statt dessen ist man in Washington vollbeschäftigt im Verein mit Bonner Kumpanen, denen Bush in Mainz schon vorauseilend einen kontinentalen Führungsposten im Bündnis zugesprochen hatte, um ein absurdes Theater der Eulenspiegeleien zu inszenieren. So haben emsige Zimmerleute im Dienste der Diplomatie eine Eselsbrücke (nach DUDEN: „bequemes Hilfsmittel für den Einfaltigen und Trägen zum besseren Verständnis einer Sache oder zur leichteren Überwindung einer Schwierigkeit") ausgetüftelt, über die ein paar hunderttausend Rotarmisten, provisorisch auf neuem Bundesterrain in Quarantäne-Stationen mit Westverpflegung untergebracht, so bald wie möglich einen geordneten Rückzug nach „Parole Heimat" antreten sollen, woselbst sie in deutscher Wertarbeit erstellte Behausungen erwarten. Falls das nicht „dawai, dawai" funktionieren sollte, sieht ein journalistischer US-Experte in passivem Widerstand die Möglichkeit, daß man deutscherseits den Zögerlichen schon mal Wasser und Strom abstellen könnte („International Herald Tribune", 9. Juni 1990).

Nebenher dürfte jedoch der Bundes-Reichsbahnzug, unter amerikanischem Geleitschutz versteht sich, Fahrt aufgenommen haben. Ob dabei als blinder Passagier auch die Absicht mitfährt, europäische Identität und Souveränität auf der Strecke bleiben zu lassen, mag die Frage „What makes Uncle Sam run?" beantworten. Von der bloßen Gegenwart ihrer Soldaten vor Ort im Rahmen des betagten und seines Auftrages entledigten Verteidigungssystems können die Amerikaner sich und anderen kaum noch versprechen, daß sich auf diese Weise effektiv politischer Machteinfluß in Richtung einer Disziplinierung deutschen Verhaltens ausüben ließe. Im verblassenden Schimmer ihrer Wehr und Waffen versuchen sie indessen über eine ziviler ausgestattete NATO den Einstieg in den EG-Betrieb, dessen Geschäftspolitik und Praktiken sie zum Zweck der eigenen wirtschaftlichen Sanierung mitzusteuern entschlossen sind, wobei sie gleichzeitig auch den schleichenden Prozeß ihrer allgemeinen Isolation offensiv unterbrechen möchten. Als entscheidenden Schritt dahin verspricht man sich in Washington, daß den USA Platz und Stimme im EG-Ministerrat eingeräumt wird.

Dazu braucht man einen Mann vom Schlage Kohls - zumal nach seinem Coup mit Gorbatschow -, der nicht nur die stärkste Wirtschaftsmacht in der Gemeinschaft repräsentiert, sondern diesem seinen Land auch die NATO als Staatsräson verschrieben hat. Auf ihn als „ehrlichen Makler“ glaubt man bauen zu können, wo es um ein euroatlantisches Haus geht, das amerikanischen Design-Vorstellungen voll entspricht.

Deutsch-amerikanischer Sonderweg

Zu einem derart geplanten Akt der Untergrabung originär-europäischer Interessen und Selbstbestimmungsansprüche über den deutsch-amerikanischen Sonderweg braucht es nicht notwendigerweise zu kommen, wenn nämlich eine neuorientierte Regierung aus gesamtdeutschen Wahlen hervorgeht. Nach sodann anstehender Friedensdeklaration (die den „Deutschlandvertrag“ von 1953 und entsprechende Abkommen zwischen UdSSR und DDR außer Kraft setzen sollte) vermag diese souverän darüber entscheiden, welche europapolitische Linie deutscherseits verfolgt werden soll. Soll dieses Deutschland als Mitglied an einer weiterhin amerikanisch prädominierten Militärorganisation, die als Vehikel für transatlantische Fernlenkung innereuropäischer Vereinigungsprozesse programmiert ist, auch fortan teilhaben? Oder entschließt es sich zum Betreten alternativen Neulandes, indem es mit konkreten Anregungen für eine vom westlichen Kontinentaleuropa ausgehende, aber unmittelbar wie perspektivisch auf alleuropäische Stabilität und Sicherheit ausgerichtete multilaterale Handlungsinitiative aufwartet!?

Ziel solchen Bemühens sollte die Schaffung solider und vorbildlicher Grundlagen für eine zeitgemäße, vom Geist frischgewonnenen Solidaritätsverständnisses getragene Lösung der militärischen Verhältnisse - vorab auf westlich zentraleuropäischer Ebene - sein. Die durch das Nacht-und-Nebel-Verfahren des Deutschlandmachers Kohl unumgänglich gewordene Notoperation zwecks provisorisch-technischer Bewältigung akut entstandener Sicherheitsprobleme auf dem Kontinent hat ein verknotetes Bündel an Risiken, Unwägbarkeiten und Ungereimtem zutage gefördert, die nur noch im Übergang – unter Einleitung eines organischen Heilungsprozesses – aufzufangen sind. Zu bewerkstelligen ist das einzig in vollem Akkord mit Frankreich, also schon gar nicht mit einem Kanzler, für den es „ein einmaliger Glücksfall" ist, daß der amerikanische Präsident und er sich so gut verstehen.

Unter dem Eindruck derartiger Verlautbarungen stellt sich unversehens die Frage, wie eigentlich das Gespräch zwischen Mitterrand und Gorbatschow, am Vorabend des Washingtoner Supergipfels, in Moskau verlaufen sein muß, bei dem der Kremlchef Bereitschaft signalisierte, für das zukünftige Deutschland einen NATO-Status zu akzeptieren, wie ihn Frankreich seit de Gaulles Zeiten innehat. Da stand doch plötzlich die – vorrangig an Bonn gerichtete – Straßburger Offerte des französischen Präsidenten von November 1964 im Raum, sich einem voraussehbaren Rückzug Frankreichs aus der militärischen Integration, die dem Atlantikpakt später aufgepfropft worden war, anzuschließen, um gleichzeitig eine engste politisch-militärische Verbindung mit Frankreich einzugehen. Ein derartiges Verfahren, das eine fortgesetzte Teilhabe der vereinigten Deutschländer am Nordatlantischen Vertrag (NAT) selbstverständlich unberührt lassen würde, gewinnt unter den gegebenen Umständen aktuell hohen Gebrauchswert.

Goldener Schnitt erforderlich

Im unbeschädigten Rahmen des Nordatlantischen Vertragswerkes würde es für die NATO als solche einen *goldenen Schnitt* ergeben, wenn diese unter fortgesetzter amerikanischer Präsenz in Gestalt eines äußeren Sicherheitsringes um und auf dem Kontinent organisatorisch erhalten bliebe – was zugleich auch als Manifestation aktiver Beteiligung der USA am europäischen Gesamtprozeß zu werten wäre. Großbritanniens „*Special Relationship*" böte sich da auf der Westflanke ganz selbstverständlich als unversenkbarer Flugzeugträger (wie übrigens auch Island) an; im Süden schlösse sich der Ring mit der Iberischen Halbinsel, Italien (Sechste Flotte!), Griechenland und der Türkei.

Allen Teilhaberstaaten der auf Zuwachs programmierten EG stünde dabei grundsätzlich die Mitgliedschaft an einer vorerst noch lockeren politischen Konföderation offen, die nach dem in Dublin skizzierten Muster auch außen- und sicherheitsrelevante Gemeinsamkeiten herstellen soll.

Deutschland, Frankreich und die Beneluxländer würden indessen - den Vorgaben der Wiener Abrüstungsvereinbarungen substantiell wie strukturell folgend - ihre militärischen Potentiale (mit Ausnahme der französischen strategischen Nuklearsysteme) vollständig miteinander verschmelzen. Diese großregionale Gruppierung bietet sich schon ihrer spezifisch geopolitischen Kohärenz wegen dazu an, einen für Europa beispielhaften Stabilitätsbeitrag zu leisten. Mit der Verwirklichung dieses europäische Handlungsfähigkeit und politische Entscheidungskraft beweisenden Unternehmens würden sich im Handumdrehen die sicherheitspolitischen Besorgnisse erledigen, die vielerorts noch in Erwartung etwaiger Gleichgewichtsstörungen durch ein erstarktes, potentiell übermächtiges Deutschland bestehen. Übrigens ist eine derart organische Vernetzung im westlichen Europa schon gleichsam vorgezeichnet in dem soeben geschlossenen staatsvertraglichen Übereinkommen von Schengen (Luxemburg), das „in der Perspektive deutscher Vereinigung" zustande gekommen ist, und das im Vorgriff auf den noch einigermaßen heterogenen Binnenmarkt die Zollkontrolle eben dieser fünf Staaten an den *gemeinsamen Außengrenzen* festschreibt. Das Prinzip der zwei Geschwindigkeiten im EG-Kontext ist damit erstmals zum Durchbruch gelangt. Übrigens verfügt dieses 5er-Gespann auch über die besten Vorbedingungen für eine vorgezogene Geldunion.

Für eine militärische Fusion vereinen sich ebenfalls in dieser Staatenkonstellation günstigste Voraussetzungen, da sie eine in sich austarierte Infrastruktur aufweist. Deutschland für sich und die vier westlichen Nachbarn zusammengenommen verfügen jeweils über ein nahezu gleich großes Bevölkerungspotential mit angenähertem Lebensstandard, Sozialsystem und Ausbildungsstand; beide Seiten ergänzen sich in Wirtschafskraft, Finanzkapazität und technologischem Standard proportional. Damit ist die stabile Grundlage vorhanden, auf der sich - in einem revolutionierenden Akt der Überwindung traditionell nationaler und aufgesetzt integraler Schemata - ein regional vereinheitlichtes, von der Spitze bis zur Basis multilateral besetztes Militärinstrumentarium entwickeln läßt.

Die politische Führung des Gesamtapparates fiele dann einem *Rat der Verteidigungsminister* zu, von denen einer in jährlichem Wechsel den Vorsitz innehätte. Den militärischen Oberbefehl über die Gesamtstreitkräfte übernähmen alternierend ein französischer, ein deutscher sowie ein niederländischer beziehungsweise belgischer General. Die Posten der Inspekteure der Teilstreitkräfte ließen sich so besetzen, daß ein Deutscher für die Heeresverbände, ein Franzose für die Luftwaffe und ein Holländer, im Wechsel mit einem Belgier, für die Marine zuständig wären. Nach Auswertung der Erfahrungen, die am Modell eines gemischten Großverbandes, der Deutsch-Französischen Brigade, gemacht werden konnten, sollten bis in die Kompanieebene Führung und Mannschaften zumindest bilateral, wenn nicht multilateral zusammengesetzt werden.

Die komplette Realisierung eines derart differenzierten und anspruchsvollen Konzepts bedarf größter Anstrengung in den vor uns liegenden Jahren. Aber bei höchster Priorität ist sie jeder Mühe wert, weil mit ihr eine nicht mehr umzukehrende Zustandsveränderung auf der politischen Landkarte Europas vollbracht würde, die das Identitätsbewußtsein letztlich aller Bewohner unseres Kontinents wecken und prägen wird. Die Vereinigten Staaten von Europa wären vielleicht bald schon kein flüchtiges Traumgebilde mehr.

Die Neu-Unterordnung Europas

(1991)

Im Schlagschatten der Exekution ungezählter Iraker ist ein wahrer Hagel von *politischen* Splitterbomben auf das europäische Festland niedergegangen. Hieraus ergibt sich ein Doppeleffekt der Destabilisierung im europäisch-mittelöstlich-nordafrikanischen Dreieck: Zum einen wird das den vertrauensvollen Umgang auf Grundlage gegenseitiger Achtung erfordernde Verhältnis zweier Großregionen nachhaltig beschädigt. Gleichzeitig werden noch innerhalb dieser beiden Nachbarräume alle jene Staaten und Völkerschaften auseinanderdividiert, die ernsthaft bemüht sein könnten, einen sozioökonomischen Ausgleich untereinander sowie gemeinsam ein weltpolitisches Mitspracherecht auf dem Wege organisierter Zusammenarbeit zu erreichen.

Man kommt einfach nicht umhin, das offensichtliche Versagen der Kontinentaleuropäer, ihr politisches Gewicht als ehrliche Makler im Vorfeld einer Entscheidung über Krieg und Frieden, wie sie in der Eskalationsphase der Golfkrise zu treffen war, autoritativ einzubringen, zu einem gerüttelt Maß auf Bonner Schuldkonto zu verbuchen.

In der Hektik des holterdiepolter Anschlußverfahrens hatte Kanzler Kohl nur zu bereitwillig in Kauf genommen, daß die Wiedergeburt des deutschen Nationalstaates im Zustand der Teilhabe an amerikanischen Konfliktvorbereitungen vonstatten gehen konnte, die aller Wahrscheinlichkeit nach in einem Vernichtungskrieg münden mußten.

Eingesponnen „am sausenden Webstuhl der Zeit" (Urfaust), ist der 12. September 1990 heute schon ein verblaßtes Datum, als in Moskau die Zwei-plus-Vier-Staaten *den Vertrag über die abschließende Regelung in bezug auf Deutschland* unterzeichneten. Nahezu untergegangen in der inflationären Brimborienflut „historischer Ereignisse" und feierlicher Bekundungen ist die damals auch der mit heißer Nadel zusammengeschusterten großdeutschen Republik vorab verliehene „volle" Souveränität. Eine Zäsur im staatspolitischen Bewußtsein und sichtbare Veränderungen am Rechtsstatus – über den bloßen Einigungsakt hinaus – haben sich für den großjährigen Souverän bisher jedenfalls nicht ergeben.

So stellt wohl jeder Beschluß über ein Mitwirken an kriegerischen Handlungen unzweifelhaft einen souveränen Rechtsakt dar, der spätestens im Zusammenhang mit dem Einigungsvertrag hätte Erwähnung finden müssen, obgleich oder gerade weil die „alte" (also noch nicht souveräne) Bundesrepublik zu diesem Zeitpunkt zumindest mit einem Bein schon in Kriegsvorbereitungen engagiert gewesen war.

Gewiß bedeutet ein zeitgemäßes Besitzverständnis von außenpolitischer Souveränität zugleich auch die Bereitschaft, auf diese in toto oder zu Teilen gegenüber anderen Staaten zu verzichten – sofern sich Partner anbieten, die nach dem Gleichheitsgrundsatz ebenfalls bereit sind, politische Autorität auf gemeinschaftliche Ebenen zu übertragen. Vor allem auf militärischem Sektor aber hat dieses Prinzip der Gegenseitigkeit im Verhältnis europäischer Länder zu den Vereinigten Staaten von Amerika noch niemals Anwendung gefunden; es wäre auch mehr als fraglich, ob sich so etwas zwischen irgendeiner Politischen Union in Europa und den USA realisieren ließe. Um selbst eine derart spekulative Fragestellung gar nicht erst aufkommen zu lassen, ließ man schon mal die Bundesrepublik vergrößerten Formats weiter an kurzer amerikanischer Leine laufen – wohlwissend, daß Mut vor sich mächtig gebärdenden Freunden nicht unbedingt zu den Stärken deutscher Politiker gehört.

So blieb und bleibt es also, ganz selbstverständlich auch von Medien nicht hinterfragt, beim Status quo ante in der zwar rechtlich, aber nicht politisch (so Peter Glotz im „Spiegel") souverän gewordenen Republik. Seit Mitte August schon war hier innerhalb amerikanischer Sperrbezirke – unter Nutzung des bundesdeutschen Verkehrsnetzes versteht sich – eine logistische Drehscheibe für den Truppenaufmarsch in der saudischen Wüste entstanden. Von vornherein aber betraf derartiger *free ride* auf deutschem Territorium nicht nur Nachschubbasen und sonstige Versorgungseinrichtungen für einen Feldzug *out of area* der NATO; denn gleichzeitig wurde diesmal beim Oberkommando der US-Streitkräfte in Stuttgart die operative Schalt- und Leitstelle des Unternehmens „Wüstenschild" – im Vorlauf zum „Wüstensturm" – installiert. So weitgehend hatten die Amerikaner ihr ursprüngliches Aufenthaltsrecht noch nie zuvor ausgeschöpft, weder im Vietnamkrieg noch nach dem Sowjeteinmarsch in Afghanistan, als sie in Oberbayern ihre GI's für einen Golfeinsatz trainierten.

Ob nun die neueste Aktion durch stillschweigendes Fortbestehen des Truppenzusatzabkommens zum „Deutschlandvertrag“ von 1954 (der eigentlich durch den friedensvertraglichen Charakter des Zwei-plus-Vier-Vertrages obsolet geworden sein sollte) als abgedeckt gilt oder ob anderweitig, quasi auf dem kleinen Dienstweg, bilateral eine diskrete Übereinkunft getroffen wurde, ist für die Öffentlichkeit allerdings im Dunkel geblieben. Daß nicht nur die unmittelbaren Kriegsschauplätze, sondern auch deren rückwärtige Relaisstationen heutzutage hermetisch abgeschirmt werden, hat übrigens der Kriegsforscher R. Asmus von der kalifornischen „Rand Corporation“ deutlich gemacht: Bonn habe zu den militärischen Aktionen am Golf in beachtlichem Maße durch finanzielle Hilfe und Rüstungsgüter, vor allem durch logistischen Beistand bei der Entsendung amerikanischer Truppen in das Aufmarsch- und Kampfgebiet beigetragen; das Ausmaß vor allem in letzterer Form der Unterstützung sei „größer gewesen, als viele Deutsche und Amerikaner wahrhaben“. Tatsächlich hat sich auch Genscher - nach dem Motto „Dabeisein ist jetzt alles“ - erst verschämt mit den deutschen Hiwi-Leistungen im Troß der Pentagonisten gebrüstet, als Schwarzkopf seine High-Tech-Divsionen zum „Truthahnschießen“ hatte ausschwärmen lassen; nur ein paar Stunden zuvor noch konnte man die Bonner Führungsgilde Moskaus Waffenstillstandsbemühen hochloben hören.

Angesichts solcher Symptomatik eines innerlich noch nicht vollzogenen Rollenwechsels zur Souveränität (ausgenommen Genschers Theaterdonner nach Abtransport des Ex-Staatsgastes Honecker ins Moskauer Asyl!) erscheint es geradezu absurd, Gedanken an eine mögliche Mitwirkung der Deutschen im Kreise der „Ständigen“ (von anno 1945) im obersten UN-Rat zu verschwenden; rebus sic stantibus könnte es lediglich amerikanischen Manipulationskünstlern zugutekommen, wenn dieses Gremium um einen ergebenen Ja-Sager bereichert würde. Solange sich nämlich das Selbstverständnis der größeren Bundesrepublik, von wohlfeilen Floskeln wie „partner in leadership“ poussiert, in voraus- oder hinterhereilendem Gehorsam gegenüber den Intentionen eines der New Yorker Dauerabonnenten erschöpft, änderte jedwede Mitwirkung deutscherseits in der Sache dort nicht das Geringste an dem von Willy Brandt monierten Anachronismus der „Vetomächte für alle Generationen“; das hat Genscher im schnellen Umfall mit seiner Erklärung bewiesen, die „Weltgemeinschaft“ und die von den USA angeführte Allianz habe keine andere Wahl als die Bodenoffensive am Golf gehabt.

Einer dem Mittelmeer-Anrainerland Frankreich geschichtlich, geopolitisch und nach wirtschaftlichen Gesichtspunkten vorgegebenen Linie des pfleglichen Umgangs mit den arabischen Nachbarnationen entsprach auch ein dringender Appell des von der politischen Passivitätshaltung in der EG bitter enttäuschten Kommissionspräsidenten Delors an das Europäische Parlament: Die Haltung zum Nahostgeschehen müsse von vorurteilsfreier Offenheit und der Achtung religiöser wie politischer Überzeugungen *aller* dortigen Staaten und Völker getragen sein.

Hierin enthalten ist eine politische Kulturphilosophie, die auch Programm für ein friedlich gestimmtes Miteinander der europäischen und nah-mittelöstlichen Großregionen ist. Daß ein Ordnungsverständnis dieser Art schlechterdings unvereinbar mit der Schaffung einer nahöstlichen Friedensordnung wäre, die mittels Bombenteppichen auf hilflos ausgelieferte Zivilisten sowie gnadenloser Liquidation von kampfunwilligen, flüchtigen Soldaten (ein Akt übrigens, den man einem Verlierer im Krieg gewiß als Kriegsverbrechen angekreidet hätte) hergestellt werden soll, liegt wohl auf der Hand!

So darf auch ohne weiteres davon ausgegangen werden, daß Präsident Mitterrand seine Formel von der „Logik des Krieges" nicht etwa als zynische Anmerkung, sondern viel eher als warnendes Alarmsignal verstanden wissen wollte, nachdem er mit zunehmender Besorgnis registrieren mußte, wie Washington einschneidende UN-Resolutionsinitiativen unter Androhung alternativen Alleinganges durchsetzte, um hinter dem Grauschleier von Ratsbeschlüssen ein gewaltiges Angriffspotential zu dislozieren und schließlich noch das Kriegsultimatum vom 29. November '90 – im Unterlaufen der eigenen Parlamentsvorrechte (War Power Act) – durchzupeitschen.

Schon zu Beginn der Resolutionsserie hatte Frankreich nur nolens volens die bedingungslose Kapitulationsforderung an den zockenden Holzhammerstrategen in Bagdad mitgetragen. Dem Gegenspieler jedweden gesichtswahrenden Ausschlupf zu versperren und lediglich mit einem groben Keil auf einen groben Klotz anzusetzen – das entsprach weder der französischen Auffassung von diplomatischer Strategie noch dem Willen der Bevölkerung über Parteigrenzen hinweg. Aber am Quai d'Orsay war man darüber informiert, daß – noch vor Einberufung des Sicherheitsrats am 6. August – bei einem tête-à-tête von Thatcher und Bush für den Fall eines Vetos bereits eine eigenmächtige angloamerikanische Intervention am Golf ins Auge gefaßt worden war. So legte sich Paris auf ein Zusammenspiel im UNO-Quintett fest, davon ausgehend, daß dieses niemals eine Entente Cordiale abgeben würde, weil bei allen Mitwirkenden höchst verschiedenartige Motive und Interessenlagen bestimmend waren, die jedoch mit Völkerrecht oder nur Kuwait-Öl herzlich wenig zu tun hatten. Das mußte Mitterrand schon am 23. September erfahren, als sein Vorstoß im Sicherheitsrat, einen Nahost-Friedensplan in das Resolutionspaket einzubeziehen, brüsk von amerikanischer Seite abgeblockt worden war. Frankreich stand als Repräsentant des kontinentalen Europa allein in dieser heterogenen Runde – sieht man von der Sowjetunion ab, die ihr bis zur Unkenntlichkeit ramponiertes Weltmachtprestige durch Verklammerung mit den abstiegsgefährdeten USA verzweifelt zu erhalten trachtete, auch wenn sie deren bellikose Präsenz im südlichen Nachbarraum – schon mit Blick auf die eigenen Muslimrepubliken – mit Sorge erfüllen mußte.

Angesichts solcher Konstellationen hätte man in Bonn, anstelle konturlosem Lavierens, europäisches Verantwortungsbewußtsein und schöpferische Initiative zeigen sollen, um im Konsens mit Frankreich noch rechtzeitig eine Vermittlungsbereitschaft signalisierende Alternativposition zu entwickeln. Ein solches Vergehen hätte das Einverständnis praktisch aller europäischen Länder, mit Ausnahme Großbritanniens, gefunden denn der „Ernstfall Frieden“ war hier angesagt. Ein energisches Votum aus Europa hätte gewiß abbremsend auf die Automatik eskalierenden Resolutionsflutens am East River (als begleitende Marschmusik für den Waffengang am Golf) zu wirken vermocht; gleichzeitig wäre es nicht ohne Eindruck und Einfluß auf das jeweilige Verhalten und Gesamtklima in der nah-mittelöstlichen Staatenwelt geblieben.

Wo aber denn war der so freigebige Tributzahlmeister Kohl, als Mitterrand Ende der zweiten Februarwoche noch einen Last-minute-Flug nach Bagdad erwog, um dann in einsamer Resignation einen vergeblichen Kontaktversuch über Saddams Stiefbruder in Genf zu unternehmen? Wie jämmerlich verhielt sich das offizielle Bonn, wo man anfangs die Moskauer Initiative zum Abbruch des letzten Überrollmanövers artig begrüßt hatte, um sogleich kleinlaut im Schneckenhaus zu verschwinden, als der New-England-Texaner im Weißen Haus den Genossen Gorbatschow ins Leere laufen ließ, der ihm einen unverzüglichen Rückzug der irakischen Kuwaitbesatzer auf silbernem Tablett servieren konnte.

Im nachhinein durfte sich sogar Ex-Verteidigungsminister Chévènement, der nicht länger einer Logik des totalen Krieges, wie sie amerikanisch-israelischer Interessenbündelei entsprach, zu folgen bereit war, bestätigt sehen: Ostentativ erwähnten weder Mitterrand noch der Neogaullist Chirac bei ihren Ansprachen anläßlich der Feuereinstellung die amerikanische Rolle im Kriegsgeschehen mit nur einem Wort. Beide bekannten sich jedoch zur Fortführung einer unabhängigen Diplomatie in Kontinuität französischer Politik der vergangenen 20 Jahre gegenüber der arabischen Welt.

Frankreichs Entschlossenheit, den Spielraum für europäische Willensäußerungen im Sinne der gemeinsamen Nahost-Erklärung von Venedig wiederherzustellen, brachte Mitterrand konsequent auch beim Treffen mit Bush auf Martinique Mitte März zum Ausdruck. Als ihn hier der Amerikaner mit einer strikten Absage an einen *Staat Palästina* überraschte und statt dessen eine *Homeland-Lösung* (wohl nach südafrikanischem Auslaufmodell?) aufs Tapet brachte, reagierte Mitterrand mit dem Hinweis, es sei gefährlich, einem Volk jegliche „echte Form von Identität" zu verweigern; auch sei es allein Sache der Palästinenser, über die Rolle der PLO bei Friedensverhandlungen zu entscheiden. Diese Haltung entsprach gewiß auch einer wachsenden Besorgnis in Führungskreisen der PS, die Parlamentsminister Poperen zuvor so artikuliert hatte: Im Zuge der Krise und des Krieges am Golf habe sich angekündigt, daß „eine amerikanische Hegemonie dauerhaft sein werde, wenn Europa sich nicht aufrappelt". Henri Emmanuelli, die Nummer drei in der sozialistischen Partei, ergänzend dazu: „Die einzige Frage, die wir uns stellen müssen, ist die, was zu tun ist, damit es nicht de facto nur noch eine Weltmacht gibt." – „Warum sind die EG-Europäer nicht längst in Konklave zusammengetreten, um ihre Stimme zu Gehör zu bringen?", so fragte „Libération" unter dem Eindruck von Napalm-Flächenbränden und „Fuel-Air-Explosives" (wirkungsmäßig mit Atomgranaten vergleichbar), mittels derer irakische Soldaten brigadenweise in Vorbereitung der Bodenoffensive ausgelöscht worden waren. Spätestens in diesem Stadium war einfach nicht mehr zu übersehen, daß man auf französischer Seite den britischen Nachbarn als möglichen Partner eines europäischen Europa de facto abgeschrieben hatte.

Ungeschminktes Tory-Denken über eine restaurative Befriedung im Nord-Süd-Verhältnis förderte inzwischen der „Sunday Telegraph" zutage, indem er den Westen dringend zum Aufbau einer *„eisernen kolonialistischen Vormachtstellung"* ermahnte. Dementsprechend hatten sich schon mal die Thatcher und ihr Nachfolgezögling Major rückhaltlos auf einen amerikanischen Kriegskurs festgelegt, um ihre Landsleute noch einmal auf den Empire-Nostalgietrip schicken zu können; frei nach bewährtem Rezept des Falklandeffekts sollte die britische Kriegsflagge diesmal East of Suez wieder gezeigt werden, um so einen konservativen Sieg im Unterhaus sicherzustellen - was bei geplantem Vorziehen des Wahltermins auch gelingen dürfte. Auf gefestigtem Fundament einer auf die Atlantik Charta zurückgreifenden exklusiven „Special Relationship" ging London sogleich mit offenem Visier zum Angriff gegen jedwede „Euro-unity notion" über, soweit diese von militärischen, außen- oder geldpolitischen Zielprojektionen ausgehen würde - egal auch, ob sie nun unter Teilnahme oder Aussparung des Vereinigten Königreichs konzipiert sein sollte. Als Hauptobjekt für dieses Unternehmen europäischer Verunsicherung bot sich die Bundesrepublik Deutschland an.

Ein vornehmlich auf Bonn ausgerichtetes Verwirrspiel paradoxer Dialektik, mit der man britischerseits den Golfkrieg für ein Garaus noch vorhandener Einigungs- und Eigenständigkeitstendenzen in Europa zu instrumentalisieren trachtete, gemahnte beinahe schon an Kaiser Wilhelms II. böses Wort vom „perfiden Albion". Einerseits kanzelte eine sich im nationalen Konsens gleichschaltende Presse die Teutonen als „komplexbeladene Riesen" ab, die - so der im Kriegskabinett vertretene Staatsminister Clark - „in den Keller liefen" und so den untrüglichen Beweis für die Irrealität einer politischen Union Europas erbracht hätten; andererseits beglückwünschte man sich in London, daß es zu keinem Mehrheitsbeschluß auf dem Kontinent hatte kommen können, der aller Wahrscheinlichkeit nach gegen eine Beteiligung am Golfkonflikt ausgefallen wäre.

Bislang hat sich solche Behandlungsmethode für die Spitzenmanager der englischen Regierung, in deren Land wirtschaftlich und gesellschaftlich fast ebenso viel im argen liegt wie beim großen Vetter Amerika auf dem gemeinsamen Fluchtweg nach vorn nur ausgezahlt. Beim spendablen Provinzonkel in Bonn ließ sich ein Beschwichtigungstribut in Milliardenhöhe - lediglich als erste Rate deklariert - leicht abkassieren, nachdem der lästige Exportweltmeister auf dem Großmarkt der Medien als „Händler des Todes" undifferenziert und bar jeder Fairneß an den Pranger gestellt worden war.

Schwerpunktmäßig vermochte sich nunmehr die britische Deutschlandpolitik, deckungsgleich mit Washington operierend, auf eine beidseitig genehme Weichenstellung im militärischen Bündnisbereich zu konzentrieren, die einen bestimmenden Einfluß der USA auch bei formal verändertem Verständnis von „europäischer Sicherheitsidentität“ fortgarantieren würde. Anläßlich der Konsultationen Mitte März in Bonn stellte Premier Major kategorisch klar, daß sein Land als Gründungsmitglied der Westeuropäischen Union keinen Fingerbreit vom bisherigen Konzept abzuweichen gedenke, das die konsequente Ein- und Unterordnung im Rahmen der NATO vorsehe. Das kam einer schroffen Zurückweisung der deutsch-französischen Initiative vom Vormonat gleich, wonach bis spätestens 1996 eine umdefinierte und vertraglich angepaßte WEU die Funktion einer selbsttragenden Brücke zur Verbindung der transatlantischen Allianz mit einer Europäischen Politischen Union (EPU) übernehmen sollte, um sich schließlich zum integralen Bestandteil dieses autonom handlungsfähigen Einigungswerks zu entwickeln. Das Foreign Office hatte schon kurz darauf zu verstehen gegeben, daß es mit einer Verlegung des WEU-Sekretariats von London nach Brüssel lediglich beabsichtige, die NATO-Botschafter der neun Mitgliedstaaten in Personalunion zu WEU-Botschaftern zu ernennen und gleichzeitig den Militärs aus beiden Gremien zwei entsprechende „Austauschmützen“ zu verpassen. Mit Hilfe solchen Verschmelzungsprozesses gedenkt London, sich ein für allemal der von Major und Hurd in Bonn mehrfach angesprochenen Besorgnisse hinsichtlich einer europäischen Virtualität der „zwei Geschwindigkeiten“ zu entledigen, um am Rande einer verwirtschafteten EG weltweit eine transatlantisch abgestimmte Außenpolitik betreiben zu können. Nach altbewährtem Muster zögerten die hohen Besucher auch nicht, ihre Gastgeber vor einem möglichen Liebesentzug seitens der USA zu warnen, der in Anbetracht unabwägbarer Geschehnisse in der Sowjetunion fatale Folgen haben könnte.

Eine mit Vereinnahme der Ex-DDR und Auflösung des Warschauer Paktes anstehende Umstrukturierung der NATO würde demnach eine zementierte Subordination der „Region Europa“ unter Maßgabe amerikanischer Führungsansprüche und Zielvorgaben bedeuten; wobei eine WEU - unter englischer Assistenz - ihren eigentlichen Sinn als Instrument für multilaterale Militäraktionen (vor allem außerhalb des NATO-Vertragsgebietes), geleitet vom Pentagon und ausgestattet mit US-Spitzentechnologie, erfüllen sollte. Vor Jahresfrist schon trug der amerikanische NATO-Botschafter in Brüssel den Vorschlag zu einem „Rüstungs-GATT-Vertrag“ vor, der offenbar bezwecken soll, daß die USA eine Monopolstellung für die teuersten High-Tech-Waffen unter den westlichen Nationen erhalten.

Das Erfolgserlebnis eines Krieges, der in weitester Distanz zu den eigenen Küsten praktisch zum Nulltarif (was eigene Menschenverluste und Finanzen betraf) geführt und im Triumph beendet wurde, konnte Washington und die ihm eng verbundene heimische Rüstungsindustrie nur ermutigen, Mittel und Wege zu erforschen, um nach vergleichbarem Schema ein derart politisch wie wirtschaftlich einträglich erscheinendes Verfahren institutionell fortzuentwickeln.

Zweifellos hat Präsident Bush große Fortune gehabt und diese mit harter Cleverness zu kombinieren verstanden, als er, die versammelten Schwächen der übrigen Vetoberechtigten im Sicherheitsrat (geradezu demonstrativ bei seinem Helsinki-Treffen mit Gorbatschow) voll auskostend, die Resolutionen wie eine Standarte vor sich her tragen konnte. Tatsächlich entsprach diese Art Entmündigungsprozeß auf der Vorstandsetage einer „Weltgemeinschaft“, deren Plenum allemal draußen vor blieb, einer schon traditionellen Mißachtung Washingtons und der amerikanischen Öffentlichkeit. Aus deren Sicht gab die UNO bestenfalls noch eine Touristenattraktion und somit hübsche Nebeneinnahmequelle für den wurmstichigen *Big Apple* ab. Bezeichnend dafür war auch die Jahrzehnte hindurch geübte Säumigkeit der US-Administration bei Zahlung ihrer Pflichtbeiträge; quasi als Belohnungsgeste für die Erteilung einer Blankovollmacht durch die Ratsresolution vom 29. November übergab Baker persönlich der UNO einen Scheck über 186 Mio. Dollar, den erstmalig pünktlich bezahlten Beitrag für 1990 und einen Teil der Rückstände für 1985!

Verbunden mit diesem Akt verfestigte sich wohl auch ein Sinneswandel am Potomac, den Sicherheitsrat im Hinblick auf zukünftige Weltordnungs- und Befriedungsabsichten zu einer Art Dienstleistungsagentur unter amerikanischem Management umzugestalten, die zugleich als Auftragsvermittler an die US-Rüstungsindustrie sowie für laufende Ausgaben zur Unterhaltung der US-Streitkräfte tätig sein könnte. Daß sich profitable Anschlußgeschäfte beim Wiederaufbau zerstörter Städte und - wie im Fall Kuwait - ein gesicherter Zufluß von Petrodollars aus solcherart Eingreifmanövern ergeben, hat sich bereits exemplarisch erwiesen.

In seinem Bericht zur Lage der Nation hatte der Reagonomic-Erbe Bush schon nichts Besseres anzubieten als die Erfolge der amerikanischen Waffenschmieden, deren breite Produktpalette soeben ihren Bewährungstest bestanden hat. Die eindrucksvolle Leistungsschau der hochsubventionierten Rüstungsindustrien hat über CNN-

Satellit und Pentagon-Film weltweite Promotion erhalten. Noch auf dem Höhepunkt der 100-Stunden-Landschlacht am Golf übergab die US-Administration dem Kongreß ihre Wunschliste für Waffenexporte an die Golfstaaten, Ägypten und die Türkei; zusätzlich will Bush eine Ermächtigung der staatlichen Export-Import-Bank zu Kreditgarantien an Japan, Israel, Australien und vor allem aber an die NATO erreichen. Allein der Auftragsbestand an „Patriots" belief sich schon anfangs des Bombenkrieges auf drei Milliarden Dollar. Mit dem Gütesiegel „Dessert Storm Proven" versehen, wurden US-Waffenssyteme zum Verkaufsschlager auf der Messe „Asia Defense '91" in Singapur.

Nimmt man den Gesamtbereich der amerikanischen Produktionswirtschaft, so zeigt sich heute schon bei fast allen zivilen Investitions- und Verbrauchsgütern, daß diese weder preislich noch qualitativ auf anspruchsvolleren Auslandsmärkten, großteils sogar im eigenen Land, nicht wettbewerbsfähig sind - soweit überhaupt noch im Angebot. Damit gewinnt der rüstungsindustrielle Sektor mittlerweile den Stellenwert einer ökonomischen Monostruktur. Also wäre auch jede Spekulation, einträgliche Dauergeschäfte mit „intelligenten Waffensystemen" aller Art als Transmissionsriemen für eine Ankurbelung des übrigen Außenhandels, wie Bush das bereits andeutete, schon von der Substanz her abwegig.

Der Präsident schloß seinen Kommentar zur Feuereinstellung am Golf mit den Worten ab: „Gott schütze die Vereinigten Staaten von Amerika"; ... „denn sie wissen nicht, was sie tun!" - so ließe sich von europäischer Warte aus dieser Stoßseufzer vervollständigen

Aber wußten eigentlich die Europäer selbst, was sie taten (und unterließen) als sie in Brüsseler Gemeinsamkeit ein entsetzliches Folgekapital der Golfkriegsgeschichte lediglich mit einer Verurteilung von Saddams brutaler Kurdenverfolgung bedachten? Mußten sich denn die von Gott und aller Welt verlassenen - auf irakischen, iranischen, türkischen und syrischen Territorien seit eh und je geschundenen - Volksstämme nicht von Bushs Aufrufen zum Sturz des Saddam-Regimes ermutigt, geradezu aufgefordert fühlen, den Befreiungsmarsch auf Bagdad anzutreten? Wie auch die schiitische Bevölkerung im südlichen Irak - nach Anweisungen aus dem Iran - ihren Aufstand probte und tausendfach ihr Leben ließ, so waren auch von Ankara und Damaskus her gesteuerte und (über CIA-Kanäle) mit Waffen versorgte kurdische Desperados zu den Ölfeldern um Kirkuk vorgestoßen, was im Erfolgsfall zu einer Destabilisierung des Irak auf den Nullpunkt geführt haben würde.

Nichts jedenfalls hätte die zynische Phraseologie einer „neuen Weltordnung“ noch grausamer bloßstellen können, als es durch solcherart von Washington indirekt geleisteter Beihilfe zum Völkermord geschehen ist.

Der deutsche Part in Europa

(1991)

Das alte Mädchen Europa, seit Olims Zeiten schon auf dem Rücken des Stiers durch die Arenen der Geschichte schaukelnd, leidet unter heftigem Schwindel und geht dazu noch vollends aus dem Leim. Seine Konturen zerfließen – transatlantisch, transsibirisch – rund um die nördliche Halbkugel, betrachtet man nur die KSZE als Filiale der UNO oder den Kooperationsrat der NATO mitsamt deren Briefkastenfirma Westeuropäische Union. Äußere Merkmale eigener Identität sind somit kaum noch erkennbar. Wen kann es bei dieser Zustandsdiagnose noch wundernehmen, daß schließlich auch Kompetenz wie Durchsetzungsvermögen zur Regulierung von *kontinentalinternen* Verhaltensstörungen und Altlasten abhanden gekommen sind.

Das heimliche Hoffen auf ein „europäisches Europa", wie es unter bipolarem Dauerfrost aufgekeimt war, erwies sich nach Einsetzen der großen Matschperiode als bloße Fata Morgana. Daß sich die Yankees beim Kaputtrüsten des Reichs der Bösen am Ende selbst noch die Schwindsucht holen würden, war eigentlich abzusehen. Aber von beiden Vorfeldstaaten auf dem Alten Kontinent ließ sich doch eher erwarten, sie würden, aus ihren mehr oder minder einengenden Korsetts befreit, zu neuer Kondition auflaufen und alsbald den Weg zueinander und miteinander finden.

Indessen kann die Londoner „Financial Times" nur trocken konstatieren: „Die etablierten europäischen Demokratien, gehindert durch ihre eigenen Schwierigkeiten, wie langsames Wirtschaftswachstum und steigende Arbeitslosigkeit, tun nicht genug, um die Länder zu unterstützen, die sich nach 1989/90 vom Kommunismus gelöst haben. Die Hauptspieler in der Europäischen Gemeinschaft, Deutschland, Großbritannien, Frankreich und Italien, befinden sich, während globales Denken und Führungsqualitäten nötig sind, in einer Phase der Selbstbetrachtung und Unentschlossenheit." Wohl wahr, jedoch ist es auch viel *Schnee von gestern*, der heute lawinenartig zu Tal rutscht.

Gerade mal zwei kurzatmig durchhastete Jahre haben ausgereicht, um im Zuge einer stramm nationalstaatlich geprägten Außenpolitik des arrondierten Deutschlands das Beziehungsnetz auf der europäischen Westseite nachhaltig zu beschädigen. Die überzogenen

Zielprojektionen einer Politischen Union, mit denen Illusionskünstler Kohl sich vor Anwürfen nationalen Großmannstums und möglichen Alleinganges zu salvieren gedachte, haben sich im Maastricht der Unverbindlichkeiten als vorprogrammierter Flop erwiesen. Deutsche Auftritte nach Schirm- und Schutzherrenart, sei es in den Baltenländern oder auf dem Balkan (man denke nur an das *Café Genscher* in Zagreb) hinterließen bei westlichen Nachbarn den fatalen Eindruck, hier würden erneut *historische* Ansprüche auf eine Solorolle als Ordnungskraft im europäischen Zentrum reklamiert. Offensichtlich stand hinter dem deutscherseits auf die EG-Partner ausgeübten, als nahezu erpresserisch empfundenen Druck, die Sezessionsakte im föderativen Jugoslawien durch möglichst prompte Anerkennung von neustaatlichen Sturzgeburten zu legitimieren, das Kalkül, hieran exemplarisch ein nationales Staatenprinzip als quasi hochheiliges Menschenrechtsgut zu statuieren; denn so glaubte man, die unter Ach und Krach verlaufende Restauration auf eigenem Boden nochmals rechtfertigen zu können. Bei entsprechender Würdigung solcher Umstände vermag man dem politischen Establishment den Vorwurf kaum ersparen, auch selbst ursächlich zum Entstehen jenes völkermörderischen Chaos beigetragen zu haben, das im Dominoeffekt sogar noch über die südslawischen Territorien hinauszugreifen droht. Hierzu bieten sich vorrangig das von Albanern majorisierte Kosovo und der bereits anerkannte neue Nationalitätenstaat Bosnien-Herzegowina an. Genschers dilettierendem Ziehsohn Klaus Kinkel blieb es vorbehalten, die Türkei, den fundamentalistischen Iran und Gaddafis Libyen, als die eilfertigsten Verfechter eines muslemisch bosnischen Regimes, für ein verstärktes Engagement in Südosteuropa zu ermuntern. De facto könnte das schon wie eine Einladung zur europäischen Variante des „Heiligen Krieges" verstanden werden; an „freiwilligen Kämpfern und Waffen westlicher Herkunft" jedenfalls dürfte es auch weiterhin nicht mangeln.

Womöglich noch unverträglicher als im westlichen Bereich summieren sich die Spätwirkungen deutscher Inanspruchnahme des nationalen Selbstbestimmungsrechts in Selbstbedienungsmanier bei den im gesellschaftlichen Umbruch ächzenden Nachbarländern Mittel- und Osteuropas. Für diese nämlich wäre das zumindest zeitweilige Fortbestehen eines demokratisch und marktkonform gewandelten ostdeutschen Staatswesens, nach konföderativem Muster mit der westlichen Republik verbunden (wie das Kanzler Kohl noch zu Anfang 1990 im Bundestag proklamiert hatte), von unschätzbarem Wert gewesen, – es hätte eine (auch massenpsychologisch) bedeutsame Scharnierfunktion im gesamteuropäischen Kontext zu erfüllen vermocht. Bei einem stabil mit der DM (West) verkoppelten Wechselkurs hätte sich wachsende Bereitschaft zu Investitionen für standortorientierte Exportindustrien und Handelskontore entwickeln können. Eine derart pragmatische Zwischenlösung bot sich aus geopolitischer Sicht ebenso wie allseitig sozioökonomischen Interessen an. Der tatsächlich abrupt, mit starkem Rückenwind aus Washington vollzogene West-Anschluß hingegen nahm sich wie ein Präzedenzfall für jedwede weiteren Veränderungen am staatlichen Status quo in Europa aus. Beileibe nicht alles, was bis tief in den eurasischen Raum hinein zusammen- und auseinandergebrochen ist, läßt sich in unmittelbaren Kausalzusammenhang mit dem Geschehen in und um Deutschland bringen; wohl aber dürfte von daher ein Beschleunigungsanstoß ausgegangen sein, der organisch bedachtsamere Umgestaltungen auf der politischen Landkarte verhindert hat.

Der Logik zeitlicher Abfolge nach könnte das sogar auf den staatlichen Zerfallsprozeß der Sowjetunion mit zutreffen. Während ausgerechnet Reichsrussen von militärischer Gesinnung dem Phänomen deutscher Wiedervereinigung Hoffnung nach ihren Zielvorstellungen abzugewinnen suchen, hat „Moskau News" 180 potentielle Nationalitätenkonflikte aufgelistet, wo nach Willen der Streitparteien sieben Millionen Quadratkilometer, etwa ein Drittel der heutigen GUS-Territorien, zur Umverteilung anstehen. Sollten sich in dieser Dimension gewaltsame Problemlösungen nach real exekutiertem Muster auf südslawischem Boden abspielen, was in Anbetracht allein der über zwanzig Millionen Auslandsrussen, die als Minderheit in den souveränen Nachbarrepubliken beheimatet sind, keineswegs auszuschließen wäre, so ergäbe sich daraus ein Szenario des Völkermordens noch nicht vorstellbaren Ausmaßes. Den Europäern, wo immer sie ansässig sind, stünde eine Tragödie ohnegleichen ins Haus.

Das vergrößerte Deutschland jedenfalls hat aufgrund nachweislich fahrlässigen Verhaltens in den heikelsten Momenten kontinental- und weltweiter Aufbrüche allen erdenklichen Anlaß, seine außenpolitischen Konzepte einer gründlichen Revision zu unterziehen. Auf neuem Kurs sollte es dafür einstehen, daß den Anforderungen europäischer Gegenwart nicht mehr entsprechende, wenn nicht gar kontraproduktiv wirksame Systemkonstruktionen entweder ausgemustert oder im Recyclingverfahren alternativ verwendbar gemacht werden.

Die Europäische Gemeinschaft in ihrer jetzigen Verfassung ist politisch zum Antiquarium eines inzwischen abgeschlossenen Geschichtskapitels geworden. Perfektionisten in Brüssel halten ihren europäischen Wirtschaftstorso de luxe, demnächst noch durch Aufnahme von EFTA-Staaten hübsch abgerundet, fest unter Verschluß und basteln wie zum Zeitvertreib noch an einem Luftschloß im Stil Vereinigter Staaten. Nur als Randerscheinung nimmt man wahr, daß inzwischen ein Europa altbekannter Dimension im Zustand gegenseitiger Abhängigkeiten existiert. Gerade noch hat man sich zu einer Alibiübung wohltätig klingender „Europaverträge" mit dem Staaten-Trio Polen, Ungarn und Tschechoslowakei bereitfinden können, was durch das alsbaldige Abdriften der besonders bedürftigen fünf Millionen Slowaken noch problematischer erscheint, als es die ohnehin sehr engherzigen Assoziationsregeln schon vorgeschrieben haben, die wettbewerblich effektive Produktionsbereiche wie Stahlproduktion, Textilindustrie und landwirtschaftliche Erzeugnisse weitgehend ausklammern. Nicht einmal vom Ansatz zur Eröffnung eines europäischen Großmarktes, der das östliche Europa aus seinem Paria-Dasein erlösen sollte, wobei vorwiegend sozial bedingte Konfliktsituationen auf inner- und zwischenstaatlichen Ebenen abgebaut würden, kann bisher überhaupt die Rede sein. – In München hatte sich eine abgeschlaffte Siebenergruppe der weltgrößten Industriegruppe mühsam dazu durchgerungen, den mittellosen Russen mit einer Vorschuß-Milliarde unter die Arme zu greifen. In London traf die halbe Welt zum Gedankenaustausch über das amokartige Kampfgeschehen auf dem Balkan, einem traditionellen Kriegsschauplatz in Europa, zusammen; Ursachenforschung war ebensowenig angesagt wie konstruktive Modellvorschläge für ein zivilisiertes Zusammenleben der wirtschaftlich interdependenten Staatseinheiten, deren Grenzen in einem untergegangenen System höchst willkürlich festgelegt worden waren. – Auf dem Helsinki-Gipfel wurde Serbien zum Hauptschuldigen an der jugoslawischen Tragödie erklärt; die Mitschuldigen am Konferenztisch hatten das durchgesetzt. Was sonst darf man noch an friedenssichernden Initiativen vonseiten der 57 KSZE-Staaten (nunmehr zum Regionalverband der UNO aufgestiegen) erwarten, für die sich bei allgemeinem Konsens – Konfliktparteien ausgeschlossen – NATO bzw. WEU als „militärischer Arm" zur Verfügung halten. Auch dürfte ein gelegentlich neu formierter Weltsicherheitsrat der Aufstellung einer Streitmacht unter Führung des UN-Generalsekretärs niemals zustimmen, weil Washington seine Soldaten unter keiner

Bedingung einem fremden Oberbefehl überlassen würde. Also wird auch die NATO nicht zu „europäisieren“ sein, solange auch nur eine US-Division auf dem Kontinent steht.

Das Dilemma der Europäer als machtlose Herren im eigenen Haus erscheint nahezu perfekt. Eine verbreitete Protesthaltung gegen die Maastrichter Chimäre jedoch kündigt ersten Wandel zu praktischer Vernunft an. *Wenn nämlich Europa neu gedacht und gelebt werden soll, bietet sich einzig die deutsch-französische Union als ordnungspolitisch tragendes Element auf dem Kontinent an:* gemeinsame Währung ohne Wartezeiten; harmonisierte Sozial- und Industriepolitiken; außen- und sicherheitspolitisch mit einer Stimme; nach Ausscheiden auch Deutschlands aus der Militärstruktur des Nordatlantischen Vertrages die Integration beider Streittkräfte. – Die Tür für weitere Teilhaber bliebe selbstverständlich offen. *Der reaktionäre Trend zum Neo-Nationalismus in Europa würde wohl brechen.* Das neu gewonnene Europa im Jahre drei ist notleidend, aber noch nicht gleich wieder verloren. Fände nur endlich Deutschland seinen Part im reißenden Strom der Zeit.

Auf der Suche nach dem verlorenen Europa

(1991)

Also sprach Charles de Gaulle: „Europa, die Mutter der modernen Zivilisation, muß vom Atlantik bis zum Ural entstehen ...“ Mit größter Selbstverständlichkeit hat dieser visionäre Geist der Gegenwartsgeschichte somit die geographische Definition des Alten Kontinents zum Maßstab politischen Vorausdenkens und zur Grundlage einer längerfristigen Handlungsdirektive gemacht. Dabei ging er schlicht davon aus, daß, bei allem Wandel staatlicher Grenzen, Systeme und Regime im Laufe der Zeiten, die Geographie als konstanter Faktor schicksalhaft das Zusammenleben der Völker bestimmt. Wann immer er auf die nachbarschaftlichen Verhältnisse in Europa einging, war seine Rede beispielsweise von Galliern und Germanen; die Sowjetunion hieß bei ihm Rußland, und die Russen, mit ihren Metropolen Moskau und Leningrad/St. Petersburg, repräsentierten eben die größte Nation slawischen Stammes im europäischen Kulturraum.

EG + EWR + EFTA

Offensichtlich hat die Atlantik-Ural-Dimension in de Gaulles Verständnis einer historisch gewachsenen Völkerfamilie, über die eiszeitliche Erstarrungsperiode antagonistischer Militär- und Wirtschaftsblöcke hinweg, einen mitgestalteten Einfluß auf die allgemeinpolitische Bewußtseinslage behalten. Als in den Endachtzigern Gorbatschow vehement für das *Gemeinsame Europäische Haus* warb, orientierte er sich an dem vorgegebenen Gedankengebäude, zu dessen Verwirklichung er konsequent das Terrain zu ebnen begann. Die unter äußeren Aspekten weitgehend komplikationslos verlaufene Absprengung des Satellitengürtels im westlichen Vorfeld des Sowjetreichs stellte bereits dessen physische Verbindung zum übrigen Europa her. Nicht zuletzt auch als Folgeerscheinung dieser geopolitischen Lageveränderung verstärkte sich der Innendruck des Vielvölkerstaats derart, daß ein Auseinanderdriften der Unionsrepubliken, die auf ihre souveräne Entscheidungsfreiheit Anspruch erhoben, unvermeidlich wurde. Erst ein abgeschlossener Vorgang solcher Desintegration aber schafft die Grundvoraussetzung für jede denkbare Strukturverflechtung auf gesamteuropäischer Ebene. Zu dieser

Einsicht bekannte sich neulich in Bonn auch der russische (RSFSR) Außenminister Kosyrew, wobei er eine schnelle völkerrechtliche Anerkennung der sich als souverän verstehenden Republiken forderte.

Bemerkenswert ist das zeitliche Zusammenfallen der im westlichen Bereich und auf der östlichen Flanke des Kontinents unternommenen Ansätze, *Politische Unionen* zustande zu bringen, bei denen eine restaurative Note insofern mitschwingt, als sie beiderseits einer durch geschichtliche Umwälzungen überholten Vorstellungswelt nachhängen. Weder das auf die Tagesordnung der Europäischen Ratsherren gesetzte Vertragsprojekt politischer Gleichschaltungen im Zwölfertakt, noch der von Konkursverwaltern des zerborstenen Sowjetreichs präsentierte Nachfolgemodell-Entwurf zur vertraglichen Metamorphose in ein oberhoheitlich und regulativ funktionierendes System eines Unionsstaates dürften Entwicklungen in Richtung auf eine neudimensionale Wertegemeinschaft in Europa fördern. Allein der Binnenmarkt ab 1993, mit so viel Unvollständigkeiten und Ausnahmekonzessionen er auch in Kraft treten sollte, muß per se zu verstärkter Abkapselung der EG-Mitglieder, effektiv vermindert nur gegenüber den EFTA-Ländern im Europäischen Wirtschaftsraum (EWR), jedoch umso mehr im Verhältnis zu den Assoziationsanwärtern in den östlichen Nachbarschaften führen. Deren Anzahl dürfte sich alsbald vervielfachen; man braucht da nur an die auf Souveränität pochenden südslawischen Kleinstaaten als Erbmasse aus den Bürgerkriegswirren zu denken. Zusammen mit anderen Balkanländern und den Baltenstaaten, die sich untereinander nicht einmal auf eine Benelux-Formel zu einigen bereit finden, werden sie allesamt vor dem EWR-Warteaal 1. Klasse Schlange stehen, wo die Gutsituierten der EFTA es sich als handverlesene Kandidaten für eine EG-Mitgliedschaft innerhalb von fünf Jahren bequem gemacht haben.

Ein Gemeinsamer Markt *Europa 93* (EG mit EWR-Anknüpfung), für 380 Millionen Menschen in 19 Ländern eine imposante Produktions- und Verbraucheragglomeration, dürfte dann vorerst mit Selbstfindung beschäftigt und sich im übrigen selbst genug sein. Von einer auch nur spaltweiten Marktöffnung, etwa über sogenannten Euroverträge mit künftig Assoziierten außen vor, wird da im rauhen Geschäftsklima alltäglichen Existenzkampfes kaum noch viel die Rede sein können; also werden Polen, die CSFR und Ungarn zum Beispiel wohl weiterhin auf ihren wettbewerbsträchtigen Erzeugnissen aus

Land-, Textil- und Stahlwirtschaft sitzenbleiben und ihre soziale Marktwirtschaft mit dazugehörendem Wechselgeld im Eigenbau zu bewältigen haben. Unter solchen Auspizien vermag der neue Wirtschaftsraum des gesättigten Westens wohl kaum „die Brücke zu Osteuropa und den sowjetischen Republiken bilden" (Wolfgang Roth) und verdient es auch nicht, als „historischer Schritt auf dem Weg zur europäischen Einigung" (Rudolf Seiters) gewürdigt zu werden.

Gorbatschow als Tanzbär

Dem ihr innewohnenden Prinzip neuzeitlichen Wirtschaftsdenkens folgend, ist die EG einem ungehemmten Wachstumsrausch verfallen, in dessen Verlauf sie die europolitische Effizienz bereits auf dem Wege zur Verdopplung ihrer ursprünglich sechs Mitglieder verspielt hatte. Das gegenwärtige Spiegelfechten um Währungseinheit und außenpolitischen Schulterschluß (im Kontext mit militärischer Eigenbestimmung) beweist es. Ein steigendes Defizit an politischem Gestaltungsvermögen sowie gemeinschaftlicher Verantwortungsbereitschaft für ein ganzheitliches Europa wird mit pompösen Absichtsbekundungen auf *EGozentrischer* Gipfelhöhe und ungedeckten Versprechen an östliche Adressen schön medienwirksam kaschiert. Fazit: Die als westliches Wohlstands-Dorado konzipierte EG wird im arrondierten Wirtschaftsraum einem Großteil der europäischen Bevölkerung deutlichen Zuwachs an Stabilität und Prosperität bescheren; aber dieser eher krämerhaft vortrefflich funktionierende Zweckverband verfügt mit seinen eingefahrenen Mechanismen und umständlichen Regelwerken nicht über das erforderliche Anpassungsvermögen und die kreative Kraft, deren ein sich räumlich wie substantiell neugestaltendes Europa zwingend bedürfte. Unmittelbar nach Niederschlagung des Augustputsches in Moskau hatte Genscher zwar schon eine stimmige Perspektivanalyse parat, sich aber offensichtlich im Instrument vergriffen: so forderte er allen Ernstes von der EG, sich auf zusätzliche Assoziierungsverträge mit den aus der Sowjetunion ausscheidenden Republiken einzustellen, um diesen somit den Weg zur Vollmitgliedschaft in einer „wahrhaft europäischen" Gemeinschaft zu bereiten.

Auf östlicher Seite hat die inzwischen namenlose *Union*, mit Gorbatschow als vereinsamtem Treuhandpräsidenten im Kreml und in Bushs Welttheater als Tanzbär mitgeführt, bereits Phantomcharakter angenommen. Die gesetzgeberische Funktion liegt ausnahmslos bei den Republiksparlamenten, die sich mehr oder minder rigoros jedweder politischen Kooperation unter neuer unionsstaatlicher Regie versagen. Selbst der Erhaltung eines umetikettiert einheitlichen Wirtschaftsraums lassen sich nur minimale Chancen einräumen. Nur sieben von noch zwölf Republiken haben sich überhaupt für einen Vertrag zu erwärmen vermocht. Dazu Jelzins Berater auf der Weltbank/IWF-Tagung in Bangkok: Selbst wenn die Republiksparlamente den Wirtschaftsvertrag ratifizieren sollten, sei es sehr unwahrscheinlich, daß er umgesetzt würde. Wahrscheinlich wird es lediglich zu Handels- und Verrechnungsabsprachen auf bilateraler bzw. regionaler Basis kommen, wobei schon die Geschäfte zwischen der Ukraine und der Russischen Föderation zukünftig in Dollar abgerechnet werden sollen. Jelzin hat darauf bestanden, daß den Republiken das Recht eigenständiger Kredit- und Geldpolitik zustünde, einschließlich der Ausgabe eigener Banknoten. Auch im Wirtschaftsbereich dürfe kein die Souveränität der Mitgliedsstaaten einschränkendes Unionszentrum entstehen.

Die aus dem UdSSR-Nachlaß hervorgegangenen ostslawischen Staaten tendieren zu einer möglichst baldigen und dauerhaften Verkopplung mit dem übrigen Europa; sie bedürfen einer Art Eingemeindung in die Normalität westlichen Demokratieverständnisses, um das interne sozial und ethnisch bedingte Konfliktpotential sowie etwaige nationale Rivalitäten in einem europäischen Identitätsbewußtsein aufzufangen. Der hierin sich äußernde Stabilitätsbedarf sollte Anlaß genug für eine rasche Entscheidung darüber sein, wie sich in konstitutivem Akt eine alleuropäische Staatenverbindung herbeiführen ließe. – Den Präsidenten Mitterrand erschreckt die Situation einer Mehrklassengesellschaft auf europäisch, wie es das Brüsseler Modell von „konzentrischen Kreisen“ um die privilegierte Gemeinschaft herum vorsieht. Wohl zu Recht erkennt er die daraus drohende Gefahr eines beständigen Aufheizens nationalistischer Triebtäterschaft in den Wandelräumen des Ostens. So erklärt sich sein beharrliches *ceterum censeo*, mit dem er zur Schaffung einer europäischen Konföderation mahnt, in deren flexiblen, den Erfordernissen der Gegenwart angemessenen Rahmen sich die einzelnen EG-Mitglieder und alle übrigen Staaten in Europa auf gleichem Fuß zusammenfinden sollten. So hat er im Interview mit dem Wirtschaftsmagazin „L'Expansion“ ein Mehr an realer Solidarität im „immer mehr Europa“ eingeklagt, das wieder auf seine Geographie und Geschichte verwiesen sei und sich seiner Möglichkeiten politisch bewußt werden müsse. Einer Aufnahme der Russischen Föderation in einen europäischen Staatenbund stünde nach Mitterrands Meinung nichts im Wege, was sich für die EG schwerlich als machbar erweisen dürfte, bedenkt man die Ausdehnung der heutigen RSFSR über das transuralische Sibirien bis zum Fernen Osten und Pazifik (mit 15 autonomen Republiken und fünf autonomen Gebieten, bei einer Gesamtbevölkerung von 150 Millionen!).

Deutsch-französisches „Grand Design"

Um einem zunehmend das politische Kontinentalklima bestimmenden Tief national-restaurativer Strömungen energisch entgegenzuwirken, sollte gerade das nach außen hin politisch erstarkte Deutschland sich im Schulterschluß mit Frankreich für ein *Grand Design* engagieren, das die Zusammenführung der großen europäischen Völkerfamilie vorsieht. – Dem Europarat in Straßburg fällt dabei eine begleitende Schrittmacherfunktion zu, weil er seinen Mitgliedsländern den Nachweis demokratisch bestätigter Regierungen und eine rechtsstaatliche Ordnung nach – Maßgabe von Gewaltenteilung – abverlangt. Mit Hinblick auf die im europäischen Osten besonderen Gegebenheiten für nationale Minderheiten sollte die Parlamentarische Versammlung des Europarats umgehend zum Beschluß gedrängt werden, die Menschenrechtskonvention dahingehend zu ergänzen, daß den nationalen und ethnischen Minoritäten im staatlichen Verband kollektive Rechte garantiert werden müssen. Damit erst würde eine essentielle Voraussetzung auch für allseitige Beteiligung im Rahmen einer europäischen Konföderation erfüllt. Somit ließe sich auch das latent brisante Problem der vielen Millionen *Diaspora-Russen* in der Ukraine, Weißrußland, Moldawien und auf baltischen Territorien unter Kontrolle bringen.

In Langzeitperspektive könnte das Entstehen eines Commonwealth der europäischen Nationen konkrete Basis für jenen „Euroatlantischen Bund freier Nationen" abgeben, mit dem sich Planspieler in Washington beschäftigen. Als stabile Verankerungen böten sich das angloamerikanische Sonderverhältnis, ein deutsch-französischer Integrationskern und Rußlands Ressourcenpotential an, um der nördlichen Halbkugel den sicherheitspolitisch erforderlichen Zusammenhalt zu verleihen.

Zur Schieflage zweier Nationen

(1992)

Schon das auslaufende *Amerikanische Jahrhundert*, an dessen frühere *highlights* unbefangener Lebensfreude und Unternehmungslust man sich gerne erinnern wird, verspricht nicht unbedingt ein gutes Ende; und doch soll sich gleich noch ein weiteres Säkulum im *Yankee-Doodle*-Takt anschließen. Damit jedenfalls begründet der Kandidat George Bush seinen unbeugsamen Willen, dem Volke nochmals vier Jahre als Präsident zu dienen. Als Schuldenerbe von Reagan und Pyrrhussieger im Kalten Krieg hält er sich für prädestiniert, der „unbestrittenen Führungsmacht der Welt" den Vortritt ins nächste Jahrtausend zu sichern.

Sofern es darum geht, gesellschaftliches Auseinanderbrechen und Krachen im Staatsgebälk mit weltgeschichtlichem Pathos, getragen von nationalem Hochgefühl, zu übertönen, stehen die deutschen Juniorpartner ihrem ehrenwerten Paten von Übersee in nichts mehr nach. Die ihnen zugeschobene Vorzugsrolle im Europa der verfließenden Konturen haben sie allemal als naturgegeben verinnerlicht: Man spricht deutsch und sagt, wo es langgehen soll – ganz wie es der „europäischen Macht USA" (so ihr Botschafter Kimmitt in Bonn) gerade gefällt. Dazu gehören, wie selbstverständlich, auch Vermittlungsgespräche in Tokio über eine Rückgabe der sowjetisch vereinnahmten Kurilen. Das vervollständigt nur ein geopolitisches Monumentalgemälde unserer Tage, wonach der originär-russische Rest der pazifischen Inselkette ohnehin zum KSZE-Territorium gehört und Japan – nunmehr deutscher Fürsprache gewiß – demnächst auch in diesem extensiv europäisch ausgelegten Regelsystem vertreten sein soll. Hatte doch Baker gerade erst das japanisch-amerikanische Bündnis als das zur Zeit wichtigste in der Welt bezeichnet, bevor er an der Seite des Kombattanten Genscher die Regie auf der Prager KSZE-Tagung übernahm, so daß die Eingliederung auch der zentralasiatischen SU-Nachfolgestaaten im Schnellverfahren vollzogen werden konnte.

Beim Tanz um die Vulkanlandschaft aus ebenso heterogenen wie total disproportionierten Staatsgebilden, die nach der Implosion des Sowjetimperiums aufgetaucht waren, brillierten von vornherein Amerikaner und Deutsche als Spitzenpaar. Hatten doch gleich nach Scheitern des Putschversuchs Baker und Genscher ihre Erfindung eines NATO-Konsultativrates in Washington vorgestellt, die wohl so etwas wie ein Vorläufer für die visionäre „Euro-atlantische Gemeinschaft von Vancouver bis Wladiwostok“ sein sollte, sich jedoch eher als *Placebo* zum Kupieren akuter Befürchtungen hinsichtlich vagabundierender Atompotentiale erweisen dürfte. Überhaupt ist beim Herumstochern in diesem gewaltigen Machtvakuum die Manege freigegeben für allerhand politische Show-Geschäfte und Hochstapeleien, wovon amerikanische Pleitiers und Wahlstrategen wie auch deutsche Aufsteiger zur Weltverbesserung reichlich Gebrauch machen. Es fallen einem dabei Momentaufnahmen von Genscher, sitzend zur Rechten des US-Präsidenten ein, als im Vertreterkreise von 47 Nationen Winterhilfsspenden für die derbenden GUS-Bürger gesammelt wurden, wobei sich der *Kranke Mann am Potomac* mal gerade zu *peanuts* in Höhe von ganzen 600 Millionen Dollar durchzuringen vermochte. Dafür sah man dann Wochen später Baker und Bush Seit' an Seit' auf der Frankfurter Air-base das Take off amerikanischer „Galaxies“, vollgepackt mit hier liegengebliebener Furage für den Krieg ohne Gegenwehr am Golf, zelebrieren; für Baker ein Stopover auf seiner Reise ins unbekannte Usbekistan.

Auch der für hohe Staatskunst mit 300 000 D-Mark prämierte Einheitskanzler ist mittlerweile zum Globalpolitiker herangereift. Nachdem sein europäisches Falschspiel in und nach Maastricht offenkundig geworden war, ist ihm die Lust an derart regionalen Petitessen etwas vergangen; statt dessen hat er eine Vorliebe für transkontinentale Engagements - vorerst in Asien und Lateinamerika - entdeckt. Solche Symptome eines über sich selbst und den Alten Kontinent Hinauswachsens sieht man in Washington gar nicht ungern. Entfernt sich so doch das im souveränen Selbstbewußtsein auftretende Deutschland - von einer geschwächten Weltmacht USA in globale Mitverantwortung und Disziplin genommen - systematisch von jeglicher realen Alternativlösung, die, auf dem Wege umfassend politischer Integration, zu einem eigenständig handlungsfähigen Kerneuropa führen könnte. Daß diese im bilateralen Verfahren angestellte Rechnung transatlantischen Einvernehmens aufzugehen scheint, hat sich u. a. bei der diesjährigen Wehrkundetagung in München erwiesen, wo ausgerechnet der Vizepräsident Dan Quayle die Europäer eindringlich vor jedem sicherheitspolitischen Alleingang warnte; daraufhin hatte FDP-Graf Lambsdorff in scharfer Tonart der Bundesregierung anempfohlen, doch endlich den Franzosen eine klare Absage zum Vorhaben einer eigenen europäischen Einsatztruppe zu erteilen. Kurz zuvor hatte sich schon Pentagon-Boß Cheney in Bonn besorgt gezeigt, ob denn wirklich sichergestellt sei, daß die Bundeswehrsoldaten bei dem geplanten deutsch-französischen Korps auch weiterhin innerhalb des amerikanisch gelenkten NATO-Verbandes zur Verfügung stehen würden. Ein pfiffiger Kohl konnte den Gast beruhigen: Seine eigentliche Absicht sei es ja gerade, Frankreich über diese gemeinsame Verteidigungsinitiative wieder schrittweise in die militärische Integration hineinzulotsen. Ein launiger Genscher, der in Aachen dem französischen Kultusminister Lang zur Verleihung des „Ordens wider den tierischen Ernst" gratulierte, brachte das Spielchen mit den europäischen Nachbarn auf den letzten Stand, indem er von nun ab gemeinschaftliche Karnevalssitzungen von Bundestag und Nationalversammlung vorschlug.

Die Enteuropäisierung Europas

Man braucht nur im Zeitraffertempo die drei vergangenen Jahre Revue passieren lassen, um die von Washington mit Hilfe des deutschen Jokers vorangetriebene *Enteuropäisierung Europas* nachzuvollziehen. Aus amerikanischer Sicht hatte seit längerem schon das westeuropäische Festland vorrangig die Funktion einer politisch-strategischen Drehscheibe zur nationalen Interessenwahrnehmung auf der nördlichen Halbkugel zu erfüllen; dazu gehört auch, jedenfalls auf NATO-Territorium, die uneingeschränkte Nutzung als Operations- und Nachschubbasis für militärische Aktionen bis nach Südostasien oder Nah-Mittelost.

Der Verlust oder nur eine substantielle Schmälerung dieses weitgefaßten Betätigungsrahmens würde das Weltmachtprestige der USA nachhaltig beschädigen. So mußte man dort Gefahr im Verzuge sehen, daß sich alsbald wichtige Kontinentalstaaten auf eine föderale Bindung zubewegen und somit politischen Entscheidungsfreiraum verschaffen könnten.

Von dieser Analyse dürfte der vom CIA-Chef in höchste staatspolitische Führungsebene aufgestiegene George Bush ausgegangen sein, als er gleich bei Einzug ins Oval Office, Januar 1989, seinen noch geheimgehaltenen Meisterplan für eine neuartige Europapolitik zur Hand hatte. Dieser sah eine spektakuläre Aufwertung privilegierter Beziehungen zur Bundesrepublik vor, die in der EG über das weitaus stärkste Wirtschaftspotential verfügte. Sie sollte fortan in engem Vertrauensverhältnis amerikanische Dominanzansprüche uneingeschränkt mitvertreten. Psychologisch geschickt wählte Bush im Monat Mai Kanzler Kohls politischen Heimatort Mainz aus, um dort den Deutschen eine *Partnerschaft in der Führung* anzutragen; ein elektrisierendes, wenngleich noch vage klingendes Stichwort, das im nachhinein jedoch nahezu visionären Charakter erhalten würde. Der Historiker Robert G. Livingston von der Washingtoner John Hopkins Universität interpretiert die wahren Absichten hinter der seinerzeit überraschend winkenden Offerte in bemerkenswerter Klarheit: „Was Bush von der Bundesrepublik erwartete, war eine Beziehung zwischen beiden Ländern, wie sie seit langem mit Großbritannien bestand ... Diese Beziehung sollte weiterhin Amerikas starke Präsenz in Europa fördern – hauptsächlich über die von den USA beherrschte NATO. Es sollte eine Beziehung werden, die sich dafür einsetzte, daß die Europäische Gemeinschaft ein lockerer Zusammenschluß bleiben würde ... Sie sollte die Führungsrolle Amerikas in bezug auf die großen Themen außerhalb Europas nie in Frage stellen." Im Lichte dieser Vorgaben erklärt sich denn auch das feinabgestimmte Partnerschaftsverhalten angesichts der schon bald danach in Gang kommenden dramatischen Veränderungen auf zentraleuropäischem Boden.

Nachdem ein zu Hause überforderter Gorbatschow das Honecker-Regime zum Abschuß freigegeben hatte, und daraufhin die Mauer fiel, mußten sich die souveräne Rechte in Berlin wahrnehmenden USA schnell entscheiden, welchen Kurs sie bei weiterhin zu erwartenden Entwicklungen in den deutschen Räumen steuern sollten. Einer zwingenden Logik ihrer frisch formulierten Europastrategie folgend, konnte das einzig auf ein zügig improvisiertes staatliches Verschmelzen beider deutschen Teile hinauslaufen. Hier bot sich ein Königsweg an, um die in Washington dem deutschen Partner zugedachte Rolle erst voll zur Wirkung zu bringen: Weit mehr als zuvor schon müßten EG-Nachbarn ein Übergewicht und sich daraus ergebende Führungsansprüche deutscherseits befürchten und sich allein deshalb gegen Projekte eines politisch geeinten Europas sperren. Aus selbem Grunde würden sie sich um so mehr auch bereit zeigen, vor Ort die amerikanische Kontrollinstanz auf längere Sicht präsent bleiben zu lassen. Dementsprechend trat dann auch die US-Diplomatie in Aktion, indem sie die Bundesregierung zu kühnen Schritten in der psychologischen Vorbereitung eines Vereinigungsprozesses ermunterte und zugleich die erforderlichen Weichenstellungen im alliierten Kontext einzuleiten begann. So konnte bereits im Februar 1990, am

Rande der NATO-Außenministertagung in Ottawa, das Verfahren für sogenannte *Zwei-plus-Vier*-Gespräche festgelegt werden, die sich allerdings bis zum Herbst unter Einfluß von Genscher und Baker (auch im Schatten der Kriegsvorbereitungen am Golf) hinschleppen sollten, gerade rechtzeitig vor Abschluß des dubiosen deutschen Einigungsvertrags. Da die deutsche Währungseinheit schon Monate zuvor über die Bühne gegangen war, stimmte es zu diesem Zeitpunkt also mit der offiziellen Zahl der Gesprächsteilnehmer nicht mehr so ganz! Aber hatte doch Kohl auf dem Rückflug vom Kaukasus in Sektlaune getönt: „Ohne George Bush, der ein Glücksfall für uns ist, weil er in Europa auf die Deutschen setzt ... wäre all das nicht möglich gewesen."

Am selben Tag noch verkündete Baker in Paris triumphierend, der deutsche Vereinigungsprozeß werde sich noch beschleunigen, und Quayle echote in der „New York Times" man sollte nur nicht meinen, die USA hätten von der Zuschauertribüne aus den Durchbruch in Sachen NATO-Zuständigkeit für ganz Deutschland miterlebt, vielmehr sei Bush in der deutschen Frage „immer weit vorn" marschiert. Für so viel Eilfertigkeit seitens des amerikanischen Establishments, auf dem Boden vollendeter Tatsachen einen kompletten deutschen Nationalstaat wiederherzustellen, der zum Pfahl im Fleische europäischer Strukturen werden sollte, hieß es von nun ab, die Zeche zu bezahlen. Zwar konnte sich das Einheitsgespann Kohl/Genscher weiterhin mit Beteuerungen nicht genug tun, daß gerade ein größeres Deutschland seine politische Heimat im Schoße eines solidarisch festgefügten Europas suchen werde; aber beider Verhaltensweise machte eher den Eindruck, als würden sie auf europäische Baisse spekulieren. In eklatanter Weise trat das nach Mitte 1990 hervor, als sich die bis dahin stabilitätsbetonte deutsche Jugoslawienpolitik urplötzlich zugunsten slowenischer und kroatischer Sezessionsbewegungen um 180 Grad drehte. Die damit vollzogene Sprengung des Konsensrahmens innerhalb der EPZ war letztlich mit dem Risiko belastet, daß aus dem drohenden Bürgerkrieg ein Staatenkrieg im südslawischen Raum entstehen konnte. Den Gebrauch „brachialer Taktiken", um am Ende ein nur widerwillig gewährtes Einverständnis zu erreichen, hat Deutschlandexperte Livingston mit dem Verhalten verglichen, wie es „die Vereinigten Staaten über 40 Jahre lang häufig in der NATO angewandt hatten".

Übrigens durfte sich Bonn von Anfang an zur einseitigen Parteinahme für die abtrünnigen Staaten durch einen Wink von Washington animiert fühlen. Dieser demonstrative Schritt, gerade rechtzeitig vor dem EG-Gipfel von Maastricht unternommen, konnte nämlich den europäischen Partnern drastisch vor Augen führen, wie es um deutsche Ansprüche auf eine eigene Einflußsphäre in Mittel- und Osteuropa bestellt ist. Hatte sich Kohl schon mit gezinkten Karten auf den Spieltisch in Holland vorbereitet, indem er ein Junktim zwischen Wirtschafts- und Währungsfragen mit entsprechenden Festlegungen auf eine Politische Union postulierte (wohlwissend, daß zumindest die Briten nichts dergleichen akzeptieren würden) – so war nunmehr vollends durch die probate Methode überzogener Maximalforderungen das Spektakel in Gänze ad absurdum geführt und ein in jeder Hinsicht mageres Resultat vorprogrammiert. So konnten sich auch Bush und Baker zufrieden die Hände reiben, als Kanzler Kohl, ihr (nolens volens?) zum Komplizen geratener *Partner in Leadership*, am 7. Februar bei Unterzeichnung des „Vertrages über die Europäische Union" treuherzig zu Protokoll gab: Mit der Weichenstellung von Maastricht sei ein zentrales Ziel der *deutschen* Europapolitik in die Tat umgesetzt worden. Tatsächlich hatte der Eurogipfel zutage gefördert, wie alt und gebrochen die EG aussieht. Ein, detailliert im Wenn und Aber, zustande gebrachtes Vertragsmonster dokumentiert lediglich, daß die mit dem irreführenden Unionsetikett versehene Zwölfergruppe, gemäß divergenter Interessenlagen und politisch unvereinbarer Geisteshaltung, ein absolut unbrauchbares Vehikel zur Darstellung europäischer Identität ist. Um aufzuzeigen, woher der Wind bläst, hat Genscher rasch die Quintessenz aus diesem Erkenntnisstand gezogen: Mit gutem Grund könne man sagen, daß das vereinigte Deutschland zusammen mit Amerika in transatlantischer Verantwortung ist ... „Für das europäische Deutschland sind dabei die Vereinigten Staaten von Amerika auch in Zukunft der unverzichtbare Partner."

Was immer vom Binnenmarkt '93, der seitens USA unter verstärkten Verhandlungsdruck im GATT-Prozeß geraten ist, überhaupt noch zu erwarten wäre – die Luft zu aktivem Einwirken auf das weltwirtschaftspolitische Geschehen ist weitgehend raus. Schon bei Abfassung des gestaffelten Siebenjahresplanes für die Einführung einer einheitlichen (ECU-)Währung konnte Kohl hochrechnen, daß, mit an Sicherheit grenzender Wahrscheinlichkeit, Deutschland die festgeschriebenen Aufnahmekriterien nicht erfüllen würde. Auch ohne englische Teilnahme dürfte sich eine im Unionsrahmen abgestimmte Sozialpolitik als reine Augenwischerei erweisen, rechnet man doch schon mit einer Spanne von zwei Jahrzehnten, um allein das gesellschaftlich geteilte Deutschland auf einheitliches Niveau zu bringen. – Aber auch ihr momentan noch recht ansehnliches Profil im weltwirtschaftlichen Kontext würde die EG/EU einbüßen, folgt man Genschers in Geberlaune breitgestreuten Versprechungen, wonach sich die Zahl ihrer Teilhaber und Kostgänger bald noch verdreifachen könnte. Aus Brüssel kommen erste Notrufsignale, die vor einer expansiven Plattwalzung des Gemeinschaftsunternehmens warnen und sogar die Möglichkeit einer Demarkationslinie an den geographischen Grenzen Europas zum asiatischen Raum anklingen lassen.

Selbst dem Weltstrategen Henry Kissinger geht Bakers und Genschers Patentrezept einer *Europäisch-Atlantischen Gemeinschaft von Wladiwostok bis Vancouver* als „nebulöse Institution undefinierbaren Zweckes" auf den Geist: Dieses Schlagwort werde am Ende vor allem stark nationalistische Tendenzen schüren – was gerade seine Attraktivität für einige seiner europäischen Verbreiter ausmache.

Blickt man auf ein im eigenen Haushalt angerichtetes Chaos, das gerade bei jenen Staaten vorherrscht, deren Regierende heute ein weltordnungspolitisches Sorgerecht für sich reklamieren, so eröffnen sich weltweit düstere Perspektiven: Die Staatskassen beider Führungspartner sind mit Schuldscheinen vollgepfropft; Amerikas Wirtschaft befindet sich im freien Fall, die deutsche schliddert in eine Rezession mit inflatorischem Rückenwind; beiderseits ist ein sozialer *Crash*-Kurs angesagt.

Fragen nach einschneidend alternativen Handlungsmustern, innenpolitisch und auf auswärtigen Feldern, sind hier wie dort bis dato noch unbeantwortet geblieben. Man hole Deutschland schleunigst zurück auf den Boden europäischer Tatsachen und lasse Amerikaner Gutes tun auf ihrem Doppelkontinent – denn sofern sich im kommenden Jahrhundert der Megaregionen überhaupt ein globales Gestaltungszentrum herausbilden sollte, käme dafür am ehesten wohl der fernöstlich-südostasiatische Raum in Frage.

Deutsch-atlantische Kumpanei

(1992)

„Wenn ich zwei Supermächte nicht mochte, so ist mir eine einzige noch viel weniger geheuer."

Perez de Cuellar

„Da den USA, dem ‚Weltpolizisten', heute niemand mehr dreinreden kann, müssen wir uns doch nicht wie sie verhalten. Sie sind stolz auf ihre Moral, aber es darf die unsere nicht sein."

Rudolf Augstein

Zwei notorische *deficit spender* der westlichen Prägung, die um gesichtswahrende Frontenbegradigung besorgten Vereinigten Staaten von Amerika und das an seinem Ostrand vor Anker gegangene neudeutsche „Bundesreich" (heißt man so doch im Schlesischen heutzutage das Heilig Vaterland), klammern sich wie der Blinde und der Lahme aneinander, um nicht jeglicher Orientierung zu ihrer Außenwelt verlustig zu gehen. Die post-reaganistischen „konservativen Revolutionäre" entdecken zunehmend ihre kleine Liebe zum Alten Kontinent - in Gestalt ihres Wunschpartners in Leadership - wieder, den sie großzügig mit Vollmachten eines Prokonsuls auszustatten sich anschicken. Eine vom Faszinosum nationalstaatlicher Größe erfaßte politische Klasse der Deutschen, auf Big-Budget-Basis zum Absprung in die alte Reichshauptstadt bereitstehend, hat ihre Rolle als Ordnungshüter für den osteuropäischen Bereich schnell verinnerlicht, auch wenn dies de facto auf die Abkehr vom bislang als prioritär geltenden Vorhaben einer eigenständig föderalen Europapolitik, mit Schwerpunkt im Westen, hinauslaufen sollte. Nicht anders läßt sich die von Willy Brandt beschworene „nationale Weichenstellung" verstehen, die Kanzler Kohl vor dem Bundestag noch konkretisiert hat, indem er auf die geopolitisch nach Osten umgewichtete deutsche Lage - als ein Leitmotiv für seine Berlin-Entscheidung - abhob.

Unter gebotener Diskretion haben inzwischen Washington und Bonn ein sogenanntes Liaison-Konzept für den europäischen Osten entwickelt, worin ein arbeitsteilig abgestimmtes Verhalten, vor allem auch im Dialog mit der UdSSR festgelegt worden ist.

Als gelungener Probelauf im Sinne des neugewonnenen amerikanisch-deutschen Akkords mag das Freundschaftstreffen von Kohl und Gorbatschow in Kiew gegolten haben; dort durfte der Kanzler sich als Tutor für Umgangsformen in erlauchter Vertreterrunde aus den kapitalistischen Zweidrittelgesellschaften (G 7 in London) betätigen und dazu noch ein Schülerpult beim IWF in Aussicht stellen.

Perspektivisch entscheidend jedoch für das bilaterale Funktionieren der von Baker und Genscher entworfenen Achse dürfte ein schon festgeschmiedetes Timing der NATO- und EG-Gipfel zum Jahresende sein. Danach werden die in der traditionellen Bündnisorganisation zusammengefaßten Staaten vorweg im November auf römischem Parkett mit einem taillierten Reformkonzept vollendete Tatsachen zur fortgesetzt militärpolitischen Führung der USA auf dem Kontinent schaffen, so daß die im Dezember folgende Tagung des Europäischen Rates in Maastricht das für eine gemeinsame Außen- und Sicherheitspolitik essentielle Thema einer originär „europäischen Verteidigungsidentität“ getrost von ihrer Agenda streichen könnte.

Nach diesem Verfahrensmodus wird nämlich ein von den Verteidigungsministern der USA und Deutschlands vorprogrammiertes Ergebnis realisiert. Cheney: Das atlantische Bündnis müsse letztes Entscheidungsgremium in Sicherheitsfragen bleiben. Stoltenberg: Eine politische Union der EG-Mitglieder solle nicht konkurrierend zur Allianz organisiert werden, die schließlich auch an „Militärmissionen“ über die Grenzen des Vertragsgebietes hinaus bereitzustehen habe. Demnach stünde also die Bundeswehr für eine Teilnahme an zukünftigen amerikanischen Heldentaten im Stil der Grenada-, Panama- und Irak-Unternehmen zur freien Verfügung (unter welchem Mäntelchen auch immer)! Bei seiner Kurzvisite im Weißen Haus versprach „Stolti“ denn auch eine noch engere Kooperation, erbat – in Anbetracht eines sowjetischen „Bedrohungspotentials“ auf ehemaligem DDR-Gebiet – zugleich eine Verzögerung der vorgesehenen US-Truppenreduzierung und meldete gehorsamst, daß eine Friedendividende bei den deutschen Militärausgaben für 1992 (52,5 Mrd.) nicht zu befürchten sei.

Als Auslaufmodell auf der Hardthöhe übernimmt er somit die erfolgreiche Taktik seines Vor-Vorgängers Wörner, der sich rechtzeitig als verdienter Gefolgsmann der Amerikaner zu profilieren verstand, die ihn dann prompt auf den einträglichen Traumposten des NATO-Generalsekretärs gehievt hatten. Der quasi US-Ehrenbürger Wörner pflegt heute bereits zu sagen, was Bush denkt: „Selbst die USA können es nicht mehr allein schaffen, morgen noch weniger als heute.“ Immerhin dürften vielleicht einmal europäische Verbände einschreiten, „wo die atlantische Allianz nicht handeln kann oder nicht handeln will". So sei auch im amerikanischen Kongreß das Mißtrauen zu „großen Teilen schon weg", die Europäer könnten ihrem Selbständigkeitsstreben allzu freien Lauf lassen. In der Tat ist jedwedem vom westlichen Europa ausgehenden Emanzentrieb die Spitze abgebrochen, seit von deutscher Seite schon mal in Brüssel die künftige NATO-Truppenstruktur, mit dem „now look"-Etikett versehen, bestätigt worden ist, was einer unmißverständlichen Absage insbesondere an die von Franzosen (auch in Italien, Spanien und Belgien übrigens) gehegten Hoffnungen auf eine Streitmacht unter kontinentaler Regie gleichkam. So konnte es der Bush-Interpret Wörner sich locker leisten, den enttäuschten Euromanen ein Zukkerle in Aussicht zu stellen: Europäische Streitkräfte, die zu einer Schnellen Eingreiftruppe der NATO (vorgesehen sind 70 000 Soldaten) gehören würden, dürften – nach Konsultation und Zustimmung in der atlantischen Organisation, versteht sich – in besonderen Fällen sogar ohne Mitwirkung von GI's in Aktion treten.

Die amerikanische Anwesenheit sei nun einmal die besten Versicherung gegen Rivalitäten, wie sie dem Nationalstaatensystem eigen wäre, bemerkte dazu der Pentagon-Vize Lawrence Eagleburger. Zwar erwartet er noch lebhafte Diskussionen über Fragen „wer zahlt und wieviel?" sowie „wer entscheidet was?"; aber der allerorts bestens bekannte Kämpe aus den Kalten Kriegsjahren unter Reagan und Weinberger läßt nicht den geringsten Zweifel daran aufkommen, daß im Prinzip die Europäer zahlen und die Amerikaner anschaffen werden. Das gilt selbstredend auch für Wirtschaftshilfen an die Sowjetunion, die vor allem in DM und Yen zu fließen hätten. – Es widerspräche absolut der Wesensart amerikanischer Politik, ihre militärische Vormachtstellung den europäischen Verwandten aufzunötigen, so insistierte neulich „Newsweek" unter der Überschrift „Voice of Amerika"; allerdings habe Washington sich davon überzeugen lassen müssen, daß jenseits des Atlantik amerikanische Leitfunktion weiterhin dringend vonnöten sei; „weil eben ohne uns Europa führungslos dastünde" – so ein hochgestellter Beamter im Außenamt.

Weiter im Text erfolgt noch der Hinweis, daß Außenminister Baker in seiner Juni-Rede von Potsdam sogar noch die Europaformel von Charles de Gaulle „vom Atlantik bis zum Ural" übertroffen habe, als er sich für die Perspektive einer „Euro-Atlantischen Gemeinschaft von Vancouver bis Wladiwostok" aussprach. (Überhaupt sondert der Chef des State Department erstaunliche Programmansagen ab, die auf einen gewissen Realitätsverlust in seinem Ressort schließen könnten: Beispielsweise vor einem Jahr, als er sich in Riad dezidiert für „eine Art NATO“ in Nah-Mittelost einsetzte oder kürzlich in Tirana mit der Verkündung „Wir wünschen, daß Albanien wie Amerika sein wird.“)

Insgesamt kann man sich des Eindrucks kaum erwehren, daß im Gefolge innenpolitischen Desasters nunmehr auch noch die Außenpolitik der USA in einen Zustand heilloser Konfusion und Perspektivlosigkeit geraten ist. Nur wie ein Randsymptom pauschalen Verunsichertseins macht sich dabei das irritierende Stop-and-go-Verhalten der Administration vor der Unterzeichnung einer Ergänzung zum Schutzvertrag für die Antarktis aus. Konzeptionslos mutet das Beharren des Reisemissionars Baker an, auf Biegen und Brechen eine Nahost-Friedenskonferenz zustande zu bringen, die ohnehin nur eine Verschlimmerung der regionalen Verhältnisse bedeuten könnte. Ganz zu schweigen von dem Alibi-Besuch des Ehepaars Bush auf Zypern, der Willen zu „neuer Ordnung“ mit UNO-Staffage demonstrieren sollte. Das mit Özal vereinbarte „neue strategische Verhältnis“ unterläuft die Vertragsgrundlage der atlantischen Allianz.

Stark neurotische Züge traten mit der eskalierenden Androhung von Bomben-Nachschlägen gegen den Irak hervor, wo der Pentagondienst DIA - vom Mossad versorgt - bereits im Vorfeld der Golfoffensive zahlreiche Gaszentrifugen zur Urananreicherung aufgespürt haben wollte, die damals unmittelbar, als Tatarenmeldung aufgemacht, in die amerikanischen Schlagzeilen geraten waren. Obgleich Eagleburger, Chefverkäufer dieser News, schon tags darauf dementierte, reichte die desinformativ angeheizte Volksmeinung immerhin aus, um im Senat eine knappe Mehrheit für den Krieg zu gewinnen. Die im neuesten Jahresbericht von Amnesty International registrierte Erkenntnis, wonach Sicherheitskräfte der regionalen Atomwaffen-Monopolmacht Israel ihre palästinensischen Gefangenen in Säcke gesteckt haben, um ihnen dann die Hoden zu zerquetschen, erschien den großen Medien bestenfalls eine versteckte Zeile wert.

Angesichts eines gerade vollzogenen Abzugs der Sowjettruppen aus der CSFR und Ungarn sowie der - jetzt auch politischen - Auflösung der Warschauer Vertragsgemeinschaft sah sich Außenminister Baker auf dem Berliner KSZE-Podium veranlaßt, ein Schreckensszenarium von neu aufgekommenen Gefahren für Europas Sicherheit von Osten her zu entwerfen: vom Anbranden gewaltiger Flüchtlingsströme und Wanderungswellen bis hin zu unkontrollierbaren Umweltkatastrophen war dabei die Rede. Daß er mit derartigen Argumenten für unbegrenzten Zeitraum amerikanische Steuerungsrechte reklamierte, war evident. Aber verbarg sich nicht als eigentliches Motiv dahinter ein weiterer Fluchtversuch vor der Wucht unbewältigter Problemlawinen im eigenen Land? – Ist es denn in Wahrheit nicht so, daß für George Bush, der seine politischen Handicaps aus dem Golf-Abenteuer schwer verkraftet, eine Vorzeige-Gefolgschaft getreuer Europäer nur von Nutzen sein kann, wenn er sich einer zweiten Präsidentperiode nach 1992 wirklich sicher sein will?

Denn mit Auslaufen des amerikanischen Traum-Jahrhunderts könnte die in resignativer Wahlmüdigkeit dahindämmernde Nation schließlich doch von der Ahnung beschlichen werden, daß eine alleinstehende Weltmacht sich eines Tages zu Tode gesiegt haben würde. Neben solchen Bedenklichkeiten, die vor allem republikanischer Machterhaltung in Washington gelten, sprechen allerdings auch parteiunabhängig vitale Interessen in den Führungsriegen von Wirtschaft und Politik in den USA dafür, die Festlandseuropäer möglichst an der Kandare zu halten, sie zumindest aber an allzu eigenwilligem Auftreten im Welttheater zu hindern. Auf dem Spiel stehen immerhin so handfeste Errungenschaften wie die Monopolstellung des US-Dollars als Leitwährung, die Schlüsselposition der amerikanischen Waffentechnologie und – last not least – die Absicherung des angloamerikanischen „Familienbetriebes“, dessen Fortbestand durch kontinentale Einbruchsversuche in das Souveränitätsgebäude des Vereinigten Königreichs gefährdet wäre.

Wie bestellt für den Nachweis europäischen Unvermögens, gemeinschaftlich getragene Beschlüsse in eine Serie wirkungsvoller Maßnahmen umzusetzen, kamen die bürgerkriegsartigen Exzesse im südslawischen Nationalitätenstaat. Das amerikanisch postulierte und im Kurdengebiet des Irak vorexerzierte „Recht auf Einmischung“, als genereller Leitsatz zwar äußerst dubios – aber als allerletzte Kollektivmaßnahme gegen Völkermord wohl doch vertretbar, läßt sich effektiv eben nur vor einer militärischen Drohkulisse durchsetzen. Die sicherheits- und verteidigungspolitisch handlungsunfähige, daher entsprechend autoritätsschwache Europäische Gemeinschaft stand also relativ hilflos einem sich in engster Nachbarschaft entwikkelnden Sezessionsgeschehen gegenüber, in dessen Hintergrund eine Pokerrunde mit jeder Menge Bluff um das Europa zwischen Heute und Morgen ausgetragen wurde.

Das amerikanisch-neudeutsche Gespann wurde dabei einem ersten Härtetest ausgesetzt: Baker hatte anläßlich seiner Blitzvisite in

Belgrad noch eindrücklich vor einer „Desintegration“ Jugoslawiens gewarnt und auf das „Sarajewo-Trauma“ hingewiesen, schon weil er aus regionalen Stabilitätsgründen prinzipiell wenig von extensiver Auslegung des Selbstbestimmungsrechtes hielt, wie es auch dem Verhalten der USA im Falle der Saddam'schen Republik entsprochen hatte. Die Bonner Außenpolitik, damals noch in vollem Einvernehmen mit den übrigen EG-Ländern, trug diese rational bestimmte Haltung mit, um flugs, einem Wink aus Washington folgend, die Kehrtwendung von 180 Grad zu vollziehen, also nun – Arm in Arm mit Wien und Vilnius – für die totale Auflösung der „Föderativen Republik“ zu plädieren, an deren Stelle ein balkanischer Flickenteppich aus souveränen Kleinstaaten treten würde. Während Mitterrand solche Entwicklung als „ein schlechtes Beispiel für Europa“ bezeichnete, im gleichen Atemzug „Le Monde“ von einer Rolle des vereinten Deutschlands als „Schutzmacht der Slowenen und Kroaten“ sprach und registrierte, daß „die Presse jenseits des Rheins regelmäßig beifällig das Ende der staatlichen Einheit Jugoslawiens verkündete und einen Zerfallsprozeß beschrieb, der ihren tiefen Wünschen entgegenkam ...“, überbot man sich deutscherseits weiter in Solidaritätsadressen an die im nationalistischen Rausch schwelgenden 1,8 Millionen Slowenen.

Aus für Nationalitätenstaat und Staatenbund in Europa, der Nationalstaat feiert reaktionäre Urständ! Präzedenzfall für eine westlich gestützte Politik auch bei entsprechenden Entwicklungen in der Sowjetunion? Den transatlantischen Europastrategen in Washington und London kam der durch gegensätzliche Haltung in der südslawischen Krise noch vertiefte Graben zwischen Frankreich und Deutschland („Liberation“) nur zupaß. Auch konnte ihnen ein möglicherweise verstärkter Andrang von Kostgängern vor den Türen Brüssels (und Bonns) insofern ganz recht sein, als sich noch stets die Regel bewährt hat, daß je größer die Zahl von Partizipierenden an der Gemeinschaft ist, desto geringer deren spezifisch politisches Gewicht ausfallen muß.

Hierbei kommen besonders die „älteren“ Reformstaaten des östlichen Europa ins Bild, wo „von Warschau über Prag und Budapest und von Riga bis Tirana ... Amerika als das Land erscheint, das den Osten vor den Phantomen der Vergangenheit schützen muß“ („Le Monde“). Noch klammheimlich bewegt dortige Gemüter zusätzlich ein höchst gegenwärtiges „Phantom“: das für seine Eigendynamik, gepaart mit Überheblichkeit, wohlbekannte deutsche Potential. Wenn man bestimmte Äußerungen der Präsidenten Havel und Walesa („Wir haben gegen die NATO nur einzuwenden, daß wir nicht Mitglied sind." - „Wir sind Waisenkinder des Kalten Krieges.") durchleuchtet, so taucht darin schon ein Hinweis auf wachsendes Bedürfnis nach amerikanischer Vor-Ort-Überwachung auf.

Die treudeutsch-atlantisch orientierte „FAZ" jubelte Ende Juni bereits, in Fragen gemeinsamer Sicherheitspolitik, Verteidigung und Währungsunion herrsche inzwischen mehr Übereinstimmung zwischen Bonn und London als mit Paris.

Die Assoziierung Deutschlands an die politisch europaferne US-britische *special relationship* erscheint somit als ausgemachte Sache. Eine rhetorische Frage von Schäuble wäre damit klar beantwortet: Das vereinte Deutschland -etwas qualitativ Neues! ...

Finis Europae?

Deutschland braucht Frankreich

(1992)

Britische Europhobie

Gerade ein Jahr verschämt überspielter Trauerarbeit um die vergebliche Liebesmüh, ein politisch uniertes Europa im traulichen Dutzend anzusteuern, ist verflossen; und wieder in der Vorweihnacht tragen die hohen Ratsherren den zum *Vertragswerk* erhobenen Maastrichter Katalog leerer Versprechungen, diesmal im schottischen Edinburgh, wie eine Monstranz vor sich her. Dabei wissen die pharisäerhaften Gesundbeter nur zu gut, daß sie diesen lebenden Leichnam auf Büttenpapier erst allseitig ratifiziert erhalten, sobald er de facto als Makulatur zur Mumifizierung freigegeben worden ist.

Hätte es zu solcher Einsicht noch eines Zeichens an der Wand bedurft, dann erbrachte dies eine Telefonaktion des lokalen Fernsehsenders von Birmingham anläßlich des dort im Oktober veranstalteten EG-Krisengipfels: Achtzig Prozent der Anrufer äußerten sich ablehnend zu den in Maastricht aufgelisteten Unionsvorhaben, nachdem dieser mittelenglischen Millionenstadt im Laufe der letzten Jahre doch immerhin ein Batzen von weit über einer halben Milliarde Mark aus dem Brüsseler Gemeinschaftsfond zwecks Generalüberholung überalteter Wirtschafts- und Wohnstrukturen zugeschanzt worden war. Die Abfuhr mag durchaus im Sinne des Erfinders John Major, von britischen Medien zum „Mr. Nasty" (Herr Garstig) ernannt, gelegen haben, der für das hochnotpeinliche, Bürgernähe suggerierende Palaver der Regierungschefs eigens diesen Platz auserwählte. Hatte der doppelzüngige Prime Minister doch niemals verhehlt, daß seine Vorstellungen von „Britanniens Platz im Herzen Europas" lediglich auf *Kooperation* (im Falle gleichgerichteter Interessen), keineswegs jedoch etwa in Richtung auf *Integration* hinausliefen. Zumindest die traditionell als angelsächsischer Hebel funktionierenden Dänen dürften dem Vereinigten Königreich bei der Wahrung dieser Doktrin zur Seite stehen. Dennoch verschließt sich die Argumentationsvolte des Ministerpräsidenten Schlüter weitgehend jeder Ratio, wenn er Abstinenz zu EG-Politiken mit einer Warnung vor europäischer „Renationalisierung" verbindet.

Die zur *Europhobie* geratene britisch konservative Linie, wohl nur noch aus unterbewußten Reflexen der Insularität und imperialen Vergangenheit erklärbar, vom „Economist" aber als Ausdruck von

„grobschlächtigen Nationalismus" bezeichnet, schlängelt sich zwischen Baum und Borke. Einerseits redet man sich ein, so etwas wie eine Spätvariante von *Balance of Power* im kontinentalen Bereich betreiben zu können, beharrt dabei auf strikter Ausübung seiner klassischen Souveränitätsrechte als unverzichtbarem Gut, und macht doch auf diese Weise dem sich eben wieder souverän entfaltenden Deutschland, das bereits durch Zuwachs an Bevölkerungs-, territorialem und politischem Potential zur unbestrittenen Nummer Eins in Europa aufgestiegen ist, eine Nachahmung der eigenen Nationalstaatlichen Philosophie besonders schmackhaft. Unterfüttert wird solche Tendenz noch mit geradezu panischen Anstrengungen, den deutschen EG-Partner von jeglicher politisch bindenden Verflechtung mit dazu bereiten Nachbarn abzuhalten. Das Reiz- und Stichwort zu diesem Zweck manifestiert sich in lauthalser vor einem Europa der zwei oder mehreren Geschwindigkeiten, einem britischerseits allerdings mit Vorliebe befolgten Rezept, wie sich soeben beim Eintritt in den Binnenmarkt (Aufrechterhaltung der Grenzkontrollen) zeigt und erst recht durch die einseitigen Ausstiegsklauseln in Sachen WWU und Sozialpolitiken nach dem Maastrichter Modell unterstrichen wird.

Im von Schatzkanzler Lamont in Szene gesetzten „Ersten Geldkrieg Europas" trat deutlich ein unterschwellig glimmendes Mißbehagen über den deutschen Vereinigungsprozeß zutage, auf dessen Konto er letzten Endes den krassen Fall des Pfundes zu schieben trachtete. Was den unmittelbaren Absturz einzelner Währungen in Europa betraf, war jedoch dieser zwar verkürzte Kausalschluß so ganz abwegig nicht, wenn auch das damit verbundene Storno britischer Teilhabe am EWS als Warnsignal vor hohen Erwartungen hinsichtlich einer europäischen Zentralbank nicht eben ungelegen erschien.

Alle Zwölf im Boot

Die inzwischen von Major zum „Krieg der Worte" heruntergespielten Attacken gegen die Hochzinspolitik der Bundesbank, in Politikeräußerungen und Medien nicht gerade die feinste englische Art widerspiegelnd, waren schließlich primär als Ablenkungsmanöver vom Versagen im eigenen Haus konzipiert; hatte doch die Bank of England beim reichlich verspäteten Beitritt zum EWS einen hypertrophen Wechselkurs von DM 2,95 für das Pfund Sterling zur Bedingung gemacht, eine gewaltige Überbewertung, die noch immer nicht realer Kaufkraft entspricht, aber vor zwei Jahren schon die Außenhandelsbilanz drastisch absacken und die Arbeitslosigkeit weiter ansteigen ließ. Die verzweifelten Frankfurter Notenbänker in ihrer Not, einen schleichenden Preisauftrieb abzubremsen, der schon zu Beginn der DM-Infusion mit der Währungsreform im deutschen Osten eingesetzt hatte (akute Verknappung des Warenangebots) und sich mit überzogenem Geldschöpfen zur Abdeckung wachsender Staatsschulden fortsetzte, konnten über die drastische Zinsanhebung immerhin zwei Fliegen mit einer Klappe schlagen: Nicht zuletzt aus Niedrigzinsländern Westeuropas ergoß sich eine wahre Flut von Anlagegeldern auf den deutschen Kapitalmarkt, was zu den galligen Kommentaren führte, nunmehr hätten die übrigen Europäer die deutsche Vereinigung zu bezahlen.

Interessierte Kreise im englischen Politik- und Industrieestablishment engagieren sich für eine Fortführung des obsoleten Gemeinschaftsprojekts *Jäger 90*, als ginge es um die Vorbereitung einer Neuauflage der „Battle of Britain" - und reagierten mit breitseitiger Deutschenbeschimpfung auf Rühes „rüden" Hinweis, daß doch beiderseits aktuelle Probleme im Bereich der Zivilwirtschaft Vorrang genießen sollten. Solcherart mediengestützter Ausfälle rufen ungute Erinnerungen an Golfkriegszeiten wach, als Bonn sich veranlaßt sah, den Kampfeinsatz der Tommies für ein „Freies Kuwait" in Milliardenhöhe zu kompensieren, um endlich die öffentlichen Vorhaltungen „feiger" Verhaltensweise verstummen zu lassen. Das britische Verhältnis zu den Deutschen ist eben in etwa vergleichbar mit der Einstellung des anderen Weltkriegssiegers USA zu den Japanern. Fragt man sich jedoch, was eigentlich eine deutsche Lobby im Sinne hat, die gerade in den letzten Monaten vehement für englisches Europa-Design die Trommel rührt. Ex-Außen Genscher postulierte in Gazetten: Europa dürfe und könne auf England nicht verzichten; „Wir wollen alle Zwölf im Boot haben, der Gedanke an zwei Geschwindigkeiten wäre töricht".

Überhaupt rumort es alternativ europäisch in allerlei deutschnational eingefärbten Köpfen. So kann es ja kaum reiner Zufall sein, daß in der einschlägigen CDU ein *blueprint* erarbeitet wird, wonach im neuen Grundsatzprogramm der Partei vom Ziel des europäischen Bundesstaates Abschied genommen werden soll, um „etwas völlig Neues, weder Bundesstaat noch Staatenbund" anzustreben; gleichzeitig wird in der CDU-Grundwertekommission erwogen, „die Nation“ als Grundwert in das Programm aufzunehmen.

Nationale Untertöne

Mag sich hinter dem Nationalismus der englischen Konservativen auch tiefe Angst vor der Wirtschaftskrise verbergen, wie „Die Zeit“ vermutet, so mag Ähnliches in symptomatischer Parallelität beim deutschen Pendant mitspielen. Beiderseits jedoch nähren sich nationale Ressentiments aus einem unterschiedlich verästelten Wurzelwerk mentaler wie historischer Genese. Während Britannien in Europa eher draußen vor gelegen ist, nimmt das ausgewachsene Deutschland heutzutage eine geo- und machtpolitisch zentrale Position auf dem Kontinent ein, die bei einer U-Kehre, in Gegenrichtung auf nationalbetonte *Normalität* von gestern hin, hochbrisante Irritationen heraufbeschwört. Daß hier Gefahr im Verzuge ist, konstatiert besagte Wochenzeitung höchst eindringlich mit einer Zustands- und Trendanalyse zur Geisteshaltung im Öffentlichkeitsspektrum der Bundesrepublik: Unter dem Titel „Die Radikalität kommt aus der Mitte“ wird darauf hingewiesen, daß ein ausgeprägt deutscher oder nationaler Unterton neuerdings in der Debatte über Europa mitschwinge; die Republik rücke nicht einmal *gezielt* nach rechts, sie ließe sich einfach treiben. Eine noch verbliebene liberale Öffentlichkeit schaffe sich selber ab; „und (fast) alle Parteien können sagen, sie seien dabei gewesen.“ Die Panik der Politiker und ihre Angst vor der Angst der Bürger finde unter intellektueller Begleitmusik statt, und diese Melodie handele zuerst und vor allem von Deutschland und von der Nation. Wenn Kohl jetzt von drohendem Notstand spricht, und Kinkel auf gesteigertes Unbehagen im Ausland über die Rechtsdrehung des deutschen Stimmungsbarometers hinweisen muß, ist das wohl alarmierend genug!

In Anbetracht der Summe düsterer Auspizien im Rückspiegel der eigenen Geschichte dürfte es kaum von Bedeutung sein, ob nun der Bundestag den floppigen Symbolvertrag von Maastricht noch ein paar Tage vor dem Edinburgher Dezembergipfel oder erst nach Jahreswende ratifiziert. Statt dessen sollten Parlamentarier und Parteien sich schleunigst der gewiß nicht einfach lösbaren Aufgabe zuwenden, einen deutschen Beitrag für die unausweichlich anstehende Generalüberholung des europäischen Gemeinschaftsapparates zu leisten. Gilt es doch, die Courage für eine Weichenstellung aufzubringen, und das deutsche Volk dauerhaft vor erneuter *Selbstisolation* zu schützen, und zwar durch einen festgefügten nachbarlichen Verbund, der zugleich einer großeuropäischen EG starken Halt und Perspektive zu geben vermag. Als ermutigend für ein frisches Vorangehen sollten auch Medienstimmen gewertet werden, die gerade aus den beiden Sitzenbleiberländern des Europäischen Währungssystems laut geworden sind. So postulierte bereits Ende September die Londoner „Financial Times“: „Die Initiative für eine andere Geometrie kann nur gemeinsam von Frankreich und Deutschland ausgehen ... Ihre politischen Beziehungen miteinander werden die künftige Dynamik der Europäischen Gemeinschaft bestimmen. Wenn sie überzeugt sind, daß sie gemeinsam mit den Beneluxstaaten in höherem Tempo die Währungsunion erreichen können, sollen sie anfangen. Europa kann es sich jetzt am allerwenigsten leisten, für längere Zeit in Unsicherheit dahinzutreiben.“ Die italienische „La Stampa“ blies in das gleiche Horn: „Warum soll man da nicht akzeptieren, daß Deutschland, Frankreich und die Beneluxländer unter sich einen harten übernationalen Kern bilden ... Wir Nachzügler hätten damit eine Atempause. Dasselbe gilt für die Länder Osteuropas, die Isolierung und Elend hinter sich lassen wollen“.

Gewiß wäre es, auch aus Gründen interner Ausgewogenheit mit der deutschen Bevölkerungsmenge, nur wünschenswert, wenn sich die fünf benannten Länder, die bereits im Vorgriff auf den Binnenmarkt das *Schengener Abkommen* initiiert hatten, zu einer politisch kohärenten Unionsbildung entschließen könnten. Allerdings wäre seitens der angelsächsisch orientierten Niederländer vorerst kaum zu erwarten, daß sie sich zu gemeinsamen Außen- und Verteidigungspolitiken durchringen. Soll jedoch ein in essentiellen Bereichen supranationales Politikkonzept unter deutscher Beteiligung voll auf das übrige Europa durchschlagen, so muß hier und jetzt ganze Sache gemacht werden. Denn nicht zuletzt waren es gerade auch die kompromißüberladenen Halbheiten und das perspektivisch Unwägbare, was am Zwölfermodell *a priori* zweifeln ließ.

Deutsch-Französischer Zweibund

Aus dieser Erkenntnis ergibt sich mit zwingender Logik, daß erst einmal nur ein deutsch-französischer Zweibund realisiert werden kann. Die objektiven Kriterien dafür sind infrastrukturell, geopolitisch und sogar psychologisch weitestgehend erfüllt: Es ergäbe sich eine europäische Kernunion mit einer Bevölkerung von nahezu 140 Millionen, die beidseitig pro Kopf eine jährliche Wirtschaftsleistung in Höhe von rund 37 000 Deutschmark erbringen (lediglich Luxemburg hat da mit 42 000 DM in Europa mehr zu bieten!). Unumstößliche Tatsache ist außerdem, daß für Paris das Zusammenwirken mit Deutschland zur unerschütterlichen Konstante seiner Politik geworden ist - egal ob dort Rechte oder Linke die Regierung stellten. Schon *Charles de Gaulle* hat niemals ein Geheimnis daraus gemacht, daß er als einzigen Partner von Gewicht die Deutschen für die Schaffung eines echten Stabilitätsfaktors auf dem Kontinent betrachtete; *Giscard D'Estaing* nahm später diesen Faden wieder auf, und *François Mitterrand* hat sich seit Jahr und Tag bemüht, die zwei nationalen Währungen zu verschmelzen und beider Militärpotentiale miteinander zu verzahnen. Auf welcher Staatenbasis auch immer einheitliches Geld eingeführt würde, liegt es doch in der Natur der Sache, daß ein derart einschneidender Prozeß nur im Zuge weitreichender Harmonisierung der Finanz-, Wirtschafts- und Sozialpolitiken gelingen kann. Die internen deutschen und französischen Verhältnisse auch auf diesen Politikfeldern, die Kernbereiche bisheriger nationaler Souveränität umfassen, gestalten sich für eine Konvergenz durchaus günstiger, als das unter jeder anderen Konstellation der Fall wäre. Auch dieser Aspekt spricht generell für ein europäisches Gesamtmodell „variabler Geometrie", wie es Madame Guigou vorgestellt hat: Die französische Europaministerin versteht darunter ein Europa, das sich „mit unterschiedlichen Rhythmen und Fristen" flexibel fortentwickeln kann, wobei von einer politischen Avantgarde Sogwirkung auf andere ausgehen dürfte.

Eine *EG der flexiblen Ebenen* bietet sich ohnehin als zeit- und umstandsgemäße Notwendigkeit zur Anpassung an ein verändertes, neudimensioniertes Europabild an. Diesem entspräche unabdingbar auch jenen Ländern im Ostteil des Kontinents, die eine Transformation im marktwirtschaftlichen und rechtsstaatlichen Sinne vorweisen, eine Form aktiver Mitwirkung im Kreise der Gemeinschaft *ad hoc* zu eröffnen. Als Gegenstück zur *Erweiterung* - quasi im Basement der EG - würde es die integrativ synergetische *Vertiefung* auf deutsch-französischer Unionsetage ermöglichen, daß die Parlamentarier beider Staaten gemeinsame Plenarsitzungen abhalten, um über anstehende Gesetzensänderungen zu entscheiden und sich in außenpolitschen Fragen abzustimmen.

Bill spielt uns den Blues

(1993)

Dem Präsidenten liegen die tieferen Töne auf dem Tenorsaxophon; Schlagzeugwirbel und Posaunensoli im Genre von aggressivem Beat passen schwerlich zu seinen bevorzugten Arrangements. So wäre es ihm wohl auch lieber gewesen, hätte „Time“ davon Abstand genommen, nicht schon zum letzten Silvester den siegreichen Wahlstrategen als „Mann des Jahres“ aufs Titelblatt zu setzen, sondern besser erst ein Amtsjahr der neuen Administration abgewartet, um anhand erfolgter Weichenstellungen auf Reformkurs und sich womöglich bereits abzeichnender Veränderungen im gesellschaftlichen Befinden der multikulturellen Nation beurteilen zu können, ob dem Macher von Little Rock ein solches Prädikat wirklich gebührt. Allerdings darf auch wohlbegründet angenommen werden, daß in den Redaktionsräumen des US-Magazins, dessen legendärer Gründungsvater Henry Luce anno 1941 das „Amerikanische Zeitalter“ kreiert hatte, die Aussicht auf eine prioritär eingestufte Rundumerneuerung der amerikanischen Häuslichkeit als äußerst skeptisch betrachtet wird. Dabei könnte sogar verstecktes Wunschdenken Pate stehen, wonach eine allzu konsequente Hinwendung auf veränderte Maßstäbe im Gemeinschaftsbewußtsein keinesfalls soweit führen dürfte, daß am Ende gar der amerikanische Globalismus auf der Strecke bliebe. Mit einem Anklang von Häme heißt es da, Clintons heimische Vorhaben könnten schon sehr bald unter einem Berg internationaler Probleme verschüttet werden. In den früheren Republiken der Sowjetunion, auf dem Balkan, in China, Indien und Mittelost täten sich bedrohliche Gefahrenherde auf, die den neuen Präsidenten möglicherweise derart präokkupieren dürften, daß er von seiner innenpolitischen Agenda – Gesundheits- und Erziehungsreformen, öffentliche Projekte zur Arbeitsbeschaffung und den ganzen Rest – Abstand nehmen müßte, derentwegen er doch eigentlich gewählt worden sei. Der Unkenrufe aus New York gipfeln im Zitat eines Stoßseufzers von Woodrow Wilson, als dieser im Jahre vor Ausbruch des Ersten Weltkrieges auf der Anreise nach Washington war: „Es wäre eine Ironie des Schicksals, wenn meine Administration hauptsächlich mit fremden Angelegenheiten zu tun haben würde.“ Daß sich Clinton eines solchen Risikos voll bewußt sei, ging aus einer Äußerung kurz nach den Wahlen hervor: „Ich könnte unter Druck geraten, meine ganze Zeit der Außenpolitik zu widmen, und ich wünsche nicht, daß derartiges passiert."

Reservierte Außenpolitik

Um jener Zwickmühle zu entgehen, an der Apostel des Mythos von der einen und einzigartigen Weltmacht noch unaufhörlich basteln, wird der moderate Internationalist aus Arkansas Stein um Stein so zu setzen haben, daß die wahren Zustände mannigfacher Verrottung im Lande nicht länger mehr durch unangemessene Führungsansprüche und Kommandounternehmen globaler Reichweite überspielt werden können. So wird er auch den Schild- und Schwertträger des militärisch-industriellen Komplexes auf dem Capitol, aus den Dschungeln der Regierungsbürokratie und Großmedien die Stirn bieten müssen, will er sich eine solide Chance ausrechnen, seinen Amerikanischen Traum in neuem Mut des „we will overcome" noch ins kommende Jahrhundert hineintragen zu können. Daß dieses allerdings ohne das Attribut des „Amerikanischen" auskommen muß, schon weil die Welt sich auf eine Umordnung nach multipolarem Grundmuster zubewegt, und eine organische Restrukturierung der Vereinigten Staaten (man bedenke nur den Wirkungsmechanismus durchgreifende Schul- und Ausbildungsreformen) sich ohnehin als Generationsaufgabe erweisen wird, sollte man getrost als Leitmotiv und Ratio der politischen Handlungskonzepte bei Clinton voraussetzen.

Dessen Vorstellungen vom Wandel im öffentlichen, geschäftlichen und privaten Verhalten sind allesamt auf größere Zeitspannen zugeschnitten, wofür den meisten seiner Landsleute, die, nach Vorbildern aus den Wirtschafts- und staatlichen Managements, womöglich auf Pump in den Tag hinein zu leben gewohnt sind, fast jegliches Verständnis abhanden gekommen war. Als Auftakt für einen quasi Umschulungsprozeß zu bürgerlichem Verantwortungsbewußtsein hat der Präsident sogleich die „nationale Krise" ausgesprochen, um damit unverblümt auf die mentalen Wurzeln bestehender Notstände hinzuweisen. Wenn er die zügige Tilgung der zinsverschlingenden Billionenschulden einfordert, um ausreichend Mittel in die Zukunft investieren zu können, so läuft das auf einen Nachhilfekurs in für Amerikaner zeiträumlich ungewohnten Proportionen hinaus: In der Vergangenheit habe sich alle 25 Jahre der Lebensstandard verdoppelt; nun aber müsse man wohl weitere hundert Jahre darauf warten.

Das vorgeblich omnipotente Instrumentarium militärischer Machtausübung ist mit den Jahren zu schädlichem Blendwerk geworden, das nicht nur die Amerikaner selbst über die innere Auszehrung ihres Landes hinwegtäuschen sollte, sondern durch überzogene Prestigedarstellung auch eine vielfach desorientierte Außenwelt veranlaßt hat, sich falschen Erwartungen über eine zentral gesteuerte Aufsichts- und Ordnungsgewalt hinzugeben. Das amerikanische Wahlvolk, vor zwei Jahren noch vom raffiniert inszenierten Computerkrieg live am Arabischen Golf fasziniert, hat dem eigensinnigen Regisseur und Strafrichter die Gefolgschaft gekündigt, um den Wehrverweigerer im Vietnamkrieg ins Weiße Haus einziehen zu lassen. Der Egomane Bush hätte sich keinen miserableren Abgang schaffen können, als unter recht fadenscheinigen Vorwänden zivile Ziele in von ihm angeordneten „Flugverbotszonen" bombardieren zu lassen, - wobei es sich um „Schutzgebiete" für jene Kurden und Schiiten handelt, die er zwei Jahre zuvor zum Aufstand gegen das Saddam-Regime mobilisiert hatte. Drei Tage nach Amtsantritt Clintons herrschte wieder Ruhe an der *Irakfront*.

Dem Wählerauftrag entsprechend konzentriert sich das Interesse des Präsidenten im internationalen Bereich vor allem auf die Außenhandelsbeziehungen. Deshalb konnte auch die ihm vom vorwitzigen Kinkel abgerungene zehnminütige Stippvisite im Weißen Haus nur zur Peinlichkeit geraten. Der deutsche Minister fürs Äußere mußte eingestehen, daß er über wichtige Streitpunkte, wie etwa Stahlexportpreise und Telekommunikationsgeschäfte, zwischen der EG und den USA nicht ausreichend Bescheid wußte. Und das nur drei Wochen, bevor Clinton dem Kongreß ein bündiges Verhandlungskonzept zum Allgemeinen Zoll- und Handelsabkommen (GATT, Uruguay-Runde) zu präsentieren hatte. Danach kann auch mit noch schmerzhafteren Beschränkungen im deutsch-amerikanischen Wirtschaftsverkehr gerechnet werden, was einer sich allenthalben anbahnenden Umorientierung auf Kosten liberalen Handels und Wandels auf globaler Ebene entspräche. Die G7-Gespräche unter den „Reichen" sind ohnehin längst zur leerlaufenden Routine geworden. Eine ausführliche Besprechung hingegen, die der Industriepolitiker Clinton, just am Tage nach Kinkels Abreise, mit Kanadas Ministerpräsidenten über die konkrete Ausgestaltung der Nordamerikanischen Freihandelszone (NAFTA) hatte, paßt jedenfalls in den vom EG-Binnenmarkt vorgezeichneten Trend zu geoökonomischen Großeinheiten, der gegenwärtig auch in den Wachstumsräumen Südostasien und Fernost zu beobachten ist. Mit Ausblick in das 21. Jahrhundert spricht also viel dafür, daß sich die Vereinigten Staaten immer stärker auf die eigene Hemisphäre konzentrieren werden, wie neuerdings auch von Henry Kissinger prognostiziert. Dieser geht mit Clinton in der Einsicht konform, daß sich Amerika auf eine multipolare Welt einzustellen hat, die ihre Stabilität im annähernden Gleichgewicht einer Anzahl großregionaler Zusammenschlüsse suchen muß. Einen gewichtigen Beitrag zur derart definierten Globalordnung vermag die neue US-Außenpolitik am ehesten zu leisten, wenn sie ebenso behutsam wie konsequent Kurs auf eine panamerikanische Identität hält. Praktische Ansätze dazu bieten sich in der NAFTA-Partnerschaft mit Mexiko an, das eine Art Gelenkfunktion beim wirtschaftlichen Koordinierungsprozeß zwischen Nord und Süd auf dem Doppelkontinent einnehmen könnte; als hilfreich im Sinne gegenseitiger Anpassung dürfte sich dabei auch ein stetig wachsender Einfluß des hispanischen Bevölkerungsanteils in den USA erweisen, der nicht unerheblich am Wahlerfolg Clintons beteiligt gewesen ist. In der Administration sind erstmals auch „Latinos" prominent vertreten.

Nach diesem Szenario, das auf der Grundlage sich verdichtender Interdependenz durch arbeitsteiliges Bewirtschaften einer gewaltigen Region auch spezifische Konturen im Sinne kollektiver Sicherheit entwickeln wird, dürften Erscheinungsbild und Zielrichtung amerikanischer Engagements in Übersee wesentlich verändert werden. Das gilt im Prinzip gleichermaßen für den transatlantischen wie den pazifischen Bereich, wo Absatzbewegungen der USA von supermächtigen Führungsansprüchen und -verpflichtungen deutlicher hervortreten. Zwar wollen und können sich die Amerikaner nicht vom Geschehen in der übrigen Welt, die sie nun mal aus eigener Machtfülle nicht zu beherrschen vermögen, schlechterdings abkapseln; deshalb hat Clinton sich aus dem Stand heraus entschlossen, die Diplomatie seines Landes weitgehend auf eine gewichtige Maklerrolle im internationalen Umwälzungsprozeß auszurichten, um seine Absage an eine kriegerisch-interventionistisch aufgeladene Außenpolitik zu verdeutlichen. Zum denkbar komplizierten Testfall gerät ihm dabei das bosnische Desaster, in dem eine von vornherein absehbare Kettenreaktion der mutwilligen Zerstückelung Jugoslawiens ihren bisherigen Höhepunkt erreicht hat. Selbst Kissinger möchte die vorige US-Regierung nicht von einer Mitverantwortung für die grauenhaften Folgen der Destabilisierungsabläufe in Südosteuropa freisprechen: „Die Westalliierten versuchten zuerst, die jugoslawische Föderation zu bewahren, um ähnliche Konflikte, vor allem in der ehemaligen UdSSR, zu verhindern. Dann folgte mit der Anerkennung der ehemaligen Teilrepubliken als unabhängige Staaten die Wendung um 180 Grad; ein Schritt, der den Bürgerkrieg zwangsläufig nach sich ziehen mußte." In der „Los Angeles Times" vergaß er dabei allerdings zu erwähnen, daß es die von Bush mit der Schmeichelfloskel belegten „Partner in der Führerschafts" (präsentiert durch Kohl und Genscher) waren, die im eigenmächtigen Vorpreschen ihre widerstrebenden Bundesgenossen und EG-Teilhaber genötigt hatten, den nationalistischen Amoklauf in die Kleinstaaterei auf dem Balkan völkerrechtlich abzusegnen. Kein Wunder eigentlich, daß bei der neuen Regierung in Washington deutsche Lösungsvorschläge zu Balkanproblemen nicht allzu gefragt sind. So war auch Kohls abenteuerlicher Vorstoß, die Moslems in Bosnien mit schweren Waffen zu versorgen, schon offiziell verworfen, bevor Außenminister Christopher die Teilnahme an Verhandlungen über einen modifizierten Vance/Owen-Plan für die Aufteilung bosnischen Territoriums in zehn Kantone bekanntgab und die Bereitstellung von US-Soldaten für ein multinationales Truppenkontingent zur Kontrolle eines „von allen Seiten akzeptierten Abkommens" in Aussicht stellte.

Der Versuch einer Rettung aus höchster Not des kleinen Bosnien (gerade ein Fünftel des ehemalig jugoslawischen Staatsgebietes), dessen Bewohner sich ethnisch aus Serben und Kroaten zusammensetzen, von denen jeweils ein Teil unter türkischer Vorherrschaft zum moslemischen Glauben konvertiert war, könnte den Einstieg in eine neuartige Praxis internationaler Friedensaktivitäten mit sich bringen: Wenn es nämlich gelänge, die dort im UNO-Auftrag eingesetzten Ordnungskräfte so zu organisieren, daß USA und Rußland gleichstarke Kontingente stellen und dementsprechend gemeinsam das Oberkommando übernehmen. An Ort und Stelle würden somit optimale psychologische Voraussetzungen für das Einhalten der staatsvertraglichen Regelungen geschaffen; darüber hinaus kann eine solche Lösung präjudizierenden Charakter im Hinblick auf die permanente Bereitstellung einer respektablen Eingreiftruppe unter Oberbefehl des Generalsekretärs der Vereinten Nationen haben. Clinton hat sich mehrfach schon für die Realisierung dieses Vorschlags von Butros Ghali ausgesprochen, was allerdings bedingen würde, daß die Amerikaner von ihrer bisherigen Grundhaltung Abstand nehmen, wonach ihre Soldaten ausschließlich unter US-Kommando eingesetzt werden sollten.

Die USA träten somit quasi ins Glied der Völkergemeinschaft zurück, wenn sie auch selbstverständlich auf unkündbarem Posten in der Vorstandsetage des Sicherheitsrates verbleiben. Eine längere Übergangsphase hindurch würde die UNO zwar keinesfalls das Gewaltmonopol weltweit in Anspruch nehmen können, aber immerhin doch über eine Art *Force in being* verfügen, die etwas mehr als nur symbolisch disziplinierenden Einfluß auszuüben vermag, - solange sich eine multipolar formierte Stabilitätsordnung noch nicht herausgebildet hat. Ein Amerika, das in der zweiten Jahrhunderthälfte überall das Kommando zu fahren gewohnt war, wo und wann sich machtvolle Institutionen - von der NATO bis zur Weltbank - anboten, wird sich Zug um Zug zurücknehmen und überhaupt die Interpretation seiner „privaten Interessen" weit weniger extensiv gestalten.

Im April vergangenen Jahres schon hat Clinton vor der „Foreign Policy Association" in New York konstatiert, wie sehr es für die Nation an der Zeit sei, von der manischen Fixierung auf den ihr teuren Supermachtstatus abzulassen und das in Exzessen des Kalten Krieges und danach gründlich ruinierte eigene Haus wieder in Stand zu setzen. So werden sich wohl oder übel auch die Länder des Alten Kontinents darauf einzurichten haben, daß die Idylle einer transatlantischen „Special Relationship" (das Vereinigte Königreich vorneweg) langsam dahinschwinden dürfte. Das neue Motto wird dann „Let Europe be Europe" heißen. Aus freundlicher Distanz trauen die Amerikaner den Europäern offenbar erheblich mehr Vitalität und praktische Vernunft zu, als diese sich selbst bescheinigen.

NATO im neuen Europa-Look

(1994)

Die Stimmungsmeteorologen von Allensbach wollen herausbekommen haben, wem wohl das unstete Wahlvolk im Fall einer außenpolitischen Krise am ehesten ihr Vertrauen schenken würde. Der für „kluge Köpfe" zuständigen „FAZ" gedeiht die Auskunft auf diese Gretchenfrage zur Schlußpointe einer ansonst tristen Meinungsanalyse. „Wenn sich die Lage in Rußland zuspitzt und davon Gefahren für Deutschland ausgehen, favorisiert die Bevölkerung im Verhältnis zwei zu eins Helmut Kohl als Bundeskanzler."

Tatsächlich kann man sich des schlimmen Eindrucks nicht erwehren, daß ein Kreis um Kohl, in panischer Angst vor drohender Machtablösung, bewußt auf sicherheitspolitische *Baisse* jenseits der deutschen Ostgrenzen spekuliert, um mit einig-vaterländischem Rükkenwind dem Krisenkanzler, der es ums Verrecken „noch mal wissen will", Genüge zu tun. Als im Vorfeld des Januar-Gipfels der NATO Rühe und Kinkel vorschnell - dank Clinton jedoch vergeblich - Druck machten, die Visegrad-Nachbarn im Sinne eines *cordon sanitaire* gegen russische Unbill schleunigst der Allianz einzuverleiben, konnte dies wohl kaum ohne Einverständnis ihres Regierungschefs geschehen. Selbstverständlich gilt das auch für die brüske Ablehnung seiner Berlin-Marionette Diepgen, die letzten russischen Besatzer an einer Abschiedsgalaparade gemeinsam mit Soldaten der drei Schutzmächte teilnehmen zu lassen. So läuft *Politik ohne Brot.* Was nun mal unweigerlich Chefsache im kniffligen Rußlandspiel ist, wird seit eh und je auf eigenwillig staatsmännische Weise mit jovialen Gesten vorgeführt. Vorzugsweise beim *Privatissime* setzt der große Zampano die volle Bandbreite seines Rollenrepertoirs ein.

Schon bei Antritt seiner Präsidentschaft hatte Clinton mit wünschenswerter Deutlichkeit ausgesprochen, er beabsichtige im Interesse der inneren Regeneration seines Landes fortan das Weltmachtprestige möglichst nur noch bei akuter Gefährdung nationaler Interessen durch militärische Engagements wahrzunehmen. Seine außenpolitische Priorität galt von Anfang an dem Schicksal des ehemaligen Gegenspielers Rußland, dessen organische Verbindung mit der transatlantischen Völkergemeinschaft er als essentiellen Beitrag für eine friedlichere Welt betrachtet. Daß er zu allererst seinen Stipendiatskollegen und Zimmergenossen in Oxford Strobe Talbott zum Sonderbeauftragten für russische Angelegenheiten berief, um ihn später zum Stellvertreter von Außenminister Christopher zu machen, sollte die Präferenz dieses speziellen Aufgabenbereichs unterstreichen. Dem im stillen zu wirken gewohnten Talbott dürfte es zuzusprechen sein, daß für Juli gemeinsame Manöver amerikanischer und russischer Truppen (von Divisionsstärke) im Wolgagebiet vereinbart wurden und daß durch ein arbeitsteilig arrangiertes Auftreten des russischen Vizeaußenministers Tschurkin mit dem Washingtoner Emissär Redman die Modalitäten für einen positiven Ausgang des in jeder Hinsicht hochbrisanten NATO-Ultimatums ausgehandelt werden konnten. Die Intensität und das Ergebnis dieser Bemühungen wurde zum Exempel für die Entschlossenheit der heutigen US-Administration, sich im Zweifelsfall unter allen Umständen punktuell militärischen Interventionsakten in Übersee zu enthalten, um dabei womöglich die innenpolitische Position des westorientierten Präsidenten Jelzin nach Kräften zu stärken.

Als wegweisend in Richtung auf eine amerikanisch flankierte Stabilitäts- und Sicherheitsordnung von großeuropäischer Dimension könnte sich eine im gesellschaftlichen Ambiente der Godesberger Redoute zusammengetroffene Gesprächsrunde erweisen: Da arbeiteten erstmals politische Direktoren von Außenämtern der europäischen Unionsländer, im Beisein von UN-Repräsentanten, gemeinsam mit dem Amerikaner Redman und dem Russen Tschurkin Vorlagen zu einer Friedensstrategie für den Balkan aus, die sich bei Nutzung der „politischen Dynamik" des erfolgreich verlaufenen Sarajevo-Unternehmens ergeben sollte. Ließe sich die konsequente Umsetzung der genannten Planziele im Sinne einer allerseits erträglichen Befriedung der aufgewühlten Konfliktregion erreichen, so dürfte dies gleichzeitig fast Modellcharakter und Ermutigung für ein europaweites System kollektiver Sicherheit mit transatlantischer Rückendeckung gewinnen.

Die Periode des westlichen *Attentismus*, also abwarten und Tee aus zum Spottpreis erworbenen Samowars trinken, muß schleunigst ihr Ende finden. Unter Hinweis auf ein Gefahrenpotential, das sich in einem vorwiegend isoliert gehaltenen Rußland und dessen Umfeld unkalkulierbar anstauen würde, hat US-Verteidigungsminister Perry in München *sofortigen* Handlungsbedarf zur Erstellung eines *das ganze Europa* und Nordamerika umfassenden Sicherheitssystems angemeldet. Scharping nutzte die Gelegenheit, berechtigte Zweifel anzumelden, ob das mehr als Verlegenheitslösung zu verstehende

Angebot auf dem NATO-Gipfel zu einer „Partnerschaft für den Friedens" wirklich ausreichen könnte, um einem schleichenden Destabilisierungsprozeß im osteuropäischen Territorium hinreichend entgegenzuwirken; als Oppositionsführer und Kanzlerkandidat teile er uneingeschränkt die Ansicht Clintons, daß Stabilität in Europa nur mit Rußland gefunden werden könne.

Damit war verbindlich klargestellt daß es mit der beschränkten Attitüde „Wer Europäer ist, bestimmen wir", wie sie in einer selektiven Vorgehensweise zum Ausdruck gelangt, Einladungen zur Mitgliedschaft im Atlantikpakt nur an „gesellschaftsfähig" benotete Staaten ergehen zu lassen, nach sozialdemokratischem Ermessen nicht kommen darf. Schon zu Endzeiten des Warschauer Pakts ließ Gorbi, der Visionär vom *Europäischen Haus*, durch offiziöse Besucher in Bonn beiläufig erkunden, wie man hier wohl die Virtualität eines NATO-Beitritts der damals noch real existierenden Sowjetunion einschätzte. Auch daß Gorbatschow später in den Zwei-plus-Vier-Verhandlungen keine grundsätzlichen Einwände gegen die Einbeziehung der auf deutsche Einheit zusteuernden DDR in den Nordatlantischen Vertragsbereich vorbrachte, konnte als Bestätigung einer positiven Einstellung zur westlichen Allianz verstanden werden. Diese Grundhaltung ließ auch Jelzin durchblicken, als er Mitte 1993 primär Verständnis für polnische Wünsche, sich dem Westbündnis anzuschließen, zeigte, womit von ihm offensichtlich nicht gemeint war, daß es sich hierbei um eine Soloveranstaltung unter Ausschluß weiterer ostslawischer Nachbarn, also auch Rußlands, handeln sollte. Danach hat vor allem der wache Außenminister Kosyrew in Statements und Interviews die Denkbarkeit eines NATO-Beitritts seines Landes in übersehbarer Zukunft erwähnt. Im Kremlgespräch mit Clinton, anschließend an den Januar-Gipfel von Brüssel, thematisierte Jelzin ganz offen diesen Komplex dahingehend, daß eine schrittweise „von Fall zu Fall"-Eingliederung östlich gelegener Länder in das Bündnis als diskriminierend im Sinne von Ausgrenzung Rußlands empfunden werden müßte, man sich statt dessen aber sehr wohl eine „Paketlösung" für alle osteuropäischen Staaten gleichzeitig vorstellen könnte. Mit bemerkenswerter Entschiedenheit unterstrich er diese Option am 24. Februar in seiner nationalen Versöhnungsrede „Über die Festigkeit der russischen Staatlichkeit" vor beiden Kammern des Parlaments: „Rußland ist dagegen, die NATO durch den Zutritt anderer Länder Europas *ohne Rußland* zu erweitern";

Rußland sei schließlich kein Gast in Europa, sondern ein volles Mitglied dieser Völkerfamilie.

Diese Formulierungen im Aufruf zur Überwindung nationaler Notstände, verbunden mit der Offerte, das große Land auf der Suche nach neuem Selbstverständnis in einem Vertragssystem euro-atlantischer Sicherheitsidentität fest zu verankern, sollte auch bei moderaten Oppositionellen in der *Duma* einiges Gehör finden. Ist doch allein die spektakuläre Aufwertung des internationalen Status, den die Zugehörigkeit und das souveräne Mitbestimmungsrecht im NATO-Verband mit sich brachte, schlechterdings nicht wegzuleugnen. Von vitaler Bedeutung aber wären dabei sich ergebende *synergetische Auswirkungen*: Anhebung der Kreditwürdigkeit und zunehmende Investitionsbereitschaft, was zum Ferment für ordnungspolitisch vertretbare, sozialvertraglich abgestimmte Transformationsprozesse werden könnte, die solchen Übeln wie mafiöser Wilderei und Kapitalflucht effektiv begegnen würden. Hinzu kommt, daß von der NATO Disziplin *per se* eine beruhigende Wirkung auf den eurasischen Raum ausgehen sollte, während die territoriale Integrität und der Minderheitenschutz im bjelorussisch-ukrainischen „Vorgarten" des russischen Riesen gleichermaßen allianzversichert sind.

Der Nordatlantikvertrag von April 1949 ist, auf den Grundprinzipien der Charta der Vereinigten Nationen fußend, von bleibendem Wert und könnte nach Geist und Buchstaben (mit geringfügigen Ergänzungen hinsichtlich des Geltungsbereichs) jederzeit für eine erweiterte Teilnehmerschaft aus dem europäischen Osten Gültigkeit bekommen. In der Präambel haben sich die Vertragsparteien zum Ziel gesetzt, „die innere Festigkeit und das Wohlergehen im nordatlantischen Gebiet zu fördern", und die Entschlossenheit beurkundet, „ihre Bemühungen für die gemeinsame Verteidigung und für die Erhaltung des Friedens und der Sicherheit zu vereinigen". Unter heutigen Umständen, die von wirtschaftlicher Ohnmacht und politischen Unwägbarkeiten in Ostteilen des Kontinents geprägt sind, bietet sich kein probates Alternativkonzept zur öffentlichen Allianz an, will man die Gefahr eruptiver Entwicklungen im europäischen Großraum noch rechtzeitig abwenden.

Die Clinton-Regierung meint es ernst, wenn sie mit der bislang im NATO-Kontext geübten Bevormundung Schluß machen möchte und dafür ein hohes Maß an Selbstverantwortung auf europäischen Seiten einfordert. Der Präsident wird zu Hause im Kongreß, aber auch bei den Vertragsparteien in Europa, erhebliche Überzeugungsarbeit zu leisten haben, wo immer es um die praktische Umsetzung dieses Rollenausgleichs geht. Immerhin hat sogar der republikanische ehemals Außenminister Baker an die „NATO-Anführer“ appelliert, sie mögen eine Allianz nach Osten zeichnen, um Staaten des mittleren und östlichen Europa sowie der ehemaligen Sowjetunion, *insbesondere Rußland*, aufzunehmen.

Daß die NATO damit neue Qualität und Aufgabenbestimmung gewänne, die schwerpunktmäßig auch auf die Absicherung bündnisintern friedlicher Verhältnisse abgestimmt ist (nachbarschaftlich organisierte Verbände nach Muster Euro-Korps und „combined joint task forces“), darf vorausgesetzt werden. Dementsprechend gälte es, den integrierten militärischen Organisationsteil des Bündnisses konzeptionell zu überdenken, um eine zukünftige Ausgestaltung der veränderten Grundlage angepaßten Strukturen zu ermöglichen. Die Amerikaner müßten sich entscheiden, in welcher Form und Position sie - bei einer Präsenz von hunderttausend Soldaten auf europäischem Terrain - an einem breitgefächerten Integrationssystem teilhaben wollen. Über ein eigenes Oberkommando ihrer in Europa stationierten Streitkräfte verfügen sie ohnehin, was ihnen den gewünschten Entscheidungsfreiraum für militärische Einsätze im Bündnisrahmen belassen würde, wenn der oberste Kommandoposten von SACEUR im belgischen Mons in europäische Hände übergehen sollte. Selbstverständlich bleiben dabei USA und Kanada in allen Ausschüssen des *Nordatlantikrats* voll vertreten.

Aus geopolitischen Aspekten wäre es auch zweckentsprechend, wenn lediglich die westlich vom Ural lokalisierten russischen Verbände direkt an die Befehlsstränge des militärischen Apparats der Allianz angeschlossen würden. Den drei SACEUR nachgeordneten Kommandobehörden *Nordeuropa*, *Mitteleuropa* und *Südeuropa* müßte eine für *Osteuropa* (z. B. in Minsk) hinzugefügt werden. Auch eine solche Lösung entspräche der Logik einer Europäisierung der NATO unter transatlantischem Dach.

Verhängnisvolle Rußlandpolitik

(1995)

Zwei geopolitisch versprengte Nußschalen muslimischen Einschlags an Europas zerklüfteter Südflanke, das balkanische Bosnien und das nordkaukasische Tschetschenien, reflektieren in ihren schaurigen Bürgerkriegsszenarien euroatlantische Alpträume. Sind diese schwelenden Brandstellen doch auf politisch vulkanischen Terrains entstanden, wo Implosionen beinahe zeitgleich die Sozialistische Föderative Republik Jugoslawien und die gewaltige Union der Sozialistischen Sowjetrepubliken auseinanderfallen ließen? Ein seit Menschengedenken wohl einzigartiges Geschehen, betrachtet man die Dimensionalität und Geschwindigkeit bei fast gespenstischer Ruhe, in der nach einem Dominoeffekt alle bisherigen Macht- und Leitungsstrukturen wegschmolzen.

Urplötzlich stand somit ein ideologisch und machtpolitisch polarisiertes Weltgefüge zur Disposition. Die von diesem Globalphänomen ausgehende Schockwelle hat, voran in Europa und Nordamerika, ein Klima latenter Verunsicherung und konzeptioneller Orientierungsschwäche entstehen lassen, das politische wie wirtschaftliche Entscheidungsträger zum Festklammern an überbrachten Institutionen und Spielregeln veranlaßte, was sie für die Zeichen einer sich unweigerlich vollziehenden *Zeitenwende* weitgehend blind gemacht hat.

In der Logik westlichen Demokratieverständnisses lag es durchaus, das Wegbrechen von autoritär verkrusteten Staats- und Gesellschaftssystemen wie ein Scherbengericht der Weltgeschichte zu empfinden. Solch schicksalhaft begriffenes Verdikt, das dem elementaren Selbstauflösungsprozeß des weltgrößten Imperiums geradezu den Charakter der griechischen Tragödie beimißt, hat jedoch in der Zuschauerschaft offensichtlich die Wirkung einer *Katharsis* verfehlt. Die nach geschichtsphilosophischer Einsicht Mitbetroffenen hätten sonst unmittelbar bereitstehen müssen, den einstigen Gegenspielern in deren Nöten ein Höchstmaß an Hilfestellung zu bieten, was sich allein aus einer nunmehr beiderseits gründlich veränderten außenpolitischen Interessenlage vorrangig ergab. Statt dessen aber ließen die vermeintlichen Sieger im Kalten Krieg den europäischen Osten mehr oder minder im eigenen Saft schmoren, um so erst mal klammheimlich den Untergang vom „Reich des Bösen“ als triumphalen Erfolg ihrer Strategie des „Totrüstens“ auskosten zu können.

Ein solch schlichter Kausalschluß enthält die düpierend zynische Vorstellung, allein der alles überragende militär-industrielle Komplex, als eigentlicher Kraftquell der „Neuen Welt", habe effektiv das Sowjetreich zerbersten lassen, - und nicht etwa das elementare Scheitern eines beklemmenden, 70 Jahre währenden Experimentierens am utopischen Modell des „Neuen Menschen". Ein Walten von so maßloser *Hybris* der zeitweilig zu dominierenden Supermächten aufgestiegenen Staatenkolosse könnte letztendlich auch zu deren sukzessivem Kollabieren führen. Wann je hätten sich denn auch die Amerikaner mit politischen Gewissensbissen geplagt, tragen sie doch, wie ein Volk von auserwählten Anwälten mit humanitärem Mandat, den Kodex der Menschenrechte im eigenen Land wie außerhalb stolz vor sich her. Vorerst jedenfalls ist das sowjetische Ausrufungszeichen gelöscht und ein dickes russisches Fragezeichen an dessen Stelle getreten. Dem Kolumnisten der „Washington Post", Stephen Rosenfeld, schwant bereits etwas von „Rachegelüsten" der triumphierenden Republikaner auf dem Capitol: „Ein stählerner Ton breitet sich aus in der amerikanischen Diskussion um die Rußlandpolitik. Plötzlich, man kennt es noch gut, ist das Vokabular des Kalten Krieges wieder da und damit auch das Feindbild Rußland."

Nach rechtem Kalkül soll durch ein Aufwärmen altbedienter Kampfparolen die Bereitschaft für eine weitaus massivere Aufstokkung der Rüstungsetats, als von Clinton bereits angekündigt, stimuliert werden. Auf diese Weise würden die einschlägigen Industriezweige mit ihren staatlich subventionierten Forschungs- und Entwicklungskapazitäten wieder zum Herzstück des amerikanischen Wirtschaftslebens (damit auch zu finanziell potenten Wahlhelfern der Konservativen) gemacht. Ein Teil der hierfür erforderlichen Haushaltsmittel ließe sich im deutlichen Distanzieren von Moskau gewinnen, indem die ohnehin nicht üppigen Kreditzuwendungen für ein bloßes Überleben der desolaten russischen Ökonomie auf ein symbolisches Minimum reduziert würden.

Nationale Sicherheitsinteressen der USA sieht man durch derart rigide Vorhaben keineswegs beeinträchtigt; vielmehr scheint nach dortiger Beurteilung ein durch Ausgrenzung des russisch-eurasischen Potentials erneut geteiltes Europa perspektivisch schon aus Gründen weltwirtschaftlicher Konkurrenz eher genehm zu sein. Ein im Verein mit dem übrigen Europa nach modernsten Standards erstelltes Industrie- und Dienstleistungsgewerbe, bei unermeßlichen Naturressourcen auf dem ein Achtel der Erdoberfläche ausmachenden rußländischen Territorium, könnte sich sehr wohl nämlich im kommenden Jahrhundert zur dominierenden Wirtschaftsmacht auf dem Globus entwickeln.

So steht auch das Schüren von Ressentiments gegenüber der Rußländischen Föderation, als den vormals übermächtigen Zentralstaat der UdSSR, nur scheinbar im Widerspruch zu den nach nüchterner Einschätzung der geostrategisch veränderten Gesamtlage bereits vollzogener Konsequenzen. Fürs Pentagon nämlich ist das „European Theatre" der guten alten NATO - mitsamt ihrer famosen Militärdoktrin, die beim „Ernstfall" sogar eine Atomisierung des Kontinents nicht ausgeschlossen hatte - absolut passé. Ein *Roll-back* auf breitester Front hat sich quasi im Selbstlauf ergeben; das im europäischen Raum verbleibende amerikanische Restkommando mag als Präsenzzeichen setzende „Token-force" gelten, steht aber hauptsächlich für etwaige Notoperationen in nahöstlichen Erdölrevieren bereit.

Demnach darf man - *rebus sic stantibus* - davon ausgehen, daß alle Weichenstellungen in der Rußlandpolitik Amerikas nicht nach militärpolitischen Kriterien entschieden werden. Dagegen erfordert der jetzige Zustand in Washington eine höchstmögliche Kompromißbereitschaft auf den Feldern der Innenpolitik, die auf Regierungsseite wie bei den parlamentarischen Mehrheiten programmgemäß gleichermaßen absolute Priorität besitzt. So bietet sich, noch dazu traditionell, ein Konsensverhalten in der von Clinton ohnehin ungeliebten Außenpolitik von selbst an. Der ohnehin schon etwas „republikanisierte" Präsident könnte sich beispielsweise mit seinem entschiedenen Eintreten für eine unverzügliche Aufnahme Polens in die NATO mehr Handlungsfähigkeit im Innern erkaufen. Auch wenn die „FAZ" noch bitter über „Schwierigkeiten des Bündnisses" klagt, die darauf beruhten, daß seine Mitglieder „heute bei fast allen Punkten der sicherheitspolitischen Tagesordnung verschiedener Meinung sind", wird letzten Endes wohl doch eine rein inneramerikanisch motivierte Zweckentscheidung den Ausschlag für die zügige Osterweiterung der NATO geben und damit Rußland unweigerlich dem übrigen Europa entfremden.

Unter dem Aspekt der Sicherheit im Wandel zu einer multipolaren Welt jedoch kann eine solche Entwicklung nur fatale Risiken für alle Völker des europäischen Kulturkreises mit sich bringen.

Wo Europas politische Ostgrenze in Zukunft liegen soll, haben – kaum verklausuliert – auch einstimmig die Repräsentanten der westeuropäischen Partnerländer mit vorbestimmt, als auf der NATO-Herbsttagung 1994 der Beschluß formuliert wurde, jegliche Einflußnahme in Sachen der Osterweiterung des Bündnisses von „dritter Seite" strikt zu unterbinden. Das unverhohlen zum „unsicheren Kantonisten" abgestempelte Rußland war auf diese Weise ein *outcast* – nicht gesellschaftsfähig nach europäischem Selbstverständnis – geworden. So konnte es eigentlich nicht überraschen, daß Moskaus Außenminister Kosyrew, der kurz darauf in Brüssel einem Treffen des sogenannten „NATO-Kooperationsrats" beiwohnen durfte, seine Unterschrift für ein „Partnership for peace"-Programm verweigerte, das, wie schon die hier versammelte Runde selbst, unter einer hochtrabenden Bezeichnung eine unverbindliche Alibiveranstaltung darstellte. Dennoch unternahm auf dem KSZE/OSZE-Gipfel von Budapest in der ersten Dezemberwoche Präsident Jelzin nochmals einen Vorstoß zur festen Verankerung seines Landes im westlichen System, indem er eine russische Mitgliedschaft in der NATO nach französischem Muster, also verpflichtende Teilhabe am Nordatlantischen Vertrag, allerdings noch ohne regelrechte Integration der Streitkräfte im Organisationsrahmen, zur Diskussion stellte. Nach solchem Konzept würde sogar eine militärische Einbindung der Anwärterstaaten vom Baltikum bis Bulgarien in den Allianzapparat allerseits keine grundsätzlichen Probleme mehr mit sich bringen, sondern könnte wesentlich zur inneren wie äußeren Stabilisierung im osteuropäischen Raum beitragen. Das genaue Gegenteil aber wäre zu erwarten, sollte sich Jelzins resignierendes Fazit bestätigen „Die Amerikaner wollen uns nicht in der NATO; und wenn es dabei bleibt, werden wir unsere eigenen Wege gehen!"

Der Präsident sah sein Land fortschreitender Isolierung durch den Westen ausgesetzt und wollte nicht selbst dazu noch als „Zar ohne Kleider" dastehen. Um sich wenigstens als Herr im eigenen Lande zu erweisen, ging er auf den Vorschlag militärischer Berater ein, die notorisch aufmüpfigen Tschetschenen – in russischen Großstädten ohnehin als Wegbereiter des Mafia-Unwesens verrufen – zur Räson zu zwingen und bei der rußländischen Fahne zu halten. Daß er dabei auf ein Bergvolk gewohnheitsmäßiger Partisanen stieß und unversehens in eine totale Kriegsführung schlidderte, sollte das russische

Dilemma dramatisch verschlimmern. Fast unisono prangerten westliche Medien, oft in recht bigotter Manier, ausschließlich brutale Menschenrechtsverletzungen und Kriegsverbrechen auf der russischen Seite an. Hätte Jelzin jedoch die militante Sezession der knapp eine Million Bewohner zählenden Kaukasusrepublik tatenlos hingenommen, würde er ganz sicher des „Ausverkaufs am Vaterland" bezichtigt und von einer Zweidrittelmehrheit aus Rechtsextremen und Altkommunisten bei den Parlamentswahlen im nächsten Herbst auf ganz legalem Wege vorzeitig gestürzt werden.

Im Windschatten der Empörungswut bei den Medien, die ein gnadenloses Auslöschen des Tschetschenenvolkes suggerierten, wurde auf offiziellen Westseiten mit abmahnenden Beschlüssen reagiert, deren psychologische Auswirkungen dem Trend zur faktischen Aussperrung Rußlands weiter Vorschub leisten mußten. Als erstes Signal in dieser Richtung legte die EU-Kommission ein „Abkommen über Partnerschaft und Zusammenarbeit", von Jelzin bereits im Juni '94 auf Korfu unterzeichnet, das eine künftige Freihandelszone mit Priorität für Kohle, Stahl und Textilien vorsieht, vorläufig auf Eis. Der *Europarat* in Straßburg entschied, ein fest terminiertes Aufnahmeverfahren für den Kandidatenstaat Rußland auszusetzen. Einen absolut existentiellen Eingriff stellte der zeitweilige Stopp der Überlebenshilfe für Rußland aus Mitteln des *Internationalen Währungsfonds* dar. Jelzin konnte nun eine von der Duma mehrheitlich geforderte Aufstockung der staatlichen Zuwendungen für die Ärmsten der Armen im Lande - Rentner, Invaliden und Arbeitslose - nicht vollziehen. Um die Sparauflagen westlicher Kreditgeber nur einigermaßen erfüllen zu können, geriet er mit seinem Veto erneut in eine Zwickmühle mit Blick auf die im Dezember fälligen Präsidentenwahlen. Dazu ein Kommentar des russischen Fernsehens: „Die Errichtung des gemeinsamen Hauses Europa findet heutzutage ohne uns statt."

Update '97

Gernot Erler:
Alles NATO? - Die Falle der Osterweiterung

Die Fernsehteams haben Madrid verlassen, die Sektgläser stehen schon wieder gespült im Schrank, und die NATO freut sich darüber, mit ihrer Einladung an drei neue Mitglieder Geschichte geschrieben zu haben. Das ist der richtige Zeitpunkt, eine kritische Bilanz zu ziehen und zu fragen, wie es eigentlich weitergehen soll.

Wenn man der NATO die Hand schütteln könnte, müßte man es jetzt tun, verbunden mit dem Glückwunsch für einen glücklich zum Abschluß gebrachten Überlebenskampf. Als der Warschauer Pakt 1991 von der Weltbühne abtrat, schienen auch die Stunden für das westliche Verteidigungsbündnis gezählt. Vorübergehend stand die NATO da wie ein Überbleibsel aus dem Kalten Krieg, für ihr Produkt „Verteidigung gegen den Osten" gab es keine Nachfrage mehr. Die Allianz hat diese Krise überlebt, indem sie neue Produkte auf den Markt brachte. In Bosnien drängte sie die Vereinten Nationen mit ihren glücklosen Blauhelmen beiseite und etablierte sich als handlungsfähiger Anbieter militärisch geführter Friedensmissionen, gerne auch im Auftrag von UNO und OSZE. Das alleine hätte zum Überleben aber nicht gereicht: Seit Somalia ist das Risiko solcher Aufträge bekannt, und auch in Bosnien weicht längst der Respekt für die objektiven Leistungen von IFOR/SFOR der wachsenden Sorge um den Erfolg des politischen Teils von Dayton.

Die Erlösung aus der drohenden Überflüssigkeit erwuchs für die NATO erst aus den Inkonsistenzen des gesamteuropäischen Integrationsprozesses. Voller Hoffnung schauten die Reformstaaten Ost- und Südosteuropas nach der Auflösung der Blockstruktur auf die Europäische Union und pochten an die Tür dieses Clubs der besseren und wohlhabenderen europäischen Staaten. Aber die Pforten der EU blieben erst einmal verschlossen, während durch das geöffnete Fenster zwar Assoziationsverträge, „Weißbücher" mit genauen Anleitungen zum Erwerb der Mitgliedschaft und bürokratische Fragebögen gereicht wurden, nie aber verbindliche Zusagen und Zeitpläne. Kein Wunder, daß sich die frustrierten Bewerber schließlich fragend nach dem anderen Club der etablierten Weststaaten, nämlich der NATO, umschauten.

Diese Chance hat das Bündnis konsequent genutzt. Es gelang, die Osterweiterung zu „entmilitarisieren" und ihr den Sinn zu geben, erfolgreiche Reformländer Osteuropas zu belohnen und zu stabilisieren (*Promote-Stability*-Konzept), ja schließlich selber als reale Alternative zur EU aufzuschließen und die NATO zur zweiten großen europäischen Integrationsinstitution aufzuwerten. Als Präsident Jelzin dann am 27. Mai 1997 in Paris auch noch die „Grundakte NATO-Rußland" unterzeichnete, war der politische Schlußstein gesetzt: Von da an mußte das Madrider Erweiterungsangebot nicht mehr mit einer Fortsetzung des Moskauer Sperrfeuers rechnen, das vorher so lange die Welt irritiert hatte.

In einer steil nach oben gezogenen Kurve hat sich die NATO von 1993, als das Thema Osterweiterung zuerst aufkam, bis heute aus der eigenen Legitimationskrise befreit und sich zunehmend erfolgreich in die Headlines der politischen Berichterstattung zurückgemeldet. Die Nachrufe erwiesen sich als verfrüht, die Osterweiterung steht für eine Revitalisierung und Renaissance der nun auf den Osten ausgreifenden westlichen Allianz.

Der unwürdige Wettlauf

Die Sache hat aber seinen Preis. Die letzten Monate vor Madrid gerieten zu einem nicht immer würdigen Schaulaufen. Es gab 12 Kandidaten, schließlich ließen fünf Favoriten den teils resignierenden, teils aufbegehrenden Rest zurück, am Ende erreichten drei Glückliche das Ziel - nicht etwa, weil sie besser als alle anderen waren, sondern durch eine Art „Urteil des Paris". Der „Paris" der Osterweiterung hieß freilich Bill Clinton, und für die Art, wie er für das ganze Bündnis die Sieger feststellte, fiel auch das böse Wort vom „Diktat".

Die Begleitumstände der NATO-Erweiterung haben der gesamteuropäischen Integration und auch dem inneren Zusammenhalt des Bündnisses selbst geschadet. Man staunt über den Mangel an Verantwortungsbewußtsein bei vielen der Beteiligten. Schon seit 1994 gehörte es zu den Lieblingsbeschäftigungen westlicher Politiker, sich in den Hauptstädten der Transformationsstaaten dafür feiern zu lassen, daß sie sich vor Ort voller Verve für die Aufnahme ihres Gastlandes in die EU und in die NATO aussprachen. Später regierten dann Taktik und Egoismus. Präsident Chirac entdeckte plötzlich, daß Rumänien das frankophone Element innerhalb des Bündnisses auf das Vorteilhafteste stärken könnte, und gewann für diese Idee immerhin neun von 16 Bündnispartnern. Die amerikanischen Republikaner hatten mehr das US-Engagement in Bosnien im Sinn, als sie die Aufnahme Sloweniens als künftigen strategischen Brückenkopf des Westens auf dem Balkan vorschlugen. Vergeblich appellierten die später gestarteten Bulgaren an die traditionelle deutsch-bulgarische Freundschaft: Bundeskanzler Kohl hatte schon frühzeitig zu erkennen gegeben, daß es ihm vor allem um das geostrategische Ziel gehe, die unbequeme deutsche Lage an der Bündnis-Ostgrenze loszuwerden (wofür die Aufnahme von Prag und Warschau reichte), und Verteidigungsminister Rühe bevorzugte die Dreierlösung, um die zweite Erweiterungsrunde plausibel zu halten. An die fahrlässig geweckten Erwartungen in Estland, Lettland und Litauen wollte schon gar keiner mehr erinnert werden, weil ein Verzicht auf die baltischen Staaten längst zur unausgesprochenen Voraussetzung für die Grundakten-Verständigung mit Moskau gehörte.

Zu diesem Gezerre kam dann noch die Hysterie im Osten. Die politische Klasse Rußlands, in ihrer Ablehnung der Osterweiterung wie selten geeint, wollte mit dem Westen über kein anderes Thema mehr sprechen als die NATO-Pläne. In der Staatsduma besteht noch heute ein fraktionsübergreifender „Anti-NATO-Block", dem mehr als die Hälfte aller russischen Abgeordneten angehörten. Auch in der „Verchovna Rada" in Kiew meldete sich ein Parlamentarierzusammenschluß namens „Ukraine ohne NATO" zu Wort. Aus den Hauptstädten der 12 Antragsteller überfluteten diplomatische Werbekolonnen in atemlosen Eifer die westlichen Regierungen und Parlamente, während daheim die Frage des Einlasses in die NATO schon gelegentlich zur Existenzfrage der jungen Demokratien stilisiert wurde.

Der nichtadäquate Entscheidungsprozeß

Das Machtwort des amerikanischen Präsidenten - seinerseits übrigens von der Angst geprägt, mehr als drei neue NATO-Partner könnte zu teuer kommen und dadurch die notwendige Zwei-Drittel-Mehrheit des US-Senats infragestellen - hat lediglich einen vorläufigen, nichtadäquaten Schlußstrich hinter einen nichtadäquaten Prozeß gesetzt. Dieses Machtwort, offensichtlich gewichtiger als das Votum von neun europäischen Allianzpartnern, bestätigt ungewollt jene Kritiker, die in der NATO bis heute in erster Linie ein Macht- und Einflußinstrument Washingtons auf europäischem Boden sehen und die sogenannte „Stärkung des europäischen Pfeilers“ innerhalb des westlichen Bündnisses für blanke Illusion halten. Welche Lehre werden wohl die erfolgreichen und nichterfolgreichen Beitrittsaspiranten aus dem Osten aus dieser Lektion ziehen? Sie wissen jetzt, was das Wohlwollen europäischer Regierungen wert ist und wo tatsächlich die Musik spielt. Und sie werden sich künftig darauf einrichten.

Als inadäquat erscheint der Entscheidungsprozeß vor und in Madrid aber auch deshalb, weil er die Frage völlig offen läßt, wie denn die NATO ihre neue Rolle als europäische Integrations-Institution fortsetzen will. Niemand glaubt ja im Ernst, daß die vor der Tür Gelassenen den neuzuschaffenden „Euro-Atlantischen Partnerschaftsrat“ als dauerhaften Bündnisersatz akzeptieren werden. Und die Verheißung des „offenen Prozesses“ der NATO-Erweiterung mit den vielbeschworenen zweiten Runden bleibt solange fragwürdig, wie folgende Fragen nicht beantwortet werden: Wie soll die Zustimmung Rußlands zu weiteren Beitrittsrunden erreicht werden, oder will man notfalls das jetzt mühsam erarbeitete Agreement mit Moskau über die Grundakte für eine nächste Erweiterungsrunde aufs Spiel setzen? Wie läßt sich vermeiden, daß jede weitere Mitgliederaufnahme das Ausgrenzungsproblem verschärft, indem dann immer weniger europäische Länder außerhalb der NATO bleiben, bis schließlich allein ein komplett isoliertes Rußland übrigbleibt? Und wie soll die Allianz, die heute 16 Staaten umfaßt, entscheidungsfähig bleiben, wenn ihr dann eines Tages 28 oder noch deutlich mehr Mitglieder angehören?

Die Tatsache, daß trotz des jahrelangen Vorlaufs auf diese drei Fragen bis heute keine Antwort vorliegt, beweist, daß die NATO-Osterweiterung schlecht vorbereitet und in ihren Folgen und Auswirkungen nicht zuende gedacht wurde. *On s'engage et pais on voit* – so könnte man das angewandte Verfahren benennen. Leider spricht alles dafür, daß die Wurstelei weitergeht. Warum sollten die neun nichteingeladenen Reformländer des europäischen Ostens und Südostens davon ablassen, ihr Drängen in das westliche Bündnis sofort nach Madrid fortzusetzen? Warum sollten sie diesen Druck nicht sogar verstärken, da doch der Amsterdamer EU-Gipfel deutlich gemacht hat, daß bei der EU-Erweiterung weitere Verzögerungen ins Haus stehen und ein verbindlicher Zeitplan für den Eintritt in diesen Club auch weiterhin nicht zu erwarten ist?

Der „offene Prozeß“ orientiert alle Beitrittswilligen auf ein neues Wettrennen um die NATO-Mitgliedschaft. Bist du für uns oder gegen uns, legst du für uns ein Wort in Washington ein oder nicht, gehören wir in deinen Augen zu Europa oder nicht? Diese in den letzten Monaten schon so oft gehörten Fragen an die westlichen Nachbarn werden weitergehen. Sie belegen eine kaum hinnehmbare Reduktion des notwendigen Dialogs über den weiteren Weg der europäischen Integration und der gesamteuropäischen Sicherheit.

Der Prozeß der NATO-Osterweiterung hat der Allianz neues Leben eingehaucht, er hat die europäische Politik aber auch in eine Falle geführt. Jetzt sind Ausbruchsversuche angesagt. Es bieten sich mehrere Pfade an, von der entschlossenen inneren Reform der NATO bis zur konsequenten Umsetzung der zahlreichen guten Absichten, die in der NATO-Rußland-Akte bekundet wurden. Diese verschiedenen Wege können hier nicht im Detail erörtert werden. Aber eines steht fest: Das unwürdige Wettrennen der zu Bittstellern degradierten östlichen Reformstaaten muß aufhören. Und Sicherheitspolitik muß sich endlich wieder mit Sicherheitsfragen statt mit Beitrittsfragen beschäftigen. Allein in Europa und im Bündnisgebiet (von anderen Weltregionen ganz zu schweigen) haben sich bereits genügend Probleme aufgetürmt: Der erschreckende Stillstand im bosnischen Friedensprozeß, das Chaos in Albanien, die politischen Wirren in der Türkei, das auf Entschärfung wartende Pulverfaß Zypern. Keine dieser Herausforderungen löst sich durch die Veränderung der Zahl der NATO-Mitglieder. Eher erschrecken wir über das Versagen der Krisenprävention, über den Mangel an Autorität, um einmal beschlossene Friedenspläne auch durchzusetzen, und über die Gefahren, die aus dem Verhalten einiger Bündnismitglieder resultieren.

Hier ist ein Handlungsbedarf entstanden, an dem Europa nich vorbeigehen kann. Hier warten dringliche Aufgaben für die NATO und für die OSZE. Das Bündnis wird seine Existenzberechtigung verspielen, wenn es seine Hauptressourcen weiterhin für die endlose Fortsetzungsgeschichte Osterweiterung verausgabt. Gemeinsam mit der EU muß die NATO so rasch wie möglich einen verläßlichen und berechenbaren Fahrplan für den gesamteuropäischen Integrationsprozeß vorlegen und parallel dazu gemeinsam mit den anderen europäischen Institutionen Antworten und Lösungen entwickeln für die aktuellen europäischen Krisensituationen. Andernfalls besteht keine Aussicht darauf, daß die Allianz ihr selbstgestecktes Ziel bei der Osterweiterung auch tatsächlich erreicht, nämlich mehr Sicherheit und Stabilität für ganz Europa zu schaffen.

(Der Autor ist Mitglied des Außenpolitischen Ausschusses im Bundestag; er gehört der SPD-Fraktion an. Der Beitrag erschien im Augustheft '97 der Zeitschrift „Die Neue Gesellschaft/Frankfurter Hefte".)

Die Globalisierung der NATO, in Nachfolge der Känguruh-Allianz des Kalten Krieges, schreitet voran. Tony Blair wächst in die Rolle eines angloamerikanischen Vizekonsuls für Europa hinein und verlieh schon mal seinem deutschen Kollegen zu Beginn der britischen EU-Präsidentschaft die Ehrenbürgerwürde von London. Zuvor hatte der außenpolitisch vom Kongreß gegängelte Präsident Bill Clinton im Interview mit der „Bild-Zeitung" konstatiert: „Die Vereinigten Staaten sind seit den vierziger Jahren eine europäische Macht und werden dies auch in Zukunft bleiben."

Diese postmoderne Form von überseeischer Dominion-Stiftung seitens der „Weltführungsmacht" (Jesse Helms, außenpolitischer Senatssprecher) läuft de facto auch auf einen wirtschaftlichen Kontrollanspruch gegenüber den EU-Ländern hinaus. Ist man sich doch in Washington sehr wohl der Perspektive bewußt, daß eine starke demokratische Europäische Union das Gewicht als größte Handelsmacht der Welt erlangen könnte, was gewiß nicht im Verständnis „nationalen Interesses" der USA läge. Danach könnte sehr wohl der Ausspruch des Korrespondenten der „New York Times", Daniel Binder, zur bitteren Wahrheit werden: „Wir Amerikaner können ziemlich launisch sein - heute Freunde, morgen Feinde."

So ließ denn auch die deutsche Bundesregierung die soeben mit dem 35. Jahrestag des Bestehens sich anbietende Novellierung vom Elysée-Vertrag verstreichen - wohl weil solcher Akt europäischer Handlungsbereitschaft von politischem Format sich nicht in das Bild einer „atlantischen Innenpolitik" (Botschafter John Kornblum in Berlin, Januar '98) einfügen könnte, die nach den Vorgaben der Unilateralisten in Washington ex cathedra gestaltet werden sollte. Europäische Versuche, selbständiger zu werden, seien dort stets mißtrauisch beobachtet worden, klagte ein Leitartikler der sonst so NATO-braven „FAZ" am 26. November '97.

Im Kontext mit der NATO-Osterweiterung verweist sehr zu Recht der Vorsitzende des Bundestags-Unterausschusses Abrüstung, Gernot Erler, auf die Absicht der USA, Europa als Basis ihrer Machtprojektion im Blick auf den Mittleren Osten sowie Zentralasien und deren Erdölvorkommen (nebst anderer Bodenressourcen) zu nutzen. In der Logik solch stufenweiser geoökonomischer Expansionsplanung liegt es auch, daß NATO-Generalsekretär Javier Solana auf einer Konferenz der „Bundesakademie für Sicherheitspolitik“ (Bad Neuenahr, Februar ’97) betonte, für weitere Bewerber aus dem Osten bliebe die „Tür offen“, sich in die „Neue NATO“ einzugliedern.

Die „One World“, von der schon Friedensnobelpreisträger Woodrow Wilson träumte, und die ein viel späterer Nachfolger im Weißen Haus, George Bush, unter der Parole einer „Neuen Weltordnung“ nach Zerfall des sowjetischen Imperiums etwas anders meinte, wird (hoffentlich) wohl nie und nimmer auf der Grundlage einer gestrengen Vormundschaft und deren Mündel aus den großen Kulturkreisen im Erdenrund erzwingbar sein. Eine *multipolare Weltordnung* hingegen, gestützt auf ein Kommunikationsmedium im Sinne etwa eines ausgereiften Internet, globaler Handelsaustausch mit wirtschaftspolitischen Kontrollmechanismen und eine den Großregionen angepaßte Sicherheitsorganisation – die über ein schlagkräftiges internationales Einsatzpotential verfügt, anstelle des obsolet gewordenen UNO-Systems –, könnten auf lange Sicht zu einem Bewußtseinswandel der Menschen weltweit führen, die sich als freies und zugleich solidarisches Ganzes empfänden. Vorreiter auf diesem endlos erscheinenden und gewiß steinigen Wege sollte ein bundesstaatlich vereintes Europa in ergänzender Nachbarschaft zu den Vereinigten Staaten von Amerika sein.

Jacques Delors, wohl kompetentester Protagonist eines politisch geeinten Europa dazu im „Zeit“-Gespräch (20. Mai ’98): „Die Amerikaner werden sich daran gewöhnen müssen, daß die Welt von morgen nicht ein, sondern mehrere Machtzentren haben wird“. Dieses Statement dürfte auch als Mahnung zu mehr praktischer Vernunft und geopolitischer Logik an die Adresse von Präsident Clinton gerichtet sein, der einen Monat zuvor im Berliner Schauspielhaus ein geradezu leidenschaftliches Plädoyer für ein geeintes, demokratisches Europa „zwischen Atlantik und Ural“ geworben hatte. In Partnerschaft mit Europa strebten die USA eine „stabile Zukunft für die ganze Welt an“, so die Botschaft des, nunmehr zum Missionar eine allumfassenden *Pax americana* gewandelten Herren aus dem Weißen Haus. Als politisches Modell und Machtinstrument für globalen Führungsanspruch der USA soll die NATO weiterentwickelt werden, was letztlich darauf hinausliefe, daß ausschließlich nach Maßgabe nationaler Interessen Washingtons gehandelt werden dürfte. Für das Entstehen eines europäischen Identitätsbewußtseins und einer dementsprechenden Entscheidungsfähigkeit (per se schon ein zähflüssiger Prozeß) wäre somit ein Riegel vorgeschoben.

K. B.

Quellennachweise

Chicago Paper '64. (Aus einem Memorandum des Verfassers zum Abschluß seines diplomatischen Wirkens in den USA) In: Die Neue Gesellschaft/ Frankfurter Hefte (NG/FH) Heft 1, 2, 1997 (gekürzt).

Das zukünftige Verhältnis Europas zu den USA. In: Sonderdruck des Instituts für die Niedersächsische Wirtschaft, Hannover, Mai 1965.

Überlegungen zur Lage in der NATO. In: Bayernkurier, 19.03.1966, München.

Eastern European Politics and Reunification. In: The Atlantic Community Quaterly, Sommer 1967.

Konzept einer Doppelherrschaft. In: Wort und Wahrheit, August/September 1967, Herderverlag.

Fünf Jahre nach dem Abkommen von Nassau. In: Außenpolitik, Nr. 12, 1967.

Europäische Sicherheitskonferenz. In: Liberal, 7/69.

Europa und die NATO. In: Vorwärts, Bonn-Bad Godesberg, 11.12.1969.

Die weltpolitische Lage und die Rolle Europas. In: Sammelband Friede durch Zusammenarbeit in Europa, Berlin Verlag 1979 (gekürzt).

Gibt es eine Alternative zum militärindustriellen Wirtschaftskrieg? In: Politik und Zeitgeschichte, Das Parlament, 30.05.1981; Nachdruck im Sammelband der Bundeszentrale für politische Bildung, 1982.

Medien-Ping-Pong über den Atlantik. In: NG/FH, Heft 7, 1981.

Das Bündnis soll modernisiert werden. In: NG/FH, Heft 3, 1982.

Auswärtige Politik und Öffentlichkeit. In: NG/FH, Heft 6, 1983.

Ein neuer Sicherheitskonsens ist gefragt. In: NG/FH, Heft 1, 1984 (gekürzt).

Die atlantische Zeitrechnung geht zu Ende. In: NG/FH, Heft 9, 1984 (gekürzt).

Ohnmächtiges oder eigenmächtiges Europa. In: NG/FH, Heft 8, 1985.

Bündnisreform an Haupt und Gliedern. In: NG/FH, Heft 1, 1986 (gekürzt).

Teure Anleihen für fragwürdige Verteidigungsinitiative. In: NG/FH, Heft 5, 1986 (gekürzt).

Mehr Freiheit im Bündnis. In: NG/FH, Heft 10, 1986 (gekürzt).

Signale außenpolitischer Vernunft. In: NG/FH, Heft 12, 1986 (gekürzt).

Gretchenfragen an West und Ost. In: NG/FH, Heft 1, 1987 (gekürzt).

Ein hoher Preis für die High-Tech-Träumereien. In: NG/FH, Heft 7, 1987 (gekürzt).

Unteilbare Solidarität. In: NG/FH, Heft 1, 1988 (gekürzt).

Klarsicht nach Westen. In: NG/FH, Heft 9, 1988 (gekürzt).

Zu neuen Horizonten. In: NG/FH, Heft 3, 1989 (gekürzt).

Fasten Seat Belts. In: NG/FH, Heft 11, 1989 (gekürzt).

NATO auf Abruf. In: NG/FH, Heft 8, 1990.

Die Neu-Unterordnung Europas. In: NG/FH, Heft 5, 1991 (gekürzt).

Der deutsche Part in Europa. In: NG/FH, Heft 9, 1991.

Auf der Suche nach dem verlorenen Europa. In: NG/FH, Heft 12, 1991.

Zur Schieflage zweier Nationen. In: NG/FH, Heft 4, 1992 (gekürzt).

Deutsch-atlantische Kumpanei. In: NG/FH, Heft 10, 1992.

Deutschland braucht Frankreich. In: NG/FH, Heft 12, 1992 .

Bill spielt uns den Blues. In: NG/FH, Heft 4, 1993.

NATO im neuen Europa-Look. In: NG/FH, Heft 4, 1994 (gekürzt).

Verhängnisvolle Rußlandpolitik. In: NG/FH, Heft 4, 1995 (gekürzt).

Update '97 - Gernot Erler: Alles NATO? - Die Falle der Osterweiterung. In: NG/FH, Heft 8, 1997.

Personenverzeichnis